特殊儿童学校卫生学

TESHU ERTONG XUEXIAO
WEISHENGXUE

主　编　戴旭芳

副主编　张文京　申仁洪　李林静

◎主编单位

重庆师范大学教育科学学院
重庆市特殊儿童心理诊断与教育技术重点实验室

重庆大学出版社

图书在版编目（CIP）数据

特殊儿童学校卫生学/ 戴旭芳主编 .—重庆：重
庆大学出版社，2014.2（2021.8重印）
ISBN 978-7-5624-7997-0

Ⅰ.①特…　Ⅱ.①戴…　Ⅲ.①儿童教育—特殊教育—
学校卫生—基本知识　Ⅳ.①G76②G478

中国版本图书馆CIP数据核字（2014）第023256号

特殊儿童学校卫生学
主　编　戴旭芳

责任编辑：陈　曦　　版式设计：唐启秀
责任校对：刘志刚　　责任印制：张　策

*

重庆大学出版社出版发行
出版人：饶帮华
社址：重庆市沙坪坝区大学城西路 21 号
邮编：401331
电话：（023）88617190　88617185（中小学）
传真：（023）88617186　88617166
网址：http://www.cqup.com.cn
邮箱：fxk@cqup.com.cn（营销中心）
全国新华书店经销
POD：重庆新生代彩印技术有限公司

*

开本：787mm×1092mm　1/16　印张：20.25　字数：408千
2014年2月第1版　　2021年8月第5次印刷
ISBN 978-7-5624-7997-0　定价：50.00元

编委会成员

前　言

　　基于国内缺少专门针对特殊儿童的学校卫生学教材的情况，我们特编著此书——《特殊儿童学校卫生学》。此书与普通的《学校卫生学》教材相比，删减了针对特殊儿童应用性不强或不适用的内容，增添了适合特殊儿童需求的相关卫生保健知识与技术；与《特殊儿童护理学》相比，降低了内容的难度与复杂度，突出了语言的通俗易懂，以及学校护理与卫生保健的需求。它是适合于特殊儿童学校教育、养育、保健或康复等卫生需求的一门专业教材，填补了国内此类专业教材的空白，也将对相关专业的发展起到重要的推动作用。

　　《特殊儿童学校卫生学》是在前辈专家李林静老师主编，戴光英、刘大滋、张文京、刘云艳、潘先觉、李静、李平等老师参编的《特殊儿童养护学》基本框架的基础上，综合了普通《学校卫生学》《儿童少年卫生学》及特殊儿童的护理、养育、保健、教育等相关权威书籍中的理论精华及经典技术，增加了最新的科学研究成果及理论观点及法规政策等，突出了专业教材的科学性、权威性与实用性。

　　《特殊儿童学校卫生学》是一门涉及多学科、多专业的综合性学科，是以学校特殊儿童常见的卫生保健实际需求为出发点，以最大程度保证特殊儿童身心健康为目的，在特殊儿童身心发展特点及规律的基础上，全面讲述了特殊儿童的身心保健要点、体质测查、日常护理、体育锻炼、教育卫生、合理营养、疾病的预防与急救、学校环境和设备的卫生以及特殊儿童健康教育等一系列日常养育及保健的知识与技能。旨在使本书使用者获得对特殊儿童卫生保健基本知识与技能的掌握，并提高将来解决实际工作中相关问题的能力。它应该是特殊儿童教育、养育和保健等相关专业必修的一门学科。

　　此书内容不仅全面、丰富，而且编排层次清楚、详略得当，有文字，也有图表，每章内容之前还有"学习目标"呈现，内容之后也有"思考题"。语言表述力求准确精练、不繁杂，一些技能操作性内容还附有图示（所有图示仅供教学使用），更加直观明了，突出了实用性与操作性的特点。此书既适合教师教学选用，也方便学生自学使用，还可作为特殊儿童日常养育照顾的指导用书。

此书的编著倾注了许多专业前辈和同行的心血，没有你们的专业实践就没有现在的经验与成果，没有对你们所著专业书籍的学习与参考，就不会有此书的著成，在此深表感谢！同时，也感谢在此书编著过程中给予我们热情帮助和真诚建议的领导、老师、学生及合作单位的老师们，还要感谢出版社的各位编辑老师们。

由于本书涉及内容范围广，参考书目多，难免会出现一些遗漏与不足。还希望广大读者如有发现及时告之，以便做出改正。更希望广大读者能多提宝贵意见，以求改进。

本书的出版受以下项目的资助，特此感谢！

重庆市"特殊教育专业复合型人才培养模式创新试验区"建设项目。

重庆师范大学"2013年重庆师范大学教材建设基金资助出版"项目。

本书也属于以下项目的研究成果之一，特此注明！

教育部教师队伍建设示范项目："融合导向的特殊教育复合型师资培养与培训改革"的研究成果。

重庆市教委/教改重大项目："聋大学生的'双四'课堂教学模式探索与实践"的研究成果。

戴旭芳

2013 年 11 月

于重庆师范大学

本书配套 PPT 和测试题可从重庆大学出版社官网 http://www.cqup.com.cn/ 下载。

目 录

绪　论

学习目标：

1. 掌握"特殊儿童""健康""功能障碍""学校卫生标准"等基本概念。
2. 知道我国学校卫生工作管理及监督的运行模式。
3. 了解特殊儿童学校卫生学的主要研究内容及研究意义。
4. 熟悉特殊儿童学校卫生学的学科特点及其学习方法。

第一节　特殊儿童学校卫生学的基本概念

特殊儿童学校卫生学是促进学校特殊儿童的生长发育和身心健康的一门科学。它是在学校卫生学或儿童青少年卫生学的基础上发展起来的，是专门针对特殊儿童的身心特点与健康需求，探讨在特殊教育的环境下，如何最大程度促进特殊儿童的生长发育，并保护其身心健康发展。

一、特殊儿童及其分类

特殊儿童是一群不同于普通儿童的儿童，是指在生理与心理的发展上与普通儿童存在明显差异，具有特殊异常特点的儿童。广义上包括超常儿童与残疾儿童，狭义上主要指残疾儿童。本课程的研究对象主要针对残疾儿童，也称残障儿童或身心障碍儿童。

根据 2006 年全国残疾人第二次抽样调查数据显示，我国 0~25 岁残疾儿童和青少年总人数为 784 万人，占全体残疾人总数的 9.44%。主要类别包括视力残疾、听力残疾、言语残疾、智力残疾、肢体残疾、精神残疾与多重残疾七大类。

二、卫生、健康与功能障碍

根据《高级汉语大词典》，"卫生"是一个动宾结构的词组，"卫"为动词，即"保卫"或"维护"之意，"生"为名词，即"生命"或"身体"之意，"卫生"本意即为"维护生命"或"保护身体"。"特殊儿童卫生学"中的"卫生"既可作为动宾结构，也可作为名词来理解，其意为"维护生命或保护身体"，或者为"维护生命或保护身体所采取的行为"，包括预防和治疗疾病、维护和增进健康所采取的一切措施。

20世纪80年代中期，联合国世界卫生组织（WHO）对健康的定义是："健康是身体上、精神上和社会适应上的完好状态，而不仅仅是没有疾病或者不虚弱"。也就是说，"健康"是指身体上、心理上和社会上的完满状态，是生理、心理、社会道德及适应性都健康的人。身体强健和没有任何疾病是生理健康；个体心理在本身及外界环境条件许可范围内能达到的最佳状态是心理健康；另外，还要有良好的社会道德及社会适应性。保证儿童的健康，既要关注其生理健康，也要关注其心理健康，还要提高其社会适应能力。

2001年5月第54届世界卫生大会上，世界卫生组织（WHO）正式提出《国际功能、障碍和健康分类》（International Classification of Functioning, Disability, and Health, ICF），其模式如图0-1-1所示。

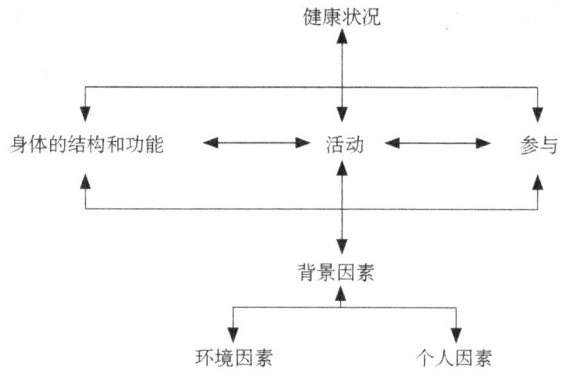

图 0-1-1　ICF 模式示意图

ICF认为功能障碍不只是医学的或自我的身体结构和功能的障碍，它是包括身体的损伤、活动限制或参与局限的一种概括，并且还受环境及个人等背景因素的影响。一个人的健康状况，或者说功能情况，是与背景因素（包括环境因素与个人因素）之间动态交互的结果。功能障碍是相对的，可能是长期性的，也可能是暂时性的，它可通过环境的调整、改变、创造，或者个人的努力成长、自我超越，以及双方面的共同努力与合作等获得改善与进步。ICF代表了人类对功能、障碍、健康、环境支持等观念认识上的一种进步与飞跃。

三、学校卫生标准

学校是特殊儿童平时学习和生活的主要环境与场地，做好学校卫生工作是保证特殊儿童身心健康的基本要求，而制定学校卫生标准是做好学校卫生工作的重要依据与保障。那么何为学校卫生标准呢？

学校卫生标准是对学校某方面具体卫生工作、行为或某种技术的规范性要求。它是对卫生法律法规的原则性规定的一种细化的操作性规范。一般学校卫生标准是针对大、中、小学生的学习生活环境，教育过程，营养、心理、行为及其相关影响因素由学校卫生专业技术单位作出量化的规定，制定规范的技术行为标准，经国家标准主管部门批准后正式发布，成为法定的卫生标准。目前我国已制定并发布实施的学校卫生标准主要涉及学校卫生基础、学校环境卫生、学校预防性卫生、学生卫生行为规范、学校教育卫生、学生用品卫生、学生身体发育及学生健康卫生等多个方面。

四、学校卫生机构

具体的学校卫生工作一般要通过学校卫生机构来执行。学校卫生机构主要有两类：一类是隶属于教育部门的卫生机构，如区域性的中小学卫生保健所、高等院校的校医院、中小学校的卫生室或校医室；另一类是隶属于卫生部门的疾病预防控制中心，如学校的卫生科。此两类机构都是通过校医院（设保健科）、卫生室（按学生人数 600 : 1 的比例配备专职卫生技术人员，学生人数不足 600 人的学校，可以配备专职或者兼职保健医师）或校医室来开展具体的学校卫生工作。

特殊教育学校应配备专职或兼职校医，负责学校卫生保健工作和教学、生活的卫生监督工作。学校应建立学生健康档案，每年至少对学生进行一次身体检查，注重保护学生的各项身体机能。

学校卫生工作的主要内容包括以下一些方面：

①宣传贯彻学校卫生工作相关的法规政策，参与制定，并负责执行学校的卫生工作计划。

②对学校师生宣传疾病防治知识（包括常见病与流行病等），普及卫生保健常识，帮助学校开展健康教育及健康咨询活动。

③组织或配合有关机构对学生及教职工进行体格检查（如新生入学体检、常规定期教职工或学生体检、学生休学或复学的健康审核、毕业健康鉴定等），并建立教职工及学生的健康档案，统计、分析存在的健康问题，并提出解决方案。

④定期或经常对学校的教学卫生、营养卫生、环境卫生、设备卫生，以及食品、设施、饮水安全等进行监督与检查，发现问题及时提出指导建议，解决存在的卫生安全隐患。

⑤做好学校传染病的预防工作，做到提前预防、及时发现、及时上报、及时处理等积极防治传染病工作。如幼儿园与小学在入托、入学时要查验预防接种证，按时按序组织学生进行预防接种工作等，学校有疫情及时发现与上报，对现患传

染病者进行隔离治疗等。

⑥配合学校及上级卫生管理机构或卫生监督机构做好学校卫生工作的建设、检查评价或评比、监督调查、管理指导及改进等工作内容。

五、学校卫生管理

我国学校卫生的管理基本上是"由中央到地方、自上而下"的一套多层次管理模式。

国家教育部是负责学校卫生工作的最高行政管理机构，由下设的体育卫生与艺术教育司主管，卫生与健康教育处负责对各省、直辖市、自治区教育厅或教育局起政策领导与业务指导作用。具体执行机构是地方各级政府的教育行政机构。

地方政府各级教育行政机构负责组织领导本地区的学校卫生行政管理工作。如各省、直辖市、自治区教育厅或教育局一般都设有体卫处（或与其他部门合为一处，如体卫艺处），由专职人员负责管理学校卫生工作。相应的市、县各级教育行政部门也设立相应的体卫管理机构，并配备专职或兼职卫生管理人员管理学校卫生工作。

《学校卫生工作条例》规定，普通中小学、职业中学、技工学校和规模较大的农业中学、中等专业学校及普通高等院校等都应设立卫生管理机构，具体管理学校的卫生工作。一般许多学校会成立学校的卫生管理组织，如学校爱国卫生委员会或体育卫生委员会。委员会主任（领导小组组长）由分管体育卫生的校长担任，委员会成员由教导处主任、校医院院长或校医室主任（或保健师）、总务处主任、团委负责人、工会代表、食堂负责人、体育教师、教师代表、学生会代表、少先队辅导员、生活辅导老师等组成。此委员会与学校医院保健科或校医室共同组成学校卫生管理队伍，负责组织、管理、检查、督导学校卫生工作及食品安全等卫生管理工作。学校爱国卫生委员会讨论通过而决定的卫生工作，可通过教导处向班主任布置完成，也可通过团委、少先队、学生会向各班学生干部，如卫生委员布置，动员全体学生参与完成。

六、学校卫生监督

学校卫生监督是卫生行政部门对辖区内学校或相关企事业单位或个人执行或遵守《学校卫生工作条例》及相关法律法规和卫生标准的情况进行监督检查或管理，并对其违法行为追究法律责任的一种卫生行政活动。《学校卫生工作条例》规定，县级以上的卫生行政部门有对学校卫生工作行使监督权的权力。

我国学校卫生监督工作是由卫生行政部门属下的卫生监督机构具体实施，学校卫生监督机构的主要职责是：

①对新建、改建、扩建的学校选址和设计进行预防性卫生监督与设计、施工、竣工验收等有关卫生指标的审查。

②对学校进行卫生监督监测，核发"卫生许可证"。

③对监督工作中发现的卫生问题进行技术指导。

④监督从业人员进行健康检查，指导有关部门对从业人员进行卫生知识培训。

⑤对管辖范围内的学校实施定期和不定期的经常性卫生监督，并督促学校遵守相关卫生法律法规和卫生标准，做好学校卫生工作。

学校卫生监督员具体执行卫生监督机构交付的任务。监督员有权查阅相关卫生资料，搜集证据，并负保密责任；也有权对不符合卫生法规或卫生标准的方面提出修改意见。被监督学校应予以积极配合，任何人不得干扰或阻挠其执行公务。学校医生及保健师要接受监督和相关卫生业务指导，并要按要求开展各项卫生保健工作。

学校卫生监督的内容主要包括学校内的教学与学习卫生、食品卫生、环境卫生、公共场所卫生、劳动卫生、学校建筑设备卫生、饮水卫生、传染病防治等各个方面。学校需要与教育、体育、社会有关部门及社团组织、家庭等各个相关单位部门积极协助和配合，将学校卫生工作做好，达到学校卫生监督的根本目标。

> 预防性卫生监督　学校卫生监督机构依据国家有关法律、法规及卫生标准，对新建、改建、扩建的学校及学校中各种学习、体育活动场所等事前进行全面的卫生审查，尽量做到防患于未然。
>
> 经常性卫生监督　学校卫生监督机构对所管辖的学校要进行定期和不定期的卫生监督与审查，最大限度减少和控制对学生身心健康的影响因素，达到持续保护学校师生健康的最终目的。

2012 年 3 月，国家卫生部、教育部联合起草了《中小学校卫生监督监测试点工作方案》。该方案将通过在试点地区构建国家、省、地市、县四级学校卫生监督监测网络，动态开展学校卫生监督、监测和指导等学校卫生管理工作，初步建立科学合理的学校卫生监督监测综合评价体系。学校卫生监督的法律依据是国家正式颁布的与学校卫生工作相关的一系列法律法规。

> ### 与特殊儿童学校卫生相关的重要法律
>
> 1.《中华人民共和国教育法》是由第八届全国人民代表大会常务委员会第三次会议通过，于 1995 年 9 月 1 日开始施行的适应于各类教育的一部教育大法。该法第 10 条规定："国家扶持和发展残疾人教育事业。" 第 38 条规定"国家、社会、学校及其他教育机构应当根据残疾人身心特性和需要实施教育，并为其提供帮助和便利。"第 44 条明确规定："教育、体育、卫生行政部门和学校及其他教育机构应完善体育、卫生保健设施，保护学生的身心健康。"
>
> 2.《中华人民共和国残疾人保护法》是由第七届全国人民代表大会常务委员会第十七次会议通过，于 1991 年 5 月 15 日起施行的一部关于全面保护我国残疾人各项权利，

如康复、教育、劳动就业、文化生活、社会保障、无障碍环境及法律责任等的基本大法。第19条中规定："残疾人教育在进行思想教育、文化教育的同时，加强身心补偿和职业技术教育；特殊教育的课程设置、教材、教学方法、入学和在校年龄，可以有适度弹性。"第22条中规定："普通教育机构对具有接受普通教育能力的残疾人实施教育。不得因其残疾而拒绝招收；拒绝招收的，当事人或者其亲属、监护人可以要求有关部门处理，有关部门应当责令该学校招收。"第36条规定："国家和社会鼓励、帮助残疾人参加各种文化、体育、娱乐活动，努力满足残疾人精神文化生活的需要。"第38条中规定："文化、体育、娱乐和其他公共活动场所，为残疾人提供方便和照顾。有计划地兴办残疾人活动场所。"第46条中规定"国家和社会逐步实行方便残疾人的城市道路和建筑物设计规范，采取无障碍措施。"

3.《中华人民共和国义务教育法》是由第十届全国人民代表大会常务委员会第二十二次会议修定通过，于2006年9月1日开始施行的为了保障适龄儿童、少年接受义务教育的一部重要法律。该法第16条规定："学校建设，应当符合国家规定的办学标准，适应教育教学需要；应当符合国家规定的选址要求和建设标准，确保学生和教职工安全。"第19条规定："县级以上地方人民政府根据需要设置相应的实施特殊教育的学校（班），对视力残疾、听力语言残疾和智力残疾的适龄儿童、少年实施义务教育。特殊教育学校（班）应当具备适应残疾儿童、少年学习、康复、生活特点的场所和设施。普通学校应当接收具有接受普通教育能力的残疾适龄儿童、少年随班就读，并为其学习、康复提供帮助。"

4.《中华人民共和国未成年人保护法》是由第十一届全国人民代表大会常务委员会第二十九次会议修正通过，于2013年1月1日开始施行的一部为了保护未成年人的身心健康，保证未成年人的合法权益的法律。该法对未成年人的家庭保护、学校保护、社会保护、司法保护、法律责任等都有明确的法律规定。其中第三章学校保护中第19条规定："学校应当根据未成年学生身心发展的特点，对他们进行社会生活指导、心理健康辅导和青春期教育。"第20条："学校应当与未成年学生的父母或者其他监护人互相配合，保证未成年学生的睡眠、娱乐和体育锻炼时间，不得加重其学习负担。"第22条："学校、幼儿园、托儿所应当建立安全制度，加强对未成年人的安全教育，采取措施保障未成年人的人身安全。学校、幼儿园、托儿所不得在危及未成年人人身安全、健康的校舍和其他设施、场所中进行教育教学活动。"第23条："教育行政等部门和学校、幼儿园、托儿所应当根据需要，制定应对各种灾害、传染性疾病、食物中毒、意外伤害等突发事件的预案，配备相应设施并进行必要的演练，增强未成年人的自我保护意识和能力。"第24条："学校对未成年学生在校内或者本校组织的校外活动中发生人身伤害事故的，应当及时救护，妥善处理，并及时向有关主管部门报告。"第25条："专门学校的教职员工应当关心、爱护、尊重学生，不得歧视、厌弃。"

5.《中华人民共和国食品安全法》是由第十一届全国人民代表大会常务委员会通过，于2009年6月1日开始施行的关系到食品安全及防范食物中毒的法律性文件。它是保障学校集体食堂的食品安全，预防学校集体食物中毒，保证学校师生的饮食卫生安全的重要法规依据。

6.《中华人民共和国传染病防治法》是由全国人民代表大会常务委员会第十一次会议通过修订，并于2004年12月1日开始施行的为了预防、控制和消除传染病的发生与流行，保障人民健康的一部重要法律。它也成为学校预防传染病必须认真执行的法律性文件。

与特殊儿童学校卫生相关的重要法规

1.《学校卫生工作条例》是经国务院批准，由国家教育委员会于1990年6月4日发布的学校卫生法规。该法规对学校卫生工作的一系列问题，如学校卫生工作要求、卫生工作管理、卫生工作监督；学校选址、设计、扩建、改建；校园及教学用房的环境卫生；教学、体育、劳动、卫生、生活作息制度及健康教育的实施；学生常见病和传染病的防治措施；学生健康管理和卫生服务质量等都作了基本明确的规定。它的制定使我国的学校卫生制度步入了更为规范化与法制化的管理轨道。

2.《特殊教育学校暂行规定》中华人民共和国教育部令第1号，1998年12月2日发布。该规定提出，特殊教育学校的培养目标是：培养学生初步具有爱祖国、爱人民、爱劳动、爱科学、爱社会主义的情感，具有良好的品德，养成文明、礼貌、遵纪守法的行为习惯；掌握基础的文化科学知识和基本技能，初步具有运用所学知识分析问题、解决问题的能力；掌握锻炼身体的基本方法，具有较好的个人卫生习惯，身体素质和健康水平得到提高；具有健康的审美情趣；掌握一定的日常生活、劳动、生产的知识和技能；初步掌握补偿自身缺陷的基本方法，身心缺陷得到一定程度的康复；初步树立自尊、自信、自强、自立的精神和维护自身合法权益的意识，形成适应社会的基本能力。第48条明确指出：特殊教育学校应认真执行国家有关学校卫生工作的法规、政策，建立健全学校卫生工作制度。

3.《中小学幼儿园安全管理办法》是由国家教育部、公安部、司法部、建设部、交通部、文化部、卫生部、国家工商行政管理总局、国家质量监督检验检疫总局、新闻出版总署令第23号公布，于2006年9月1日起施行的一部关于中小学幼儿园全面安全管理办法的系列规定的法规。它包括了总则、安全管理职责、校内安全管理制度、日常安全管理、安全教育、校园周边安全管理、安全事故处理、奖励与责任等八章内容，在规范我国中小学幼儿园安全管理的系列办法，保障师生人身、财产等安全方面等都有了重要的法律依据。

4.《全国学生常见病综合防治方案》是由国家卫生部、国家教育委员会、全国爱卫会于1992年9月联合下发的关于预防和控制学生常见病的法规方案。该方案是根据我国国情，确定了视力不良、贫血、龋齿与牙周病、营养不良、沙眼、肠道寄生虫病为我国学生常见病，制定了综合防治方案。随后还下发了各类疾病防治技术规范和考核细则。此方案对我国的学校卫生工作在儿童常见疾病防治方面的科学落实及有效监督起到了积极的推动作用。

5.《中小学健康教育指导纲要》是由国家教育部于2008年12月1日制定的为了推动与加强学校健康教育工作的一项指导性纲要文件。此指导纲要对中小学不同阶段的儿童的健康教育的基本内容、具体目标及如何开展健康教育的措施等都有了详细的规定。

6.《中小学卫生保健机构工作规程》是由国家教育委员会于1995年9月发布的为了加强中小学卫生机构的建设与管理的一项法规。它明确规定了中小学保健所的工作职责、设置与管理体制等，对各地方中小学卫生保健机构的良好运作，提高卫生保健工作的管理及实际工作质量等都起到统一、科学规范化的推动作用。

7.《中小学生健康体检管理办法》是由国家卫生部和教育部联合制定的针对中小学生健康体检科学管理的一项法规文件。该规定要求，学校应组织所有入学新生进行健康体检，建立健康档案。在校学生每年进行一次常规健康体检。体检主要应包括病史询问、内科常规检查、口腔科检查、眼科检查、外科检查、形体指标检查、生理功能指标检查等。同时，体检机构应分别向学生（家长）、学校和当地教育行政部门反馈健康体检结果和健康评价结果。学校和教育行政部门应根据体检结果制定促进学生健康的具体措施。

8. 在《中华人民共和国食品安全法》法律基础上国家还发布有与学校集体食堂用餐相关的其他法规：如《食品安全法实施条例》《餐饮服务许可管理办法》《餐饮服务食品安全监督管理办法》《餐饮业和集体用餐配送单位卫生规范》《餐饮服务食品安全操作规范》等。

9. 为了加强学校传染病疫情等突发公共卫生事件相关信息的报告工作，国家卫生部与教育部于 2006 年 4 月联合制定了《学校和托幼机构传染病疫情报告工作规范（试行）——对传染病商情报告相关部门、学校疫情报告人的设置要求和职责、学校和托幼机构传染病疫情监测与报告等都有了明确的规定。

10. 《学生伤害事故处理办法》是由国家教育部制定，于 2010 年 12 月 13 日修订发布的关于如何依法处理学校学生伤害事故的法规文件。它与《中小学幼儿园安全管理办法》共同组成学校安全工作完整全面的法律规范体系。《学生伤害事故处理办法》主要包括事故责任、事故处理程序、事故损害赔偿及事故责任处理等多方面的规定，尤其是对发生学生伤害事故后，学校、学生及其他有关主体的责任有了详细明确的规定，有利于及时妥善处理学生伤害事故，依法正当保护学生及学校等的合法权益。

11. 《特殊教育学校建设标准》（建标 156—2011）是由国家教育部编制，并经住房和城乡建设部、国家发展和改革委员会批准，于 2012 年 1 月 1 日发布施行。该标准主要包括了总则，建设规模与建筑项目构成，学校布局、选址、校园规划与建设用地，校舍建筑面积指标，校舍建筑标准等五个方面内容，明确规定了我国特殊教育学校校园建设相关指标的统一标准。

12. 《特殊教育学校无障碍设计规范》的公告是由国家建设部、教育部联合颁布，并于 2004 年 3 月 1 日起开始实施的一部关于特殊教育学校无障碍设计的行业标准规范性文件。该文件主要包括：总则、术语、特殊教育学校的选址及总平面布置、建筑设计、室外空间、各类用房面积指标、层数、净高和建筑构造、交通疏散、室内环境与建筑设备等部分，为各类特殊教育学校进行无障碍环境建设提供了重要的卫生标准依据。

第二节　特殊儿童学校卫生学的研究内容及研究意义

一、特殊儿童学校卫生学的主要研究内容

特殊儿童学校卫生学是以特殊儿童的身心特点为基础或依据，研究该群儿童的身心发展特点与规律，探讨如何从学校、教师、学生及教育环境的角度，消除不利于其身心发展、教育及康复的不良因素，积极创建适合他们教育与生活的各种有利条件，提出相应的卫生要求，并采取恰当的卫生保健措施，保证特殊儿童

顺利接受教育，达到最大程度健康，促进其全面康复，并最终回归社会。

特殊儿童学校卫生学的主要研究内容包括：特殊儿童的生理心理特点、特殊儿童的卫生保健方法(包括生活照顾、技能训练、教育指导、心理辅导、体育锻炼等)、特殊儿童的营养、特殊儿童的疾病预防与急救常识、特殊儿童的健康教育等。

特殊儿童学校卫生学是一门综合性、交叉性学科，涉及的学科很广泛，如医学中的解剖生理学、生物学、临床护理学、临床内外儿科学、医学康复学、预防医学、社会医学、营养卫生学、卫生管理学等；教育学中的教育学、心理学、行为学、体育、教学法等；另外还有人类学、建筑学、卫生法学、环境保护、学校管理等学科的内容。它是以特殊儿童的卫生需求为中心，集中了以上学科相关的知识与技能，并吸收了国内外最新的相关研究进展，是集理论、实践与研究为一体的综合性课程。

二、特殊儿童学校卫生学的主要研究目的与意义

特殊儿童学校卫生学是在学校卫生学与儿童青少年卫生学基础上发展起来的适合于特殊儿童需求的，以维护特殊儿童的身心健康为目的的一门科学。某种程度而言，此门科学的研究目的与针对普通儿童的学校卫生学的研究目的是一致的，都是通过学校、教师或学生采用符合健康卫生要求的各种措施或方法，来保证学生在学校受教育的过程中能达到最大程度的身心健康，不断增强体质与心理的适应性，达到提高综合素质的目的。这是儿童健康生长发育的需要，也是提高国民素质，关系国家未来与富强的需要，其意义深远而重大。

特殊儿童学校卫生学应该是特殊教育学校的教师必须学习的一门科学，此学科的研究无论对特殊教育教师，还是对特殊儿童及特殊教育学校等都有非常重要的意义。

（一）特殊教育教师必须学习的一门科学

特殊教育教师将来面对的教育对象是特殊儿童，作为特殊儿童的特殊教育教师，在对特殊儿童教育的同时，有时不得不承担保健者或养护者的角色，也就是对特殊儿童保护、养育、照顾的责任，尽可能保证他们最大程度的身心健康。所以，如何在教育的同时保证特殊儿童的身心健康；如何在教育的同时避免特殊儿童的再次受伤害；如何使自己的教育更能适宜特殊儿童的身心特点；如何使自己的教育更科学更符合卫生要求；如何应对某些特殊儿童突发的急病状况，如突发癫痫、突然受伤或出血等；如何避免不利于特殊儿童生长发育及学习或生活的环境因素等，都是一位特殊教育教师应该也必须知道的保健知识或技术，尤其对身心特点迥异，缺陷程度轻重不一的不同类别的特殊儿童，这种保健或养护更为重要。

（二）促进特殊儿童身心健康及全面康复的需求

特殊儿童与正常儿童一样有争取最大健康的权利，特殊儿童的身心健康很大程度上要靠家庭与学校来给予保障，特殊儿童卫生学就是以学校为立足点，在特殊儿童的身心发展的特点及规律的基础上，全面讲述特殊儿童的保健要点、特殊儿童的日常生活护理与锻炼、特殊儿童的营养、特殊儿童的疾病预防与急救常识、特殊儿童的学校环境与设备卫生等方面的知识与技能，并且从各方面找出不利于特殊儿童身心健康的各种因素，提出具体卫生要求及预防措施，以最大程度保证特殊儿童的身心健康，促进其全面康复。

第三节　如何学习特殊儿童学校卫生学

一、重视特殊儿童学校卫生学在专业学习中的课程地位

特殊儿童学校卫生学是关注特殊儿童的身心健康、学校卫生保健及日常养护等基本生活、学习需求的一门科学。它也是保证特殊儿童在受教育或康复等治疗过程中必须要重视的基础性工作内容，直接或间接影响着对特殊儿童进行教育、养育或康复治疗的效果。所以，特殊儿童学校卫生学应该是特殊教育专业，或者与特殊儿童的教育、养育、康复等相关专业中必须学习的一门专业基础课；应该是专业课程体系构建中不可缺少的一部分；更应该是专业基本素养培养中不应忽视的部分。此学科应该与其他专业基础课共同形成特殊儿童教育教师、特殊儿童养育或特殊儿童康复治疗专业人员培养的基础主干课程，为全面提高他们的综合素质，以及对特殊儿童服务的专业水平提供更为重要的理论与技术基础。

二、把握特殊儿童学校卫生学的学科特点

（一）特殊儿童学校卫生学的特殊性

特殊儿童学校卫生学的研究对象，即特殊儿童的特殊性，决定了卫生保健的内容、策略及方法等许多方面都有不同于普通儿童卫生保健的特点，具有其明显的特殊性。如需要特殊的养护方法与工具、特殊的卫生要求标准、特殊的教学或生活环境，以及卫生保健者需要付出更多的耐心与爱心等。

（二）特殊儿童学校卫生学的综合性

特殊儿童学校卫生学是一门多学科交叉的综合性科学，其内容涉及医学、教育、心理、职业、建筑、社会等多个方面，具有学科交叉性强，综合性强，知识面广，知识点多等特点。一个好的特殊儿童卫生保健者需要掌握全面综合的知识与技能。

（三）特殊儿童学校卫生学的可操作性

特殊儿童学校卫生学是一门操作性很强的实践学科。整个学科内容的安排是在特殊儿童身心特点的基础上，围绕其学校卫生保健的常用需求，以实用、可操作性的方法与技能为导向，具体阐述特殊儿童的日常保健、体质测查、生活养护、营养干预、疾病预防与急救技术、环境与设备的卫生保障、健康教育等重要内容。整门学科重视将理论知识融入实践技术应用的需求与要求中，突出了学科的可操作性、实用性的特点。

（四）特殊儿童学校卫生学的全面指导性

特殊儿童学校卫生学不仅内容广泛涉及特殊儿童学校卫生保健的各个方面，而且内容精练，语言表述通俗易懂，一些技能性操作还附相关图示说明，突出了知识技能的全面实用性与指导性。另外，特殊儿童学校卫生学包含的各项卫生标准、保健措施、技术规范等内容都严格遵守了国家关于儿童及特殊儿童相关卫生工作的各项法规政策，而且内容参考来源是国家正规出版发行的相关书籍或正式发布的相关法规条令本身，具有严格的规范性与指导性。

三、采用科学合理的课程学习技巧

学好特殊儿童学校卫生学除了重视其学科的专业地位及把握学科特点之外，重要的还要根据自己的学习习惯，在遵循学习的基本规律基础上，采用科学合理的课程学习技巧。

（一）关注学习目标

本学科在每章内容之前都提出了多个学习目标，从掌握→熟悉→知道→了解充分体现了不同层次目标的制订，即最重要→重要→次要→了解的相应等级程度。此目标既是本章内容教学目标的体现，也是对学生学习要求的目标体现。学生应根据自己的知识基础与实际学习能力来确定自己学习目标的完成程度，最好按重要程度去完成学习目标，达到重点学习、分层达标。

（二）重视课堂学习

课堂教学仍然是本课程的主要教学形式，如何提高课堂学习效率将直接关系到学生最终的学习成绩与学习效果。对于本课程的课堂学习，希望学生除了要做好相关课堂学习内容的前期预习之外，还应当重视课堂的专心听讲、认真思考、善于提问、积极参与课堂活动等，另外，勿忘做好课堂笔记与课后的总结、复习。

（三）强化技能训练

特殊儿童学校卫生学是以实践操作为导向的一门实践课程。能够熟练操作一些常用特殊儿童身体的测查、日常的养育护理、疾病的预防与急救、环境的设置等方法与技术也是本课程重要的实践操作性目标要求，更是将来从事相关专业实际工作的需求。所以，学好此门课程就要重视各项操作技能的学习，强化训练各项操作技能，达到能够熟练操作完成。

（四）加强专业联系

本学科的学习是为了将来更好地从事专业工作，更好地服务于特殊儿童。所以学习好本课程还应该时刻联想到专业所需，多想与专业有关的问题，多联系与专业有关的知识内容。学习好此专业基础课程也将更有利于理解与学习其他专业相关课程。

思考题：

1. 特殊儿童学校卫生学是一门什么学科，它的主要研究内容包括哪些方面？
2. 什么是"卫生"？它与"健康"有何关系？
3. 如何理解"健康""功能障碍"及"环境支持"之间的关系？
4. 何谓"学校卫生标准"？如何对学校卫生工作进行管理与监督？
5. 特殊儿童卫生学有何特点？如何理解它在专业学习中的课程地位？
6. 如何学习好特殊儿童卫生学？应当重视哪些课程学习技巧？

第一章　儿童的身心特点与保健

学习目标：

1. 熟悉各阶段儿童的身心特点及其保健措施。
2. 熟悉儿童生长发育过程的分期及一般规律。
3. 了解儿童生长发育的调查指标及评价方法。

第一节　儿童的生长发育

为了保证儿童的健康，重要的是要了解儿童的生理、心理特点，并在此基础上，采取有效的保健措施。儿童处于生长发育期，生长发育是儿童不同于成人最大的特点。认识儿童生长发育的分期及规律，是掌握儿童身心特点的前提与基础。

一、生长发育的概念

生长是指机体细胞繁殖、增大和细胞间质不断增加的过程，包括形态的增长与生化的改变。形态的增长主要表现为整个身体、器官、组织的长度、重量、容积的增加；生化的改变主要表现为身体内生物化学物质的变化，如激素、血红蛋白、神经递质等物质的量的改变。简言之，生长是机体量变的过程。

发育是指各组织、器官、系统功能的逐渐分化，不断成熟的过程，即功能的完善，简言之，发育是机体质变的过程。生长发育是机体各组织、器官形态的增长、生化的改变及功能成熟的动态过程。每个人都是从受精卵开始，经过生长发育的过程才到达成熟的成人个体。

二、儿童生长发育过程的分期

根据生长发育过程呈现明显阶段性的特点，以及各阶段生活与学习环境的不同，可将儿童的生长发育过程划分为以下几个年龄期。

婴儿期：出生 ~ 1 岁。

幼儿前期：1 ~ 3 岁。

幼儿期：3 ~ 6/7 岁，亦称学龄前期。

童年期：6/7 ~ 11/12 岁，亦称学龄期。

少年期：11/12 ~ 18 岁。

18 ~ 25 岁即为青年期。

其中，青春期也称青春发育期，一般指 10 ~ 20 岁，女孩比男孩早 1 ~ 2 年。世界卫生组织规定：18 岁以下为儿童，也就是我国过去称呼的儿童青少年，现在也称呼为儿童少年。

三、儿童生长发育的一般规律

人体生长发育受到遗传、环境、营养、疾病和运动训练等各种因素的影响，具有个体差异性，但从总的趋势来看，有共同的规律。

（一）生长发育是由量变到质变的过程

生长发育是从孕育生命的受精卵细胞开始，经历着由量变到质变的复杂的过程，不仅有身高、体重等形态的增长，而且全身各系统器官的功能也在逐渐分化，不断成熟。量变与质变的速度虽各有缓急，但两者经常交替进行，伴随发生。例如由婴儿到成年的过程中，消化系统的胃的容积是由小到大，逐渐增加，各种消化酶的含量也是逐渐增多，伴随着相应的消化功能由弱增强，从婴儿时只能容纳消化少量流质食物逐渐达到成年时能消化多种多样的复杂的固体食物，表现出从量变到质变的协调统一。又如机体最高级的大脑，在脑体积逐渐增大、重量逐渐增加的过程中，其皮层记忆、思维、分析等功能也在逐渐发展，并且在大脑的体积和重量长成以后，它的功能还在不断发展与完善，呈现出脑功能的高度可塑性。

（二）生长发育既有连续性又有阶段性

整个生长发育是个连续的过程，又是呈阶段性有规律地生长和发育，前一阶段是后一阶段发育的基础，后一阶段是前一阶段发育的扩展，任何阶段的发育受到影响，都会对后一阶段的发育产生不良影响。

胎儿和婴幼儿期的生长发育遵循"头尾发展规律"。从生长速度看，胎儿期头颅生长最快，婴儿期躯干增长最快，2 ~ 6 岁期间下肢增长幅度超过头颅和躯干。因此，儿童的身体比例不断变化，由胎儿 2 个月时特大的头颅（占全身 4/8）、较长的躯干（3/8）、短小的下肢（1/8）发展到 6 岁时较为匀称的比例（头占 1/8，躯干占 4/8，下肢占 3/8），如图 1-1-1 所示。从动作发育看，儿童会走路前一般先经过抬头、转头、翻身、直坐、爬行、站立等发育阶段。手部动作发育的规律性更明显，新生儿只会上肢无意识乱动；4 ~ 5 个月开始有取物动作，但只能全手一把抓；10个月时才会用手指拿东西；2岁左右手的动作更准确，会用勺子吃饭；手部精细动作（如写字、画图等）要到6～7岁才基本发育完善。

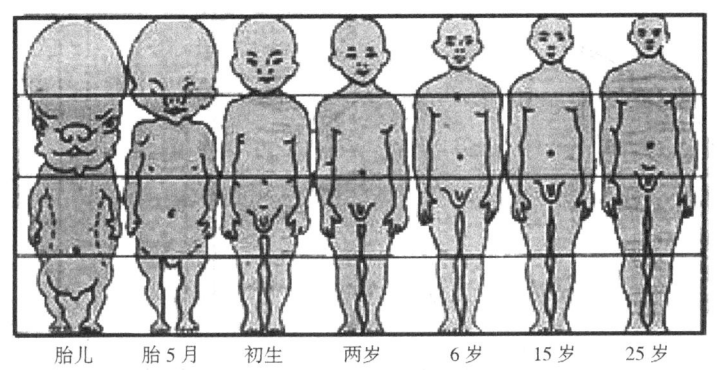

胎儿　胎5月　初生　两岁　6岁　15岁　25岁

图 1-1-1　由胎儿到成人身体发育的比例

儿童期、青春期的生长发育遵循"向心发展规律"。身体各部的形态发育顺序是：下肢先于上肢，四肢早于躯干，呈现自下而上，自肢体远端向中心躯干的规律性变化。青春期足的生长突增最早开始，也最早停止生长；足突增后小腿开始突增，然后是大腿、骨盆宽、胸宽、肩宽、躯干长，最后是胸壁厚度。上肢突增的顺序依次为手、前臂和上臂。手的骨骺端愈合也由远及近，顺序表现为指骨末端→中端→近端，掌骨→腕骨→桡骨、尺骨近端。

（三）生长发育的各年龄阶段速度不同

儿童的各年龄阶段，生长发育呈波浪式、非等速发展，有时快，有时慢。如体格生长，从胎儿到成人，先后经历两次生长高峰期：第一次为从胎儿4个月到出生后1年；第二次为青春发育早期，女孩比男孩早1～2年。身长（未走路之前的儿童一般量身长）在胎儿4～6月增长约27.5 cm，占正常新生儿身长的一半左右，是一生中身长增长最快的阶段（参看图1-1-3）；体重在胎儿7～9月增长约为2.3 kg，占正常新生儿体重的2/3以上，是一生中体重增长最快的阶段（参看图1-1-5）。出生后增长速度开始减慢，但出生后第一年中身长增长20～25 cm，为出生时的40%～50%；体重增长6～7 kg，约为出生时的2倍，都是出生后生长最快的一年。生后第二年，身高增长约10 cm，体重增长2～3 kg。2岁后至青春期前，生长速度减慢并保持相对稳定，平均每年身高增长4～5 cm，体重增长1.5～2.0 kg，直到青春期开始（请参看图1-1-3与图1-1-5）。青春期开始后生长速度再次加快，身高一般每年平均增长5～7 cm，处在生长速度高峰时有的甚至可达10～12 cm，男孩增幅大于女孩；体重一般每年增长4～5 kg，高峰时一年可达8～10 kg。青春期突增后生长速度再次减慢，在女17～18岁，男19～20岁身高停止增长（参看图1-1-3与图1-1-5）。男孩突增期增幅较大，生长持续时间较长，故进入成年时其大多数形态指标的值高于女孩（请参看图1-1-2与图1-1-4）。

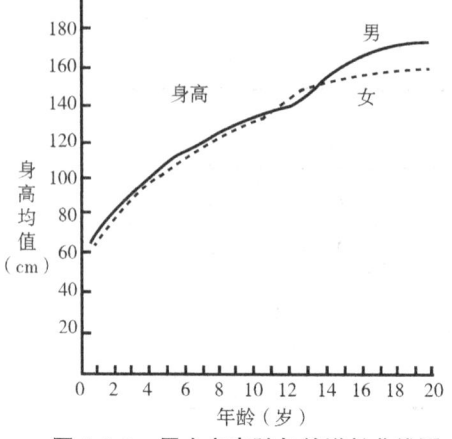

图 1-1-2　男女身高随年龄增长曲线图

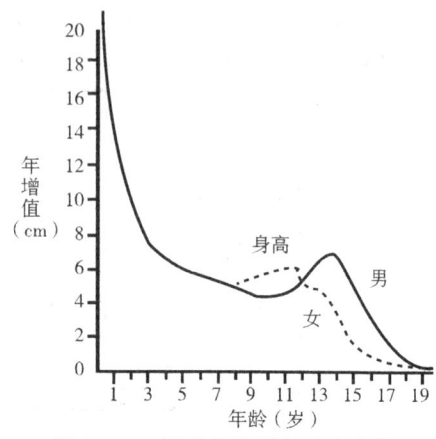

图 1-1-3　男女身高增长速度曲线图

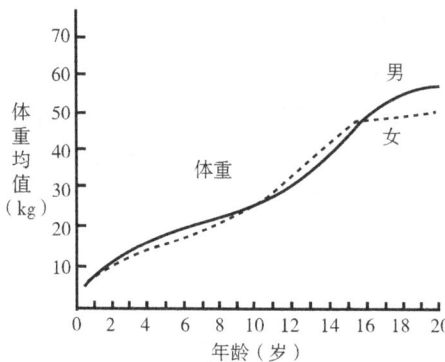

图 1-1-4　男女体重随年龄增长曲线图

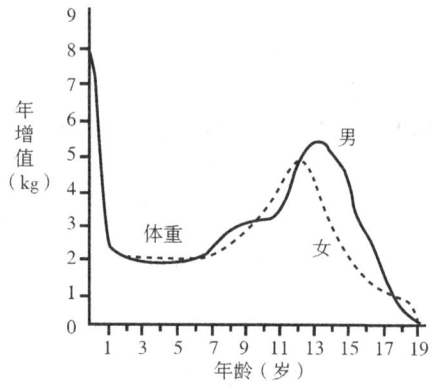

图 1-1-5　男女体重增长速度曲线图

（四）机体各系统发育的非均衡性与统一性

儿童身体各系统器官的发育不平衡，发育的时间进程不同，各有先后。Scammon 将其大致归为以下四类生长模式（图 1-1-6）：

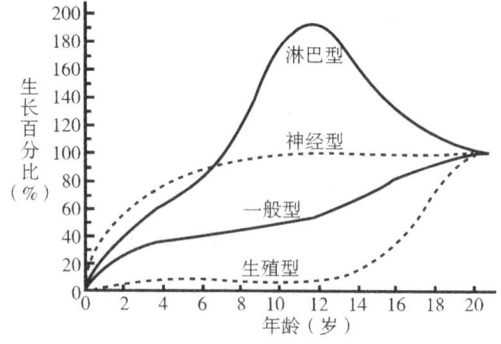

图 1-1-6　机体组织和器官的生长模式图

①一般型。包括运动系统、消化系统、呼吸系统、泌尿系统和心血管系统的一般型器官，其生长模式和身高、体重基本相同，先后出现胎—婴儿期和青春期

两次生长突增，其余时间稳步增长。青春发育中后期增长幅度减慢，直至成熟。

②神经型。包括脑、脊髓和视觉器官等，在出生前后迅速生长，很快接近成人水平，只有一个生长突增期，主要出现在胎儿期至 6 岁前，相比其他系统器官呈现出优先发育的特点。如新生儿的脑重已达成人脑重的 25% 左右，但体重仅为成人的 5% 左右；6 周岁时脑重约为 1200 g，达成人脑重的 90% 左右。

③淋巴型。胸腺、淋巴结、间质性淋巴组织（如脾及小肠、阑尾、肠系膜等处的淋巴组织）等，在出生后的前 10 年生长非常迅速，12 岁左右约达成人的 200%。青春期开始后，伴随其他系统的功能逐渐成熟及免疫系统的完善，淋巴系统器官却逐渐萎缩，老年时更加衰退。

④生殖型。主要为生殖系统的器官，表现为：出生后 10 年内极少生长，从青春期开始才迅速发育，即青春期生长突增开始后生长迅猛，并通过分泌性激素，促进机体的全面发育成熟。

综上所述，机体各系统的发育呈非均衡性发展，但又都是在神经系统和内分泌系统的共同调节下相互协调，相互适应，具有统一性。这是人类在长期生存和发展中对环境的一种适应性表现。

（五）生长发育存在生长轨迹现象和生长关键期

在外环境无特殊变化的条件下，个体儿童的发育过程比较稳定，呈现一种轨迹现象（如男女随年龄增长的身高、体重曲线图）。该轨迹有动态的、复杂的调控系统，其中遗传基因起关键作用。它尽力使正在生长中的个体在群体范围中保持有限的上下波动幅度。一旦出现疾病、内分泌障碍、营养不良等不利现象，会出现明显的生长发育迟滞；一旦这些阻碍因素被克服，儿童会立即表现出向原有生长轨道靠近和发展的强烈倾向。这种在阻碍生长的因素被克服后表现出的加速生长并恢复到正常轨迹的现象，称"赶上生长"。

并非所有的疾病恢复过程必然伴随赶上生长。患儿能否出现赶上生长，能否使生长恢复到原有正常轨迹，取决于致病的原因、疾病的持续时间和严重程度。如果病变涉及中枢神经系统和重要的内分泌腺，或病变较严重，或体液的内环境和代谢平衡过程长期得不到恢复，就不能出现赶上生长。

许多重要的器官和组织都有"关键生长期"。此时的正常发育受干扰，常成为永久性的缺陷或功能障碍。换言之，一旦不能抓紧时机治疗，这些器官、组织即便出现赶上生长，也往往是不完全的。例如，从胎儿中后期到出生后 6 个月，是脑细胞数量大量增加的脑组织生长关键期。此时若发生严重的蛋白质—热量营养不良、缺氧、产伤等现象，细胞的分裂、增殖速度会急剧减慢；即便以后进行各种积极干预，赶上生长也不能完全实现，脑细胞数量不能恢复到应有水平，患儿智力将受到较严重影响。青春早期是长骨组织的关键生长期。各种阻碍生长的因素若作用于该阶段，会使骨细胞数量减少，骨骼生长受阻。若不采取积极治疗措施，则伴随骨的干骺端闭合，长骨将丧失继续生长的机会，儿童的体格就无法达到其遗传潜力所赋予的水平。

（六）生长发育包括生理和心理两个方面

儿童的生长发育包括生理和心理两个方面。各系统的生理发育，尤其是神经系统的发育，为儿童的心理发展奠定了物质基础，而心理的健康发展也促进儿童生理功能的正常发育。生理与心理两者彼此联系，相互促进和影响，共同发展逐渐成熟，是相辅相成，互相统一的关系。某些儿童生理上的缺陷可引起其心理发展的不正常，如有的身体残疾的儿童说话不自信，容易出现自卑，情绪低落等负性心理，影响其积极健康的心理形成；相反，如果某些儿童长期表现负性心理状态也会影响其生理的发育，如长期情绪低落的儿童，容易出现弯腰、驼背、行动迟缓，甚至影响消化生理功能，出现食欲低下，进而影响到身高与体重的增长。近年来，国外研究表明，家庭破裂的子女和非婚生子女遭受虐待、歧视，影响了正常的生长发育，严重的可致身材矮小、骨龄落后、性发育迟缓等。这可能是由于不良心理环境对中枢神经系统长期恶性刺激所导致的结果。

（七）儿童的生长发育具有个体差异性

生长发育由于受遗传、性别、营养、体育锻炼、环境、疾病、教养等多因素的影响，在一定范围内存在着相当大的个体差异性，有个体自己发育的速度和特点。如矮身材父母的孩子与高身材父母的孩子相比，正常身高就可相差很多。所以一个儿童生长发育是否正常还要考虑各种不同影响因素来具体综合判断。

四、影响儿童生长发育的因素

儿童的生长发育是个体先天遗传因素与后天环境因素相互作用的结果，遗传因素决定着机体生长发育的潜能，而环境因素则影响机体生长发育的速度及最终所能达到的实际程度。

（一）遗传因素

遗传是指通过基因的传递，使子代获得与亲代相似的性状。在发育过程中，来自父母双方不同遗传基因的组合，决定着子代个体的各种遗传性状，如子代可以显现出亲代的某种身体形态、生理功能或心理素质等特点，形成每个儿童个体生长发育的潜能。所以遗传是决定儿童生长发育的重要因素，但不是必然因素，因为它还受环境因素的影响，需要一定的环境条件才能发挥其作用。一般说来，遗传关系越近，发育类型越接近。国内外许多研究表明，同卵双生子在外貌、指纹、血清型、抗体、生理功能（如呼吸、心率、脑电波等）等方面都非常相似。他们的身高差别很小，头围、头径测量值也很接近，说明骨骼系统的发育受遗传因素影响较大。

儿童的身高在很大程度上取决于父母的身高。据国外研究，儿童在良好环境下长至成年人时，其身高与父母平均身高之间的相关系数为 0.75，即身高的 75% 取决于遗传，只有 25% 取决于营养、锻炼、疾病影响等环境因素。儿童成年时身高可根据当时的年龄、身高、父母身高、骨龄等进行预测。女性也可根据初潮年龄和当时的身高来预测成人时的身高。

儿童的体型、躯干及四肢长度的比例受种族遗传性的影响较大。研究表明，在美国长大的日本儿童，生活环境与美国儿童相似，但其腿长却短于同等身高的美国白人儿童；同样，同等生活条件下成长的非洲和欧洲儿童平均身高虽无明显差异，但非洲儿童的腿长超过欧洲儿童；美国黑人儿童在出生后 1～2 年内的骨龄早于其他种族儿童，黑人儿童恒牙萌出的平均年龄也比白人儿童早一年左右。东亚各国（中国、日本、朝鲜等）儿童从婴幼儿开始骨龄就一直落后于非裔和欧裔美国儿童，但在青春期骨的干骺端闭合速度却显著快于后两者，这可能是亚洲儿童成年身高平均矮于白种人的主要原因。

另外，儿童的性成熟年龄、生长突增模式、月经初潮年龄等也与遗传有关。女性的月经初潮年龄既存在种族差异，也存在地域差异。2000 年中国学生体质与健康调研资料显示，全国汉族女生月经初潮平均年龄为 12.96 岁，少数民族中只有壮族、朝鲜族、羌族和苗族四个民族的女生月经初潮平均年龄早于汉族女生，其余民族都晚于汉族女生。而各省汉族女生的平均初潮年龄间的差异，主要来自于地域环境的差异。

对儿童个性特征和行为的双生子研究表明，儿童内外向性格特征主要受遗传影响，遗传度为 0.7 左右；而情绪稳定性、神经质、掩饰性等主要受环境因素的影响，遗传度只有 0.1～0.5；行为受遗传与环境因素的双重影响，环境因素的作用略大于遗传因素。

（二）环境因素

影响儿童生长发育的环境因素主要包括自然环境与社会环境两大方面。

自然环境是人类生存所在的生物圈、大气圈、水圈、土壤地理圈等构成的环境。如利用自然因素，如日光、空气、水等进行锻炼对增强少年儿童体质，减少疾病，提高发育水平都有很大作用。这些温和、反复的刺激，可以加速机体代谢，增强皮肤黏膜对气候突然变化的适应能力，加速全身血液循环，提高消化吸收能力，促进生长发育。如人类生态环境的破坏，受到某种物理、化学因素的侵害，不仅会对机体健康产生不利的影响，而且会直接影响儿童的生长发育甚至人的生存。

社会环境包括社会经济状况、生活学习环境、家庭成员及生活质量、亲子情感、人与社会的交往等。若这些因素综合产生良好的影响，将会促进儿童的生长发育；反之，则阻碍儿童的生长发育，造成其生长发育的落后、异常或停滞。自然环境与社会环境对生长发育的影响作用是相辅相成的，两者间的协同或消长，将决定个体生长发育的最终结果。

1.营养

食物是人类生存的基本条件，我们需要从食物中获取机体所需的养分，才能维持生命和各种活动。处在生长发育阶段的儿童，更是需要从食物中合理摄取营养成分，才能保证他们的健康成长和活动的需要。营养是保证生长发育最重要的物质基础，尤其是足够的热能、优质的蛋白质、各种维生素和适量的微量元素等都是青少年生长发育所必需的。如果膳食中长期缺乏某种营养素或各种营养成分摄入不平衡，不但会引起生长发育的迟缓，而且还会导致营养不良或各种营养缺乏症，降低机体对疾病的抵抗力。

（1）生长发育需要结构物质

生长的结构物质需要食物的营养供给。构成人体组织的基本单位是细胞，细胞的主要成分是蛋白质，蛋白质是生长发育的主要物质基础。此外糖类、脂类及钙、磷等营养素也都是构成组织细胞的重要成分和生长发育的重要物质基础。如果缺乏会生长发育迟缓甚至停止，如身材矮小、全身发育受阻等。

（2）生长发育需要能量的供给

许多结构物质的合成，机体内物质的新陈代谢，生理功能的维持等都需要能量，而能量主要从食物中的糖类获得，另外蛋白质和脂肪也可供给。如果缺乏会影响正常生长发育，而且会出现多种生理功能障碍，如神经功能、运动功能、呼吸循环功能等障碍，以及出现反应迟钝、动作迟缓等。

（3）生长发育需要机能调节物质

营养成分中的微量元素和维生素，以及一些蛋白质，如酶等，都是机体新陈代谢离不开的重要调节物质，是儿童生长发育必不可少的物质，如缺乏会患营养缺乏症如缺铁性贫血、佝偻病、夜盲症等。

（4）营养对智力发育的影响

营养对儿童智力发育的影响一直是国内外研究的热点。有学者认为妊娠后 3 个月至出生后半年营养不良对大脑正常发育的损害有一定的不可逆性。营养不良可致脑细胞分裂期缩短，细胞数量减少，脑重量减轻，即便以后营养状况有所改善，也难消除智力方面存在的缺陷。研究表明，婴幼儿期营养严重不良的儿童头围比对照儿童小，智商较低，至 6 ~ 7 岁时阅读书写有困难、理解力差、记忆力差，并且以后学习成绩也低于婴幼儿期营养好的儿童。

营养对学龄儿童和少年的智力活动影响也比较大。如学习智力活动的效率高低取决于大脑细胞是否获得能量，能量由稳定的血液中葡萄糖供应，血糖主要来源于食物中的糖类。糖类、蛋白质、脂肪、胆固醇等组成各种脑磷脂、髓鞘磷脂、糖脂、糖蛋白、脂蛋白等，有的参加脑细胞的代谢，有的组成神经髓鞘，有的参与记忆过程中新的蛋白质分子的合成。脑神经细胞的成熟和代谢还有赖于许多必需氨基酸，其中谷氨酸可纠正脑细胞的生化缺陷；酪氨酸直接参与脑细胞的功能形成和神经环路的构成；色氨酸是 5- 羟色胺的前体，能促使注意力、记忆力改善。

各种矿物质和维生素，尤其是 B 族维生素类、叶酸和生物素等，还参与神经系统的生物氧化和机能维持，是促进智力发育所必需的神经营养物质。如碘缺乏可使甲状腺激素合成减少，导致儿童智力低下、身体发育迟缓；缺乏维生素 B_1 会出现神经系统病变，导致末梢神经炎、肌肉酸痛、压痛及胃肠神经症状等；叶酸对脑神经细胞的分化、发育及中枢神经系统的功能具有重要作用，母亲孕早期缺乏叶酸，可引起胎儿中枢神经系统发育异常，导致脊椎裂和无脑畸形儿的出现。

2. 体育锻炼

体育锻炼是促进儿童生长发育、增强儿童身体素质的最重要因素之一。长期科学的体育锻炼不仅能增强机体的新陈代谢，促进机体内同化（合成物质）与异化（分解物质）过程的顺利完成，而且在营养保证的条件下，使同化过程超过异化过程，促进机体各部分的良好生长发育。

体育锻炼对运动系统的发育有显著的促进作用。儿童通过参加体育锻炼，可掌握多种运动技能，改善神经肌肉的协调关系，提高运动能力和技术水平。这些对神经系统的功能改善和发展都有积极的作用。此外，室外活动时的日光照射能促进体内维生素 D 的合成增加，加速骨的钙化，使骨质更加坚实。经常参加体育锻炼的儿童，能促进生长激素的分泌，对骨骺软骨的增殖有良好的刺激作用，其平均身高常常超过那些不锻炼或很少锻炼的儿童。运动中肌肉供血量增加，长期体育锻炼，使肌肉纤维逐渐变粗、体积增大、弹性增加、肌肉的工作能力和耐力都会相应得到提高，使儿童的身体素质明显改善。

体育锻炼能有效调节内分泌，促进青春期正常发育。研究表明，儿童在进行体育锻炼的过程中，其血液内的生长激素出现类似深度睡眠中的脉冲式分泌，促进身高的增长。同时，进入青春期后，适当的体育锻炼也可促进性腺激素的分泌，通过对神经—内分泌调控机制的正反馈作用，加速下丘脑许多促性腺激素释放激素的分泌，加快青春期生殖系统的发育。多项研究表明，经常参加体育锻炼的女生，月经初潮的年龄相对较晚，可能与体内脂肪含量减少，导致雌激素水平下降有关。正常范围内的月经初潮年龄的推迟，可使整个青春发育期延长，促进生理年龄与心理年龄更好的协调，更有利于儿童的身心均衡发展。

科学的体育锻炼还能增强呼吸系统与循环系统的功能发育，为儿童的生长发育提供更加充足的氧气及血液营养供应，控制儿童的体重，增强机体对内外环境改变的适应能力，增强机体的免疫功能，全面提高儿童的健康水平与生长发育水平。需要注意的是：体育锻炼必须与卫生保健密切结合，在科学指导下进行，及时补充能量和各种营养素，才能取得显著效果。

3. 疾病

儿童在整个生长发育过程中，难免会患疾病。任何疾病都可影响生长发育，但影响程度各不相同，主要取决于疾病的性质、严重程度、所累及的组织、器官和系统的范围，病程的长短，是否留下后遗症等。心理疾病同样会影响生长发育。最典型的事例是少女因体象障碍所引起的神经性厌食症，通常发生在青春期，可导致体重减轻，月经不调、闭经、营养不良，性发育延迟或阻滞，严重还可导致死亡。

发热是感染性和非感染性疾病最常见的症状之一。发热造成机体功能失调，一般体温每升高10 ℃，基础代谢率将提升13%；与此相伴的是食欲下降，恶心呕吐，消化酶分泌减少、酶活性降低；腹泻、胃肠功能紊乱，营养吸收障碍，使生长速度减慢，严重者停滞。儿童期由疾病引起的持续高热性惊厥，其发作次数和持续时间都和其后发生的智力发育迟缓程度成正相关。消化道疾病（包括消化道溃疡，各种原因引起的腹泻，急慢性肝炎等）在儿童青少年阶段也很常见，都可干扰胃肠道的正常消化、吸收功能，引起机体营养缺乏，影响各系统功能发育的正常进程。

寄生虫感染是儿童少年常见病。蛔虫、钩虫、血吸虫等均可导致营养不良或贫血，影响生长发育。蛔虫的成虫寄生在小肠内，吸收肠内的半消化食物，大量消耗宿主的营养。据WHO资料，小肠内寄生的蛔虫成虫，平均26条可使人每天丢失4 g蛋白质。蛔虫还分泌胃蛋白酶、胰蛋白酶、胰凝乳酶、组织蛋白酶E等的抑制物，引起食欲不振、偏食和异食癖等，干扰机体对蛋白质的消化、吸收和利用，导致消化不良、消瘦、生长迟滞和贫血。钩虫危害更大，可造成小肠的广泛性出血及溃疡。钩虫在小肠黏膜上经常更换吸附点，分泌抗凝物质，使吸附点创口不断流血；每条钩虫每天可导致失血0.1 ~ 0.4 ml，并因长期失血而引起严重的慢性贫血。20世纪70年代，上海郊县血吸虫流行区青少年的平均身高显著低于上海市平均水平，其中男孩各年龄组平均相差6.5 cm；血吸虫病基本消灭后，该群体平均身高逐年上升。在四川省眉山县血吸虫流行区对7 ~ 11岁患儿与非感染儿童的配对观察也发现，感染组的身高、体重等绝大多数指标均显著低于对照组，提示感染血吸虫病后，生长发育受到全面的不良影响，尤其表现在青春期生长突增阶段。

各种地方病（如碘缺乏病、大骨节病、地方性氟中毒等）都严重影响儿童生长发育。碘缺乏病是目前世界各经济欠发达国家流行最广、危害很大的常见地方病。全世界因缺碘而导致不同程度体格、智力发育迟滞者总数达3亿以上。我国是碘缺乏病较严重的国家，病区波及全国，人口4.25亿，占世界病区总人口的40%左右。碘缺乏病儿多有生长发育落后、身材矮小、性发育迟缓、智力低下，严重者同时出现呆小、聋哑、肢体瘫痪等症状。我国又是世界上地方性氟中毒病情最严重的国家之一，受害人口达3亿以上。地方性氟中毒主要影响骨骼发育，引起氟斑牙、氟骨症等。调查发现，在饮水型氟中毒地区，青少年骨发育障碍的发生率为30% ~ 46%，同时因饮水低钙而使骨发育障碍加剧。地方性氟中毒患儿的智力损伤也很明显，智商显著低于对照区儿童。氟作为亲骨性元素，约90%蓄积在骨组织。氟进入人体后与钙结合成难溶的氟化钙，沉积于骨骼和骨周围软组织，引起钙磷代谢全面紊乱。同时因甲状旁腺的代偿性作用，大量钙被从骨骼调入血液，导致骨质因脱钙而疏松软化。过量氟还可引发三羧酸循环障碍，抑制身体能源物质（如ATP）的生成。这些原因综合在一起，严重影响全身各组织、器官的正常生长。

各种先天性、遗传性疾病使生长过程受阻。例如：唇裂、腭裂等严重影响小儿对食物的吞咽及消化、吸收功能，导致营养缺乏。先天性心脏病（尤其青紫型）可导致动脉血氧饱和度下降，全身组织缺氧，身材矮小。严重者可因脑供血不足而发生阵发性神志不清，甚至惊厥，严重影响智力；因心脏肥大而使前胸隆起、胸廓变形。遗传性疾病中，唐氏综合征（先天愚型）较常见，患儿各体格发育指标明显低下，骨发育和性发育延迟，更明显的表现是智力低下。其他如先天性睾丸发育不全综合征、卵巢发育不全综合征、先天性代谢异常（如苯丙酮尿症、甲状腺功能低下等），都可引起生长发育异常。

小儿糖尿病、肾炎、风湿病、结核病、肝炎等对生长发育的不利影响也不容忽视。早期发现、及时治疗这些慢性消耗性疾病，对保护儿童少年健康成长非常重要。

4. 生活作息制度

合理安排儿童的生活作息制度，包括足够的体育锻炼和户外活动，适度的学习和劳动，合理的膳食，必要的休息等。尽量做到科学、规律，使儿童的身体各部分，包括大脑在内的活动与休息都能得到适宜的劳逸交替，加上及时补充营养素保证能量代谢的正常进行，将对儿童的生长发育起到良好的促进作用。

睡眠与儿童的生长发育密切相关，婴幼儿在出生后相当长的时间内，大脑继续发育，这个过程离不开睡眠。因为睡眠期是儿童生长激素维持较高分泌状态的重要时期，儿童的生长在睡眠状态下会速度增快，所以应保证儿童充足的睡眠，以保证其生长发育。另外，睡眠也是消除机体疲劳、恢复体力的主要方式，包括对大脑皮层功能的恢复，提高脑活动能力，保护大脑等都很重要。故安排充足的睡眠对保证儿童的身心正常发育非常重要。

中小学校应严格遵守合理的生活制度，保证学生有课间休息和课外文娱体育活动时间，使少年儿童经常能得到良好的休息。在暑假期间，组织少年儿童过夏令营生活，同时有适度的劳动和体育锻炼，不仅对身体发育有良好影响，也为假期后的学习打下良好的基础。

5. 气候和季节

气候对儿童生长发育的影响还没有肯定的结论，虽然气候因素对动物的发育具有显著的影响。对属于热带地区的尼加拉瓜和属于寒带地区的阿拉斯加两地儿童的生长发育进行调查，发现两者并没有很大差别，青春期的发育年龄也无显著差异。但不能据此认为气候差异对少年儿童发育无影响，因为气候不同地区常存在着其他的不同，这些不同可能会影响儿童的生长发育。如有学者对我国16个省、市的儿童的体质测量结果表明，北方儿童发育指标的均值大于南方儿童。

季节对生长发育无论在身高还是体重方面都有显著影响。一年四季中，身体的发育是不均衡的。体重在 9 ~ 11 月（秋季）3 个月增加最快，而在春、夏季有些儿童体重甚至还有减少的现象；身高则和体重相反，在 3 ~ 5 月（春季）3 个月增长最快。日本学者曾检查一组男性少年的基础代谢率和血清蛋白结合碘的季节变化，发现在冬季达最高峰，夏季为最低水平，认为寒冷刺激与甲状腺功能增加有关。

6. 环境污染

随着近代工业的迅速发展，人类活动的高度集中，工业生产的废水、废气、废渣及生活产生的粪便、生活污水、垃圾对人类环境的破坏及生长发育的影响，日益引起人们的关注。据苏联学者对受大气污染的城市学生进行长达十年的观察，结果其身高、体重、胸围与对照组相比未见明显差异，但呼吸差、肺活量均较低，肌力增量也处于停滞状态，周围血象以血红蛋白下降最为明显。上海市卫生防疫站 1975 年观察工业区、商业交通区及对照区学生的发育和健康情况，发现对照区男女生的肺活量及男生的胸围比工业区、商业交通区要大。

飘尘、空气中的二氧化碳、一氧化碳、烃类污染等，与少年儿童肺炎、支气管炎、咽炎、耳炎等的发病率有关，当污染严重时可影响到少年儿童的生长发育。

7. 社会因素

社会因素对生长发育的影响，是营养、保健、体育锻炼、卫生教育、居住条件等因素综合作用的结果，主要决定于父母的职业和家庭经济状况。中上等社会经济水平家庭的少年儿童，在任何国家都比同龄的下等水平家庭的儿童身材高大。

在同样经济条件下，家庭人口多少，尤其是子女的多少，对生长发育的影响也很明显，国外有调查表明，不但身高、体重，而且胸围、肺活量、握力、背肌力，甚至听力、视力的发展水平， 多子女家庭的少年儿童平均低于独生子女或子女少的家庭。

生长发育的城乡差异表现为城区少年儿童高于郊区少年儿童，近郊少年儿童发育又高于远郊农村，其原因为城乡之间社会经济、生活水平不同。

社会因素如贫穷、营养缺乏、居住拥挤、缺乏必要的卫生设施和卫生知识、疾病流行、吸毒、酗酒、性病等也直接或间接地影响少年儿童的生长发育。如近年来一些国家中家庭破裂，非婚生子女增多以及虐待、歧视等问题，给一些少年儿童造成心理创伤，较长时期的情感抑郁可影响身心发育。

五、儿童生长发育的调查与评价

（一）生长发育的调查目的

生长发育调查是对不同年龄儿童生长发育指标进行抽样调查，目的是了解儿童生长发育的水平，研究生长发育的规律及其影响因素，观察和评价卫生保健措施对儿童生长发育的效果，通过生长发育调查，为制订儿童保健和学校卫生工作计划提供科学依据。

（二）生长发育的调查内容

生长发育调查内容主要包括人体的形态、功能、素质和心理四个方面，在具体选择调查的指标时应注意：①能说明生长发育状况；②准确度高；③有实际意义；④操作简便；⑤结果能分析评价。

1. 形态指标

生长发育的形态指标是指身体及其各部分在形态上可测出的各种量度，如长、宽、围度以及重量等，最常用的有身高、体重、坐高、胸围等。

身高是指人体站立时头顶到脚跟的垂直高度，是基本的形态指标之一，是衡量人体长度的重要指标，身高的总长度可衡量骨骼的发育，它常被用以表示全身生长的水平和速度。体重是指人体的总重量，是反映身体的骨骼、肌肉、皮下脂肪和内脏重量增长的综合情况，它和身高的比率常被用以说明儿童的营养状况。坐高是表示上体（包括头、颈、躯干）的基本指标，能反映躯干和下肢的比例关系，也是确定课桌高度标准的重要依据。胸围是衡量胸廓发育的重要指标，反映胸部骨骼、肌肉和皮下脂肪的生长以及胸腔的发育状况，并且在一定程度上表明身体形态及呼吸器官的发育状况，以及体育锻炼的效果。

其他形态指标还有头围，表示颅及脑的大小与发育情况，是 6 岁以下儿童生长发育的重要指标。臂围、腿围可了解肢体肌肉和皮下脂肪的生长情况。肩宽、骨盆宽和第二性征（乳房、阴毛、腋毛、须毛、喉结等）可观察青春期男女身体形态的特点。手骨和腕骨的 X 光片，观察该部位骨化中心的出现和骨骺愈合情况，来判断骨骼的发育水平。总之，评价儿童生长发育的形态指标很多，可根据需要选用。

2. 功能指标

生长发育生理功能指标是指身体各系统各器官在生理功能上可测出的各种量度。

①心血管功能：脉搏、血压、心电图、心血流图等。

②呼吸功能：呼吸频率、肺活量和呼吸差（深吸气与深呼气时的胸围差，一般成人 6 ~ 8 cm，经常锻炼的可达 10 cm）等。

③骨骼肌肉功能：以握力、背肌力和静力性肌耐力等为基本指标。

④生化和临床检验有关指标：如血清中激素的含量可以了解青春期的发育情况，尿中肌酐可反映肌肉的发育水平，血红蛋白和红细胞数可了解儿童造血功能的发育和营养状况等。

3. 素质指标

素质包括力量、速度、耐力、灵敏性、柔韧性、平衡和协调能力等。常用来反映素质指标的运动项目有：短距离快跑、中距离耐力跑、投掷、仰卧起坐、引体向上、立位体前屈和反复横跳等。

4. 心理指标

用以测量人的各种心理特征的方法，统称为心理测验。一般有智力测验、人格测验、能力测验、美感测验、意志测验和情绪测验等。常采用年龄量表、年级量表与百分量表等，以文字或口头问答形式，对个体或集体儿童进行测验。

（三）生长发育的调查方法

1. 调查方法

生长发育调查有两种最基本的方法，即横断面调查和追踪调查。

①横断面调查。横断面调查是在某一较短时间内，在一定的地区范围内选择有代表性对象进行一次大数量的调查。横断面调查方法的优点是节省时间，在短期内可完成多个年龄组调查，搜集大量资料，以反映生长发育的一般水平。其缺点是不容易看到生长发育的连续过程和关键时刻。

例如我国先后于 1979、1985、1991 和 1995 年开展了四次全国性学生体质健康调查研究，1995 年的全国学生体质健康调查涉及 30 个省、自治区、直辖市，21 个民族，调查学校 1800 余所，调查人数达 31 万人，调查内容包括 20 项指标。通过这四次全国性横断面生长发育调查，获悉了我国儿童身体发育的平均水平和地区差异，揭示了生长发育长期加速的趋势，为全国不同地区提供了生长发育的评价标准。

②追踪调查。追踪调查是指在较长的时间内对同一批较少数量的对象，定期和连续多次地调查他们生理和心理发育的某些指标，掌握儿童身心发育的动态规律。追踪调查的结果可深入系统地了解儿童身体发育连续性和阶段性的变化规律，分析某些因素对生长发育的长期影响。其缺点是费时较多，难以进行大样本研究，并且测试人员和被测试对象容易变动和失访。

2. 调查设计

生长发育调查，在具体实施前都必须制订一个科学周密的调查计划。在调查计划中，除明确调查目的、确定调查内容外，还必须注意下列问题：

（1）对象选择和抽样

根据调查目的确定调查对象，然后抽样确定样本。不论如何选取抽样方法，应遵守随机化原则，样本有代表性，样本数量充足，能充分反映总体。例如，在制订某地区的生长发育正常值时，应选择代表该地区一般水平的学校学生，不要选择如舞蹈学校、少年体校等专门学校。对象应该是健康的，不包括生长发育障碍或慢性病的对象。根据经验和儿童青少年发育特点，7 岁以前，一般新生儿为一组；1 ~ 6 个月内每月为一组；6 ~ 12 个月内每 2 月为一组；1 ~ 2 岁内以 3 个月为一组；3 ~ 6 岁内以半岁为一组。7 岁以上儿童按一岁为一组，每一性别年龄组 100 人。10 ~ 17 岁属青春发育阶段，生长变化大，个体差异明显，故每一性别年龄组应有 150 ~ 175 人；18 岁后每性别年龄组仍只需 100 人左右。

（2）检测时间和季节

追踪性调查中每个儿童前后测量的时间应相对固定，至少应限定上下午。横断面调查应尽可能把同组学生均匀分配在上、下午检测，以减少不同年龄组间因检测时间不同而造成的人为误差。因为有些生长发育指标在一天内不同时间的测量变异较大。如早晨身高最高，傍晚可降低 1 ~ 2 cm。清晨血压较低，心率较缓，午后则明显升高。

安排检测时间还应考虑季节和生活制度对生长发育的影响。例如，考试前后和寒暑假前后身高、体重的增长都不同。我国一般以 5 ~ 6 月和 9 ~ 10 月最适宜检测。

（3）年龄的计算

年龄计算必须严格统一。一般按实足年龄计算，利用检测年月日和出生年月日之差确定年龄。

（4）调查的技术

①测量仪器和方法：为保证检测数据准确可靠，正式检测前应对所有仪器进行校正和检修。应培训测试人员，规范操作规程，测试员经考核合格后方可参加正式检测。

②调查表格设计和记录：调查表格的设计原则是，一次一人一表；项目实行统一编码，以便于计算机录入；项目名称要规范，并准确标明度量单位；应有明确的填表说明。调查表一般由 3 部分组成：①受检者一般情况，包括姓名、性别、出生日期、民族、住址、学校和班级，以及既往健康情况等；②调查项目，是调查表的主要内容，也是根据调查目的而确定的测试结果记录；③调查者项目，包括测试者姓名、调查日期等。

③调查程序和资料整理：现场的检查室要合理配置，各项目按规定顺序合理进行。如血压、脉搏等检测前应有足够的休息时间。运动项目通常排在最后进行。正式调查前一般先应有小规模预调查。

调查资料要进行现场检验和分析前逻辑检验，现场检验是逐一核对调查表所有项目的填写结果，做到无缺项，无常识性错误（如测试记录与被检者外观明显不符等），字迹清晰。为监督测试质量，检测人员应每日抽取 5 ~ 10 张卡片对生理变异较小的指标（如形态指标）进行复测。复测中计算测试误差的公式如下：

$P=（\sum n / AN）\times 100\%$

注：$\sum n$ 为复测卡片中检测误差超过允许范围的项次数；A 为检测指标数；N 为复测卡片数。$P > 20\%$ 提示检测质量很差，本日全部检测数据应视为无效。

分析前的逻辑检验要做到：按调查设计要求剔除不符合条件（如年龄、民族、健康状况的限制）的调查表，再进行统计。

（四）生长发育的评价

对儿童少年进行生长发育评价是掌握生长发育水平和健康状况的一项经常性工作。评价时，首先要有一个评价标准，然后根据标准来进行评价。

生长发育的评价标准是用以评价个体或集体儿童青少年生长发育状况的统一尺度。一般通过一次大数量的（横断面）调查研究，搜集某几项发育指标的测量数值，经过统计学处理，将所获得的资料结果（如均数和标准差、中位数与百分位数、相关回归等）作为该地区儿童青少年生长发育的评价标准。一般认为，所有的生长发育标准都是相对的、暂时的，只能在一定地区和一定时间内使用。各地不宜采用统一的标准，而且生长发育的标准也应每 5 ~ 10 年修订一次。

1. 发育水平

发育水平的等级可采用：均值离差法、百分位数法和曲线图法来评价。

（1）均值离差法

均值离差法是将个体儿童的发育数值和标准的均值（$\overline{X}$）及标准差（S）比较，以评价个体儿童发育状况的方法。理论依据：正常儿童的发育状况多呈正态分布，而这个正态分布范围又与均值和标准差呈一定的关系（如图 1-1-7 所示）。

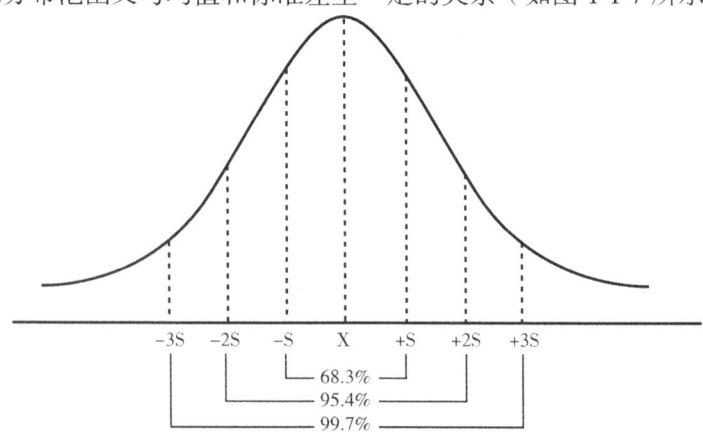

图 1-1-7　正常儿童发育的正态分布图

68.3% 的儿童发育水平在均值上 ±1 个标准差范围；95.4% 的儿童在均值 ±2

个标准差范围内；99.7% 的儿童发育水平在均值 ±3 个标准差范围内。这说明儿童的发育水平比较集中地分布在均值的上下，离均值越远，儿童数越少。以均值和标准差来评价儿童的生长发育，比单用一个均值更加准确，更为合理。

一般以均值 ±1 个标准差的范围为中等，加一个标准差以上和减一个标准差以下分别为上等和下等，共 3 个发育等级，或者再细分为更细的若干个等级，如5 个发育等级（如表 1-1-1 所示）或 7 个发育等级。

表 1-1-1　均值离差法的五级评价标准表

等　级	标　准
上等	$\overline{X}$ +2S 以上
中上等	$\overline{X}$ +S ~ $\overline{X}$ +2S
中等	$\overline{X}$ ± S
中下等	$\overline{X}$ –S ~ $\overline{X}$ –2S
下等	$\overline{X}$ –2S 以下

例：某 3 岁女，体重 9.5 千克，3 岁女童体重的均值为 13.44，标准差（S）为1.42；由于 9.5 在 $\overline{X}$ –2S 以下（即 10.60 以下），因此该儿童的体重状况属下等。

（2）百分位数法

百分位数法是以某项指标（如身高）的第 50 百分位数为基准数，其余百分位数作为离散距而制成发育标准，用以评价个体或群体儿童的发育水平。形态发育指标属非正态分布时，百分位数法的误差比均值标准差法要小得多。一般按第百分之 3、10、25、50、75、90、97 共 7 个百分位数值来划分发育等级。也可以采用百分之 10、25、50、75、90 共 5 个百分位数值来划分发育等级，即为五级评价标准，如表 1-1-2 所示。

表 1-1-2　百分位数法的五级评价标准表

级　次	标　准	等　级
一级	10% 以下	下等
二级	10% ~ 25%	中下等
三级	25% ~ 75%	中等
四级	75% ~ 90%	中上等
五级	90% 以上	上等

（3）曲线图法

根据离差法的原理，将当地不同性别不同年龄组儿童某项发育指标的均值，均值 ±1 个标准差和均值 ±2 个标准差，分别标在坐标纸上，连成 5 条曲线，作为评价个体儿童发育的标准，然后将各个儿童的发育指标实测值，分别按年龄标在曲线图上，就能根据它所处的位置确定其发育等级（如图1-1-8所示）。此评价方法的优点：①简单易行，可看到被评价儿童或集体儿童各个时期的发育水平；②能了解该儿童或该集体儿童发育速度的快慢和发育的趋势，便于对儿童生长发育进行动态观察。此评价方法的缺点：不能综合评价各项发育指标。

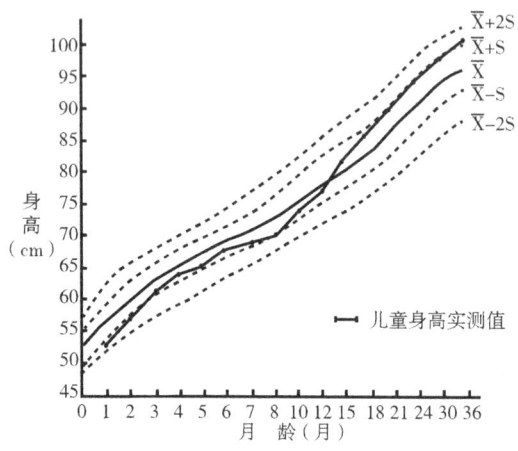

图1-1-8　某儿童身高离差法评价图

2. 发育速度

要采用追踪观察的方法制订发育速度标准，发育速度可以用年增长值和年增长率加以表示，前者运用更为广泛。由于发育速度的变异范围较大，尤其在青春期，变异的范围更大，运用时应当慎重。

3. 身体比例和匀称度

评价身体比例和发育匀称度的方法有身体指数评价法、体型图法、费尔时（Fels）综合评价法和相关回归法等。

（1）身体指数评价法

身体指数评价法是根据人体各部分之间的比例关系，借助数学公式换算成各种指数来进行评价，常用的有以下几种。

①身高体重指数即克托莱指数：体重(kg)/身高(cm)。它表示每厘米身高所含的体重量，此指数随着年龄增长而增加，且男孩大于女孩。

②Kaup指数：体重(kg)/身高(cm²)×104。它是评价儿童营养状况的常用指标，其标准是15～18为正常，小于15有瘦的倾向，大于18有肥胖的倾向。

③身高胸围指数：胸围(cm)/身高(cm)×100。它反映胸围与身高间的比例关系，此指数在生后3个月内有一定增加，而后随年龄增长而减少，且男孩大于女孩。

④维尔维克（Ververck）指数：（体重＋胸围）/身高×100。此指数是身高体重指数与身高胸围指数的总和，在3个月内的小儿随着年龄逐渐增大，4～5个月后随着年龄而逐渐减少，男孩大于女孩。

⑤身高坐高指数：坐高 / 身高 ×100。它是反映上下身长度比例的一个指数，随年龄增长而逐渐减少，说明下身比例逐渐增加。可根据该指数的大小将体型分为长躯型、中躯型和短躯型。

⑥肩盆宽指数：骨盆宽 (cm)/ 肩宽 (cm)× 100。该指数均值男性随年龄增长而逐渐下降，女性则随年龄增长而上升，从而反映男女性不同的体型特征。

⑦胸围臂围比值：胸围 / 臂围。此指数反映胸围与臂围之间的比例关系，指数在小儿初生时较大，6 个月内减少，6 个月后随年龄增长又逐渐加大，男孩略大于女孩。

表 1-1-3　中国学生部分常用指数的正常参考值范围（7 ～ 17 岁）

指　数	男	女
身高胸围指数	47.6 ～ 48.9	46.4 ～ 49.1
身高坐高指数	53.8 ～ 55.2	54.2 ～ 55.0
肩盆宽指数	71.2 ～ 73.7	76.1 ～ 78.9

（2）体型图法

每个年龄性别组（分男女）制一张"标准图"，图上列有身长、体重、胸围等发育指标的均值和加减 1、2、3 个标准差的范围，并标明其整数值，使用时直接将个体测量值点在图上，如图 1-1-9 所示。此法能简便地评价各项指标的发育水平，还可大致评价个体儿童身体发育的匀称程度，即体重、胸围对身长的比例的印象。一般说，体重、胸围对通过身长点垂线的偏差在一个标准差范围内时，可以认为该儿童身体发育比例较匀称，但当个体身高距均值超过一个标准差时，则不能正确地反映出胸围、体重与身高的相互关系。此评价方法的优点：能简便地评价多项发育指标的发育水平，并能粗略地评价各发育指标间的关系。此评价方法的缺点：对发育的匀称程度难以准确评价；不能作发育动态的评价。

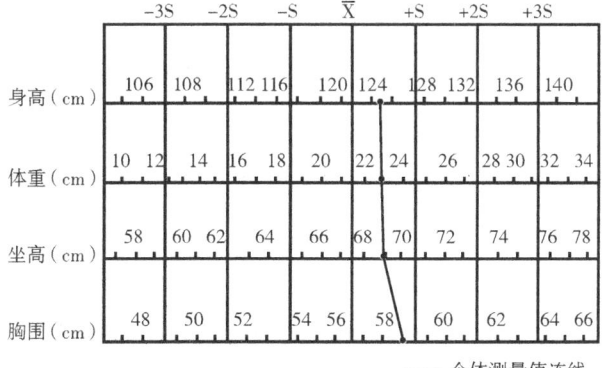

图 1-1-9　某地 7 岁女孩体型图法评价图

（3）费尔时（Fels）综合评价法

将体型图的格式横排，增加横坐标的格子数，用此标记年龄，用不同的曲线代表不同的发育指标，如图1-1-10所示。其评价方法与体型图基本相同，它也可以同时对几项发育指标进行评价，还可以作动态比较评价发育趋势。不同的是评价时要计算出个体测量值对均值离差的标准差的倍数。在综合评价各项指标即评价发育匀称程度时，也只能粗略地评价发育的匀称程度。

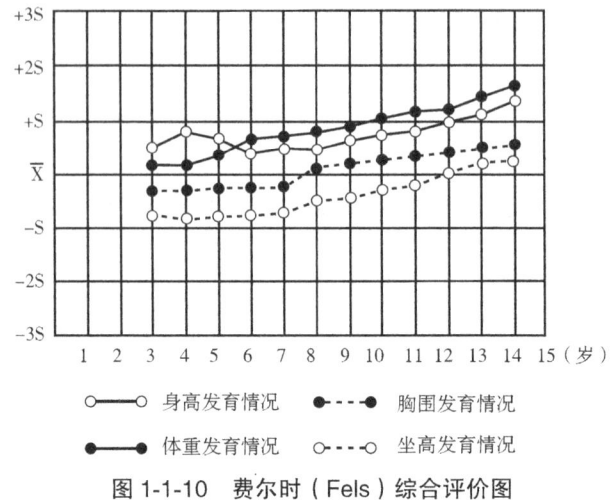

图 1-1-10　费尔时（Fels）综合评价图

（4）相关回归法

相关回归评价法既能评价儿童发育水平，又能反映发育的匀称程度。缺点是制作发育回归评价表比较麻烦，需按性别、年龄分别制表，且不能进行动态追踪观察。常见的是普通相关法。例如，该方法以身高为自变量（X），以体重或其他指标为因变量（Y），制成回归方程式，计算出回归标准差（SYX），求得适应身高的估计体重或其他指标的理论值（b），实际体重或其他指标的实际值为a，并按以下公式评价身体发育的匀称程度（R）：$R＝（a-b）/SYX$

匀称程度划分标准：$-1＜R＜1$匀称；$R \geqslant 1$不匀称趋于粗壮；$R \leqslant -1$不匀称趋于细长。

儿童体型发育的五等级评价标准

我国1978～1980年在16省市对中国儿童青少年身体形态进行调查研究将儿童体型分成匀称型、粗壮型和细长型三类，并结合身高、体重、胸围指标，将儿童青少年的身体发育分为良好、较好、一般、较差和落后五个等级，如表1-1-4所示。此评价表至今仍然被广泛应用。

表 1-1-4　儿童体型发育的五等级评价标准表

评　价	条　件
良　好	（1）身高上等　体型粗壮 （2）身高上等　体型匀称

评　价	条　件
较　好	（1）身高中上等　体型粗壮 （2）身高中上等　体型匀称 （3）身高中级　体型粗壮 （4）身高上等　体型细长
一　般	（1）身高中等　体型匀称 （2）身高中下等　体型粗壮 （3）身高中下等　体型匀称 （4）身高中上等　体型细长
较　差	（1）身高下等　体型粗壮 （2）身高下等　体型匀称 （3）身高中下等　体型细长 （4）身高中等　体型细长
落　后	（1）身高下等　体型细长 （2）凡体重、胸围显著落后于相应身高者*

* 显著落后是指体重或胸围小于估计值减 2 个标准估计误差以上。

第二节　儿童的生理特点及保健

　　熟悉儿童身体各系统的解剖生理特点有助于针对其特点更好地对他们实施卫生保健。

一、神经系统

　　神经系统是生命的中枢，是重要的调节系统，对身体的不同生理功能起着重要支配和主导作用。儿童的神经系统是随着生长发育逐渐完善的。儿童时期的神经系统特点如下所述。

（一）神经结构组织在形成和发育

　　婴儿期生长发育迅速（大脑发育的第一个高峰是怀孕后第 10 ～ 18 周，第二个高峰是出生后的 3 个月，以后脑细胞数目的增加逐渐趋缓慢，可持续到 1 岁半，以后几乎不再增加）。新生儿脑重 350 ～ 380 克，1 岁约 950 克为出生时的 2 倍半，以后减慢，6 岁约为 1200 克，7 岁 1400 克，接近成人脑重。神经基本结构在形成，1 岁时植物性神经系统发育完成，幼儿期外周神经髓鞘发育完整，大脑皮层间联系可形成，条件反射较易建立，是儿童智力开发的主要阶段。童年期神经细胞体积和重量接近成人（7 岁已接近），内部结构和功能趋于完善和复杂，神经突起分枝更密，突触联系增加，形成许多新的神经通路，大脑额叶（主管运动）生长迅速（可进行多种体育锻炼）。越小的儿童对外界适应能力越差，抵抗力也越弱，易受外界不良因素影响。所以要尽量避免外界不良因素的影响，重视营养、体能锻炼和智能开发。

（二）神经兴奋过程占优势，抑制过程不完善

儿童的神经系统兴奋与抑制的发展不均衡，主要表现为以下两方面：

①兴奋过程占优势。尤其6～13岁表现活泼好动，注意力不易集中，学习和掌握动作较快，但兴奋容易扩散，动作不协调、不准确，易疲劳，疲劳后恢复也较快。13岁以后，抑制过程加强，兴奋和抑制逐渐趋于平衡。

②抑制过程不完善。尤其分化抑制能力差，8岁以前精确分化能力差，错误动作多，8岁以后皮质细胞的分化能力逐渐完善，并接近成人。13～14岁时皮质抑制调节功能达到一定强度，分析综合能力明显提高，但掌握复杂精细的动作较困难。14～16岁时分化抑制能力显著提高，具有完成精细复杂高难度的动作能力，如正是体操、滑冰等体育运动天赋的表现时期。

根据以上特点，对不同年龄的教育要求应有不同的目标，防止脑疲劳。

（三）第一信号系统占主导，第二信号系统未完全形成

儿童时期两个信号系统形成不一致，神经活动中第一信号系统占主导地位，对具体形象的信号容易建立条件反射，而第二信号系统未完全形成，抽象语言、思维能力差，分析综合能力正在发展还不完善。9～16岁第二信号系统的功能进一步发展，联想、推理、抽象、概括的思维活动逐渐提高。16～18岁第二信号系统功能发展到相当水平，两个信号系统的相互关系更加完善，分析综合能力显著提高。所以对越小的儿童进行教育，越易使用形象直观、具有模仿性为主的教学方法。

（四）青春期出现神经系统功能的暂时不稳定性

青春期开始一段时间，由于内分泌变化，可能使神经系统的稳定性暂时下降，出现动作不协调现象，少女更为明显。随着青春发育的进行，动作的协调性又逐渐得到发展。

针对以上儿童期神经系统的主要特点，卫生保健要点：应加强感觉器官的训练；加强体育锻炼；确立良好的学习和生活制度；合理的营养供给等。

二、运动系统

（一）骨骼

儿童时期，骨骼处于生长阶段，骨内含钙较少，骨骼软有弹性不易骨折，

但易弯曲变形；同时，骨化过程未完成，不同部位完全骨化定型的年龄不一样，腕骨 11 ~ 13 岁，胸骨 20 ~ 25 岁，骨盆 19 ~ 24 岁，脊柱 20 ~ 21 岁，下肢骨 16 ~ 17 岁以后骨化。在骨未完全骨化前，该部位的任何过大负荷都会影响骨骼的正常生长，负荷过重容易促使骨过早骨化，进而影响身高。所以，儿童要注意保持正确的坐、立、走姿势和体位，根据儿童生长发育的特点安排课桌椅；根据年龄适当安排活动或劳动强度，不要负重过大，以免造成驼背、脊柱弯曲和胸部畸形等。

儿童的骨关节伸展性和弹性较大，活动范围较大，但牢固性差（关节结构上与成人基本相同，但关节面软骨较厚，关节囊较薄，关节内外的韧带较薄而松弛，关节周围的肌肉较细长）。注意加强儿童关节的柔韧性和牢固性的锻炼，防止关节脱位，如年龄越小越不宜进行拔河和掰手腕的游戏活动。

营养、体育锻炼和内分泌激素影响骨骼的生长。除了影响骨骼生长的主要内在遗传因素之外，营养、体育锻炼及内分泌激素成为影响骨骼生长的重要外在因素。为了促进骨骼的生长，要注意合理加强营养；积极参加体育锻炼；生长激素促进骨骼的生长，因此要保证充足的睡眠；雌激素促进骨化完成，青春期后，女孩雌激素高，骨骼很快停止生长，故男生最终身高较女生高，性成熟越晚身高相对越高。

（二）肌肉

儿童的肌肉发育未完成，肌肉柔软松弛（肌纤维细，水分多），能量储备差（糖类、脂类与蛋白质三大营养物质含量少）；与成人比较，儿童的肌肉力量和耐力都差，容易疲劳，但肌力的恢复较快。注意根据年龄和体力强弱安排活动和劳动任务，尽可能多样化，女孩在月经期间，不宜参加较重体力劳动和下水劳动。

肌肉发育有一定规律，身体长高时，肌肉长长，身体长胖时肌肉长粗。全身肌肉群发育不平衡，先大后小，大块肌肉先于小块肌肉的发育，如上下肢肌在 3 ~ 4 岁已发育，手部肌 5 ~ 6 岁才发育；先近后远，先屈后伸，如躯干肌先于四肢肌，屈肌先于伸肌，上肢肌先于下肢肌等。因此对儿童肌肉的训练，要根据不同年龄科学合理地安排。

（三）运动发育

小儿（6 岁以前）的运动发育与骨骼、肌肉及神经系统的功能发育密切相关，主要呈现以下规律：

①由头到尾。小儿的运动发育是由头部逐渐向下，到躯干，再到四肢而发展的，如先能抬头、抬胸、翻身，然后会坐，再后才能直立、独走。

②由近及远。离躯干近的肌肉动作先发育，然后掌握肢体远端的肌肉活动，如小儿先能抬肩，然后才会用手指取物。

③先正后反。小儿正面的、积极的动作先于相反的动作发育，如先学会用手

抓东西，然后才会放下手中的东西；先学会向前走，然后才会倒退走等。

④由不协调到协调。小儿的运动一般呈现出从泛化到集中、由不协调到协调的过程，如4个月左右的小婴儿看到面前好看的玩具时，只会有一些泛化的表现，如手舞足蹈，不能把玩具拿到手。但随着神经系统的不断完善，协调能力的逐渐加强，到8～9个月较大的婴儿，就可以伸手去取玩具，准确地拿到东西。

虽然每个小儿的运动发育快慢有个体差异性，如有的小儿11个月就会走路，而有的小儿要到1岁半才能学会走路，但运动发育过程的先后顺序总是按上述规律进行的。

三、呼吸系统

儿童的呼吸道较短窄，组织柔嫩，黏膜富含血管和淋巴管，易感染和受损伤。上呼吸道感染、肺炎等是儿童的常见病，年龄越小，症状越重，易导致呼吸困难。所以尤其要注意呼吸道的卫生，如保持生活空间的空气流通与新鲜、体育锻炼提倡最好用鼻呼吸等。

由于儿童的胸廓狭小，气道较狭窄，弹性阻力和气道阻力都大，呼吸肌力量又弱，每次呼吸的深度不及成人，肺活量较小。但儿童少年代谢旺盛，对氧的需要相对较多，因而呼吸频率较快。运动训练促进呼吸系统发育，提高呼吸功能活动，但应以短时间速度性练习为主，不宜采用过多的耐力性、力量性及静力性练习，尤其避免做无氧耐力训练，如过多的屏气动作。因为儿童少年代谢需氧较成年人多（平均每公斤肌体组织代谢消耗的氧量多），血红蛋白和肌红蛋白的含量比成年人相对少，无氧代谢能量物质储备较少。紧张练习不能持久，易疲劳。另外，过早过多地进行无氧耐力训练，会加重引起缺氧的危险，并可使儿童少年心脏的心肌壁增厚，心腔减小，不利于以后长期的运动锻炼。

四、循环系统

儿童心脏的重量和容积均小于成人，随着年龄的增长，心脏重量与体重的比值下降。如新生儿心脏重量20～25 g，占体重的0.8%，而成人只占0.5%。1～2岁达60 g，相当于新生儿的2倍，5岁时为4倍，9岁时为6倍，青春后期增至12～14倍，达到成人水平。心脏容积也随年龄而逐渐增长，到青春期达成人水平。心率较快、每搏和每分输出量比成人小，但相对于每千克体重的心输出量大。

儿童心脏发育及神经调节还不够完善，新陈代谢较旺盛，交感神经兴奋占优势，心率较快，随年龄增长心率逐渐减慢（新生儿平均每分钟120～140次；1岁以内110～130次；2～3岁100～120次；4～7岁80～100次；8～14岁70～90次，成人60～100次／分），一般到19岁以后基本趋于稳定，进食、活动、哭闹和发热可使心率加快，因此，应在儿童安静或睡眠时测量心率和脉搏。

儿童的心肌纤维交织较松，弹性纤维少，心缩力弱，心脏泵血能力弱。运动训练时运动量不宜过大，憋气和静力练习不宜过多，以免心脏负担过重。

儿童心脏收缩力较弱，每次心脏搏出血液量少，动脉血管壁的弹性较好，血管口径相对较大，外周阻力比较小，故儿童血压偏低。随着儿童年龄增长，心率变慢，心肌收缩力加强，血管外周阻力加大，血压会逐渐升高，如新生儿收缩压平均 60 ~ 70 mmHg（8.0 ~ 9.3 kPa）；1 岁 70 ~ 80 mmHg（9.3 ~ 10.7 kPa）；2 岁以后收缩压可按公式计算，收缩压（mmHg）＝年龄 ×2+80 mmHg。收缩压的 2/3 为舒张压。收缩压高于此标准 20 mmHg（2.7 kPa）为高血压；低于此标准 20 mmHg 为低血压。有些青少年会出现"青春性高血压"，多见于身体发育良好、迅速的青少年，心脏发育速度超过血管发育的速度，加上内分泌激素的影响，出现血压暂时偏高的现象，即舒张压正常，收缩压较高，但一般不超过 20 kPa(150 mmHg)。

儿童少年血液总量比成人少，但占体重百分比较成人多。成人血量占体重 7% ~ 8%，新生儿约 15%，以后随年龄增长逐渐下降，15 岁左右达成人水平。血液成分与成人也有差别，年龄越小红细胞和白细胞数越多（如新生儿红细胞为 550 ~ 750×10^4/mm^3，白细胞是成年人的 2 倍，7 岁红细胞为 400 ~ 450×10^4/mm^3，白细胞约 8000/mm^3），白细胞中中性粒细胞少于成人，淋巴细胞相对多，这与儿童易患感染性疾病与传染病有一定的关系。其他成分与成人也有差别，但不明显，15 岁左右接近成年人水平。

五、消化系统

（一）儿童经历两次出牙，易发生龋齿

第一次萌出的牙齿叫"乳牙"，4 ~ 8 个月出现，2 ~ 3 岁出齐，共20个。6 ~ 7 岁乳牙开始脱落，换"恒牙"，12 ~ 14 岁基本完成交换，18 ~ 25 岁全部出齐，28 ~ 32 个。儿童的乳牙质软而脆，恒牙釉质比成人薄，很容易损伤或被侵蚀成龋齿。注意合理营养（不能缺少钙、磷、铁、氟等矿物质，蛋白质，维生素 A、B、C、D 等）和牙齿卫生，防止龋齿（控制糖的摄入）。

（二）儿童消化能力弱，吸收能力强

儿童消化管细，黏膜薄而嫩，富含血管与淋巴，吸收营养物质的功能较成人强，但儿童消化器官中的消化酶相对少，消化能力差。另外，儿童的胃液酸度较成人低，抵抗胃肠道疾病的能力也差，故容易出现消化不良或小儿腹泻等胃肠道疾病。注意合理的喂养和饮食卫生。

六、泌尿系统

儿童肾脏和膀胱的泌尿和贮尿功能差。由于发育尚未成熟，神经调节能力较弱，正常排尿机制在婴儿期由脊髓反射完成，表现不自觉排尿，以后建立脑干—大脑皮层控制，一般至 1 ~ 1.5 岁时才能有意识控制排尿，若 3 岁后不能控制排尿则出现尿失禁和夜间遗尿现象或"夜尿症"。正常儿童 3 岁能独立排尿，6 岁能够知道必须到厕所里排尿。儿童年龄越小排尿次数越不稳定，生后最初几天 4~5 次 / 天，1 周后 20~25 次 / 天，1 岁 15~16 次 / 天，3 岁后 6~7 次 / 天。

儿童尿道黏膜柔嫩，易感染，尤其是女孩，注意卫生，防止尿道感染。

七、内分泌系统

内分泌腺分泌激素，调节儿童的生长发育、新陈代谢及生殖功能等。

脑垂体前叶分泌的生长激素不足可出现生长障碍，严重时可为侏儒症。青春期生长激素分泌量最高，而青春前期的儿童主要在睡眠时分泌，特别是深睡时分泌量较大。甲状腺激素不足，易影响骨骼生长和智力发育，严重出现呆小症。青春期的女孩较易出现碘缺乏和甲亢。性腺激素分泌异常影响生殖功能的形成发育，青春期性激素分泌旺盛，促进第二性征的发育和生殖器官及生殖功能的成熟。

八、生殖系统

生殖系统受神经内分泌的调控，在卵泡刺激素（FSH）、黄体生成素（LH）、性激素等的诱导下，主要在青春期得以快速发育。此系统的发育除了有内外生殖器官的明显形态变化外，还伴随着生殖功能的发育和成熟，以及第二性征的出现与发育，同时还会促进骨骼的快速生长，进入第二突增期。

（一）青春期的不同阶段表现出不同的发育特点

青春早期（2~3 年）：女孩 9~11 岁，男孩 11~13 岁。性器官形态改变：男孩睾丸开始发育增大（平均 11.5 岁），半年到一年后阴茎开始发育；女孩卵巢发育加速，体积开始增大。第二性征开始发育：男孩 11~12 岁出现阴毛，1~2 年后出现腋毛，再约 1 年后开始萌出胡须，额部发际后移，逐渐从童年脸型向成年脸型演变；女孩乳房开始发育，半年到一年出现阴毛，然后又半年到一年左右出现腋毛。骨骼生长明显加速：身高进入快速增长阶段（第二突增期），男孩身高增长高峰一般在睾丸发育后 1 年左右，女孩身高增长高峰一般在乳房发育后 1 年左右。

青春中期（3~4 年）：女孩 11~16 岁，男孩 13~18 岁。女孩首次月经（子宫内膜受性激素影响，发生周期性的坏死、脱落、出血，经阴道口流出，即为月经）

与男孩首次遗精（睡觉或清醒时突然有精液从尿道口排出，即为遗精）来临，女孩首次月经（也称初潮）平均年龄为 12~14 岁，男孩首次遗精的平均年龄为 16 岁左右。女孩在月经来临的头一两年一般不规律，是因为其卵巢功能尚未完善或成熟，还未形成规律性的排卵。男女性器官发育趋于成熟，接近成人水平。骨骼生长开始减速，身高的增长变慢。第二性征全部出现，如男孩身材高大，肌肉强健，喉结突出，声音变得低沉，胡须规律生长，体毛多而密等；女孩体态丰满，乳房隆起，腰变细，骨盆变宽大，呈现出女性特有的曲线美，同时，声音也变得尖细等。

青春后期（3~4 年）：女孩 17~21 岁， 男孩 19~24 岁。性器官发育形态达成人水平，生殖功能也发育成熟，第二性征发育完成，骨骼的生长发育也在此阶段停止。 需要注意的是，虽然生殖功能在生理方面达到成熟，但此时青年男女的心理功能不一定达到成熟，所以从优生优育的角度考虑，还不是谈婚论嫁的最佳年龄。

（二）青春期的生理卫生保健要点

1. 注重营养与锻炼，保证身高的快速增长

均衡充足的营养供给可保证生殖系统，尤其是骨骼的快速生长发育的需要；同时，体育锻炼可刺激骨骼骨组织的生长，促进身高的增长。

2. 加强月经期卫生保健常识与护理的教育

①月经期不要受凉，注意腹部保暖。不喝凉水，不吃生冷食物，不用冷水洗漱，不淋雨，不涉水，不游泳。

②月经期要会用卫生巾，并保持外阴的清洁。要选用消毒、透气、吸水性好的正规厂家生产的卫生巾，按说明书将卫生巾贴附在内裤上；要用专用盆或淋浴冲洗外阴，一定要从前向后清洗或擦拭；要勤换洗内裤，内裤最好经太阳晒干或开水煮烫消毒。

③月经期不要剧烈运动或过度劳累。月经期适度活动或一般劳动不会伤及身体，但是剧烈运动或过度劳累却会导致盆腔充血，加重出血，伤害身体。

④月经期注意合理饮食与充足睡眠。月经期的饮食宜清淡为主，少食生、冷、酸、辣、浓茶、浓咖啡等刺激性食物。同时，要注意蔬菜、水果及蛋白质的合理营养供给。另外，还要保证每天充足的睡眠。

⑤保持心情愉快，避免精神紧张或情绪激动。月经期由于内分泌激素的影响，容易使人出现烦躁、易怒、易激动等不良情绪，而此不良情绪也会加重经期的反应（如痛经）， 甚至引起月经紊乱。所以，调节自己保持心情愉快非常重要。

3. 正确对待"遗精"或"手淫"现象

一般健康男孩 80% 以上未婚之前都会有遗精的现象，正常每月 2 ~ 3 次。它是男性生殖功能发育成熟的一种标志，是一种正常的生理现象。手淫是用手刺激性器官达到性满足的一种举动，从医学角度看，它算是将性能量释放的一种自然

自慰现象，不会对身体造成伤害，但是如果频繁手淫导致频繁的遗精，就会伤及身体。作为老师要科学地引导少年，正确认识与对待遗精或手淫现象，偶尔出现，不要过度精神紧张、恐慌，甚至有负罪感。当然也要正向引导少年避免频繁遗精。

4. 青春期要注意自己的穿着

青春期宜穿稍宽松的衣服，不宜穿紧身衣裤（如紧身牛仔裤、健美裤、尼龙裤等）；不宜穿不透气的紧身内裤，最好穿透气、宽松的棉质内裤；不宜过早穿高跟鞋（影响骨盆及足部的正常骨骼发育）；女孩乳房发育到一定程度时要选配合适的胸罩（柔软、合适、有支托作用）等。

5. 要预防"性早熟"的出现

如果男孩 9 岁之前或女孩 8 岁之前就出现第二性征的表现，即为"性早熟"。近年来有研究报道，儿童性早熟出现的比率在增高。性早熟对儿童的危害是：该类儿童性发育的同时，体格发育也明显提前，身高、体重超过正常同龄儿童，但骨骼停止生长的年龄也会早于正常儿童，最终导致成人身材矮小。

性早熟一般分为真性性早熟与假性性早熟。真性性早熟是由"下丘脑—垂体—性腺轴"启动的，与正常性发育的顺序与表现相同的一类性早熟，多由不明原因或继发于颅内肿瘤、脑炎后遗症、服用促性腺类药物等导致。假性性早熟是非"下丘脑—垂体—性腺轴"启动的，仅有性器官的形态、第二性征的发育提前，没有性功能的成熟的一类性早熟，多由性腺或肾上腺肿瘤、肾上腺皮质增生症，以及大量或长期摄入含有性激素的药物或食物，或使用含性激素的化妆品等导致。如有研究报道，如果儿童长期服用含有蜂王浆、花粉、鸡胚、蚕蛹或动物初乳等制品，可引起性早熟。

预防性早熟的措施：儿童不宜多用滋补品（如人参、蜂王浆等）；不宜给儿童乱用含激素的药物（如误服成人的避孕药，私自用含激素的药物治病等）；避免给儿童乱用成人化妆品；避免生活环境与食品的污染（如食用含激素污染的蔬菜、水果或禽肉等）；关心注意儿童的生长发育，发现性早熟要及时就医治疗。

九、免疫系统

婴儿生后 6 个月内，可获得母体的免疫球蛋白 G（IgG），具有一定免疫力，但随年龄增长，以及小儿免疫器官的发育不全，使儿童抵抗力较差，易患各种感染性疾病，特别是各种传染病，如肺结核、麻疹、水痘、流脑、乙脑等。故应采取各种措施提高儿童免疫力，如保持充足而均衡的营养；养成良好的卫生习惯；积极锻炼身体；按时进行预防接种；注重心理和卫生保健等。

机体是统一的整体，各系统的发育是相互适应，相互联系，相互影响和相互促进的，重要的是合理营养，加强锻炼，注重各系统的生理卫生保健。

第三节　儿童的心理特点及保健

一、婴幼儿期

婴幼儿期是人一生中身心各方面发展最快的时期，也是人生转折点最集中、最多的时期。因此，这一时期最容易发生各种身心健康问题。

（一）婴儿期

有简单的感知觉和无意识的注意，情绪有初步的分化，开始有情感体验。常有不安全感，需要更多爱抚和照顾。他们需要足够的爱来帮助他们完成人生的第一个转折（脱离母体适应陌生的环境）和第二转折（断奶）。

（二）幼儿前期

自我意识开始萌芽，独立性逐渐增强，出现简单的思维活动（直觉行动思维）。注重早期的智力开发和个性健康发展的科学引导，否则易产生心理健康问题，如口吃等。

（三）幼儿期

感知觉目的性增强，形成有意注意，出现形象思维，情绪和情感更为分化和加深。交往需求增强，独立性增强，自我意识进一步发展，出现心理上的第一反抗期，开始能独立行走，扩大了生活范围，能运用语言同成人交谈，有一定程度的思维。此时期要注意尊重孩子的主张，尽量帮助其完成"自己独立做事"的意愿，或转移其注意力，耐心教导其不正确的行为等。不要打骂或过分限制他们的行动，否则易导致幼儿的心理冲突，长期下去易形成不良的心理状态，甚至产生心理障碍。

婴幼儿期是人生心理发展的关键时期，会对日后的发展奠定最初的基础，会影响其未来对社会的适应。奥地利心理学家弗洛伊德曾说过："早期的心理健全，对一个人未来的发展很重要"。许多临床经验也证明，一些成人心理疾病患者，其病因可追溯至幼年。所以，家长、幼儿教师，以及全社会均应为婴幼儿创造一个轻松愉快的环境，使其心理健康地发展。

二、童年期

童年期也称学龄期，是儿童开始进入学校系统地接受教育的关键基础时期，也是儿童心理形成、发展的重要时期。

（一）童年期儿童的心理特点

童年期儿童对事物的感知能力虽然进入有目的的感知，但仍然感知信息比较片面、孤立，难以把握事物之间的多种联系，对时间和空间的观念也比较模糊；有意注意时间逐渐延长，（如一、二年级学生保持注意力的时间为20分钟左右，三、四、五年级的学生保持注意力的时间可达30～40分钟），但仍以无意注意占优势，注意力不稳定、不持久，容易被一些新奇刺激所吸引；记忆从机械记忆、无意记忆转入有意记忆，但仍以机械记忆为主，并进入快速发展阶段，约10岁达到机械记忆的最高峰；该阶段儿童能进行以具体形象为支持的，较简单的抽象逻辑思维，但思维多片面，也缺乏灵活性、准确性；此阶段语言的发展迅速，由言语识字阶段进入阅读和写作阶段，能掌握多种言语形式，如口语、书面语、外语等；学龄儿童的情感表现外露、不易保持，有学习、同伴、教师等社会因素引起的情感开始占主要地位，出现与学习成败、班集体有关的集体荣誉感、责任感、义务感等，同时，骄傲、自满、嫉妒、懒散等不良情感也开始滋长；儿童的个性特征更加明显，好的个性品质如自信、乐观、友善、勤奋、上进等逐渐建立，但意志力薄弱、自我控制力差等特点也会影响其个性品质的形成。

（二）童年期儿童常见的心理卫生问题及保健

1. 学习问题

经调查表明，15%～25%的小学生，尤其是学龄前期向学龄期过渡时期，或者是考试不及格和成绩落后的儿童存在学习适应性差的问题，如学习困难、注意力不集中、学习焦虑、学习疲劳、厌学、不愿上学或逃课等；小学生学习负担重，考试压力大，也容易使他们出现烦躁、自卑、逆反、悲观失望或骄傲自满等不良心理现象；另外，升学的竞争对小学生的心理健康影响也很大。

保健措施可以从以下几方面开展。

①注重心理健康教育。针对小学生出现学习问题的具体原因，进行心理干预，如运用认知行为治疗对于拒绝上学的儿童进行认知与行为的调整；开展教育支持治疗，对导致学习焦虑的心理原因进行疏导、鼓励和指导等。

②全面（德、智、体、美、劳）综合评价学生的能力，勿过分强调学习成绩的重要性。

③要因材施教，应不同的学生采取不同教育方法，提高其学习能力。

④合理安排学生的学习和自由活动时间，减轻学习负担，有效防止学习疲劳与厌学。

2. 人际关系问题

同学关系不融洽，受小集体的排斥，形成小集团（或"兄弟伙"）做违反纪律或破坏性活动等；与老师关系紧张或受老师言行、态度影响很大；与父母关系，父母关心少或父母态度影响，父母离异影响等。保健措施可从以下几个方面加以关注：

①指导与同学和睦相处，引导良性小集体的形成。

②老师要为人师表，给学生积极向上的引导和更多的关心。

③注重家庭教育和关爱。

3. 不良行为问题

常见有逃学、说谎、偷窃等，纠正和保健措施如下所述：

①逃学。关键要查找原因，对症下药。如逃学可因为在学习中经常遇到困难，总是遭受到挫折和失败，对学习失去了兴趣，把学习当成一件苦差事，当成沉重的负担；或受"读书无用论"的影响，变得不愿学习了；或家长教育不得法，使孩子产生厌学情绪等。可在孩子感兴趣的问题上多加引导学习，增加对学习的热情；家长要以身作则，具有好学的精神，影响孩子养成爱学知识的好习惯；家长要改变教育方式，不对孩子求全责备，能及时表扬孩子的每一点进步。

②说谎。了解原因，晓以利害，采取有效的教育方法。如有的是为了获得别人的尊重；有的是为了逃避惩罚；还有的是一种善意的谎言等；可通过童话、故事、游戏等使孩子认识诚实是人一种良好的道德品质，诚实能赢得更多的朋友等；强化诚实行为，及时纠正批评说谎行为等。

③偷窃。了解原因，坚持诱导说服教育，或用故事、小品等启发教育，切忌当众责骂，伤害儿童的自尊心，应给以必要的心理辅导，与其谈心，必要的指导和鼓励等。

④不良习惯问题。如咬指甲、吮指、摩擦癖、遗尿、口吃、偏食等。

⑤不良情绪问题。如情绪不稳定、冲动、反应过激、孤癖、强迫行为等。

三、少年期

少年期，即过去称的青少年期，是由儿童向成年人过渡的时期，要经历一生中重要的"青春期"。由于青春期会有突然的、"暴风骤雨"般的生理及心理变化，并且此变化快速而不稳定，很容易产生一些心理问题。

（一）少年期儿童的心理特点

①感知觉非常灵敏，记忆力、思维能力不断增强，逻辑抽象思维能力逐步占主导地位，是智力发育的重要阶段。

②少年期是个性发展的重要阶段，是塑造健全人格、培养优良品质的关键时期；是培养坚强意志，良好性格，社会化情感和道德品质的重要时期。

③情绪和思想的不稳定性，易冲动，情绪和理智的矛盾。情绪易被激发，易激动或失控，有的表现明显的情绪两极性（如有时很自负，有时又很悲观）等。

④言行趋于完善和成熟，自我意识和独立性大大增强，但又不能完全独立，独立性和依赖性发生矛盾。

⑤人生观初步形成，但又不稳定，出现理想和现实的矛盾，常使他们感到苦恼、迷茫、沮丧和不安。会出现心理上的第二反抗期，如爱唱反调，经常与父母或长辈顶撞，甚至离家出走，喜欢捉弄别人，有时有破坏行为等。

⑥性意识的觉醒与发展，对性知识的好奇和困惑。

（二）少年期的心理卫生保健措施

①加强和普及心理健康教育，增强青少年的心理保健意识、心理适应能力、心理承受能力和抗挫折能力。

②引导教育学生妥善处理好各种人际关系，如与父母、老师、长辈、朋友及男女关系。

③及时进行青春期的生理和心理健康教育，达到对性成熟的良好适应。

④提高学生的综合素质，积极解决各种心理矛盾（理想与现实，情感与理智等）。

⑤培养良好的生活习惯，力戒不良习惯和行为的出现（如吸烟、酗酒、吸毒、打架、斗殴等）。

⑥学校、家庭和社会应关怀青少年成长，提供有益于身心健康的生长环境。

（三）少年期儿童常见的心理卫生问题及保健

1. 吸烟

吸烟有害身体健康，尤其对呼吸系统与循环系统的危害最大，有研究报道，吸烟患肺癌的危险性增加 5 倍，患心脏病的危险性增加 70% ~ 200%。年龄越早吸烟危害越大，尤其对处于生长发育期的儿童少年，更应该尽早防范。首先学校应该通过行政干预制定禁烟制度，如将禁止吸烟作为校规的一项规定，使学生严格执行；其次要加强吸烟危害健康的健康教育，使学生清楚吸烟的危害；最后还应该重视老师不吸烟的表率作用，使学校真正成为无烟环境。

2. 饮酒

过量饮酒对身体的危害早已被科学研究证实。酒中的酒精，即乙醇，要通过肝脏来解毒，过量的乙醇超过肝脏的解毒能力，就会堆积在体内，直接造成肝脏、神经系统、胃等多脏器损害，严重者导致肝硬化、胃癌、心血管等疾病。一次大量饮酒还可导致急性酒精中毒，出现嗜睡、昏迷，甚至呼吸中枢麻痹而死亡。对于儿童少年，由于身体各脏器还未发育成熟，所以受酒精的毒害会更大。控制儿童少年的饮酒行为关键是让其形成健康的饮食及生活方式，通过"饮酒有害"的健康教育使其建立健康的饮食观念和自我保健意识；其次还要通过学校干预或监督来防止学生聚集喝酒、借酒消愁、过量饮酒等不良行为的出现。

3. 吸毒

毒品是指鸦片、海洛因、冰毒、吗啡、大麻、可卡因、摇头丸及 K 粉，以及能使人形成瘾癖的违禁麻醉药品或精神药品。毒品已被联合国列为国际第一公害。吸毒不仅直接损害神经系统，产生强烈兴奋及致幻作用，而且长期吸毒还可造成行为失控、精神病、暴力倾向，过量还可导致猝死。据调查统计，少年是 K 粉的主要消费群体，也有少年用摇头丸。摇头丸是性混乱导致性病、艾滋病及多种疾病的罪魁祸首之一。我国法律规定：对初次吸食摇头丸及 K 粉者，将被治安拘留 15 日以下，可并处 2000 元以下罚款；吸食成瘾者，处以 36 个月强制戒毒；成瘾后复吸者，处 3 年以下劳动教养；对于贩卖摇头丸者，无论多少，均要追究刑事责任，贩卖 100 g 以上者，可依法判处死刑。学校应该通过禁毒教育使学生形成自觉抵制毒品的能力，如教育学生如何避免使用毒品，如避开可疑人或可疑地；慎交校外朋友；不到酒吧歌厅等；教会学生拒绝毒品的一些技能，如学会坚决说"不"；巧设借口；转移话题；寻求保护等。

4. 网络成瘾

随着现代科技的发展，网络已经成为方便于人们生活的一大信息平台，也备受广大少年的青睐。但是，同时它也会给人们带来了负面影响与消极作用，如网络成瘾（每天上网时间大于或等于 4 小时）、网络犯罪等，尤其对涉世不深和心理发育尚未成熟的少年来说，更容易引起网络成瘾。国内外有研究表明，青少年一旦网络成瘾，将严重影响其学业及危害其身心健康，会导致社会适应不良、人际交往技能低下，严重者引起精神障碍和心理疾病，会给其个人及家庭带来灾难。所以，学校如何预防与解决少年的网络成瘾问题也应成为学校卫生保健关注的一个焦点。要预防少年网络成瘾的出现，关键是要消除促使其网络成瘾的因素：如学业负担重、心理压力大；人际关系的障碍；家长或学校的过严管制与其想独立自由的矛盾得不到协调；焦虑、抑郁、孤独等不良情绪的长期积聚；对外界或某类信息（如性知识）的渴望或如好奇得不到满足；对网络缺乏了解，经不起信息诱惑，缺乏自控力及信息的辨识能力等。同时，社会、学校与家庭要共同做好儿童少年上网的监控工作：如社会严查关闭"黑网吧"的存在或禁止在学校周边 200 m 范围内设立互联网上网服务营业场所；在使其知晓沉溺网络的利害基础上，控制其使用电脑的时间，并在电脑上安装禁止访问色情、暴力等不利于儿童身心健康的网站的软件等。

5. 游戏成瘾

游戏成瘾一般是指过度沉迷于玩游戏中（每天玩游戏的时间大于或等于 4 小时）不能自拔，严重影响到正常的学习或生活。此类游戏可包括手机游戏、网络游戏或电子游戏机等。有研究报道，我国儿童少年出现游戏成瘾的比率也在呈上升趋势，并且初高中生的发生率高于大学生。对于游戏成瘾的少年，一定要耐心、平等地与其交流沟通，了解其内心的真实感受与想法，帮助其解决学业、生活中的困境或压力；学校、家庭可创造多种健康的其他娱乐或消遣途径来转移其玩游戏的注意力，如参加户外活动、文体活动、看电影等；帮助少年找到学习或生活中的自信，积极培养其有益于身心健康的兴趣或爱好；用科学的方法引导其进行健康合理的游戏活动，摒弃长时间玩游戏的不良行为习惯、戒掉游戏成瘾等。

6. 青春期的早恋及性教育

随着青春期的萌动，身体内内分泌激素的影响，使少男少女对异性产生兴趣与好感，是一种正常的生理反应。如果在少年群体中过早出现两性暧昧或者恋爱，则称之为早恋。如何对待青春期少年的早恋问题？不同专家学者有不同的看法。但是肯定的是，早恋没有对错，早恋不可回避，如何正确对待早恋才是关键。有研究报道，大约80%有早恋行为的少年都与家长教育不当或父母关系出现问题有关，所以，防止出现早恋应当首先从家长做起；第二，要帮助少年正确认识早恋：早恋不是做了错事，只是生理、心理、年龄及其他方面还不具备恋爱或婚姻的条件，使其认识到喜欢、恋爱与婚姻之间的关系及责任，使其明白早恋带来的影响或危害，如分散精力、耽误对方的学习与发展、将来可能会后悔等；第三，帮助青春期少年培养广泛的兴趣爱好，不断完善与充实自己，树立正确的爱情观与人生观；第四，帮助少年学会正常的异性交往技能：鼓励其进行自然、广泛的公开交往、群体交往或集体活动，不要进行个别交往、个别约会，男女有别，双方交往要真诚坦率、落落大方，最好把握一个"度"：不要太拘谨或太随便，不要太冷淡或太亲密等；第四，要对青春期少年进行正确的、恰当的性教育，使其了解青春期的生理心理变化，性意识的发展，过早性行为的危害，以及性保护等知识与技能等，帮助少年建立正确的性观念。

性意识的发展大致可分三个阶段

（1）疏远异性阶段　青春发育初期不愿意接近异性、彼此疏远、喜与同性伙伴密切相处。

（2）接近异性阶段　随着生理心理的进一步的成熟，男女之间会产生一种情感的吸引，相互怀有好感，对异性表示出关心，萌发出彼此接触的要求和愿望。

（3）恋爱阶段　生理上进一步成熟，青年男女之间开始萌生爱情，相互爱慕，进入恋爱。

思考题：

1. "儿童"特指哪个年龄段的个体？简述儿童生长发育的阶段分期。

2. 什么是生长发育？儿童生长发育的一般规律是什么？

3. 结合儿童神经系统的生理特点，你能说出哪些学习卫生保健常识？

4. 根据儿童运动系统的生理特点，请你说出平时体育运动时，应该注意哪些问题？

5. 结合儿童青少年期的心理特点，你认为青少年的卫生保健上应注意哪些问题？

6. 如何做好儿童青春期的生理卫生保健工作？有哪些保健要点？

7. 从老师的角度思考：如何处理与纠正童年期儿童的逃学、说谎、偷窃等不良行为问题？

8. 从老师的角度思考：如何处理与纠正少年期儿童的吸烟、饮酒和吸毒，网络与游戏成瘾，以及青春期早恋的问题？

9. 对儿童进行生长发育的调查有何价值与意义？调查的主要内容及指标有哪些？

10. 实践题：调查某个地区儿童的某项生长发育指标，并对调查资料进行分析统计，做出生长发育的科学评价。

第二章　特殊儿童的身心特点及保健

学习目标：

1. 熟悉各类特殊儿童的分类、形成原因及预防措施。
2. 掌握视、听、智能障碍、言语和语言障碍儿童的身心特点及保健措施。
3. 了解其他类型特殊儿童的身心特点及卫生保健要点。

第一节　视觉障碍儿童的身心特点及保健

一、视觉障碍的定义与分类

视觉障碍是指由于各种原因导致双眼视力低下并且不能矫正或视野缩小，以致影响其日常生活和社会参与。（2006年第二次全国残疾人抽样调查标准）

视觉障碍也称视力障碍、视力残疾、视力损伤等，包括盲和低视力（或弱视）。

表 2-1-1　我国视觉障碍的分类标准

类　别	级　别	最佳矫正视力
盲	一级	无光感 ~ ＜ 0.02，或视野半径＜ 5 度
	二级	0.02 ≤ ~ ＜ 0.05，或视野半径＜ 10 度
低视力	三级	0.05 ≤ ~ ＜ 0.1
	四级	0.1 ≤ ~ ＜ 0.3

注：最佳矫正视力是指通过镜片矫正以后所能达到的最好视力。
　　视力判定标准以双眼视力较好的一侧眼为准。

二、视觉障碍的形成原因及预防

（一）视觉障碍的形成原因

1. 先天原因

先天因素是造成儿童视觉障碍的主要原因，常见原因如下：

①家族遗传。父母一方或双方有显性或隐性致盲基因，遗传给后代。如先天性小眼球、先天视神经萎缩、先天性白内障、先天性青光眼等。

②近亲结婚。近亲结婚是指直系血亲和三代以内的旁系血亲的结婚，如表兄妹、堂兄妹结婚等。

③胎儿期影响。母亲孕期药物中毒（氯霉素、链霉素、强的松和地米等皮质激素、毛地黄类药、维生素A、雷米封等）、营养不良或患有其他疾病（如甲状腺功能低下、风疹等）；分娩时难产、胎儿缺氧等各种因素。

④不明原因。

2. 后天原因

①视觉器官疾病。视觉器官包括眼球、视神经传导系统和眼附属器官等部分，某个部分发生病变，都有可能导致视觉障碍。常见导致视力残疾的疾病有屈光不正、白内障、青光眼、沙眼、晶状体或玻璃体病变、视网膜变性、视神经萎缩、颅脑外伤或肿瘤等。

②全身性疾病。传染性疾病如麻疹、风疹、脑炎、肺炎、结核病等；一般性疾病如糖尿病、高血压、肾病、维生素缺乏等均有可能将来造成不同程度的视力损伤。

③眼外伤。炸药和雷管等爆炸物使眼球致伤，机械外伤、化学药物致伤，各种离子辐射、微波眼外伤及职业中毒等。

④心因性因素。情绪及心理问题也是导致视觉功能异常的重要因素。如长期的情绪困扰、病态的情绪反应等，有的甚至会造成完全失明。

（二）视觉障碍的预防

①优生优育。禁止近亲结婚、科学进行婚前咨询和检查等。

②孕期保健。禁烟酒、防止疾病或中毒、营养均衡、安全分娩等。

③卫生用眼。普及眼保健知识、防用眼疲劳、做眼保健操等。

④防止眼疾。毛巾、手帕、脸盆专用，定期消毒，及时治疗眼部疾病等。

⑤防止外伤。做好儿童的安全教育和管理等。

⑥增强体质。加强锻炼、及时治疗全身性疾病等。

三、视觉障碍儿童的身心特点

视觉障碍儿童的生长发育和普通儿童一样，遵循着相同的规律，经历着同样的历程，但也有明显的一些身心特点。

（一）视觉障碍儿童的生理特点

1. 身体形态方面

一般有"盲相"（或"盲态"），即走路磕磕绊绊、行动笨拙、手脚不协调、面部表情不自然、眼睛睁睁眨眨等。但"盲相"不是视觉障碍儿童必须有的特点，即不属于特征表现。如果通过早期方向辨别和定向行走训练后，可不带"盲相"或少带"盲相"。其他身体形态基本同正常儿童一样，无明显差异。虽然在 20 世纪 80 年代通过北京、上海和天津三地调查结果显示，18~21 岁盲生在身高、体重和胸围几个指标较普通学生低，但由于样本量少，不能说明是全国视觉障碍儿童的特点。

2. 生理机能方面

①视觉缺损。表现盲或低视力。

②听、触、嗅等其他感知觉功能强。如盲童较普通儿童用触觉辨别两点阈值要明显减小。

③一般运动功能发展迟缓。如自发运动减少，运动平衡能力差，定向运动、目标行动能力和掌握动作技能较差。这可能与视觉刺激减少，参加运动的机会、次数及活动空间范围受到限制等因素的影响有关。

（二）视觉障碍儿童的心理特点

1. 认知特征

①视觉表象缺损。视觉障碍儿童对事物的感知有时具有片面性，不完整性，如缺少物体的颜色、明暗度、透明度、准确的空间关系等特点，较难形成完整的知觉；由于视觉缺损导致获取感性信息减少，感性经验的缺乏，直接影响其对事物认识的全面性及概括性，易产生以偏概全的错误思维。

②空间认知困难。空间认知是定向的前提，故其定向能力较差，但他们的时间认知一般较好。

③障碍感觉特异。有人称这种特异性感觉为盲人的第六感觉，即有时能即时感觉到所处环境的障碍物，并自动远离或避开。这种对障碍的特异感觉是其他感觉器官综合作用及长期练习的结果，还是其他特殊原因所致，具体还不太清楚。

2. 语言与思维

视觉障碍儿童的语言障碍不明显，说、写能力都较强，但因受感性经验缺乏影响，有时语言理解能力有困难，存在"咬文嚼字"的现象，影响语言的学习，也影响思维的形成和发展，尤其是形象思维、抽象思维和动作思维等，但后天形成的视觉障碍儿童要好一些。

3. 学习与记忆

视觉障碍儿童获取外界信息的能力受到限制，某些活动受到限制，不能进行模仿学习，使学习有一定的困难。形象记忆能力较差，机械记忆和听觉记忆能力较强，记忆的广度大于正常人，如通过对方的声音不仅能判断他是谁，在哪个方向，离自己有多远，甚至能判断他的情绪和健康状况等。

4. 情感及个性

视觉障碍儿童可能有一般残障者都有的情感特点，如孤独感、自卑感、敏感、依赖性、自尊心强、情绪反应强且不稳定、富有同情心等。另外，多数视觉障碍儿童情感体验比较深沉而含蓄，即使内在情感很丰富，也很少爆发式对外表达，他们喜欢对问题进行深入的思考和探索。国内有研究表明，视觉障碍儿童的人格品质（忍耐性、固执、领导性及一般适应性等）明显不如普通儿童，但优于听觉障碍儿童和智力落后儿童。

四、视觉障碍儿童的卫生保健

视觉障碍儿童重点应保护其残余视力，促进视力障碍的康复。积极消除损害视力的因素，如借助充足的光线去看，借助于视力辅具（如高倍放大镜）来看，每次看的时间不宜过长，所看的材料应色彩鲜明、轮廓清楚、重点突出等，防止视力的进一步下降；对视力障碍儿童必要时配备合适的康复器材和生活学习辅具，如调整视力的眼镜，导盲器如盲杖、导盲犬、障碍探测器、盲文写字板等。

同时，要训练和发展触、听、嗅等其他感觉功能，并保护好相应感觉器官。通过充分发挥其他感觉的能力来弥补视觉的缺陷。如触觉训练：尽早触摸各种物体，如各种玩具、生活用品、家具、花草、小动物等；利用嗅觉或听觉辨别方向等；但要避免不利因素的影响，如玩具清洁不够、触压强度大、温度过高或过低、化学药品对皮肤的损害等。

视觉障碍儿童也应积极参加体育锻炼，增强体质。不要因为其视力缺陷而阻止或限制他（或她）参加体育锻炼，而应在一定的保护措施下，创造条件鼓励其积极参与到各种体育活动中，如体操、田径、游泳、柔道、盲人门球、盲人足球、盲人乒乓球等，不仅可增强体质，而且可以促进其身心健康的全面发展。在体育锻炼中，视觉障碍儿童应重点训练运动平衡能力、目标行动能力和定向运动等，一方面可帮助其克服"盲相"；另一方面也可提高其运动和动作的技能。

积极培养视觉障碍儿童的兴趣爱好和良好的个性特征。最好培养视觉障碍儿童容易发展的兴趣爱好，如音乐、语言、雕刻等。引导他们接受现实，学会自我心理调节，鼓励其自尊、自信、自立和自强，帮助其发挥潜能，实现自我价值。锻炼儿童良好的个性特征，如坚强的意志力、自信心、忍耐性、开朗乐观的性格等。加强心理素质教育，必要时进行心理辅导。注意对待视觉障碍儿童的方法方式要不同于普通儿童，如对其肯定的赞扬不能用微笑、点头，而要说给他听，如"你真棒"，"你表现得很好，继续加油！"等，或者通过摸摸他（或她）的头，拍拍他（或她）的肩等，让其感受到这种鼓励或认可。

学校、家庭及社会应提供适合视觉障碍儿童生活或学习的设施和环境，如生活空间布局要合理，交通路线要安全、通畅，配置无障碍设施，如盲道、盲文符号牌、交通音响信号装置等，尽量为视觉障碍儿童创设一个安全便利的生活或学习环境。

第二节　听觉障碍儿童的身心特点及保健

一、听觉障碍的定义与分类

听觉障碍是指人由于各种原因导致双耳不同程度的永久性听力障碍，听不到或听不清周围环境声及言语声，以致影响日常生活和社会参与。听觉障碍也称听力残疾、听力障碍、耳聋、聋哑（过去的俗称，实际上有聋，但不一定哑）等。听觉障碍分为聋和重听两类。

表 2-2-1　我国听觉障碍分类标准

类　别	级　别	听力损失程度
聋	一级	≥ 91 dB
	二级	81 dB ≤ ~ < 90 dB
重听	三级	61 dB ≤ ~ < 80 dB
	四级	41 dB ≤ ~ < 60 dB

二、听觉障碍的形成原因及预防

（一）听觉障碍的形成原因

1. 传导性听觉障碍

外耳和中耳疾病，引起声音传导障碍，导致听觉减退，为传导性听觉障碍，多由以下疾病引起：

①先天性疾病。包括外耳道闭锁、鼓膜、听骨发育异常等。

②后天性疾病。包括外耳道异物、耵聍栓塞，外耳中耳炎症、肿瘤、外伤、耳硬化症等。

2. 神经性听觉障碍

耳蜗或蜗后听路病变，引起听觉神经通路障碍，导致听觉减退，为神经性听觉障碍，多见的原因有：

（1）先天性疾病

①遗传性：基因或染色体异常。现在研究发现与听力有关的基因约200多个，其中60多个可引起耳聋；先天性遗传性听力障碍中，约80%为常染色体隐性遗传，约18%为常染色体显性遗传，约2%为X伴性遗传，如先天内耳发育异常或不全症，部分唐氏综合征伴有听力障碍等。

②非遗传性：妊娠或分娩异常，如怀孕初期感染风疹病毒、巨细胞病毒、疱疹病毒等易造成胎儿不可逆的感音神经性耳聋；分娩造成的外伤、难产导致的严重窒息、新生儿核黄疸、母婴血型 Rh 因子不合或 ABO 溶血、早产低体重儿等都可引起神经性听力损害。

（2）感染性疾病

各种急性传染病（如麻疹）、细菌性或病毒性感染。如流行性乙型脑炎、流行性腮腺炎、化脓性脑膜炎、麻疹、猩红热、流行性感冒、耳带状疱疹、伤寒等均可损伤内耳而引起轻重不同的感音神经性耳聋。

（3）药物的中毒

药物中毒已成为我国儿童重度感音神经性耳聋的主要原因，尤其多见于卫生工作较落后的地区。对听神经的毒性导致神经性耳聋最多见于氨基糖甙类抗生素，如庆大霉素、卡那霉素、多粘菌素、双氢链霉素、新霉素、小诺霉素等；其他药物如抗肿瘤药（如长春新碱），解热镇痛药（如消炎痛、阿斯匹林），类固醇抗炎药物，利尿药（如速尿），麻醉药，酒精、铅、苯、奎宁、一氧化碳等，也有一定的耳毒性，若长期使用也可导致感音神经性耳聋。耳药物中毒与机体的易感性有密切关系。

（4）外伤性损害

颅脑外伤、颞骨骨折、强烈震荡引起内耳损伤，均可导致感音神经性耳聋，如近年发生噪声性耳聋的人群比例在增多；耳部或脑手术伤及内耳或耳后神经也可导致神经性耳聋。

（5）突发无原因

突然发生而原因不明的感音神经性耳聋，可能急性血管阻塞和病毒感染是常见病因，耳聋可在瞬间显现，几分钟或数小时内达到最低点，早期治疗可获得较好效果。

（二）听觉障碍的预防

①优生优育。禁止近亲结婚、科学进行婚前咨询和产前检查等。

②孕期保健。避免耳毒药物、安全分娩等。

③卫生用耳。普及耳保知识（如防劳、防噪声、防游泳耳病等）。

④防止感染。毛巾、脸盆专用，定期消毒，及时治疗感染。

⑤防止外伤。儿童进行安全教育和管理。

⑥慎用药物。学龄前儿童尽量不用氨基苷类药物，其他耳毒药也要慎用。

⑦增强体质。加强锻炼、增强体质，提高抵抗力等。

三、听觉障碍儿童的身心特点

（一）听觉障碍儿童的生理特点

1. 身体形态方面

听觉障碍儿童体质的总体状况可能不如正常儿童。我国局部地区调查发现，相当数量的听觉障碍儿童在体重、胸围、肺活量等主要指标上不及同龄正常儿童。但也有研究资料显示，听觉障碍儿童身体素质与正常儿童无明显差异，具体还需进一步调查研究。

2. 生理机能方面

①听觉缺损。聋或重听，导致声音辨别或欣赏能力较差。

②平衡功能较差。部分儿童容易摔倒，可能由于损伤到内耳的前庭感受器或传入神经所致。

③语言形成或发育迟缓。听觉障碍儿童的语言形成和发育主要靠视觉、运动觉和触觉，缺少了听觉刺激，受很大影响，听觉障碍出现越早，影响越大，如先天耳聋儿童一般言语的形成要较正常儿童晚几年（6～7岁以后，而正常1～4岁），如果尽早进行语言训练，可以使语言功能得到改善。

（二）听觉障碍儿童的心理特点

1. 认知特征

①听觉表象缺损。听觉障碍使儿童不同程度丧失听觉感性材料的来源，将不同程度地影响他们正确、全面地认识周围的世界。

②视知觉发展较好，能力较强。视觉成为听觉障碍儿童的主要补偿途径，利用率较高，发展较好，知觉准确，速度较快，范围也较广，一些人有较强的动作模仿能力。

③空间定向能力相对较弱。他们只能直接感受到视野之内的物体或现象，而

视野之外的情形就不易感受到，从而影响其准确的空间判断。

2. 语言与思维

①语言障碍是听觉障碍儿童最明显的心理特点。听觉障碍出现越早，程度越重，学习语言越困难，语言训练若不及时，导致的语言障碍越严重。许多听觉障碍儿童的主要交流手段是手语。

②听觉障碍儿童的思维活动受听力和语言的影响，具有逻辑抽象思维能力较差，而具体形象思维能力较强的特点。

3. 注意与记忆

听觉障碍儿童的注意以视觉材料为主。记忆特点是记得慢、忘得快，记忆力差，尤其是语言材料的记忆最不好，形象记忆相对较好。

4. 人格特征

无研究资料证明听觉障碍儿童有特定的人格特征。但有研究发现，听障学生独立性、恒定性和忍耐性较差，依赖性较强，易产生固执、冲动、自我中心的个性特征。听觉障碍与视觉障碍儿童相比，一般较外向，情感反应比较直接、强烈，但持续时间短。沟通能力差，缺少关爱的听觉障碍儿童容易产生内向、自私、倔强、多疑与猜忌的个性，进而影响其人际关系和社会适应能力。听觉障碍儿童观察问题，重视事物的表面现象，不太愿意去深入探索事物的内在联系。

四、听觉障碍儿童的卫生保健

听觉障碍儿童应重点保护剩余听力，促进听觉障碍的康复。积极寻找和消除引起听觉障碍的原因，对疾病及时进行医学治疗，防止听觉损伤的进一步加重，对有剩余听力的儿童及时配备合适的助听器，尽早进行相关康复训练，如听力训练。另外，保护耳要注意：饮食卫生（如少吃高脂食物，多吃含纤维素和蛋白质多的蔬菜、水果，不要缺乏维生素 A、钙、镁、锌等营养素等），戒烟戒酒，尽量避免接触噪声，慎用耳毒药物等。

听觉障碍儿童也要保护好视觉、触觉、嗅觉等的感觉器官，尤其是视觉器官眼睛。注意用眼卫生，养成良好的用眼习惯，坚持做眼保健操，做好卫生保健和防止外伤工作，预防近视、弱视、沙眼、眼外伤及其他儿童常见眼病。

尽早进行科学的听觉语言训练（包括必要的手语），并保护好声带等发音器官。对发音器官无损害的听觉障碍儿童一定要进行语言训练，做到三早一坚持：早发现诊断；早配置辅具；早训练实践；坚持长期进行。另外，要保护好声带，如不要经常大喊大叫，防止疲劳等。

使听觉障碍儿童积极参加体育锻炼，重点锻炼动作的平衡和协调能力，全面增强身体素质，提高抵抗疾病的能力，促进身体的康复。

　　积极培养听觉障碍儿童的兴趣爱好和良好的个性特征，必要时进行心理辅导。要发展听觉障碍儿童的兴趣爱好，如绘画、雕刻、舞蹈等；锻炼儿童良好的个性特征，如坚强、自信、活泼、乐观等。老师、家长和社会给予更多的关爱，多与他们进行沟通和交流，必要时借助沟通辅具或学习手语。

　　提供适合听觉障碍儿童学习和生活的环境。尽量减少噪声，保持安静，安置必要的扩音设备，学习时安排其目视学习和听取声音方便的座位。在学习、锻炼和生活的场所，如教室、走廊、实验室、宿舍、餐厅等，配置作息指示灯（信号灯）或电子显示器等。

第三节　智能障碍儿童的身心特点及保健

一、智能障碍的定义与分级标准

　　智能障碍是指智力显著低于一般人水平，并伴有社会适应行为的障碍。智能障碍包括在智力发育期间（18岁之前），由于各种有害因素导致的精神发育不全或智力迟滞，或者智力发育成熟以后，由于各种有害因素导致的智力损害或智力明显衰退。智能障碍也称智力落后、智能不足、智力残疾或精神发育迟滞等。

　　智能障碍儿童是指年龄在18岁之前的智能障碍者，包括三要素：①18岁以下；②智力低下；③适应行为缺陷。

表 2-3-1　我国智能障碍的分级标准

智力水平	级别	IQ	适应行为水平	WHO-DAS 分值
极重度	一级	<20	极重度缺陷	≥ 116 分
重度	二级	20 ~ 34	重度缺陷	106 ~ 115 分
中度	三级	35 ~ 49	中度缺陷	96 ~ 105 分
轻度	四级	50 ~ 69	轻度缺陷	52 ~ 95 分

注：WHO-DAS 即 WHO 残疾评定量表，包括理解与交流、身体移动、生活自理、与人相处、生活活动、社会参与等多项评量。

二、智能障碍的形成原因及预防

（一）智能障碍的形成原因

1. 先天原因

我国有人调查发现，在导致智力残疾的病因中，遗传性病占全部病因的

17.7%，占先天病因的 40.5%，其中以染色体异常病最多，先天代谢疾病次之。

（1）染色体异常

染色体异常包括常染色体异常和性染色体异常。其中，常染色体异常会出现唐氏综合征、猫叫综合征等；性染色体异常会出现脆性 X 染色体综合征、Turner 综合征等。

唐氏综合征（Down's Syndrome），或称先天愚型或 DOWN 综合征，又称 21-三体综合征（第 21 对染色体多了一条染色体），是引起先天智能障碍最常见的疾病。这种病是以智力减退为主（大多数患儿 IQ 为 30 ~ 55，也有的患儿 IQ 甚至低于30），并伴有其他发育不良（如先天性心脏病、出迟牙、牙发育不良等）的综合征。这种病患儿有比较典型的特殊面容：小眼（眼裂小，眼距宽，内眦赘皮明显），小嘴（口嘴小），小耳朵（耳小，对耳轮突出，外耳道狭窄）；唇厚，舌大（舌相对较大，常常外伸），鼻梁塌（鼻梁低平）。另外还有身材矮小，四肢短；手宽肥厚，多通贯（多有通贯掌）；足大趾与其余四趾分离较远；患儿肌张力低下，关节活动度大，动作笨拙等。唐氏综合征在我国新生儿中的发生率 0.5‰ ~ 0.6‰，男女之比约为 3∶2。年龄越大的妇女生育唐氏综合征患儿的几率越高。另外，也与母亲病毒感染，接触过量放射线或化学药物、毒物等有关。

猫叫综合征也称 5 号染色体部分缺失综合征，是 5 号染色体丢失了一个片段，患儿的哭叫声非常似小猫的喵喵声，故得名。患儿面部情看似很机灵，但实则智力低下非常严重（智商常低于 20），发育迟滞也很明显。常见的临床表现还有小头、满月脸、眼裂过宽、内眦赘皮、下颌小且后缩等。其发病率估计为 1∶50000，女性多于男性。

脆性 X（染色体）综合征（Fragile-X Syndrome），又称 Martin-Bell 综合征，是一种仅次于唐氏综合征的常见遗传性智能障碍。主要表现为 X 染色体上的三个碱基（CGG 胞嘧啶—鸟嘌呤—鸟嘌呤）异常重复，这种重复序列越多，患者症状越重。主要表现为中重度的智力低下，其他常见特征有身长和体重超过正常儿，发育快，前额突出，面中部发育不全，下颌大而前突，大耳，高腭弓，唇厚，下唇突出，另一个重要的表现是大睾丸症。一些患者还有多动症，攻击性行为或孤僻症，20% 患者有癫痫发作。

Turner 综合征又称先天性卵巢发育不全征或女性先天性性腺发育不全征，为女性缺少一条 X 染色体，表现身体矮小，肘外翻，显蹼颈、卵巢发育不全、乳房不发育，原发闭经，性器官幼稚型，无生育能力，少数患儿会伴发轻度智能障碍。30% 伴有先天性心脏病。在新生女婴中的发病率为 0.2‰ ~ 0.4‰。

以下是各类染色体异常综合征的特征性面容图：

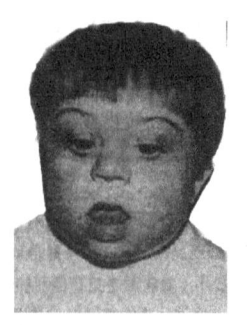 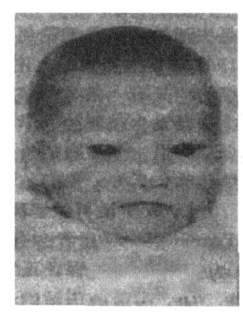 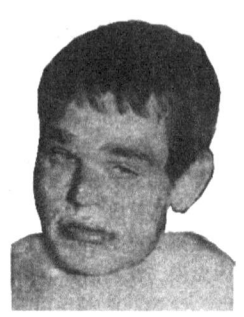

唐氏综合征　　　　　　　猫叫综合征　　　　脆性 X 染色体综合征

图 2-3-1　各类染色体异常的特征性面容图

（2）先天代谢障碍

先天代谢障碍最常见苯丙酮尿症、甲状腺功能低下、孕期缺碘、半乳糖血症等。

苯丙酮尿症属于常染色体隐性遗传病，是一种遗传性氨基酸代谢缺陷，由于体内缺少苯丙氨酸羟化酶，苯丙氨酸不能正常代谢，或只能通过旁路代谢成苯丙酮酸与苯乙酸，体内堆积的大量苯丙氨酸及其酮酸对正在迅速发育的婴儿神经系统造成不同程度的损害，如果不及时治疗，就会毒害中枢神经系统，造成进行性智力落后。

典型的半乳糖血症患儿是由于半乳糖 -1- 磷酸尿苷酰转移酶（简称转移酶）缺乏，致使半乳糖 -1- 磷酸及半乳糖积聚在血中，部分随尿排出。半乳糖 -1- 磷酸在脑的积聚可引起智能障碍。

（3）宫内未成熟

早产、低体重是导致小儿日后可能智力低下的一个主要因素。孕期母体患风疹、流感等病毒性疾病、服药不当、X 线照射、毒物作用、某些微量元素和维生素缺乏或缺氧及其他全身性疾病（如心血管系统疾病、严重肾病、肝病等）可引起的胎儿脑发育不良。

2. 后天原因

（1）感染和中毒

婴幼儿期各种中枢神经系统感染（脑炎、脑膜炎），接触某些毒性物质铅、有机汞、一氧化碳等，某些药物中毒及副反应等。如有研究发现，高铅儿童群体的智商水平低于低铅儿童群体，血铅浓度超过 100μg/L，就会对儿童的脑发育造成危害。

（2）外伤和物理因素

外伤和物理因素，常见的如产伤、窒息及生后的颅脑外伤、核黄疸、放射线、高烧等。产伤、分娩时难产、产钳助产、负压吸引和脐带绕颈等，引起头颅的机械压迫和窒息（窒息时间超过 15 分钟，即可引起小儿神经系统的不可逆性损伤，可能留下程度不等的后遗症，如智力低下、癫痫等），新生儿早期脑创伤等，都可能造成脑发育不全。

核黄疸是大量胆红素渗入脑细胞内，又称胆红素脑病，核黄疸的病死率极高，即使能幸存，也会影响婴儿的智力和运动系统的发育，造成严重的后遗症以致残废。

（3）心理因素

严重的精神创伤，心理社会剥夺等，如先天性耳聋或眼盲致感觉剥夺、剥夺母爱、幼年文化教育的机会剥夺等，都有可能影响儿童智能的正常形成与发展。

（二）智能障碍的预防

应根据儿童不同发育阶段的特点采取预防措施，重点应放在孕期保健及婴幼儿保健。

1. 初级预防

消除可能病因，预防疾病发生。

①遗传性疾病：避免近亲结婚、婚前检查、孕期保健等。

②围产期保健：提高助产技术防止产时脑损伤。

③宣传与教育：提高防病意识、预防接种、预防中枢神经系统感染、合理营养，避免心理社会因素等。

2. 二级预防

早期干预，预防永久性功能障碍。

①高危随访：早发现，早治疗。

②疾病筛查：如苯酮尿症、甲状腺功能低下等。

③健康检查：体格、营养、精神、心理发育检查。

④产前诊断：羊水穿刺检测染色体疾病、神经管畸形等。

3. 三级预防

采取综合措施，预防残疾。早期治疗、早期干预、早期教育，进行医学治疗、特殊教育、家庭指导和教育相结合，促进智力改善和潜能发挥。

三、智能障碍儿童的身心特点

（一）智能障碍儿童的生理特点

1. 身体形态

表现多样，可正常，也可有表情呆板或特殊的面容特征等。一般智能障碍程度越重，表现越明显。一般智能障碍儿童的身高、体重、胸围等生理体征与正常儿童无明显差别是，虽然有一些研究表明他们的身体素质不如正常儿童，但样本量小不足以说明是全部智能障碍儿童的特征。

2. 生理功能

①感觉功能较差。智能障碍者感官的感受性普遍较差，故听觉、嗅觉、味觉、皮肤感觉都有不同程度的障碍。

②运动功能较差。智能障碍儿童一般有运动发育落后，如视动控制、平衡力、动作的协调性、速度、灵活性等较差。

③原发病的病理表现。如呆小症的甲状腺功能低下等。

（二）智能障碍儿童的心理特点

智能障碍儿童的整个心理活动各方面的水平都很低下（特殊才能除外），具体表现如下所述。

1. 认知特点

①感知觉迟钝、速度慢、范围窄、容量较小，主动选择性和恒常性差，由于触觉、痛觉迟钝，易发生自伤现象。

②空间知觉和时间知觉发展差。

2. 注意与思维

①智能障碍儿童的注意范围狭窄，注意的转移和分配能力差，注意的选择性和稳定性差（集中注意的时间只有 10 分钟左右），注意力常不能集中，易受外界刺激的干扰，严重者缺乏对周围事物的注意能力。

②思维水平低，尤其是抽象思维差，对事物的分析、综合、比较、判断与概括能力等都很差，相对的具体形象思维较好。另外，思维常刻板、迟钝，灵活性和连贯性差，不会灵活调节。

3. 语言障碍

语言发育迟缓，同时存在着多种构音、发声障碍和节律异常等，如发音不准、吐词不清是智能障碍儿童言语的明显特点，另外也存在词汇少，语法差，运用复杂句子的能力差等障碍。据报告 70% 以上的智能障碍儿童有语言方面的问题。

4. 记忆与学习

①记忆力差，记得慢，忘得快，尤其是短时记忆和意义记忆很差。

②学习困难，对各种资料如语言、计算、技能等的学习都难。学习要在生活实例中学，要在游戏中学，不要急于求成，更多需要耐心和坚持。

5. 情绪与情感

①原始情绪表现强烈（如吃、睡等生理需求的满足），对社会和精神需要的情绪反应迟钝。

②情感单纯、幼稚，缺乏高级的社会的情感如理智感、道德感、美感及责任感、义务感、正义感、爱国主义情感等。

③情绪和情感缺少理智的控制，不稳定、易冲动，与环境不相适应，如莫名其妙地哭或笑。

6. 个性特征

智能障碍儿童的个性特征可以分为两个类型：抑制型与兴奋型。抑制型者精神不振，忧心忡忡，动作迟钝，反应缓慢；兴奋型者行为易冲动，缺乏控制力，情绪变化无常，突然大吵大闹，乱发脾气。智能障碍者的整个心理水平都低下，不能形成完整的人格。

7. 特殊才能

智能障碍儿童可能具有某种特殊才能，如音乐、绘画、计算、记忆等，常被称为"白痴天才"，若经过科学的教育，可能成为某一方面的有用人才或专家。

四、智能障碍儿童的卫生保健

对智能障碍儿童要早期干预，从生理、心理、社会等全方面进行护理和教育。

注意体育锻炼和营养，增强儿童的身体素质。可选用能引起儿童兴趣的一些活动，如步伐练习、跳舞、踏平衡木及韵律操等。合理膳食，多吃有利于大脑和身体发育的富含蛋白质、维生素和各种微量元素的食物，尽量避免有损脑神经的一些食物，但也不要营养过剩。

智能障碍儿童应加强感知觉与动作的发展训练，可通过不同形状、大小、数量、颜色、功能各异的卡片、画片、玩具、实物等，刺激多个感官。选购玩具时，要选购比较简单的、直观性较强的玩具，如可结合生活常识，选购一些日常生活用具类模型、常见动植物模型玩具、简单的拼图等，像魔方就不宜选购；通过游戏，使各种感知觉得到良好的刺激，并训练四肢活动、手眼协调等能力，如玩过家家、唱歌跳舞、堆积木及涂色、剪纸、穿珠、传球等；可配合日常生活进行动作训练，如穿鞋脱袜、刷牙、梳头、倒水、盛物等；多进行一些户外活动，增强对大自然的感受力等。

加强智能障碍儿童语言的学习与训练，应抓住时机(3岁之前最好)，因材施教。如注意训练唇、舌、齿的灵活性，坚持每天做口型操，通过发音训练来矫正音素的音调、音质和音量等，达到帮助智能障碍儿童矫正发音缺陷，发准音、吐清字。

培养智能障碍儿童的生活自理能力和社会适应能力。要对智能障碍儿童进行基本生活技能（如吃饭、穿衣、如厕、洗衣、做饭等）的学习与训练，提高他们的生活自理能力，如将某项生活技能分解成若干步骤，让他逐步学习掌握。另外，要进行社会交往的训练，提高社会适应能力，如怎样与同伴玩耍、与同辈和长辈交往，怎样帮助别人等。如每周带孩子到亲戚朋友家串门一次，带孩子外出购物或郊游，指导孩子独自招待来访的客人，鼓励孩子购买日常用品、买门票、问路等。

培养智能障碍儿童良好的情感和个性品质，可通过故事情节演示或实践来获得各种良好情感的体验；个性品质要注意培养开朗、乐观的性格及意志、自控力、抗挫折力等的培养；方法上要多引导、帮助和鼓励；要发现他们的特殊潜质，培养和发展他们的专长，使其获得自信和自尊，走向社会。

智能障碍儿童的生活学习环境要符合卫生标准，注意安全保障，防止各种意外发生。教师、家长和社会要给予他们更多的耐心、细心和爱心，要多鼓励、肯定和赞扬他们，尽量营造一个亲切、温暖和快乐的生活学习环境。

第四节　言语、语言障碍儿童的身心特点及保健

一、言语、语言障碍的定义与分级标准

言语、语言障碍是指由于各种原因导致的不同程度的言语障碍（或说话异常）或语言障碍（或语言异常），经治疗一年以上不愈或病程超过两年者，不能或难以进行正常的言语交往活动（3 岁以上）。言语、语言障碍也称言语残疾，或单称言语障碍或语言障碍（不太准确的称呼）。

表 2-4-1　我国言语、语言障碍的分级标准

级　别	语音清晰度	言语表达能力
一级	< 10%	未达到一级测试水平
二级	11% ~ 25%	未达到二级测试水平
三级	26% ~ 45%	未达到三级测试水平
四级	46% ~ 65%	未达到四级测试水平

注：以上标准适用于 3 岁以上儿童，明确病因，经治疗一年以上不能治愈者。

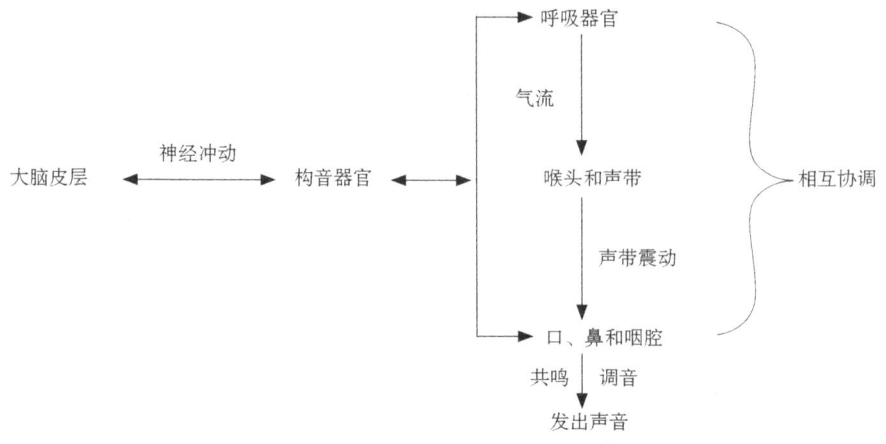

图 2-4-1　言语产生的机制

二、言语、语言障碍的形成原因及预防

（一）言语、语言障碍的形成原因

①言语器官结构异常。腭裂、唇裂等先天性畸形，舌体肥大，舌、软腭肌肉病变、声带小结和息肉、舌系带过短，喉头肿瘤等，是导致构音障碍的常见原因。

②神经系统病变。先天性大脑发育不全、颅脑损伤、脑感染、脑血管病变、脑肿瘤等病变如累及大脑颞叶言语中枢时，可引起语言障碍，如脑瘫引起的语言障碍、中风引起的失语症等。小脑有病时，使形成言语有关的肌肉运动功能不协调，讲话费力，含糊不清的言语障碍等。

③听、视觉器官障碍。尤其是听觉障碍，是儿童言语障碍的常见原因之一。如"十聋九哑"的说法有一定道理。

④心理异常与精神疾病。心理性因素如心理性口吃、选择性缄默，意识思维障碍引起的语言障碍等；某些精神障碍，如癔病性失音和失语、精神分裂症的语言障碍等。

⑤其他疾病。如智能障碍伴发的语言障碍，自闭症伴发的语言障碍等。

（二）言语、语言障碍的预防

①宣传教育，优生优育、保护发音器官常识。
②病因预防，预防可导致语言障碍的因素。
③原发病治疗，言语器官及神经系统疾病及时治疗。
④及早发现，尽早发现儿童的语言障碍。
⑤语言训练，尽早进行语言训练。

三、言语、语言障碍儿童的身心特点

（一）言语、语言障碍儿童的生理特点

言语或语言的障碍可表现为构音障碍、声音障碍、语流障碍或语言的发展迟缓、各种失语症等多种表现。

具有引起言语、语言障碍的原发病表现。言语、语言障碍常是其他病的合并症状，这类儿童必然有明显的原发病表现，如智力落后、听力障碍、自闭症、脑损伤、声音器官病变、单纯语言发展迟缓等。

（二）言语、语言障碍儿童的心理特点

语言是人类沟通的主要工具，语言的障碍使人失去了与人沟通的交际工具，与人交往受阻，伴随产生恐惧、紧张、自卑等心理，与人交往的自觉性、主动性

会越来越小，会自我封闭，对周围事物的接触减少，认识能力会减弱，交际技能得不到很好发展。言语、语言障碍儿童会由于言语、语言的障碍感到痛苦愤怒、情绪不稳定，易激动、敏感、恐惧、焦虑等产生情绪上的障碍，也容易形成害羞、胆怯、急躁、孤癖、自卑的不良个性特征。

四、言语、语言障碍儿童的卫生保健

通过医学检查，找到引起言语、语言障碍的疾病或原因，尽可能控制这些病因，如改善听力，甚至配戴助听器；唇腭裂者，尽早手术矫正；智力低下者，要全面改善脑功能等。

言语、语言障碍儿童的语言训练很重要，决定其语言功能的恢复程度。语言训练要做到三早一坚持。

1. 早诊断

诊断是否是言语、语言障碍，言语、语言障碍的程度和性质，包括语言生理功能评定（如脑功能、神经系统功能、视听觉和发音器官功能等的评定）和语言能力评定（如发音水平、语言理解能力、词汇量等级分布、语言的使用及表达等方面的能力等）等。

2. 早训练

①创设良好的语言环境：建立良好的亲子、师生关系；提供多交流说话的机会与环境；充满关爱和鼓励的心理支持等。

②制订科学的训练计划：训练的对象、时间、方法、内容（发音、词汇、句子、口语、阅读等）、阶段性目标、效果评定等，并应因材施教，注意个体差异性。

③早训练实践：对言语和语言障碍儿童越早、越及时、越科学地进行语言训练，其进步越快，效果就会越好；反之效果就越不好，如超过6岁语言训练的收益就大不如6岁之前的儿童。

④坚持长期进行：对言语、语言障碍儿童的语言训练将是一个长期而辛苦的过程，需要恒心与毅力做保证，坚持长期进行，才能获得语言训练的最后成功。

另外，要保护好呼吸器官、口、鼻、咽喉、声带等发音器官。

要重视言语、语言障碍儿童的身体健康与心理健康问题，如积极参加体育锻炼，全面增强身体素质，提高抵抗疾病的能力；经常进行相关的心理健康教育，如进行自我意识教育、社会交往技能教育、情绪控制与情感体验的教育等，培养儿童良好的个性与社会适应能力。

第五节 肢体障碍儿童的身心特点及保健

一、肢体障碍的定义与分级标准

肢体障碍是指人体运动系统的结构、功能损伤造成四肢残缺或四肢、躯干麻痹(瘫痪)、畸形等,导致人体运动功能不同程度的丧失以及活动受限或参与的局限。肢体障碍也称肢体缺陷、肢体残疾、肢体残废、肢体残障等。

(一)肢体障碍的分类

根据肢体障碍的病变部位不同可分为以下三类。

①上肢或下肢因伤、病或发育异常所致的缺失、畸形或功能障碍,如先天缺肢、短肢、下肢不等长、截肢、肢体畸形等。

②脊椎因外伤、病变或发育异常所致的畸形或功能障碍,如脊柱裂、驼背、脊柱侧弯等。

③中枢、周围神经因外伤、病变或发育异常造成躯干或四肢的功能障碍,如脑瘫、小儿麻痹后遗症、中风引起的偏瘫等。

(二)肢体障碍的分级

根据运动系统有几处残疾,致残部位高低和功能障碍程度综合考虑,并以功能障碍为主来划分肢体残疾的等级。

1.肢体残疾一级(不能独立实现日常生活活动)
- 四肢瘫:四肢运动功能重度丧失;
- 截瘫:双下肢运动功能完全丧失;
- 偏瘫:一侧肢体运动功能完全丧失;
- 单全上肢和双小腿缺失;
- 单全下肢和双前臂缺失;
- 双上臂和单大腿(或单小腿)缺失;
- 双全上肢或双全下肢缺失;
- 四肢在不同部位缺失;
- 双上肢功能极重度障碍或三肢功能重度障碍。

2.肢体残疾二级(基本上不能独立实现日常生活活动)
- 偏瘫或截瘫,残肢保留少许功能(不能独立行走);
- 双上臂或双前臂缺失;
- 双大腿缺失;

●单全上肢和单大腿缺失；

●单全下肢和单上臂缺失；

●三肢在不同部位缺失（除外一级中的情况）；

●二肢功能重度障碍或三肢功能中度障碍。

3.肢体残疾三级（能部分独立实现日常生活活动）

●双小腿缺失；

●单前臂及其以上缺失；

●单大腿及其以上缺失；

●双手拇指或双手拇指以外其他手指全缺失；

●二肢在不同部位缺失（除外二级中的情况）；

●一肢功能重度障碍或二肢功能中度障碍。

4.肢体残疾四级（基本上能独立实现日常生活活动）

●单小腿缺失；

●双下肢不等长，差距在 5 厘米以上（含 5 厘米）；

●脊柱强（僵）直；

●脊柱畸形，驼背畸形大于 70 度或侧凸大于 45 度；

●单手拇指以外其他四指全缺失；

●单侧拇指全缺失；

●单足跗跖关节以上缺失；

●双足趾完全缺失或失去功能；

●侏儒症（身高不超过 130 厘米的成年人）；

●一肢功能中度障碍，两肢功能轻度障碍；

●类似上述的其他肢体功能障碍。

二、肢体障碍的形成原因

（一）先天因素

①遗传。如 X 染色体隐性遗传的肌营养不良。

②胎儿期发育受影响。如细菌病毒感染、放射线照射、营养不良、滥用药物、外伤、缺氧等，脑瘫、脊柱裂等。

（二）后天因素

①外伤。如意外事故直接的创伤所致截肢，脑外伤所致的颅出血等。

②感染。如小儿麻痹症。

③神经系统的疾病。如脑中风偏瘫。

④其他疾病。如糖尿病、关节炎、侏儒症等。

三、肢体障碍儿童的身心特点

肢体障碍儿童除了运动系统明显的缺陷特征外,其生理和心理基本同正常人,即感知、智力、语言、思维、记忆等不受影响(神经系统病变引起的除外)。部分儿童由于运动的障碍,活动受限,在升学、就业、社交、婚姻等方面会遇到挫折,可有社会适应性差及失望、忧虑、悲观、愤怒、情绪不稳等负性情绪,长期存在会形成冷漠、孤僻、懦弱、狭隘、自卑、抑郁、敏感等不良个性倾向。肢体障碍者的性格特点主要表现为倔强和自我克制,在他们的内心深处可以把一切不平和怨恨忍受下来,只是到了难以忍受的时候才会爆发。行为和人格偏离的患者,由于情绪极不稳定,自我调节和自我控制能力极差,其行为受情绪的影响很大。

四、肢体障碍儿童的卫生保健

肢体障碍儿童应加强健全肢体的体育锻炼,保持身体的健壮。体育锻炼中尤其注意对肢体的残存功能进行训练,防止关节挛缩或肌肉废用性萎缩。

肢体障碍儿童往往需要借助一些辅具(如助行器、假肢、轮椅、生活辅具等)来完成日常生活活动,科学正确地选配合适的辅具很重要,装配好还要进行相应的功能训练,如假肢训练,尽快促进其机能的康复。针对不同程度的障碍,进行相应生活自理能力的训练或职业劳动技能的培训,提高生活质量和社会适应性。

要做好肢体障碍儿童的心理保健工作,引导培养他们自信、自强、自立,培养乐观、向上、坚强、豁达的个性品质。学校、家庭及社会要重视为肢体障碍儿童提供无障碍的,良好的交通便利及生活学习环境。

第六节　多重障碍儿童的身心特点及保健

一、多重障碍的定义与分类

多重障碍是指具有两种或两种以上身心障碍的状况。1987 年我国残疾人抽样调查显示,多重残疾占残疾人数的 13%,0 ~ 14 岁为 9.87%。如脑瘫、自闭症等都属于多重障碍。多重障碍根据以哪种障碍为主可分为以下几类。

①以智能不足为主的多重障碍,如唐氏综合征。

②以视觉障碍为主的多重障碍,如盲伴智力低下。

③以听觉障碍为主的多重障碍,如聋伴语言障碍。

④以肢体障碍为主的多重障碍，如脑瘫。

⑤以情绪障碍为主的多重障碍，如自闭症。

二、多重障碍的形成原因及预防

多重障碍的形成也分先天和后天因素。先天的遗传如先天愚型，先天的代谢异常如苯丙酮尿症，先天畸型如小头畸型、脊髓膨出、多器官系统的畸型等，孕期及出生时疾病所致等。后天的可以是疾病、外伤、中毒、不良的教养等各种因素。多重障碍的预防也是从产前诊断、孕期保健、出生及出生后的监护等各方面进行预防。

三、多重障碍儿童的身心特点

多重障碍儿童往往因其多重障碍，使其生理或（和）心理方面存在有多种缺陷，可因障碍类别及程度不同而表现多种多样，轻重不一，但总的来说，是特殊残障儿童中表现最重的一类儿童，他们生活的基本需求需要多方面的帮助和照顾。

四、多重障碍儿童的卫生保健

①早诊断、治疗和康复。从日常生活观察发现，结合生理和心理指标的测查，及早发现多重障碍的存在，针对性进行医学治疗和康复。

②早期进行教育和训练。多重障碍儿童一般残障程度都较重，对他们的教育主要应是一种"生活教育"，包括最基本的生活技能、生活习惯、休闲娱乐、简单的社会交往技能等，情况好的可进行合适的职业技能训练。

③身体锻炼和心理保健。不能忽视体格的锻炼和心理保健。

④提供更多的关怀照顾。需要社会各方面的资源提供多方面的帮助，包括生活、学习的照顾，安全的保障，辅具的装配，社会的接纳等。

第七节　脑瘫儿童的身心特点及保健

一、脑瘫的定义与分类

脑瘫是指出生前、出生后或婴儿期因各种原因所致的一种非进行性脑损伤综合征。主要表现为中枢性运动障碍和姿势异常，同时经常伴有癫痫、智力、语言、视听觉、情感、学习等多种障碍。患病率为 2‰ ~ 6‰。

二、脑瘫的形成原因

妊娠期：宫内感染、胎儿期中毒、胎儿期脑损伤、前置胎盘、染色体异常等遗传病、母亲吸烟、嗜酒或精神受刺激、先兆流产、母亲糖尿病、妊高症等。

围产期：产伤、窒息缺氧、急产、早产、过期产、脐带绕颈、巨大儿、多胎、低体重儿、颅内出血、核黄疸等。

新生儿期：脑炎、脑膜炎、脑外伤、败血症、一氧化碳中毒、重度肺炎等。

三、脑瘫儿童的身心特点

新生儿期：无原因哭叫、睡眠过少或嗜睡、吸吮无力、咽下困难、易惊。

婴幼儿期：常流口水、面容呆滞、智力低下、语言障碍、听力障碍、视力障碍、牙齿发育不良、严重的癫痫。

随年龄增长逐渐出现肌张力异常、反射异常等多种肌肉运动功能障碍及姿势异常为主要特点的临床表现。临床常根据其功能障碍的特点或障碍部位的不同进行以下分型。

1. 根据运动障碍特点分型

① 痉挛型：最常见，占脑瘫患儿的 60% ~ 70%，多由大脑运动中枢或锥体束病变引起。主要表现为肢体的异常痉挛，即肢体局部肌肉或肌群持续或断续的不随意收缩，肌张力高，牵张反射亢进，肌肉呈发硬或僵硬（严重的一型，也称强直型）状态。痉挛部位的屈肌与伸肌的主动协调运动出现障碍，被动运动时阻力明显增加，活动受限。肌肉长期的收缩会导致关节挛缩变形，如肘关节挛缩不能伸直、髋关节挛缩出现扭曲等。

② 手足徐动型：此型也称不随意运动型，约占脑瘫患儿的 20%，多由大脑基底神经核、小脑齿状核等锥体外系病变所致。主要表现为患儿的上肢、下肢、面部、头颈或躯干部位出现难以随意识控制的晃动、徐动样或舞蹈样动作。此动作尤其在紧张或运动时表现更明显，安静时可减轻，睡觉时可停止。

③ 共济失调型：此型相对少见，约占脑瘫患儿的 5%，多以小脑病损为主要病变区。临床主要表现为小脑的功能障碍，即以运动协调功能障碍和身体平衡障碍为主要特点，也称共济失调症状，如眼球震颤、肌张力相对低下（低下与正常之间为多见）、动作缓慢不协调、走路步态不稳等。

④ 迟缓型：此型也称肌张力低下型，多为脑瘫疾病的早期阶段性表现，大部分将来（多于 2 ~ 3 岁后）可转变为痉挛型、手足徐动型或混合型，个别转为共

济失调型。主要表现为躯干或四肢某些肌肉的肌张力明显低下，即在无外界刺激时呈现完全瘫软、松弛低下的状态，甚至不能维持正常的姿势。如果受到突然刺激，肌张力会立即升高，甚至出现肌张力亢进（如背肌肌张力亢进导致角弓反张的状态）。患儿障碍部位肌肉由于肌力低下难以产生自主运动，被动运动时关节的活动幅度异常增大。

⑤混合型：患儿如果同时有以上各型中的两种或两种以上的典型症状即为混合型，如痉挛及手足徐动，手足徐动级共济失调，痉挛、手足徐动及共济失调等，以痉挛级手足徐动的混合型最常见。

2. 根据运动功能障碍部位分型

①四肢瘫：四肢或四肢及躯干部位都有运动功能障碍的脑瘫，一般四肢瘫痪程度差别不大。

②双瘫：双下肢运动功能或瘫痪较重，双上肢和躯干较轻的脑瘫。实际上是四肢瘫的一种类型。

③截瘫：指双下肢肢运动功能障碍或瘫痪，双上肢及躯干正常。一般临床上被称为截瘫的患儿多为双瘫的轻症，其躯干和上肢并不是完全正常。

④偏瘫：指一侧上下肢同时发生运动功能障碍或瘫痪，尤其以上肢障碍较重的脑瘫。

⑤双重性偏瘫：是指四肢均有功能障碍的瘫痪，双上肢重于双下肢或一侧上下肢重于另一侧上下肢。

⑥三肢瘫：指三个肢体有运动功能障碍的瘫痪。

⑦单瘫：指一个肢体有运动功能障碍的瘫痪，临床上少见。

脑瘫合并症有智力低下、癫痫、语言、视觉、听力障碍、情绪行为学习障碍等。脑瘫继发症状有脊柱侧弯、关节脱位、骨质疏松、病理性骨折等。

四、脑瘫儿童的保健要点

①早诊断早治疗。通过病史、生长发育、运动发育、肌张力、反射、视、听、语言、智力、ADL测查等综合评定。然后进行手术治疗、矫形器矫正等。

②运动康复训练。运动疗法如Bobath、Rood方法，理疗（水疗、电疗、光疗），中医（按摩、针灸），作业疗法等。

③其他综合康复。其他障碍的康复训练，如语言、视、听康复等。

④教育和心理保健。教育如特殊教育、引导式教育、认知教育等，注重心理保健等。

⑤多方面照顾关怀。

第八节　自闭症儿童的身心特点及保健

一、自闭症儿童的定义

自闭症是一种广泛性发育障碍，在 3 岁之前出现，主要表现特征是社会交往障碍、语言交流障碍以及重复刻板行为或动作等。

二、自闭症的形成原因

（1）20 世纪四五十年代：自闭症病因的社会心理学假说
父母情感冷漠、教养的形式化、家庭经济较好、父母智商较高等。
（2）20 世纪 60 年代以后：生物学病因到多因素致病学说
生物学病因的依据有以下几方面。
①有的自闭症症状在父母护养之前就出现；
②自闭症患儿经精神分析治疗无明显效果；
③自闭症发病率有性别差异：男 : 女 ≈ 4:1；
④双胞胎发病率：单卵生 (90%) ＞双卵生 (0 ~ 10%)。
多因素致病学说认为自闭症的发生是一个极其复杂的过程，可能由多因素作用所致，也就是说自闭症可能是由于外部环境因素作用于具有自闭症遗传易感性的个体，导致神经系统发育障碍，从而表现出一系列功能障碍的疾病。

三、自闭症儿童的身心特点

（一）自闭症儿童的生理特点

有关自闭症儿童的身体形态、生理机能的系统研究还很少，没有明显的特征性表现。有的自闭症儿童存在以下异常。

1. 神经生理的异常

自闭症患儿的功能障碍可能与脑神经结构或生理的异常有着直接的联系，尽管临床资料显示，绝大多数自闭症患儿的神经影像学检查结果正常，仅极少数有脑部结构异常或病理性改变。有研究发现，孤独症患儿大脑皮质、脑干和基底神经节血流量降低、功能受损；部分自闭症患儿脑部体积比同龄正常儿童相对要大，结构也存在一定的异常；有人应用 MRI 检查发现，2 ~ 3 岁自闭症患儿多个脑区灰白质局限性异常肥厚，额叶肥大最重，从额到枕肥大度渐小，枕叶与正常人无差别，2 ~ 11 岁患儿随年龄增大的额、颞、顶叶生长较正常对照组慢。也有研究表明自闭症儿童存在神经递质的异常。

2. 运动功能的异常

① 肌肉力量差，动作的协调性、稳定性差，如抛接球时动作无力，手眼不协调或怕球碰着，不敢接球，跳蹦床时腿发颤，跳动姿势不稳，对爬、跑的活动害怕或逃避等。

② 肌平衡能能力差，如有的儿童不会单脚站立或站不稳，不会单、双脚蹦跳或轮跳等。

③ 运动技能相对普通儿童低下，如有的儿童不会拍球、踢球、跳绳、做操等。

④ 运动耐力差、惰性强，不能自觉地按规定完成训练内容，极容易逃避等。

据有关研究资料表明，自闭症儿童的运动发展普遍晚于正常儿童 3~5 年。

（二）自闭症儿童的心理特点

1. 社会交往障碍

①缺乏交往能力与技巧。不会使用面部表情，不与他人目光交流，对他人友好行为无动于衷甚至是拒绝，他好像不能理解他人的表情或反应，也毫不在意他人的行为，周围发生什么事似乎都与他无关，很难引起他的兴趣和注意。

②缺少同龄伙伴或友谊。不（或很少）与同龄孩子一起玩，即使玩也不懂一起玩的规则，只顾自己玩，并且有时玩的方法也奇怪，如别的不朋友玩用卡车载东西，而他却玩轮子，使它转动。不与周围小朋友交往，根本不能建立友谊。

③缺少亲人的依恋情感。正常儿童六个月后，会逐渐产生对父母或亲人的依恋感情，尤其是人多场合下黏着妈妈。自闭症儿童不黏人，没有或很晚才出现这种依恋情感，对父母的呼唤听而不闻，需要人时才拉你的手。

2. 语言交流障碍

① 语言发展迟缓。开口说话晚，正常孩子 1 岁一般都会叫"爸爸""妈妈"，自闭症儿童有的 2 岁以后可能才能说几个单词。研究报道，25% ~50% 自闭症儿童终生有失语症或只能说有限几个单词。有的还会语言功能的倒退，2 岁前本来会说二三十个词，以后会说的越来越少。

② 语言运用障碍。有的孩子有一定语言能力，但不会恰当运用，有时问而不答，有时答而非问，有时又是自话自说。如许多自闭症儿童表现出刻板语言、语言重复（"鹦鹉学舌"）的现象，不能运用或理解人称代词如"你""我""他"等，有的出现语音语调异常，如语调平板单一不会变化等。

3. 兴趣行为异常

（1）兴趣狭窄

研究表明，大约 75% 的自闭症儿童表现兴趣狭窄，如有的对旋转的东西感兴趣，有的对长竿状的东西感兴趣，有的对与数字有关的东西感兴趣，有的对音乐或绘画等感兴趣，有的特别喜欢柔软光滑的物体（如被子或毯子），有的对某一物件（如一个杯子或一块砖头、塑料袋、门锁、某些水果等）感兴趣，并产生依恋，甚至终生依恋，一旦拿开这些依恋物他们就烦躁、发脾气。而对亲人却不依恋。

（2）刻板行为

①对人、物的固定反应，如不论对亲人还是陌生人都反应一样，也常被外人认为这孩子不认生。对物体有固定的放置方式，如果变动了，就大发脾气或哇哇大哭。

②生活中的固定仪式，也有人称为生活中的同一性的执着，即每天固定时间做固定的事或用固定的物品，并且这种执着不会像正常儿童随年龄增加而消退，反而有时会加强。如天天要吃同样的饭菜，出门要走相同的路线，只用黄色的碗吃饭或蓝色的杯子喝水。周围环境常常固执地要求一成不变，一旦发生变化就会焦虑不安。自闭症儿童的这种对生活常事的同一性与重复性的坚持，对多样性与变化性的排斥是很普遍的。

（3）重复行为

一些自闭症儿会出现重复的、自我刺激的动作行为：如自言自语，单调重复地蹦跳、拍手、挥手、奔跑旋转，不停地翻动手掌或摇晃身体，摆动脑袋或脖子，走路踮脚，玩身体某部位，重复转圈，等来寻找刺激，被学者认为可能是满足自我感觉的需要。也有人认为是自我感觉调节的需要，因为一些儿童在环境越嘈杂表现越厉害。甚至出现自伤自残，如活动过度、反复挖鼻孔、抠嘴、咬唇、吸吮等动作。有的自闭症儿在刺激性环境或困难处境时还会表现自伤性撞头的行为等。

4. 其他异常表现

诸如感知觉迟钝（如对痛觉或声音等不敏感），情绪不稳（莫名其妙发笑或不明原因的哭闹、尖叫）、焦虑、激惹，无害怕感或过度害怕等，或伴有智力低下，生活自理能力差等。

5. 超常能力表现

有关专家介绍，20% 的自闭症儿童可能有某方面的智力超常，如有的机械记忆力特别好，有的对音乐的感受能力高，还有的有绘画天赋等。但是，会有一些儿童随着年龄的增长出现智能下降，甚至智力低于同龄人。

四、自闭症儿童的保健要点

自闭症的具体病因机制还不清楚，它的治疗没有特效的药物或方法，但通过不断地探寻，已有多种有效的、促进其康复的方法，如药物疗法、教育疗法、行为疗法、感觉统合疗法、音乐疗法、艺术疗法、游戏疗法等。对自闭症儿童的保健要注意以下要点。

①加强体育锻炼和营养，增强儿童体质。

②加强社会交往技能的学习与训练。首先能主动注意周围的人或事，能理解和运用姿势性语言和表情性动作表达自己的意愿，提高语言或非语言沟通能力，改善与父母及周围人的交往关系。

③及时进行语言的学习与训练，让患儿学会正确发音；正确模仿常用单词；用句子表达自己的要求和愿望；提高复述和对答能力等。训练措施诸如呼吸训练、口型和发音训练、单词训练、句子训练、复述和对答能力的训练、朗读文章及表达能力训练、语言理解能力训练、文字应用训练等。

④积极进行基本生活技能的学习和训练，目标是使他们学会自我照顾，进行生活自理训练时,首先要评定目前水平,制定训练目标(要与患儿的能力水平相当)。其次，要选取正确有效的训练方法，如脱衣服，分解成多个动作步骤，分阶段由简单到复杂（逐渐减少帮助）训练完成。孩子每完成一个小步骤时要及时给予鼓励和奖赏。注意不要在患儿尖叫或发脾气时满足他的要求；与自闭症儿童谈话时尽量使用简单明了的语言；要多与自闭症儿童说话（即使他们根本不注意）。

⑤积极治疗消除异常行为。异常行为包括重复刻板的行为、自伤行为、攻击行为、情绪行为(乱吼乱叫、哭闹、跑跳等)等。分析原因，可能是患儿想引人注意、刻板行为受到限制或改变、逃避训练要求、身体疾病或指导方法不当等。我们要选择有效的处理方法来消除其异常行为。

⑥行为矫正技术。包括用消退法来减少或消除异常行为，用强化法来建立或促进期望行为。

⑦认知行为疗法。从改变不适当的认知及想法来改变行为。它要求儿童有一定的认知能力，然后进行自我控制训练、发泄或迁移方法的应用等。

⑧感觉统合治疗。根据儿童的感觉统合能力和动作发展状况，以游戏方式使他在活动中做符合要求的活动,帮助儿童培养训练的兴趣，减轻紧张和焦虑的情绪等。

⑨必要时可用医学药物来配合治疗。

思考题：

1. 形成视觉障碍的常见原因有哪些？如何预防视觉障碍？

2. 什么是盲相？视觉障碍儿童应当如何克服盲相？

3. 简述视觉障碍儿童的身心特点及卫生保健要点。

4. 什么是听觉障碍？我国听觉障碍是如何分级的？

5. 听觉障碍儿童有何生理、心理特点？

6. 对听觉障碍儿童进行卫生保健的工作重点是什么？

7. 儿童的言语、语言障碍是如何产生的？常见的形成原因有哪些？

8. 如何根据言语、语言障碍儿童的特点实施卫生保健工作？

9. 试述形成智能障碍的常见原因及预防措施。

10. 简述智能障碍儿童的身心特点及卫生保健要点。

11. 实践题：走进某一残障儿童的学习与生活，通过观察及调查等方法，记录其卫生保健的实际状况，做出分析总结，并提出相应的改进建议。

第三章　特殊儿童的体质测查

学习目标：

1. 了解特殊儿童体质测查的目的与意义。
2. 熟悉特殊儿童体质测查的主要内容。
3. 掌握特殊儿童的身高、体重、坐高、躯体围度等的测查方法。
4. 熟悉特殊儿童的视觉、听觉、感觉及运动等生理功能的检查方法。
5. 了解特殊儿童其他体质指标的测查方法。

第一节　体质测查的概述

一、体质测查的概念

体质是指人身体的质量，即人体在形态结构、生理生化机能、身体素质和心理状况的相对稳定的综合特征。体质是指人的生命活动和劳动工作能力的物质基础，一定程度上可以反映人体的生命活动、运动能力及社会适应能力的水平。

影响体质强弱的因素：遗传、环境、营养、体育锻炼等。遗传对体质的状况和发展提供可能性或前提条件，体质的强弱还有赖于后天环境、营养、卫生和身体锻炼等因素。

体质测查是指有目的、有计划地对反映体质水平的指标进行测量与调查。

二、体质测查的内容

儿童体质测查的内容和指标与儿童生长发育的评量指标具有一致性，主要如下所述。

①形态结构指标：身高、体重、头围、胸围、上臂围、坐高及皮下脂肪厚度、身高体重比等。反映一个人的体型、姿势、身体组成比例和营养状况等。

②生理生化指标：脉搏、血压、呼吸频率、肺活量等心肺功能指标及生化检

验指标等。反映机体各系统、器官的工作效能和机体的新陈代谢功能。

③ 身体素质指标：跑、跳、攀爬等运动能力指标及反映爆发力、柔韧性、灵巧性、协调性、平衡性或耐力等的运动指标等。

④心理状况指标：反映认知、情感、意志、能力、气质、性格及社会适应性方面的指标。

三、特殊儿童体质测查的目的和意义

① 确定特殊儿童的类别及程度，大范围测查可了解特殊儿童的数目及分布情况，为特殊儿童的预防提供科学线索和依据。

②了解特殊儿童的生长发育状况，为教育、训练及康复治疗等提供科学依据，有针对性地制订计划和采取措施，同时还可评价教育、训练或康复治疗的效果。《特殊学校暂行规定》第9条指出：学校应对入学残疾儿童、少年的残疾类别、原因、程度和身心发展状况等进行必要的了解和测评。其中就应包括儿童体质方面的测查。

③积累特殊儿童体质的数据和资料，为我国残疾人或特殊儿童的有关政策法规的制定，科学的研究，相关服务机构的工作开展等提供科学依据。这对加强我国的物质文明和精神文明的建设，提高我国的全民素质有重要的意义。

第二节　身体形态结构的测查方法

一、人体的测量

人体的测量包括身高、体重、坐高、躯体围度、肢体长度和皮下脂肪厚度测量等。卫生要求新生儿每周1次，婴儿每1个月1次，幼儿前期每3个月1次，3岁以上幼儿（学龄前儿童）每半年1次，学龄儿童及少年每年1次进行人体测量。

（一）身高

身高是指从头顶到足底的垂直长度，是头、脊柱及下肢的总和，反映骨骼的发育情况。婴儿不能在直立位测量身高，只能在卧位量其身长（如图3-2-2所示）。

1.测量工具

身高计、身高体重测量仪（图3-2-3）、固定墙上的立尺、软尺，婴儿用的量床（图3-2-1）、量板、婴儿身高体重测量仪等。

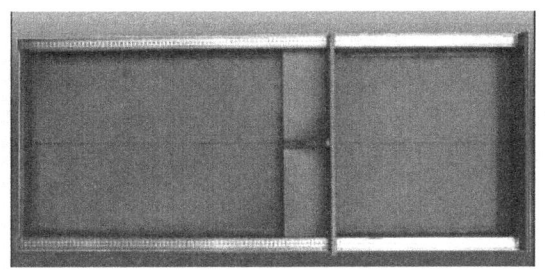

图 3-2-1 婴儿量床

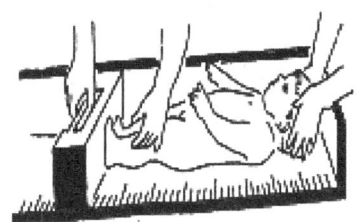

图 3-2-2 婴儿测量身长的方法

2. 测量方法

被测者脱去鞋帽，立正姿势站立，头为正中位，两臂自然下垂，双眼平视，足跟、骶部和两肩胛骨中间部位与身长计的立柱紧贴，两脚跟靠拢，足尖分开成 60 度，测从头顶到足底的垂直长度（如图 3-2-4 所示），误差不得超过 0.2 cm。人的身高一般在清晨较高，傍晚较低，早晚相差 1 ~ 2cm。

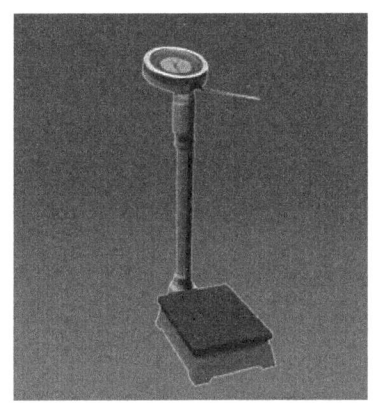

图 3-2-3 身高体重测量仪

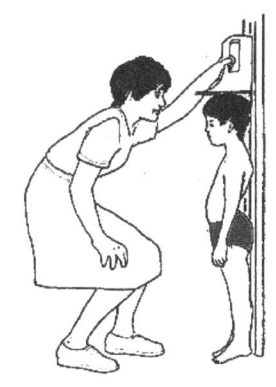

图 3-2-4 儿童测量身高的方法

测量过程中应注意：

①水平板与受测者头顶接触时，松紧要适度。

②读数时两眼要与压板等高。

③身高测量应在相同时间、相同条件下，用统一的方法进行则量，以减少误差。

④对有肢体障碍的儿童，如坐轮椅的儿童、痉挛性脑瘫儿童等，可采用"分段测量身长法"，如先测头颈（头顶到颈椎），再测躯干（颈椎到坐骨结节长），测下肢（可再分段测坐骨结节到腘窝，腘窝到足跟），最后各段长度相加则为总身长或身高的长度。

⑤对触觉敏感的儿童，要尽量减少刺激，或采用特殊的处理，如先用布包裹住该儿童的裸露部位，减少碰触的敏感性。

3. 标准身高计算方法

新生儿平均身高为 50 cm，0 ~ 6 个月每个月平均增长 2.5 cm，共计增长 15 cm。7 ~ 12 个月每月平均增长 1.5 cm，共计增长 10 cm。2 岁约为 85 cm。

2 ～ 10 岁小儿的身高可用下列公式来估算：

身高 (cm)= 年龄 ×5+80

如 5 岁应该是 5×5+80=105（cm）。

近年来调查资料表明，以上公式计算出的身高值较实际值偏低，故推荐以下公式计算，即 2 ～ 12 岁小儿身高：

身高 (cm)= 年龄 ×6+77

青春期以后，身高的增长明显加快，每年平均增长 8 cm 左右。青春期终末（女 17 ～ 19 岁，男 18 ～ 20 岁）停止生长，最终男孩高于女孩，比同年龄的女孩高 10~13 cm。

（二）体重

体重是指人体总的净重量。体重能反映机体生长发育的综合情况，所以是判断健康水平的重要指标，是临床工作中计算药物剂量、输液量和热卡供应等的主要依据。

1.测量工具

杠杆秤、体重计（如图 3-2-5 所示）、体重脂肪测量仪、身高体重测量仪、儿童秤（如图 3-2-7 所示）、婴儿秤（如图 3-2-6 所示）、婴儿身长体重测量仪等。

2.测量方法

体重计放在平坦地上，调整零点，受测者早晨起床空腹状态或餐前 1 小时左右时，排空大小便后，只穿内衣内裤，自然站立在秤台中央并静止不动，刻度尺平衡后读数并记录。每 100 kg 误差小于 0.1 kg。

图 3-2-5　电子体重计　　　图 3-2-6　婴儿秤　　　图 3-2-7　儿童秤

3.儿童标准体重计算方法：

1 ～ 6 个月：标准体重 (kg) ＝出生体重 (kg)+ 月龄 ×0.6

7 ～ 12 个月：标准体重 (kg) ＝出生体重 (kg)+ 月龄 ×0.5

1 ～ 12 岁：标准体重 (kg) ＝年龄 ×2+8

13 ～ 18 岁：男生：标准体重 (kg)= [身高 (cm)–100]×0.90

女生：标准体重 (kg)= [身高 (cm)–100]×0.92

一般实测体重在标准体重 10% 以内为正常，10% ~20% 为超重，超过标准体重 20% 以上为肥胖，20% ~30% 为轻度肥胖，30% ~50% 为中度肥胖，超过 50% 为重度肥胖。

（三）坐高

坐高指人体坐姿时头顶至座位平面（坐骨结节）的垂直距离。测量坐高可了解脊柱高度（常以坐高来代替躯干长，虽然躯干长是从胸骨上端至耻骨联合点的距离）、评价体型及营养状况。坐高身高指数是坐高占身高的比例，指数越大，说明躯干相对校长，指数越小，躯干相对较短。一般 3 岁以上小儿测坐高，出生时坐高占身长的 66%，以后下肢增长比躯干快，4 岁时坐高占身长的 60%，6 ~ 7 岁后坐高小于身长的 60%。成年人（男 26 ~ 60 岁，女 31 ~ 55）一般指数在 52% ~ 54% 间为均衡躯干型，大于 54% 为长躯干型，小于 52% 为短躯干型。

坐高的测量方法是，被测量儿童坐在身高坐高计（如图 3-2-8 所示）的坐板上，头的枕部、两肩胛间的脊部和骶部三点应贴在身高坐高计（如图 3-2-9 所示）的立柱上。坐时头正直，眼平视，躯干挺直，两腿并拢，大小腿间保持 90 度的夹角，两脚踏在地面或身高计的垫板上，两臂自然垂于体侧，测量者的站位与操作同身高的测量方法，误差不得超过 0.2 cm。

 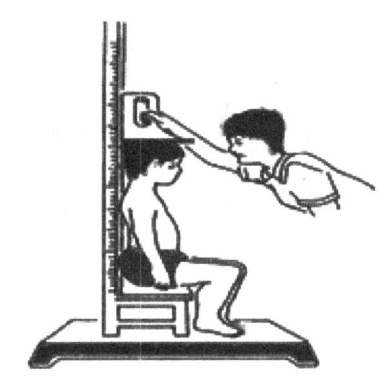

图 3-2-8　身高坐高计　　　　图 3-2-9　儿童测量坐高的方法

（四）躯体围度

1.头围

头围测量法：测量者立于被测儿童之前，左手拇指将软尺零点固定于儿头部右侧，用软尺尽量贴紧头皮测量前平眉弓上缘（注：眉弓就是眉毛的最高点），后平枕骨粗隆处（最突出处）的小儿头部一周的长度（如图 3-2-10 所示）。注意，头发浓密处，上下分开来测。记录到 0.1 cm，误差不得超过 0.2 cm。它的增长代表头颅的发育，年龄越小头围增长越快，出生时头围约

图 3-2-10　儿童头围测量

34 cm，前半年增长约 9 cm，后半年增长约 3 cm，1 岁头围约 46 cm，2 岁头围约 48 cm，5 岁头围约 50 cm，10 岁头围约为 52 cm，15 ~ 16 岁达 54 ~ 58 cm，头围接近成人。头围过小及过大均为病理现象，头围过小，多见于大脑发育障碍、小头畸形等。头围过大多见于脑积水、佝偻病、大头畸形等。部分脑积水儿童要测经枕骨粗隆处到颅骨最膨隆处的周长，才可真实反映该类儿童的头围及脑积水增长的速度。

2. 胸围

胸围的测量法：平静呼吸，用软尺测前平乳头上缘（已发育的女孩为第四肋处）处后平肩胛骨下角下缘的全胸围周长，吸气末读数（如图 3-2-11 所示）。注意，测量时，软尺零点一般固定在胸前胸骨剑突下（胸前正中间点）。记录到 0.1 cm，误差不得超过 1 cm。新生儿胸围比头围约小 1.5 cm，1 ~ 2 岁时胸围与头围相等，2 岁以后胸围超过头围。

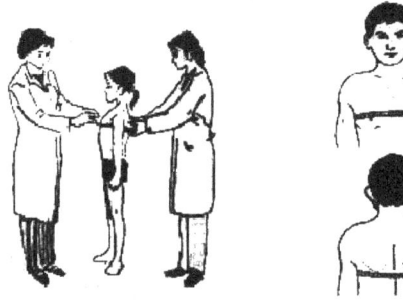

图 3-2-11　胸围测量法

3. 上臂围

上臂围是骨骼、肌肉和皮肤，皮下组织的综合指标，可用以反映皮下脂肪厚度及营养状况。主要用于早期发现营养不良儿童。上臂围的测量法：使被测者上肢放松下垂，在肱二头肌最突出处（或肩峰到尺骨鹰嘴连线中点处）进行测量，测量时软尺只需紧挨皮肤即可，勿压迫皮下组织。记录到 0.1 cm，误差不得超过 0.2 cm。

（五）皮下脂肪厚度

人体的脂肪大约有 2/3 贮存在皮下组织。通过测量皮下脂肪的厚度，即皮脂厚度，也叫皮褶厚度，不仅可以推测全身脂肪的含量，而且也是判断是否发生肥胖或营养不良的一种简便方法。

1. 测量工具

皮脂厚度测量仪（或皮脂计，如图 3-2-12 所示。）、皮肤皱折卡钳、替代工具（如卡尺，如图 3-2-13 所示）等。

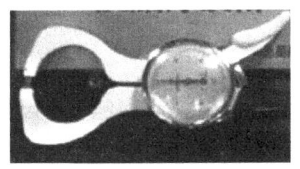

图 3-2-12　皮脂厚度测量仪

图 3-2-13　卡尺

2. 测量部位

腹部脐下或脐旁 1~2 cm 处（或锁骨中线与脐平线交界点，一般取右侧），是最常用的测量部位。此外，有时还要测量颈部、背部肩胛骨下端处、上臂肱三头肌下端、胸部、大腿前后侧和小腿腓肠肌等部位。如学龄前儿童常测大腿内侧上 1/3 与中 2/3 交界处。

3. 测量方法

用左手拇指和食指（或其余四指），左右分开约 3 cm，将测量部位的皮肤和皮下组织轻轻捏起呈皱褶状，右手持卡尺或皮肤厚度测定仪测量皮肤皱根部上下缘的厚度（是皮肤和皮下脂肪组织双倍的和）。然后将捏起的皮褶放松后再次捏起测量，连续测三次，取其平均值。测量时施加在皮肤上的压力要适中，不宜过大或过小，读数的单位用 mm（毫米），记录到小数点后 1 位数。请参看图 3-2-14 和图 3-2-15。现在可以用 X 线软组织摄片法或超声波断层法测定脂肪更加准确。

图 3-2-14　脐部皮下脂肪测量

图 3-2-15　肩胛下角皮下脂肪测量

正常小儿腹部皮下脂肪厚度多在 8 mm 以上，如果低于 8 mm 则说明有不同程度的营养不良。 4 ~ 8 mm 为轻度营养不良，4 mm 以下为中度营养不良，皮下脂肪消失，只能捏起皮肤为重度营养不良。

（六）肢体长度

1. 上肢长度测量

在测量上肢长度时，被测对象应采取坐位或站立位，上肢自然垂于身体一侧。上肢长度又分为以下几种类型。

①整体长度：相对长度为第七颈椎至中指尖长度，绝对长度为肩峰至中指尖的长度。

②上臂长度：相对长度为肩峰到尺骨鹰嘴距离，绝对长度为肩峰到肱骨外上髁距离。

③前臂长度：相对长度为肱骨内上髁到尺骨茎突的距离，绝对长度为尺骨鹰嘴到尺骨茎突或桡骨小头到桡骨茎突的距离。

2. 下肢长度测量

在测量下肢长度时，应让患者仰卧，骨盆摆正，如一侧畸形，则健侧下肢应放在与患侧下肢相同的位置上。下肢长度分为以下几种类型。

①整体长度：相对长度为脐至内踝尖的距离，绝对长度为髂前上棘到内踝尖的距离。正常两测误差不到 1 cm。

②股骨长度：相对长度为髂前上棘到股骨外侧髁的长度，绝对长度是股骨大转子顶点到膝关节外侧平面的距离。

③胫骨长度：为胫骨平台内侧上缘到内踝尖的距离。

④腓骨长度：为腓骨小头到外踝尖的距离。

二、姿势的评定

姿势评定是通过观察或测量被评定对象，了解有无姿势异常。评定方法决定是否需要工具，如观察法不需要设备；测量法需要相应测量工具；放射学评定需要 X 光片。

（一）观察法

观察法指被测者自然站立，检查者从侧面、后面观察。

①侧面观察：注意头位置是否屈曲或倾斜，胸的位置是否有压低或升高，腹壁是否有凸出，脊柱的胸、腰弯曲是否过大，骨盆是否有前、后倾斜或旋转，膝是否过伸或屈曲等，是否有内翻足、外翻足或扁平足等。

②后面观察：注意下列身体标志结构是否在同一平面：双侧耳垂、双侧肩部、双侧肩胛骨下缘、双侧髂后上嵴、双侧臀纹、双侧内外踝。

（二）测量法

1. 铅垂线测量脊柱侧弯曲度

铅垂线测量法可了解有无脊柱侧凸。测量方法是患者站立，用一个铅垂线从枕骨隆突的中点下垂，如果铅垂线不经过臀中沟，则表示有脊柱侧凸。如图 3-2-16 所示。脊柱侧弯可见于脑瘫、脊髓空洞、小儿麻痹、神经纤维瘤病、胚胎发育异常等疾病。

现在，医院已有脊柱电子测量仪，手控其在背部皮肤上沿脊柱滑动，测量探头根据滑过的踪迹记录相应长度、侧角度数等数据计算出凸或弯的情况。这比手工测量更精准，比 X 检查更安全。

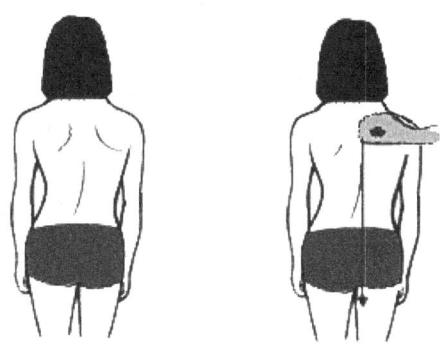

图 3-2-16　铅垂线测量脊柱侧弯曲度

2. 测量腿的形状

①正常直形腿：站立时两膝和两足能并拢或稍有间隙，但不超过 1.5 cm。

②"O"形腿：站立时两脚能并拢，但两膝间的间隙超过 1.5 cm。如图 3-2-17 所示。

③"X"形腿：站立时两膝能并拢，但两足间的间隙超过 1.5 cm。如图 3-2-17 所示。

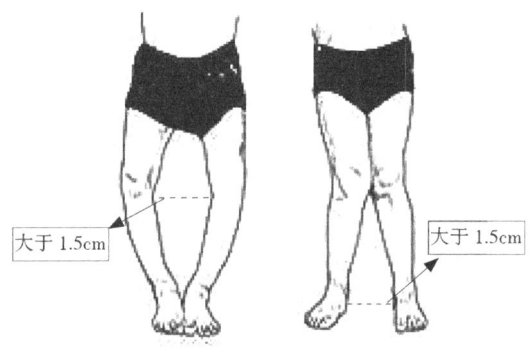

图 3-2-17　"O"形腿与"X"形腿的测量

3. 测量足的形状

（1）跟轴线测量

被检查者站立位，若小腿正中线与足跟纵轴一致为正常，若足跟轴线向小腿正中线外侧或内侧偏斜，表明有足内翻或外翻畸形。

（2）足指数测定

足平放桌上，自足最高处到桌面的距离为足弓高度；自足跟到第 2 趾尖的长度为足长度。正常足指数＝足弓高度 ×100 ／足长度 ≈ 29 ~ 31，扁平足指数小于 29，严重者指数在 25 以下，高弓足指数大于 3l。

（3）常见的足踝部畸形

①马蹄足：前足着地负重，踝关节跖屈位，足跟悬起。如图 3-2-18 所示。

②仰趾足：足跟着地负重，踝关节背伸位，前足仰起。如图 3-2-19 所示。

③内翻足：足底向内翻转，行走时足背外侧缘着地。如图 3-2-20 所示。

④外翻足：足底向外翻转，行走时足内侧缘着地。如图 3-2-21 所示。

⑤扁平足：足纵弓塌陷变平，足跟外翻，前足外展。如图 3-2-22 所示。

⑥高弓足：足纵弓异常升高，行走时足跟和跖骨着地。如图 3-2-23 所示。

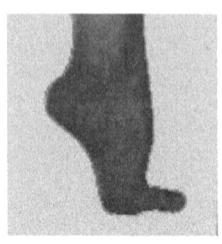
图 3-2-18　马蹄足

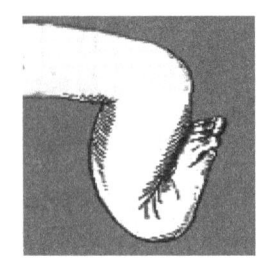
图 3-2-19　先天性仰趾外翻足

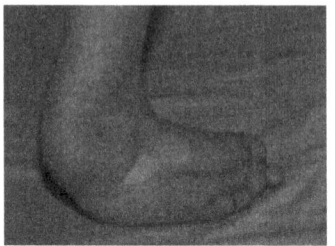
图 3-2-20　内翻足

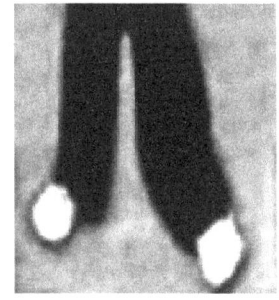
图 3-2-21　外翻足

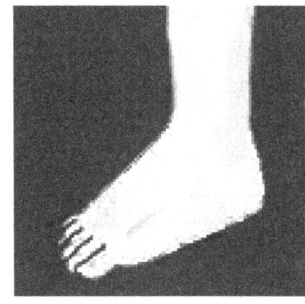
图 3-2-22　扁平足

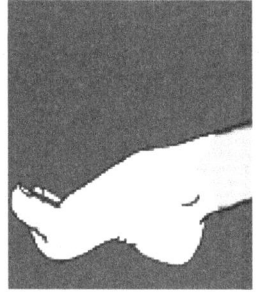
图 3-2-23　高弓足

4.放射学评定

对怀疑有脊柱侧凸的患者，应建议做放射学 X 光检查。拍摄直立位从第一胸椎到第一骶椎的正、侧位片，在 X 光片上测量脊柱侧凸的角度。

第三节　生理功能的检查方法

一、感觉功能的检查

感觉可分为特殊感觉、一般感觉及内脏感觉。特殊感觉是由特殊感觉器官（眼、耳、鼻、舌）产生的视觉、听觉、味觉等。一般感觉可分为浅感觉（如痛觉、温度觉和触觉）和深感觉（如运动觉、位置觉和振动觉等）。内脏感觉是内脏器官活动状态的感觉，具有感觉部位不准确，感觉性质不确定的特点。

由于内脏感觉多不能产生准确的主观判断，就需要特殊的仪器及检测技术来测定，如 R Ⅲ 反射反向抑制技术、黏膜电刺激方法和温度刺激方法等都是胃肠感觉的检测技术，已被应用于胃肠疾病发病机制的分析诊断中，一般要到医院去做。本节陈述主要的特殊感觉与一般感觉的检查。

通过对感觉的检查，判断引起感觉变化的原因，感觉障碍对日常生活、功能活动及使用辅具的影响，以及采取哪些安全措施可防止患者由于感觉上的变化而再受伤害。

（一）视觉功能的检查

1. 视力的检查（主要为远视力检查）

（1）视力表检查

3～5 岁的学龄前儿童可以用儿童形象视力表（如图 3-3-1 所示）检查。5 岁以上儿童可采用 E 字国际标准视力表或标准对数视力表（如图 3-3-2 所示）。

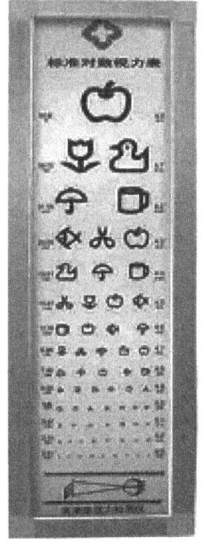 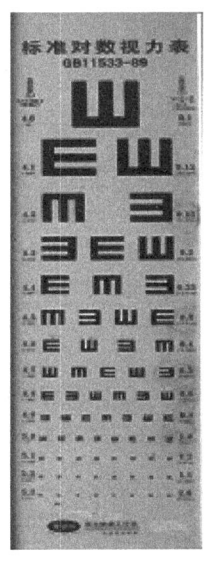

图 3-3-1 儿童用形象视力表　　图 3-3-2 标准对数视力表

①常规视力表检查以自然光线下，被检者坐在距视力表 5 m 的地方，国际标准视力表的高度以表上 1.0 视力（标准对数视力表上 5.0）的标记与被检查者的眼等高为准。双眼分别检查，先右后左，从上而下辨认视力表中字母开口的方向，直到不能辨认为止，其前一行就是被检查者的视力，检查时倘若对某行标记部分认出，部分认不出，如"0.8"行有三个字不能辨认，则记录"0.8^{-3}"，如该行只能认出三个字，则记录为"0.7^{+3}"，依此类推。注意：要在光线均匀的地方挂视力表，室内最好在白色的墙上，距离窗户 1 m 以上，或挂在专业的视力表灯箱上；如果房间比较小，可在距视力表 2.5 m 处放一面镜，被检者坐在视力表下面，看

反映在镜子里面的字母。对于配戴眼镜的人还应该记录裸眼视力（不戴眼镜的视力），矫正视力（戴眼镜时的视力）。

②走近视力表检查是指当被检查者的视力低于 0.1 时，可逐步走近视力表，按 0.1×d／5 算出其视力，d 为被检者看清该行时，离视力表的距离。当视力低于 0.01 时，即在 0.5 m 处不能辨别 0.1 时，改为指数距离检查。一般正常人的视力为 1.0（对数视力表为 5.0）。

（2）指数 (finger count FC)／距离检查

也称数指（CF）／距离检查，让儿童背光数医生手指，记录能看清手指数的最远距离，例如在 30 cm 处能看清手指数，则记录为"FC／30 cm"或"CF／30 cm"。若 5 cm 还不能辨认指数则改为手动距离检查。

（3）手动 (hand move HM)／距离检查

可让儿童辨认是否有手在眼前晃动，记录其能看清手动的最远距离，如在 10 cm 处可以看到，即记录为"HM／10 cm"。如对手动亦无感觉，可检查有无光感。

（4）光感检查

光感的检查是在 5 m 长的暗室内进行，先用手巾或手指遮盖一眼，不得透光。检查者持一烛光或手电在被检者的眼前方，时亮时灭，让其辨认是否有光。如 5 m 处不能辨认时，将光移近，记录能够辨认光感的最远距离。无光感者说明视力消失，临床上记录为"无光感"。如有光感，要作光定位检查。

有光感者，为进一步了解视网膜机能，尚须检查光定位，方法是嘱被检查者注视正前方，在眼前 1m 远处，分别将烛光置于正前上、中、下，颞侧上、中、下，鼻侧上、中、下共 9 个方向，嘱被检查者指出烛光的方向，并记录之，能辨明者记"+"，不能辩出者记"–"。

表 3-3-1　标准对数视力表和国际标准视力表数值换算表

标准对数视力表	国际标准视力表
4.0	0.1
4.1	0.12
4.2	0.15
4.3	0.2
4.4	0.25
4.5	0.3
4.6	0.4
4.7	0.5
4.8	0.6
4.9	0.8
5.0	1.0
5.1	1.2
5.2	1.5
5.3	2.0

　　　　　　　　　　++–

　　其记录法如：++– 并注明眼、鼻、颞侧。

　　　　　　　　　　++–

视力5分记录法：用0～5分表示视力的等级。0分表示无光感；1分表示有光感；2分表示手动；3分表示数指；3.0～3.9可用走近法测出；4.0～5.3为视力表置5米处可测得视力范围；5.0为正常视力。

> 　　新生儿及生后一个月的婴儿视力为光感～眼前手动，2个月的视力为眼前手动～0.01，3个月视力0.01～0.02，4个月视力为0.02～0.05，6个月视力为0.06～0.08，8个月为0.1，1岁为0.2～0.3，2岁为0.5～0.6，3岁时可能达到1.0左右。但同时也有研究指出视觉发育是有差异的，有人早些，有人晚些，但多数学者认为6岁以后（甚至10岁）才可发育成正常成人视觉。

　2. 视野的检查

　　视野也叫周边视力，它表示视网膜黄斑中心凹以外的视觉细胞功能。视野的检查方法有对比法和视野计检查等。

　　（1）对比法（或面对面法）

　　视野检查最简单的方法是对比法，检查者可根据自己的视野（必须是正常的）对比检查出被检查者的视野。

　　实施对比检查法时检查者与被检查者相距1 m，或使检查者伸出食、中指在两人中间位置面对面坐着，被检查者的左眼看检查者的右眼或右眼看左眼，彼此注视，双方眼睛保持在同一水平高度。将被检查者的一眼遮盖，检查者也盖住同侧眼，然后检查者伸出不断摆动的食、中二指，在被检查者与检查者的中间同等距离处，分别在上、下、内、外、左上、左下、右上、右下等八个方向，由周边向中心缓慢移动，如果两人同时见到手指，说明被检查者的视野是正常的。如果被检查者比检查者晚发现手指，则说明被检查者视野小于正常。这种方法比较简单，但准确性较差。

　　（2）视野计检查

　　用视野计（或视野仪，如图3-3-3所示）检查视野比较精确，是医院常用的检查视野的方法，可分动态视野检查法和静态视野检查法。

　　动态视野检查法是用一定刺激强度视标从某一不可见区，如视野周边部或暗点中心向可见区移动来探查不可见区与可见区交界点的方法，动态视野检查法主要用于测绘等视线和暗点范围，目前临床常用的平面视野计、弧形视野计均属此种。

图 3-3-3　视野仪

静态视野检查法是视标不动，通过逐渐增加视标刺激强度来测量视野中某一点的光敏度或光阈值的方法，目前计算机自动视野计如国外的Humphreye及国内的北京眼科研究所的HQDS-Ⅰ型全自动电脑视野仪均属此种检查法。

3.色觉的检查

正常人能辨别各种颜色，凡不能准确辨别各种颜色者为色觉障碍。按色觉障碍的程度不同，可分为色盲与色弱，色盲中以红绿色盲较为多见，蓝色盲及全色盲较少见。色弱者主要表现辨色能力迟钝或易于疲劳，是一种轻度色觉障碍。

色觉检查方法较多，现多采用假同色表（色觉检查图，或色盲本）检查。检查时，将色觉检查图置于明亮的自然光线下（阳光不得直接照射在色盲本上），距离被检查者70 cm，让被检查者迅速读出色觉检查图上的数字或图形，每图不得超过10秒钟。按色觉检查图所附的说明，判定是否正确，是哪一种色盲或色弱。请参看图3-3-4和图3-3-5。

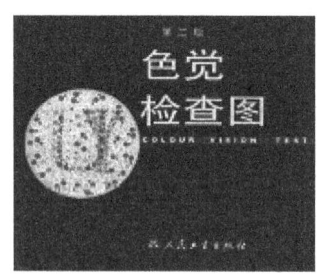

图3-3-4　色盲本

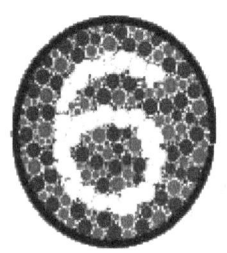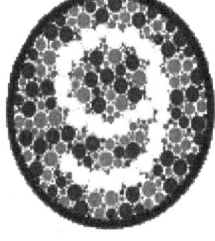

图3-3-5　色觉检查图

（二）听觉功能的检查

听觉功能或听力检查目的是了解听力损失的程度、性质及病变的部位。检查方法甚多，主要有两类：主观测听法和客观测听法。

1.主观测听法

主观测听法有秒表检查、语音检查、音叉检查、纯音测听仪检查等。

（1）秒表检查

一般以不大于1 m距离能听到的秒表声为佳，预先测定好正常耳刚能听到此表声的平均距离，即为该表标准听距。被检查者坐位、闭目，用耳塞塞紧非检查侧耳道口，检查者立于被检者身后，先使患者熟悉检查的表声后，将秒表于外耳道平面线上，由远而近反复测验其刚能听到表声离耳的距离。记录方法以受检耳听距（cm）／该表标准听距（cm）表示，如100／100 cm、50／100 cm。

此方法简单易行，可粗测听力程度，如正常耳刚能听到此表声的平均距离为1 m，可将1 m三等分，远的1/3段听到表声为轻度听力减退，较近的第二、三段听到表声分别为中度或重度听力减退。

（2）语音检查

在长于 6 m 以上的安静环境中，地面划出距离标志，被检者立于距检查者 6 m处，但身体不能距墙壁太近，以免产生声音干扰。受检耳朝向检查者，另一耳用耳塞堵塞并闭眼，以免看到检查者的口唇动作影响检查的准确性，检查者利用气道内残留空气先发出 1 ~ 2 个音节的词汇，嘱患者重复说出听得词汇，应注意每次发音力量应一致，词汇通俗易懂，高低音相互并用，发音准确、清晰。正常者耳语可在 6 m 距离处听到，如缩短至 4 m，表示轻度耳聋，1 m 为中度耳聋，短于 1 m 者则为严重的以至完全性耳聋。记录时以 6 m 为分母，测得结果为分子，如记录为 6/6、4/6、1/6 等。此方法也简易实用，可测试一般听力情况，但不能鉴别耳聋性质，适用于集体检查。

（3）音叉检查

音叉检查是鉴别耳聋性质最常用的方法。常用 C 调倍频五支一组的音叉（如图 3-3-6 所示），其振动频率分别为 128、256、512、1024 和 2048 Hz。检查时注意：①用叩诊锤击动音叉臂的上 1/3 处；②叩诊锤敲击音叉臂的力量应一致，不可用力过猛或敲击台桌等硬物，以免产生泛音；③检查气导时应把振动的音叉上 1/3 的双臂平面与外耳道纵轴一致，并同外耳道口同高，距外耳道口 1 cm 左右；④检查骨导时则把柄底置于颅面；⑤振动的音叉不可触及周围任何物体。常用检查方法有林纳试验和韦伯试验等方法。

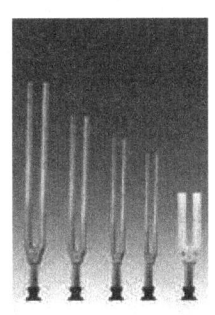

图 3-3-6　音叉图

①林纳试验 (Rinne test，RT) 又称气骨导对比试验或任内氏试验，是比较同侧气导和骨导的一种检查方法。取 C256 的音叉，振动后置于乳突鼓窦区测其骨导听力，待听不到声音时记录其时间，立即将音叉移置于外耳道口外侧 1 cm 外，测其气导听力。如图 3-3-7 所示。若仍能听到声音，则表示气导比骨导时间长（AC>BC），称林纳试验阳性（RT "+"）。反之骨导比气导时间长（BC>AC），则称林纳试验阴性 (RT "-")。

正常听力：AC>BC，RT "+"。气导比骨导时间长 1 ~ 2 倍，为林纳试验阳性。

传导性聋：AC=BC，RT "+" 或 BC>AC，RT "-"。因气导障碍，则骨导比气导时间长，为林纳试验阴性；气导与骨导时间相等者亦属传导性聋。

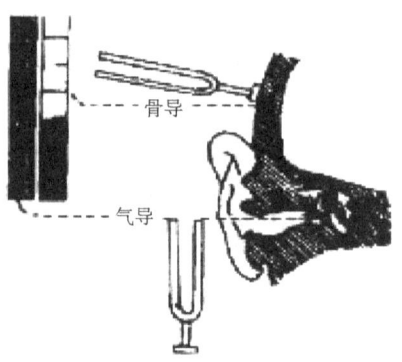

图 3-3-7　林纳试验示意图

感音神经性聋：气导及骨导时间均较正常短，且听到声音亦弱故为短阳性（RT短"+"）。

一侧重度感音神经性聋：气导和骨导的声音皆不能听到或假阴性（患者的气导基本消失，但振动的声波可通过颅骨传导至对侧健耳感音，以致骨导较气导时间为长）。

②韦伯试验（Weber test，WT）又称骨导偏向试验或韦伯尔试验，是比较两耳骨导听力的强弱。取 C256 或 C512 振动的音叉柄底置于前额或头顶正中，让患者比较哪一侧耳听到的声音较响，若两耳听力正常或两耳听力损害性质、程度相同，则感觉到声音在正中，是为骨导无偏向；由于气导有抵消骨导作用，当传导性聋时患耳气导有障碍，不能抵消骨导，以至患耳骨导要比健耳强，而出现声音偏向患耳，感音神经性聋时则因患耳感音器官有病变，故健耳听到的声音较强，而出现声音偏向健耳。请参看图 3-3-8 所示。

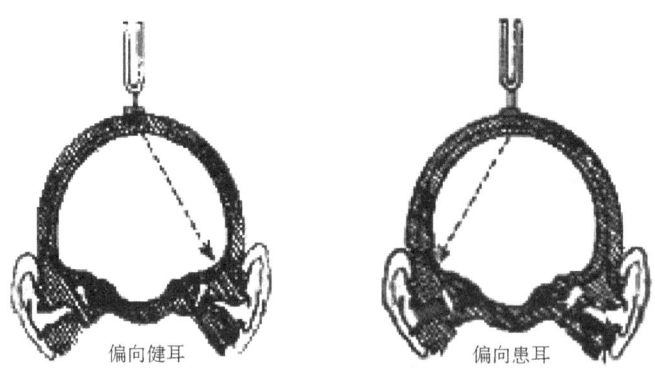

偏向健耳　　　　　　　　偏向患耳

图 3-3-8　韦伯试验示意图

记录时可用"偏健耳或较轻耳"或"偏患耳或较重耳"表示偏向侧，用"正中"或"="表示无偏向。

（4）纯音测听仪检查

纯音测听仪是利用电声学原理，通过电子振荡装置和放大线路产生各种不同频率和强度的纯音，经过耳机传输给受检者，以分别测试各频率的听阈强度，可为耳聋的定性、定量和定位诊断提供依据。测听仪以正常人的平均听阈为标准零级，即正常青年人的听阈在听力计上为 0 dB。用纯音测听仪测出的纯音听阈均值为听力级（Hearing Level，HL）。听力减退时需增加声音强度方能听到声音，所增加的强度即为听力损失的程度，声强以分贝（decibel，dB）表示，检查的记录曲线（听力曲线）称听力图。听力图分析如下所述。

传导性聋：骨导曲线正常或接近正常，气导曲线听力损失在 30 ~ 60 dB 之间，一般低频听力损失较重。如图 3-3-9 所示。

感音神经性聋：听力曲线呈渐降型或陡降型，高频听力损失较重，骨导曲线与气导曲线接近或互相吻合。如图 3-3-10 所示。

混合性聋：骨导曲线下降，气导曲线又低于骨导曲线。

人的语音范围在 500 ~ 2000 Hz 之间，听力损失程度一般以 500、1000 及 2000 Hz 的平均听阈来估计。

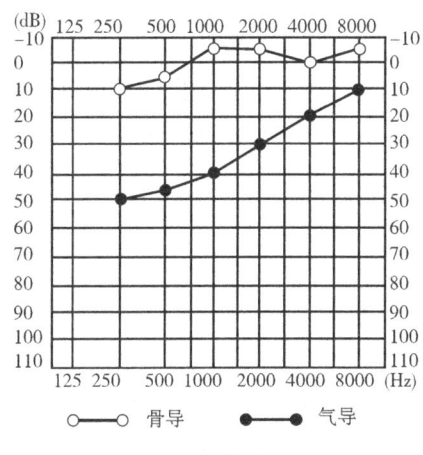

图 3-3-9　传导性聋听力图

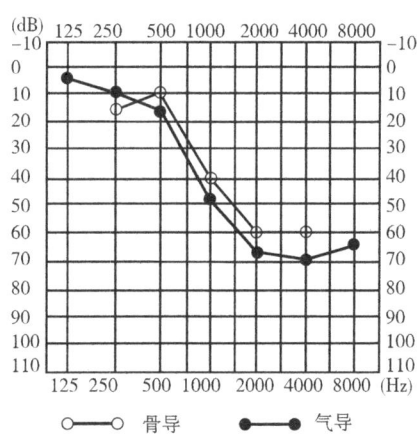

图 3-3-10　感音性聋听力图

2. 客观测听法

不需根据受检者主观判断，不受年龄、意识等方面的影响，检查结果比较精确可靠，特别是对婴幼儿测听及鉴别器质性和非器质性聋更有实用价值。

（1）非条件反射测听法

通过观察声刺激引起的非条件反射，如心律、呼吸节律的改变或瞬目、转头、肢体活动等来了解听力。例如用摇铃、击掌等声音刺激粗测小儿的听力。

摇铃测听法：检查者在被测儿童耳后 10 ~ 15 cm 的上方摇一铜铃（或能发声的其他铃替代也可，注意不能让被测儿童看见你在摇铃），观察该儿童是否有反应，如眨眼、转头等。

击掌测听法：检查者在离被测儿童约 1 m 处用力击掌（注意不能让被测儿童看见你在击掌），观察该儿童是否有反应，如抬头看、对检查者用微笑或说话回应、向检查者走过来等。

（2）条件反射测听法

通过建立声刺激和某种生理反应之间的条件反射，然后观察这种生理反应的改变，来判断听觉状态。例如配景测听法是利用幼儿对图片或玩具的兴趣，先建立声刺激和按电钮亮灯而看到景物之间的条件反射，嘱被测儿童听到声音刺激就按电钮，即能看到景物，然后检查者逐渐降低声刺激的强度以测试儿童的听阈。此方法还可将声音刺激与儿童感兴趣的游戏活动建立条件反射，如嘱儿童听到击鼓声就向前跳一步，然后检查者逐渐降低击鼓的声音强度来测试儿童的听力状况。

（3）声阻抗测听法

利用生物物理学方法检查听力；声阻抗测听法是利用中耳对声波的阻抗现象来测试中耳的听觉传导功能，中耳的阻抗越大，反射回声的声音越大，从而了解中耳对声音传导的障碍程度。

（4）电反应测听法

利用神经生物学方法检查听力（如耳蜗电图、听性脑干反应）。利用耳蜗、脑干或脑皮层等生物电现象测试听力。如听力诱发电位检测，将电极放在幼儿的耳朵里或头皮上（一般在熟睡或全麻状态下进行），记录耳蜗、听觉神经或脑干等部位对每个声音刺激的生物电反应。

（三）浅感觉的检查

浅感觉是指皮肤、黏膜的痛觉、温度觉和触觉。如果传导刺激的神经纤维或大脑感觉中枢病损会出现障碍，即消失、减退或过敏。

1. 痛觉检查

检查者嘱被检查者闭目，暴露检查部位，检查者在其两侧对称部位用大头针或其他锐器（如注射针头的针尖、诊锤的针尖）力量均匀地轻刺被检查者的皮肤，问有无痛感及痛感程度，如痛觉有障碍时，再上、下对比，查出痛觉障碍的范围。对痛觉减退的患者，应从有障碍的部位向正常的部位检查，而对痛觉过敏的患者，应从正常的部位向有障碍的部位检查。

2. 温度觉检查

检查者嘱被检查者闭目，检查者用分别盛有冷水（5 ~ 10 ℃）和热水（40 ~ 45 ℃）的两个玻璃杯或试管轮流接触患者皮肤（2 ~ 3秒），问其能否辨别冷热。如不能辨别即为温度觉障碍。正常人能辨别出相差10 ℃的温度。

3. 触觉检查

检查者嘱被检查者闭目，检查者用少许棉花絮纤维、羽毛或软毛笔，在皮肤上轻轻擦过，刺激的动作要轻，刺激不应过频。检查四肢时，刺激的方向应与长轴平行，检查胸腹部的方向应与肋骨平行。问病人是否有感觉，如病人没有感觉即为触觉消失，否则触觉正常。

注意：检查时务必使被检者闭上双眼或把头转开，看不到检查者的动作。

（四）深感觉的检查

1.运动觉检查

检查者嘱被检查者闭目，检查者轻微向上、向下或向左、向右活动被检查者的指或趾（移动 5 度左右），请其辨别是否有运动及移动方向，如不明确可加大幅度或测试较大关节，让患者说出肢体运动的方向，回答不正确则为运动觉障碍。

2.位置觉检查

检查者嘱被检查者闭目，检查者将被检查者的手指、脚趾或一侧肢体被动摆在一个位置上，让患者说出肢体所处的位置，回答不正确则为位置觉障碍。

3.震动觉检查

检查者将震动的音叉（频率为 128 Hz 或 256 Hz）置于骨突出部位（如胸骨，锁骨，肩峰，鹰嘴，桡、尺骨小头，棘突，髂前上棘，股骨粗隆、腓骨小头，内外踝等），请其回答有无震动感觉，有震动感说明震动觉正常，无震动感觉则属震动觉障碍。

4.深压觉检查

检查者嘱被检查者闭目，检查者用大拇指使劲地去挤压肌肉或肌腱请被检查者说出感觉。对瘫痪儿童压觉检查常从有障碍部位到正常部位。

5.前庭功能检查

根据前庭系统病变时所产生的一系列症状，或以某些方法刺激前庭系统，观察其诱发的眼震、倾倒、眩晕和植物神经系统反应，以查明病变的性质或程度。

（1）自发性眼球震颤

在无诱发因素的情况下眼球出现的一种持续的、不随意的、节律性的往返运动，称自发性眼球震颤，简称眼震。眼震是前庭功能紊乱的主要体征之一，一般属病理性，可出现于前庭系统周围性病变、中枢性病变以及某些眼病。前庭性眼震由慢相和快相组成。慢相为前庭受刺激引起的转向一侧的较慢的眼球运动。快相为继慢相之后发生的中枢矫正性眼球运动，使眼球迅速返回其原始位置。由于快相便于观察，故以其快相作为眼震方向。

检查时被检查者固定头部，两眼注视眼前 60 cm 处检查者的手指，并随之向前（正中）、上、下、左、右五个方向注视，但以距中线条 45°～50° 为限，超过此限度时，正常人也可出现短时的终末性眼震而影响检查结果，出现眼震时应注意眼震的类型、方向、振幅、频率和持续时间等。各种眼震具有不同的特点，区别如下所述。

①迷路性自发性眼震，常为水平性或水平旋转性，振幅小，频率中等。在疾病发展过程中，方向一般不变，呈单同性，具有快、慢相，同时常伴有眩晕、听

力减退、耳鸣及恶心呕吐等反应，其程度又与眼震相一致，持续时间短，数分钟、数日或数周。倾倒或错指都偏向于眼震的慢相方向。

②中枢性自发性眼震，方向不一，常为水平性、旋转性、垂直性或斜性，振幅或细小或粗大，持续时间较长，数周、数月或更长。多无耳蜗症状，如有眩晕常与眼震强度不一致，常伴有其他神经症状和体征，一般以后颅窝病变引起者居多。

③眼性眼震大多为水平摆动性，无快、慢相，持续时间长，亦可为永久性。不伴眩晕，闭眼或停止凝视后眼震消失或减轻。

（2）闭目直立试验

被检查者直立，两脚并拢，双上肢下垂，闭目直立，维持 30 秒，亦可两手于胸前互扣，并向两侧牵拉，检查者嘱观察其有无站立不稳或倾倒。前庭周围性病变时，躯干倾倒方向朝向前庭破坏的一侧，与眼震慢相方向一致；中枢性病变时，躯干倾倒方向与眼震慢相不一致。

（3）过指试验

被检查者与检查者相对而坐，两人上肢向前平伸，食指相互接触。被检查者抬高伸直的上肢，然后再恢复水平位，以食指再接触检查者的食指，上下臂均应在肩关节矢状面上运动，避免内收和外展，连续 3 次偏斜为异常。正常人无过指现象。前庭周围性病变过指的特点是双手同时偏向前庭功能较低侧，方向与倾倒一致，与自发性眼震的方向相反。小脑病变过指的特点是患侧单手向患侧偏斜。

（4）旋转试验

检查者嘱被检查者坐于旋转椅上，头固定于前倾 30°，使外半规管呈水平位置，以每 2 秒一圈的速度作向右（顺时针）或向左（逆时针）方向旋转 10 圈后突然停止，嘱被检查者两眼向前凝视，观察眼震。在顺时针方向旋转后，发生向左的眼震，而逆时针旋转后则为向右的眼震，两次检查至少间隔 5 分钟。正常者眼震持续时间平均为 30 秒（15~45 秒），两侧相差不超过 5 秒。

（五）复合感觉的检查

复合感觉是指大脑皮质对感觉刺激的综合、分析、统一与判断的能力，又称为皮层感觉。必须在深、浅感觉均正常时，检查才有意义。

1. 定位觉检查

检查者嘱被检查者闭目，检查者用手指或棉签轻触一处皮肤，请被检查者说出或指出受触的部位，然后测量并记录与刺激部位的距离。正常误差手部小于 3.5 mm，躯干部小于 1 cm。

2. 两点辨别觉检查

检查者嘱被检查者闭目，检查者用特制的两点辨别尺或双脚规或叩诊锤两尖端，两点分开至一定距离，同时刺激被检查者皮肤，用力相等。被检查者若感到两点时，再缩小距离，直至两接触点被感觉为一点为止。测出两点间最小距离。正常人全身各部位的两点辨别距离不同：口唇为 2 ~ 3 mm；指尖为 3 ~ 6 mm；手掌、足底为 15 ~ 20 mm；手背、足背为 30 mm；胫骨前缘为 40 mm；前胸为 40 mm；背部为 40 ~ 50 mm；上臂及大腿为 75 mm。

3. 图形辨别觉检查

检查者嘱被检查者闭目，检查者用铅笔或火柴棒在被检者皮肤上写数字或画图形（如圆形、方形、三角形等），询问被检查者能否感觉并辨认，也应双侧对照。

4. 实体觉检查

检查者嘱被检查者闭目，然后将日常生活中熟悉的某物品放于被检查者手中（如火柴盒、刀子、铅笔、手表等）。让被检查者辨认该物的名称、大小及形状等，两手比较。

5. 重量识别觉检查

检查者给被检查者有一定重量差别的数种物品，让其用单手掂量后，比较、判断各物品的轻重。

6. 质地识别觉检查

检查者分别将棉、毛、丝、橡皮等不同质地的物质放入被检者手中，让被检查者分辨。

二、神经运动功能的检查

（一）神经反射的检查

反射是指皮肤、黏膜、肌腱和内脏的感受器接受刺激后，神经冲动沿传入神经传至脊髓或脑相应的神经中枢，再经过传出神经到达身体的效应器官或组织，出现相应的反射活动。当神经反射弧的任何部位发生病变或受损时，正常反射即遭破坏而出现异常的反应。因此通过反射的检查可帮助判断神经系统损害的部位，一般要在医院由医生进行系统检查。

（二）运动功能的检查

1. 肌肉的检查

检查肌肉一般会检查肌肉体积、肌力、肌张力、不自主运动、共济运动等方面。

（1）肌肉体积

检查者观察被检查者有无肌肉的萎缩或肥大，触摸肌肉的坚硬度，如肌肉体积缩小，触其又松软无力则为肌肉萎缩。用带尺测量肢体的周径与正常比较可知其萎缩的程度。如进行性肌营养不良肌萎缩多在四肢近端，下运动神经元损害肌萎缩多在四肢远端。进行性肌营养不良可出现肌肉肥大，但肌力减退，称假性肌肥大。

（2）肌力

检查者嘱被检查者尽最大可能活动肢体，以确定肌力情况，临床上将肌力分为6级。

- ● 0 级：完全瘫痪，没有任何运动动作。
- ● 1 级：可见肌肉轻微收缩，但肢体不能活动。
- ● 2 级：肢体只能在床上做水平位移，不能离开床面，即不能克服地心引力。
- ● 3 级：能克服地心引力而离开床面，但无力，不能做抵抗阻力的活动。
- ● 4 级：比正常肌力稍差，能对抗一般性阻力。
- ● 5 级：正常肌力。

正常肌力的力量测试可用专业肌力测试仪器进行测试，如握力计测查握力，拉力计测查拉力，捏力计测查手指的捏力等。

（3）肌张力

被检查者安静放松，检查者对其肌肉松弛的肢体作被动运动时，可感到有一定的阻力，就是肌张力，用手触摸肌肉有一定的紧张度。肌张力增高时则肌肉变硬，作肢体的被动运动时阻力增加。肌张力减低时，肌肉弛缓，被动运动时阻力减轻或消失，关节因松弛活动范围扩大。

锥体外系病变为强直性肌张力增强，呈齿轮状或铅管样肌张力增强，表现为屈肌和伸肌都收缩对任何被动运动都有阻力，如弯曲的铅管，有时在均匀阻力基础上伴有震颤，出现规律而连续的停顿如齿轮转动。锥体束受损为痉挛性肌张力增强，呈折刀样增强，即开始有阻力后有一种变松的感觉，先牵张反射增强引起阻力增加，后由伸长反应而肌肉松弛。

（4）不自主运动

不自主运动为随意肌的某一部分、一块肌肉或某些肌群出现不自主收缩。患儿意识清楚却不能自行控制骨骼肌的动作。常见有以下不自主运动。

①抽搐：肌肉快速、重复性的，阵挛性的或强直性的无意收缩。

②痉挛：肌肉或肌群的断续的或持续的不随意收缩。

③震颤：主动肌与拮抗肌交替收缩引起的关节不自主的、快速节律性运动。

④肌阵挛：肌肉或肌群突发的，短促的闪电样不自主收缩。

⑤舞蹈样动作：一种无目的，没有预兆的无规律、不对称、幅度不等的不自主运动。

⑥手足徐动：以肌强直和手足缓缓的强直性伸屈性运动为特点，可发生于上肢、下肢、面部和头颈部等。如患者的手指常出现不规则的"蠕动样"徐动性运动，掌指关节过度伸展，诸指扭转，可呈"佛手"样的特殊姿势。参与徐动性动作的肌肉张力增高；下肢受累时，行走发生困难，诸趾扭转，拇趾自发性背屈。患者

呈现各种奇形怪状的不自主动作；舌头时而伸出，时而缩回。头部向左右两侧扭来扭去，有时咽肌受累而发生吞咽和构音困难等。这些不自主动作一般在安静时减轻，睡眠时完全停止，当精神紧张或做随意动作时则加重。

⑦扭转痉挛：又名变形肌张力障碍、扭转性肌张力障碍，是躯干的徐动症。一般以肌张力障碍、四肢近端或躯干顺躯体纵轴畸形扭曲为特征，肌张力在扭转时增高，扭转停止时正常。

大脑皮质运动区及其下行纤维、基底节、脑干、小脑、脊髓、周围神经以及肌肉各部的病变均可引起不自主运动。如舞蹈样动作、手足徐动、扭动痉挛由新纹状体病损引起；节律性与局限性肌阵挛与下橄榄核、齿状核及红橄榄束的损害有关；舞动运动为对侧脑基底核的病变所致；震颤可由纹状体、小脑及小脑有关的结构或额叶病变引起；肌束颤动见于运动神经元病变等。不自主运动可因生理或精神因素引起，但大多为器质性病变所致，主要见于感染、中毒、变性、遗传和家族性发育异常等疾患，也可见于脑血管病、外伤、肿瘤等。

（5）共济运动

共济失调是指运动协调功能和行走时的身体平衡发生障碍，其机理是传入神经整合过程发生障碍，它由锥体外系，小脑、视觉前庭器官、深感觉共同完成。

共济运动一般可从日常生活观察中发现，如穿衣、进食、系扣、写字、取物等动作的协调性差，表现速度过快或过慢，动作幅度过大或过小，动作偏离目标不准确等。也可能是身体的平衡障碍如站立困难不稳、走路摇摆不稳易摔倒等。另可结合检查进一步确诊。

①指鼻试验：被检者一上肢平举，伸直食指，用其指尖反复多次点触自己的鼻尖，以不同方向、速度、睁闭眼反复进行。共济失调的表现为动作笨拙、摆动、动作过度、不准不稳等。

②快速轮替动作试验：被检者用手掌面作快速重复的交替拍击手背，或前臂做快速交替性旋前、旋后动作，重复数次，观察其动作是否流畅、规则、有节律。共济失调时出现动作快慢不一、动作笨拙、缓慢不稳等。

③跟膝胫试验：被检者仰卧，依次作：一侧下肢伸直举起，将足跟置于对侧下肢的膝盖上，其后沿胫骨前缘下滑至足背。共济失调时表现动作缓慢摇摆，足跟放不到膝盖上，并不能沿胫骨直线下滑。

④反跳试验：小儿两上肢向前平伸、闭目，检查者用手分别或同时向下推动其前臂。有小脑病变时，患侧上肢的上下摆动幅度过大。

⑤闭目难立征：是平衡性共济失调的检查。小儿双足并拢站立，两手向前平伸，闭眼后倾斜欲倒为异常。小脑性共济失调睁眼闭眼都站不稳，闭眼稍明显。感觉性共济失调只当闭眼时站立不稳。

2. 关节活动度检查

关节活动度检查是评价关节运动功能损害的范围及程度，并作为制订康复计划

及评价康复效果的依据之一。关节活动度正常范围值（以肢体中立位为 0° 计算）
如下所述。

①肩关节：前屈 0° ~ 180°；后伸 0° ~ 50°；外展 0° ~ 180°；内收 0°；外旋 0° ~ 90°；内旋 0° ~ 90°；水平屈曲 0° ~ 135°；水平伸展 0° ~ 30°。

②肘关节：屈曲 0° ~ 145°；伸展 0° ~ 5°。

③腕关节：背屈 0° ~ 70°；掌屈 0° ~ 90°；桡屈 0° ~ 25°；尺屈 0° ~ 55°。

④髋关节：前曲 0° ~ 90°；0° ~ 125°（屈膝时）；后伸 0° ~ 15°；外展 0° ~ 45°；内收 0° ~ 20°；外旋 0° ~ 45°；内旋 0° ~ 45°。

⑤膝关节：屈曲 0° ~ 130°；伸展 0°。

⑥踝关节：背屈 0° ~ 20°；跖屈 0° ~ 45°。

⑦颈部：前屈 0° ~ 60°；后屈 0° ~ 50°；旋转 左 0° ~ 70°，右 0° ~ 70°；侧屈 左 0° ~ 50°，右 0° ~ 50°。

⑧胸腰部：前屈 0° ~ 45°；后伸 0° ~ 30°；旋转 左 0° ~ 40°，右 0° ~ 40°；侧屈 左 0° ~ 50°，右 0° ~ 50°。

关节活动度测量方法有普通量角器法和方盘量角器测量法等，详细操作方法如下所述。

（1）普通量角器法

普通量角器用两根直尺连接一个半圆量角器或全圆量角器制成，手指关节用小型半圆量角器测量。使用时将量角器的中心点准确对到关节活动轴中心（参照一定的骨性标志），两尺的远端分别放到或指向关节两端肢体上的骨性标志或与肢体长轴相平行。随着关节远端肢体的移动，在量角器刻度盘上读出关节活动度。如图 3-3-11 所示。

（2）方盘量角器测量法

这种方盘量角器呈正方形，每边长 12 cm，上有圆形刻度盘，加一指针及把手构成。在木盘刻度面处于垂直位时，方盘中心的指针由于重心在下而自动指向正上方。使用时采取适当姿位使关节两端肢体处于同一个垂直面上，并使一端肢体处于水平位或垂直位，以方盘的一边紧贴另一肢体，使其刻度面与肢体处于同一垂直面上，即可读得关节所处的角度。如图 3-3-12 所示。

 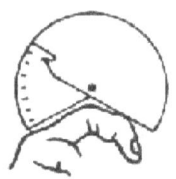 

图 3-3-11　普通关节量角器　　　　　图 3-3-12　方盘量角器

3. 步态分析

对患有神经系统或运动系统疾病，又可能影响其正常行走的患儿，需要进行步态分析，以评估其是否存在异常步态以及步态异常的性质和程度，为障碍的评定，以及制定具体康复治疗计划等提供依据。

检查方法主要有目测法与步态分析仪检测法。目测法简单易行，最常用，但有时颇具主观性与经验性，主要为定性观察；步态分析仪检测是利用专门的步态分析仪设备获得患者实际步态行走的量化指标，如步长、步幅、步宽、足角、步频、步速、步行周期、步行时相、步行轨迹、足着地面积、膝关节角、踝关节角等客观数据，并对其进行相关生物力学分析及评估等的方法，是近年来应用到医学临床的一种可量化评估的、精确的步态分析方法，但由于必须购买设备、提供场地和光线以及专业人员技术培训等因素的影响等，其应用受到限制。

使用目测法，检查者嘱被检查者以自然的姿态及速度来回步行数次，观察全身姿势是否协调，肢体各关节姿势及活动幅度是否正常，速度是否匀称，骨盆运动、重心的转移是否协调，有时还要嘱其作快速及减慢速度的行走，作立停、拐弯、转身、上下坡或上下梯、绕过障碍物、缓慢的踏步或单足站立等动作等可使轻度的异常步态表现得更明显。

步态分析仪检测法要求系统地进行各肌群的肌力及肌张力检查，关节活动度检查，测量下肢长度、检查脊柱及骨盆状态，对说明步态异常的性质、原因、类型及确定矫治方法有重要的意义。常见的异常步态有以下几种。

（1）短腿步态

如一腿缩短超过 3.5 cm，患腿支撑时可见同侧骨盆及肩下沉，故又称斜肩步；摆动时则有代偿性足下垂。

（2）关节强直步态

下肢各关节挛缩强直时步态随之改变，关节挛缩于畸形姿位时改变显著。如髋关节屈曲挛缩时引起代偿性骨盆前倾，腰椎过伸，步幅缩短。膝伸直挛缩时，摆动时可见下肢外展或同侧骨盆上提，防足趾拖地。踝跖屈挛缩时足跟不能着地，摆动时以增加髋及膝屈曲度来代偿，状如跨槛，故称跨槛步。

（3）关节不稳步态

如先天性髋脱位时步行进左右摇晃如鸭步。

（4）疼痛步态

当各种原因引起患肢负重时疼痛，患者尽量缩短患肢的支撑期，使对侧摆动腿呈跳跃式快速前进，步幅缩短，又称短促步。

（5）肌肉软弱步态

①胫前肌步态：胫前肌无力时足下垂，摆动期用增加髋及膝屈曲度以防足趾拖地，形成跨槛步。

②小腿三头肌步态：软弱时支撑后期患侧髋下垂，身体向前推进减慢。

③肌四头肌步态：在患腿支撑期不能主动维持稳定的伸膝，故患者使身体前倾，让重力线在膝前方通过，从而使膝被动伸直，此时髋微屈可加强臀肌及股后肌群的张力，使股骨下端后摆，帮助被动伸膝。

④臀大肌步态：伸髋肌软弱时，患者常使躯干用力后仰，使重力线通过髋关节后方以维持被动伸髋，并控制躯干的惯性向前运动，形成仰胸凸肚的姿态。

⑤臀中肌步态：髋外展肌软弱时不能维持髋的侧向稳定，故患者在支撑期使上体向患侧侧弯，使重力线在髋关节外侧通过，以便依靠内收肌来稳定，同时防止对侧髋部下沉并带动对侧下肢提起及摆动。两侧髋外展肌损害时，步行时上体左右摇摆，状如鸭子，又称鸭步。

（6）肌痉挛步态

①偏瘫步态：常见患足下垂、内翻，下肢外旋或内旋，膝不能放松屈曲，为了避免足部拖地，摆动时常使患肢沿弧线经外侧回旋向前，故又称回旋步。上臂常呈屈曲内收。摆动停止。临床所见的偏瘫步态可有较多的变异。

②剪刀步：又称交叉步，多见于脑瘫或高位截瘫患者。因内收肌痉挛，步行时两髋内收，两膝互相摩擦，步态雀跃不稳。内收肌严重痉挛使两腿交叉难分，步行成为不可能。

（7）其他中枢神经损害的步态

①小脑性共济失调时，步态摇晃不稳，状如醉汉，故称酩酊步态。

②帕金森氏病或其他基底节病变时，步态短而快，有阵发性加速。不能随意立停或转向，手臂摆动缩小或停止，称前冲步态或慌张步态。

（8）奇异步态

不能用已知步态解释者应考虑是否癔病性步态，其特点是动作表现不一贯，有时用更慢更费力的方式完成动作，与肌力检查结果不一致，肌张力检查时可有齿轮样反应等。

思考题：

1. 什么是体质测查？特殊儿童体质测查主要包括哪些内容？

2. 如何对身体有畸形的脑瘫儿童进行身长的测量。

3. 如果想知道一名儿童是否肥胖？用什么方法测量？判断是否肥胖的依据是什么？

4. 在特殊儿童中常见脚踝部的畸形有哪些类型？判断的依据是什么？

5. 简述视觉功能检查的主要内容及常用方法。

6. 儿童听觉功能检查常用的方法有哪些？

7. 有的特殊儿童伴有感觉障碍，如何对痛觉、温度觉及触觉功能进行简单的检测？

8. "舞蹈样动作"与"手足徐动"都属于不自主运动，两者的表现有什么差别？

9. 用什么方法可以检测一名脑瘫儿童是否存在有共济失调的症状表现？

10. 实践题：操作练习儿童常用形态指标及感觉功能的测查方法，达到熟练掌握。

第四章　特殊儿童的日常护理与锻炼

学习目标：

　　1. 理解合理生活制度建立的意义和原则。

　　2. 熟悉日常生活活动的检测与评定方法。

　　3. 掌握常见日常活动护理要求及训练方法。

　　4. 了解特殊儿童体育锻炼的要求及特点。

　　日常生活对每个人都非常重要，对正常人这种能力是极普通的，但对有功能障碍的特殊儿童，日常生活存在不同程度的困难，障碍程度越严重，对日常生活活动的影响越大。因此特殊儿童的日常生活需要得到帮助和照顾，对他们进行日常生活的护理是最基本的卫生保健环节，同时也具有非常重要的意义。

　　①保证特殊儿童最基本生存需要。通过帮助他们的吃、穿、睡等日常生活活动，满足其最基本的生理需要。《特殊教育学校暂行规定》第 47 条指出：寄宿制特殊教育学校实行 24 小时监护制度，要设专职或兼职人员，负责学生的生活指导和管理工作，并经常与班主任教师保持联系。

　　②保证特殊儿童现有的身体健康。通过日常生活的护理，帮助他们建立合理的生活制度，预防身体的再次损伤或疾病的发生，保证现有的身体健康。

　　③促进特殊儿童心理健康的获得。生活自理在某种程度上可以增强特殊儿童的生活自信心，有助于改善不良的心理状态，促进心理的健康成长与发展。

　　④促进特殊儿童残障康复和教育。日常生活能力的培养训练也是特殊儿童进行特殊教育、医疗康复及其他康复的一个重要环节，对其获得全面康复，走向社会非常重要。

　　总之，特殊儿童的日常生活护理可促使他们从生理、心理和社会各方面都得到发展，对全面康复有非常重要的意义。

　　特殊儿童的日常生活指导和管理的工作主要包括三个方面：帮助建立合理的生活制度；提供适当的照顾和帮助；进行日常生活活动能力的训练。

第一节　帮助建立合理的生活制度

建立合理的生活制度就是根据不同年龄不同类别的特殊儿童的生理和心理特点，科学安排一日（甚至一周、一年、一学期）的生活，即睡眠、进餐、学习、活动、游戏等每个生活环节的时间、顺序、次数和间隔，并逐渐形成规律和习惯，固定下来。

教育家陶行知先生说过，"好习惯受益终身"。建立合理的生活制度，培养良好的生活习惯非常重要，使他们知道什么时间该做什么事情，形成的条件反射可使他们很快进入状态，如吃饭时食欲旺盛，吃的香；活动时精力充沛，有活力；睡觉时酣然入睡，睡得好；整个生活井然有序。

作息制度一般是指一日生活制度，即人在一昼夜内工作、学习、生活（包括休息、睡眠、进餐、业余活动等）时间的分配和交替顺序形成的制度。从教育教学卫生的角度看，学校作息制度主要包括一日作息制度、一周生活制度及学期、学年的生活作息制度。

建立合理生活制度依据的原则：①符合特殊儿童的身心特点；②符合儿童大脑皮层功能活动的规律或特点；③结合特殊儿童的教育与康复需求。

一、一日作息制度的安排

一日生活制度是学生一昼夜内的课业学习、课外活动、睡眠、休息、进餐及自由活动等的时间分配和交替顺序。教育教学的卫生要求：生活作息时间的安排要与儿童的年龄相适应，满足他们的身心特点需要。

（一）课业学习

中小学生的学习时间应怎样安排才算合理，衡量的标准是什么？一般用以下标准，判定该标准适用于我国普通教育全日制学校，其他类型的学校应参照使用。

1. 一日学习时间

一日学习时间是指学生在一天中上课、自习和家庭作业的总时间，不含课间休息及课外文娱体育活动的时间。

我国《小学生一日学习时间卫生标准》规定：小学一、二年级学生每日学习时间不宜超过 4 小时，三、四年级不宜超过 5 小时，五、六年级不宜超过 6 小时。我国《中学生一日学习时间卫生标准》规定：初、高中生一日学习时间分别不宜超过 7 小时和 8 小时。大学生一日学习时间不得超过 10 小时。

如果超过这些时间为学习负担过重，少于这些标准则为学习负担过轻。我们可根据此标准来具体制定儿童每天的学习时间。

2. 每节课的时间

年龄越小，其注意力越不易集中、持久，容易出现疲劳；随着年龄增长，神经系统的功能日趋完善，主动注意时间逐渐延长。每节课时间一般小学低年级以30分钟、中高年级以40分钟、中学以45分钟，大学以50分钟为宜。我国普遍每节课采用的时间是：小学40分钟，中学45分钟，大学50分钟。一节课（按40分钟）中的变化：刚开始2～5分钟准备进入课堂教学阶段，5～10分钟课堂教学内容逐渐成为大脑兴奋的中心，到20分钟左右达高峰，此时条件反射最容易形成，教学效果最好。此后大脑开始疲劳，学习效率开始降低，在下课前2～5分钟，由于即将到来的课间休息活动会在大脑里诱发一个前驱性的兴奋，即常说的"终末激发"现象。

特殊儿童的上课时间要比正常儿童短些，一般低年级30～35分钟，高年级是35～40分钟。智能障碍儿童更低些，可一节课间用2～3分钟在座位或过道上做简单的课中操，以调节学习能力。学习的内容与量、教学的方法都应与不同残障儿童的身心特点相适应，做相应的调整，如注重基本知识与基本技能的培养，多与实际生活相联系。

3. 自习及家庭作业时间

我国《小学生一日学习时间卫生标准》规定：小学一年级不宜留家庭作业，二年级每日作业时间不宜超过45分钟，三、四年级每日不宜超过60分钟，五、六年级每日不宜超过90分钟。我国《中学生一日学习时间卫生标准》规定：初、高中生每日早读时间，不宜超过40分钟。初中每日作业时间不超过90分钟，高中课外自习时间不宜超过两节课。反之，负担则过重。

（二）课外活动时间

课外活动包括体育锻炼、文艺、科技、社团活动和社会公益劳动等。课外活动既可使大脑皮层的不同区域呈镶嵌式活动，又可促进儿童的身心发育，提高其社会适应能力。现在，许多中小学生课外活动时间不足，缺乏课外活动场所，有限的课余时间不能充分有效利用，主要在家中或网吧度过课余时间，户外活动时间明显不足。户外活动是课外活动的重要组成部分，利用户外的日光、空气和水等因素的刺激与锻炼不仅能增强机体的抵抗力和对环境的适应能力，而且能促进儿童的身心愉悦，全面的健康成长与发育。我国现行的中小学生卫生标准：每日户外活动的时间（包括在户外体育锻炼、活动、游戏、休息和徒步往返学校等全部时间）为：小学生不应少于3～3.5小时，中学生不少于2～2.5小时，其中至少有1小时的体育锻炼时间，包括早操、课间操、体育课及课外体育活动等。中学生除体育课、早操和课间操外，每周参加课外体育活动的次数最少3次，每次45分钟。另外，要对课外活动资源，如文化、体育、科技、经济、国防、司法、科研院校、社团等资源单位，以及课外活动师资等进行挖掘和利用。注意：课外活动重要，但不能活动过多过频，否则会使儿童出现体力或脑力活动负荷过重，过犹不及。

特殊儿童的课外活动也很重要，不仅能愉悦其身心，而且能激发他们对周围世界的兴趣，求知欲和某些潜能的发挥，还能学到各种社会知识和技能。可开设课外活动小组如聋哑儿童绘画、舞蹈、戏剧等，盲儿声乐、器乐、朗诵等；组织交友活动、游戏、文艺表演、联欢，看电视、电影等，到外郊游、参观等。由于特殊儿童往往还要安排医疗康复活动时间，所以要注意课外活动不要安排过多，防止疲劳；另外，还要特别注意加强各种活动的安全防护措施及卫生保证等。

（三）休息与睡眠时间

休息是消除疲劳的重要方法。课间休息是两节课之间消除疲劳的重要措施，对提高儿童的学习效率，减轻疲劳的发生有重要作用。课间休息可采用主动、积极、活动性的方式，如到室外呼吸新鲜空气、散步、闲谈、游戏或远眺等，既可消除脑力疲劳、放松眼睛的调节，松弛坐姿肌肉的紧张，又有利于呼吸换气，胃肠运动，促进全身的新陈代谢。我国教学制度中规定，必须保证儿童的课间休息时间，学生的课间休息时间最少在 10 分钟，有效时间为 15 分钟，我国通行的一般是 10 分钟，第二和第三节课间为 15 ~ 30 分（加课间操或课间餐），一般为 20 分钟。午休对消除上午的学习疲劳，保证下午和晚上的学习效率有重要作用，午休应以静息性休息为主，炎热季节应保证有短时间的午睡。

睡眠是也是消除疲劳的一种最佳方法，它不仅可使大脑神经细胞消耗的能量得以恢复，脑皮质内蛋白质的合成加快，促进记忆与思维能力的提高，而且还可促进机体新陈代谢同化作用的完成，促进组织的修复，保证内分泌激素，尤其是生长激素的正常分泌，从而促进儿童的生长发育。因此，要保证儿童充足的睡眠。睡眠不足的儿童常会出现精神萎靡，食欲不佳，脾气暴躁，学习效率低下等不良表现。睡眠时间应随不同年龄、不同个体及不同健康状况的儿童而有所差异。我国卫生标准要求，小学生每天要睡足 10 小时，初中生每天睡足 9 小时，高中生每日睡眠不宜少于 8 小时，大学生也应睡足 8 小时。体质虚弱、大病初愈及多重障碍（尤其是伴有脑功能障碍的儿童）的低龄儿童则至少应保证 10 ~ 11 小时的睡眠时间。另外，也要通过睡眠环境的保障、睡眠习惯的养成等多因素来提高儿童睡眠的质量。

每个学校要根据特殊儿童的残障类别，综合教育及康复的需求，按不同季节的变化综合考虑安排。如残障程度重的儿童休息、睡眠、吃饭等时间要长些，学习活动时间要适当短些。

（四）进餐时间

儿童应有合理的膳食制度，科学安排每日进餐次数、时间及热量分配。定时定量进餐，使胃部功能负担均衡，同时，也可促进胃肠活动条件反射的动力定型的形成，促进每次进餐后食物的充分消化与吸收。膳食制度要综合不同年龄对各种营养素的不同需求、胃容量、胃肠排空时间、学校的生活制度及社会环境条件等因素来制定。1～3岁每天可进餐5～6次，3～6岁时可进餐4～5次，每餐间相隔3～3.5小时。一般可安排早、中、晚三餐，两餐之间加点心，如果晚饭距离睡觉时间较长，也可再增加一次点心。6岁以上儿童一般实行三餐制，三餐间隔不超过5～6小时；热量分配以早餐：30%，午餐：40%，晚餐：30%为宜；每次进餐时间不应少于20～30分钟；餐后应休息0.5～1小时后再学习或活动。特殊儿童可根据残障对进餐的影响程度不同，适当延长进餐时间与餐后的休息时间。

（五）自由活动时间

在校儿童每日应有一定的自由支配时间，从事个人爱好的活动、生活自理或帮助做家务等。小学4年级以下每日应有1～1.5小时，4年级以上到高中应有1.5～2.5小时，但每日看电视和个人用电脑的时间不应超过1小时，以免影响到其他活动、学习或休息等。

二、学周安排和课程表编制

根据一周内学生脑力工作能力的变化规律，即星期一处于启动阶段，学习效率较低，出现"星期一综合症"，也就是星期一儿童不太愿意上学或者是即使到了学校其学习效率也不太高；星期二学习能力提高，星期三、星期四达高峰，然后逐渐下降，到星期五跌至最低峰，有的学生可能出现终末激发。因此，在编制课程表时，星期一和星期五应安排较轻的学习任务（如音乐、体育、艺术、职业教育等），重要的课程或难度较大的课程，如数学、语文、物理、化学等宜安排在星期三、四为主。课程表编制还应考虑到大脑皮质活动的其他规律，如镶嵌式活动特点，不将相同的课程两节连排，尤其年龄越小的儿童的课程安排，越应注意此点的重要性。另外课外作业不能太多，以免双休日也不能消除一周的疲劳。

三、学年的计划安排

根据学生身心发育的水平和年龄特征，遵循大脑皮层脑力工作能力的活动规律，合理地安排学期和学年中的学习、考试、劳动、运动会和假期等是学期和学年安排的重点。学期与假期的轮换一方面要安排教育目标和教育计划的完成和实现，另一方面，也要保证通过假期的休整可消除学生体力和大脑的疲劳，恢复脑力工作能力，调节机体功能。小学生身心发育不成熟，持久工作的能力较差，所以学期应安排短些，假期应长些。教育部颁布的《全日制中小学工作条例》明确规定：寒暑假中学应有2个月，小学2.5个月，中学的劳动时间每年最多1个月，小学4年级以上每年最多0.5月。但包括寒暑假在内，全年假期安排不得超过三次。

应保证农村学生每年至少有 1 个月的休整时间。

　　学期、学年内学习任务的分配应充分考虑学生在学期、学年中脑力工作能力的变化规律。各学期的教学内容应循序渐进，先易后难，教学进度要均匀，学期与学年末要多组织复习、少讲授新课等。教学大纲所规定的教学内容必须在学期内完成，不应占用假期授课或补课。假期若要组织学生参加有益于身心健康的社会活动，如夏令营、旅游、文体活动等，应注意不过多占用学生的自由活动和休息时间。

表 4-1-1　某智能障碍儿童一日在校作息时间表举例

时　间		内　容
上午	8:00 ~ 8:30	入校后放书包、打招呼、如厕、玩耍等
	8:30 ~ 9:00	集体律动、游戏或听音乐、唱歌等
	9:00 ~ 9:10	如厕、喝水、拿文具、坐好等做好课前准备
	9:10 ~ 9:40	课程学习：语文或数学（隔日轮流） （按学生需求实施个别教学、或加课中操、课中游戏等）
	9:40 ~ 10:00	课间操：体操、眼保健操
	10:00 ~ 10:30	如厕、课间加餐、休息
	10:30 ~ 11:00	技能训练：学生最需要的某项技能 （按学生需求实施个别教学、或加课中操、课中游戏等）
	11:00 ~ 11:10	如厕、休息
	11:10 ~ 11:30	休闲活动：拍球、蹦床、荡秋千、阅读等
	11:30 ~ 12:30	午餐、整理、清洁
下午	12:30 ~ 14:30	午休
	14:30 ~ 15:00	起床
	15:00 ~ 15:30	如厕、午后加餐
	15:30 ~ 16:00	文体课：音乐、美术、手工、体育等 （按学生需求实施个别教学）
	16:00 ~ 16:20	休闲活动：游戏、娱乐、玩耍等
	16:20 ~ 16:30	放学

第二节 日常生活活动的护理和训练

对特殊儿童日常生活的护理，除了建立合理的生活制度外，还应进行日常生活活动的护理和训练，即衣、食、住、行、个人卫生所必需的护理及基本动作和技巧的训练，如洗漱、吃饭、步行、上厕所等。

狭义的日常生活活动是指人们在家庭生活中进行自身照顾的活动，如进食、更衣、整容、如厕和入浴，以及移动活动如床上改变体位，床椅间转移，步行等。广义的日常生活活动还包括与狭义的日常生活活动相关的一些活动，如家务劳动、交通工具的使用等，都是人在独立生活中最必需的、反复进行的基本活动。

在特殊教育学校残障儿童的主要日常生活活动包括：饮食、睡眠、锻炼、清洁卫生、学习、娱乐及简单的家务劳动。日常生活活动的基本动作和技巧对于一般人来说是极为普通的、容易的，但对于某些残障者往往属于高超技能，需要特殊的训练指导，甚至是多方面的护理与照顾。

一、日常生活活动能力的测评

（一）日常生活活动测评的目的意义

日常生活活动能力的测评是用科学的方法，尽可能准确地了解，并概括被检测者日常生活的各项基本能力或功能的状况，即明确他们是怎样进行日常生活的，能做多少基本日常生活活动，难以完成的是哪些活动项目，在难完成的项目中是什么功能障碍造成的，功能障碍的程度如何等，它是确立训练目标、制订训练计划、评估训练效果的依据，是日常生活活动训练必不可少的前期步骤。

（二）日常生活活动测评的项目

特殊儿童日常生活活动测评的项目主要包括以下六个方面：

①进餐活动。进餐姿势的维持能力；食物选择的认知能力；摄取食物的能力（如握筷、用勺、拿杯碗等使用餐具的能力；用餐具摄取食物的能力；用手抓握或剥开食物的能力等）；咀嚼与吞咽食物的能力。

②更衣活动。穿脱上衣、裤子、袜子、鞋子、帽子、围巾、手套的能力；扣解衣扣、拉链、鞋带等的能力。

③就寝活动。坐、卧、翻身、上床及下床的能力；铺被、盖被、叠被、整理床铺等的能力。

④个人卫生。洗手、洗脸、洗头、刷牙、梳头、剪指甲、洗澡、如厕大小便、清洗衣物等的能力。

⑤其他生活起居活动。开关门窗、窗帘、电灯及水龙头的能力；买菜、做饭、

洗碗的能力；扫地、擦桌子、处理垃圾等的能力；钱物保管及支配的能力；使用电话、电脑等电子设备的能力；休闲活动的能力等。

⑥外出活动。上下楼梯，外出行走，上下坡，穿马路，持物步行，上下汽车，使用假肢、拐杖、轮椅的能力，使用电梯、汽车等交通工具的能力；躲避危险、自我安全防卫、寻求帮助等的能力。

（三）日常生活活动的测评方法

1.问卷调查法

通过问卷调查的方式来收集资料进行评价，一般用于某儿童或某类儿童的日常生活活动总体情况的了解。主要包括口头问卷调查和书面问卷调查。可以面对面调查，也可通过电话或邮寄方式调查。注意：被调查者尽量为儿童本人或儿童的监护人。

2.观察记录法

检测者直接观察儿童在自然生活状态下某项日常生活活动的实际完成情况，并做详细的观察记录，收集儿童完成日常生活活动原始、真实的资料信息，最后对记录的信息进行整理、分析，获得儿童某项日常生活活动实际完成情况的评价结果。注意：实际观察记录的方法要根据特殊儿童的类别、日常生活活动的项目、评价的目标等灵活选用。

3.量表检测法

采用标准化设计的日常生活活动检测量表（经过信度、效度的检测），通过统一的内容，统一的评价标准来测评。

表 4-2-1　不同方法检测特殊儿童洗澡的完成情况

方　法	项　目	儿童 1	儿童 2
问卷检测法	你自己能进出浴盆吗？	能	能
	你自己能坐到浴盆吗？	能	不能
	你可以自己洗全身吗？	不能	不能
	你可以自己擦干身体吗？	不能	不能
观察记录法	入浴盆	独立，抬脚不稳	独立，爬入
	坐浴盆	独立，稳坐	需要支撑
	洗全身	独立，需要指导	旁人辅助
	擦干身体	后背擦干需辅助	旁人擦干
FIM 量表检测	洗澡	有条件独立（需辅具 6 分）	有条件依赖（中等量帮助 3 分）

4.日常生活活动的评定方法

（1）五级分级法

五级分级法是根据纽约大学医学中心康复医学研究所制定的方法，按日常生活的独立程度分成五级：

- Ⅰ级：能独立活动，无需帮助或指导，用"√"表示。
- Ⅱ级：能活动，但需指导，用"S"（supervision）表示。
- Ⅲ级：需要具体帮助方能完成活动，用"A"（assistance）表示。
- Ⅳ级：无活动能力，必须依靠他人抬动或操持代劳，用"L"（lifting）表示。
- Ⅴ级：即指该项活动不适于患者，用"×"表示。

注意：如果该患者是在有辅助装置（轮椅、矫形支具或拐杖等）条件下进行的，则必须注明辅助装置的名称。

五级分级法方式简单、明确，对患者有无独立活动能力、需要哪类帮助等情况一目了然，因此便于临床应用。

（2）功能独立性评定

功能独立性评定（Functional Independence Measure，FIM）是国际上比较流行的一种日常生活活动功能评定方法，除了包含日常自理活动部分，还有移动、认知功能和社会功能部分，反映残障水平或需要帮助的量的水平上也更为精确。FIM不是评估患者按生理功能能做什么，或按条件、环境而言能做什么，而是评估患者现在实际能做什么。可综合反映患者功能及独立生活能力，评估和比较患者残障严重程度，评估各阶段治疗训练的效果。

FIM包括运动功能评估与认知功能评估两大部分，运动功能包括自理能力、括约肌控制、转移、行进四个方面，认知功能包括交流与社会功能两个方面，总共要评估18项内容，其中运动功能13项，认知功能5项；评分为7分制，最高7分，最低1分，总评分最高126分（其中运动功能总91分，认知功能35分），最低18分。得分说明：126分——完全独立；108～125分——基本独立；90～107分——有条件的独立或极轻度的依赖；72～89分——轻度依赖；54～71分——中度依赖；36～53分——重度依赖；19～35分——极重度依赖；18分——完全依赖。

表 4-2-2 功能独立性评定（FIM）量表

姓名： 性别： 年龄： 疾病：

项目			评估日期及得分		备注
			第一次	第二次	
运动功能	自理活动	1 进食			
		2 梳洗修饰			
		3 洗澡			
		4 穿上衣			
		5 穿裤子			
		6 上厕所			

续表

项 目				评估日期及得分		备 注
				第一次	第二次	
运动功能	括约肌控制	7	膀胱管理（排尿）			
		8	直肠管理（排便）			
	转 移	9	床、椅、轮椅间转移			
		10	转移至厕所			
		11	转移至浴盆或淋浴			
运动功能	行 进	12	步行/轮椅			
		13	上下楼梯			
	运动功能总评分					
认知功能	交流	14	理解			
		15	表达			
	社会认知	16	社会交往			
		17	解决问题			
		18	记忆			
	认知功能总评分					

表 4-2-3　功能独立性评定（FIM）量表的评分标准

	能力	得分	评分标准
独立	完全独立	7	不需要辅具，在合理时间内规范、独立完成
	有条件独立	6	需要辅具，或完成时间长，或有安全方面考虑
有条件的依赖	监护或准备	5	没有身体接触的帮助，只需帮其做准备工作，或只有提示或劝告，或帮助其穿戴矫形器。
	少量接触帮助	4	帮助限于轻轻接触，患者自己要付出 75% 或 75% 以上的努力
	中量接触帮助	3	中度接触，患者自己要付出 50% ~ 75% 的努力
完全依赖	大量接触帮助	2	大量接触，患者自己要付出 25% ~ 50% 的努力
	完全帮助	1	完全由别人帮助，患者自己的完成量 <25%

注意：评价时注意观察患者的实际操作能力，不能仅依靠口述；患者在帮助下才可能完成的动作，要做详细的描述；避免疲劳，必要时可以分几次评定，但应在同一地点。

二、日常生活活动的护理和训练

（一）饮食

根据残障儿童的残障特点供给适当的饮食和给予一定的照顾，并训练他们自己进餐的能力和培养良好的进餐习惯。

1. 饮食护理的基本卫生要求

①供给特殊儿童需要的平衡膳食。保证食物质和量的供给，在满足不同类别特殊儿童的营养需要的基础上，尽量达到平衡膳食。

②满足不同儿童的饮食习惯和喜好。不同地区、民族或个体可能会有不同的饮食习惯或喜好，不同年龄或生理、病理状态也可能会有不同的营养需求，所以，要充分尊重这种饮食差异性，在满足营养需求的基础上，通过不同食物的替代或调整来尽量达到平衡膳食。

③保证特殊儿童的饮食卫生。学校要通过各种措施来保证特殊儿童的饮食卫生，如食物购买、运输及加工的卫生监管、餐具食物的消毒、儿童饭前要洗手、不吃不洁净的食物、进食环境的卫生保障等。

④培养良好的进食习惯。学校要注重培养特殊儿童良好的进食习惯，如定时定量进食、不挑食、不偏食、进食时要细嚼慢咽、控制吃零食、少吃甜食等。

⑤及时帮助进食有困难的特殊儿童进食。对不能独立完成进食活动的特殊儿童，要及时提供适当的辅助（包括人力或工具的辅助），帮助其进食。如引导盲儿选取食物；喂摄食困难的脑瘫儿童进食；通过食物引流器帮助多重障碍儿童进食等。

⑥必要时进行进食动作的训练。对可能通过训练能完成进食动作的特殊儿童，要积极进行进食动作的指导与训练。

2. 进食动作的训练方法

正常小儿生后即会吃奶，6~7个月时会吃饼干，10个月能握住杯子喝水，2岁会熟练用汤匙进食，3~4岁后会用筷子吃饭。

进食动作的训练方法：主要采用"分阶段小步骤训练"方法。首先，将进食的整套动作分解成几个阶段，多个步骤的简单动作，如抓握餐具（握住匙）→使用餐具摄取食物（用匙舀取食物）→将食物送入口腔（并将空匙从口中取出）→咀嚼和吞咽动作；然后，逐个阶段或逐个步骤分项训练，直至该项动作能熟练掌握；最后，再将熟练掌握的各项动作串连起来，进行整体训练，直至完整的进食动作完成。有时可借助自助辅具来辅助进餐。

①抓握餐具训练：开始可抓握木条或橡皮柄，继之用匙、筷子。丧失抓握能力的儿童、协调性差或关节活动范围受限儿童常无法使用普遍餐具，必须将食具加以改良，如将碗、碟固定在桌上（碗底加宽，装上防滑橡皮垫），匙柄加长、加宽、匙口浅平或使用不易倾翻的食具等。

②摄食入口的训练：先训练摄食需要的手部运动，再模仿摄食的动作，或手把手教儿童摄取食物：先握住儿童的手腕，辅助其从碗中舀取食物，并将食物送入口中；然后，随着训练的次数及熟练程度的增加，逐渐减少辅助动作，直至最

后该儿童能独立完成摄取食物及送入口中的动作。

注意：咬合反射的处理——将匙中食物喂入儿童口中时，若儿童立即出现咬合反射，将匙子咬住不放，此时，应转移其注意力，等待他（或她）自动松口时，迅速将匙子抽出，切忌在儿童牙齿紧咬时强硬将匙子抽出，以防损伤牙齿。

③咀嚼和吞咽训练：吞咽困难的儿童意识清醒时，肯定无误咽并能顺利喝水时，可试行自己进食。先用糊状食物、稀粥，继之半流食，从小量（如每口 3 ~ 4 ml）过渡到正常饮食（如每口 10 ~ 15 ml）。同时，可进行吞咽肌肉力量、耐力及协调性的相关训练，如开闭唇齿的运动训练，舌头运动训练，软腭运动训练，颊肌运动训练，空吞咽动作训练，空咀嚼运动训练等。

注意：口面功能障碍的处理——将食物喂到儿童口内时，可立即用手托起儿童下颌，促使其闭嘴；当食物在儿童口中，不能及时吞咽时，可轻轻按摩其颌下舌根部，以促进小儿吞咽动作的形成。

不同类别儿童的进食障碍特点会有所不同，训练的重点或方法应有所差异，如瘫痪儿童还要训练其坐立平衡的进食姿势；盲儿还要训练其辨别食物气味的能力；动作协调性差的儿童则要重点进行动作相关肌肉的力量、耐力、灵活性及协调性等的训练。

（二）睡眠

1. 睡眠护理的基本卫生要求

①创设良好的睡眠环境。睡眠环境要保持清洁、安静、避光；室温一般要求夏季：26 ~ 28 ℃，其他季节：16 ~ 18 ℃为好；通风良好，但要避免穿堂风和风扇直吹儿童；适宜的卧具，如床不过硬或过软、被褥舒适、衣服不过松或过紧等，达到科学合理，舒适为准。

②培养按时入睡和起床的良好习惯。儿童按时入睡和起床的良好习惯，将有利于儿童形成定时入睡和舒醒的条件反射，有效提高睡眠的质量。

③保证充足的睡眠时间。充足的睡眠可保证儿童充足的休息，消除其疲劳，恢复其体力，并促进儿童正常的生长发育。一般在校儿童应保证每天 9 ~ 11 小时的睡眠时间，年龄越小要求的睡眠时间越多。注意：不同障碍类别儿童的身心特点不同，对睡眠的要求也应有所差异，要区别对待。

④睡眠前注意饮食卫生。为了保证儿童的睡眠质量，要注意睡眠前的饮食卫生，如忌过饱、过饮及刺激性食物（如酒、浓茶、咖啡等），体质虚弱的儿童可在睡前进食少量易消化的食物，如一小杯牛奶或一小块面包等。

⑤睡眠前勿受精神刺激。睡眠前受到精神刺激容易促使儿童睡眠不安，在睡眠中出现噩梦、惊吓、恐慌等不良现象，或迟迟不能入睡及失眠等，严重影响睡眠质量。所以，要保证儿童在睡眠前勿受精神刺激，如不看恐怖、过喜过悲的电视电影，不过分嬉耍斗架，不受过分的批评和指责等。

⑥帮助和训练儿童穿脱衣服。对不能独立穿脱衣服的特殊儿童，除特定时间的专门训练外，也可借每日睡眠或起床时机，有效训练儿童穿脱衣服。如训练儿童按顺序脱衣服，解鞋带→脱鞋→脱袜子→脱裤→脱上衣；穿衣服时反序训练即可。必要时提供帮助及自助辅具完成穿脱衣服。

⑦入睡后定时进行巡视。入睡后要求有老师对入睡后的儿童进行定时多次（最少每晚2次）的巡视，帮助睡觉中踢开被子的儿童盖被，防受凉；帮助不能翻身的儿童变换体位，防受压时间过长导致身体受压部位麻木或褥疮等。

2. 穿脱衣服的训练方法

正常小儿1岁后会配合大人为其穿脱衣服；1岁半能自己脱去鞋袜，手套和帽子（不会解带）；2岁起能脱去宽松外衣（不会解纽扣）。3岁时会穿鞋（不系带子，不分左右）；4岁起学会穿简单外衣和扣上大纽扣，对衣服前后辨别有时需要提醒；5岁起学会穿脱一般衣服，解开和扣上细小纽扣；6岁后能独立穿脱衣服。

穿脱衣服的训练方法：主要采用"分阶段小步骤训练"方法。将穿衣服或脱衣服的过程分解成几个阶段，多个步骤的简单动作；然后，逐个阶段或逐个步骤分项训练，直至该项动作能熟练掌握；最后，再将熟练掌握的各项动作串连起来，进行整体训练，直至完整的穿或脱衣服过程完成。

举例1，偏瘫患儿穿套头衫或背心的分解训练步骤：患手先穿上袖子→健手再穿上另一袖子→以健手为主将衣服套入头部→拉下衣角。脱的训练步骤与穿的训练步骤相反。

举例2，偏瘫患儿穿裤的分解训练步骤：取坐位→将裤筒套进患侧小腿→套另一裤筒于健腿→躺下，边蹬健足，边向上提拉裤子到腰部→系好裤带。脱的训练步骤与穿的训练步骤相反。

举例3，截瘫患儿穿裤的分解训练步骤：取坐位→双腿套上裤子→转右侧半卧位，提拉左侧裤筒→再转左侧半卧位，提拉右边裤筒→左右侧交替移动将裤子提拉到腰部→系好裤带。脱的训练步骤与穿的训练步骤相反。

（三）清洁卫生

1. 个人卫生的清洁

正常儿童2岁可训练洗手、擦嘴、拭鼻子；3岁可训练洗脸、拧毛巾、使用肥皂；4~5岁可训练刷牙、梳头、将水倒入脸盆和用后将水倒掉，拧开和关闭水龙头等操作；6岁以后儿童可教他学习洗澡、擦干身子、剪指甲和整理仪容等。对特殊儿童可根据儿童障碍情况，尽量训练其做到梳洗、如厕、洗浴等个人卫生活动的自理。

（1）梳洗操作护理的基本卫生要求

①根据儿童残障类别和程度选择梳洗的方式和用具。如聋哑盲儿童可选淋浴；肢残儿童可选择盆浴；体质过弱或瘫痪卧床的儿童可选择擦浴。

②梳洗清洁的次数及用具要满足基本的卫生要求。梳洗的卫生要求：每周至少洗澡1次，擦浴可多次，尤其夏天每天要1次；吃东西后要漱口，每天早晚刷牙1次，如果能早、中、晚饭后各1次最好；每天早上或午睡后要梳头，每周洗1次头，夏天2次；早晚要洗脸和脚，饭前便后要洗手；每个人的洗脸盆、毛巾、杯子等要分开使用，定期清洁消毒（如蒸煮）；毛巾、杯子等放通风处，牙刷定期更换（3个月换1次）等。

③对不能自理的特殊儿童要提供帮助或进行训练。对不同障碍儿童要规定不同的目标要求，如聋哑、智障儿童要达到个人清洁卫生的自理，盲儿达到基本自理，肢残儿依据残障程度部分自理，总之要尽量达到最大限度的自理。

（2）梳洗操作技能的训练方法

①认识头、脸、五官等身体各部位名称，位置及上下、前后、左右等方位；

②熟悉常用的梳洗用具如梳子、牙刷、毛巾等名称和使用方法；

③按常规方法分解动作步骤，分阶段小步骤进行训练和指导；

举例，洗头的分解步骤训练：湿头发→抹洗发液→揉搓几分钟→清水冲洗→擦干头发。

④必要时配合运动康复训练或使用相应的辅具（如图4-2-1所示）。

如部分脑瘫儿童上肢的伸屈、旋转能力，手指抓握能力，手腕的灵活性和稳定性等训练；如坐便器使用、梳洗辅具的使用等。

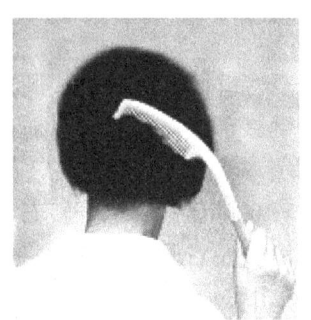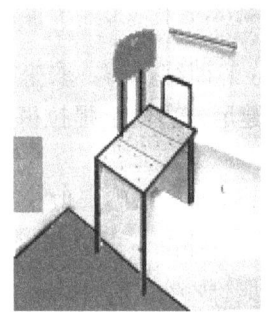

图 4-2-1　日常梳洗辅具

2. 环境卫生的清洁

环境卫生包括教室、寝室等活动场所的清洁、消毒及蚊子、苍蝇、蟑螂等害虫的消灭。对基本能做好个人卫生的儿童，要逐步训练其做周围环境卫生的清洁，如学会擦桌子椅子、扫地、拖地、擦玻璃等。

（四）家务活动

对年龄较大，即将毕业走入社会的儿童，还要进行一些必要的家务劳动的训练，如买菜、做饭、洗衣服等活动。

第三节　特殊儿童的体育锻炼

一、体育锻炼的意义

《国家中长期教育改革和发展规划纲要(2010—2020年)》指出"坚持以人为本、全面实施素质教育"是教育改革发展的战略主题。坚持全面发展，要全面加强和改进德育、智育、体育、美育教育，其中加强体育教育方面，要牢固树立健康第一的思想，确保学生体育课程和课余活动时间，提高体育教学质量，加强心理健康教育，促进学生身心健康、体魄强健、意志坚强"。这是党和国家从人才培养和可持续发展战略的高度出发，对儿童青少年学生在体育教育方面提出的基本希望和要求。

体育是全面素质教育的一个重要组成部分，它可促进德育、智育、美育的教育。同时，体育锻炼也可增强儿童的体质，陶冶情操，增进身心健康，促进生长发育，提高学习效率和生活的能力，对儿童青少年非常重要。特殊儿童的体育锻炼尤为重要，不仅能增强体质，而且有时还能起到康复治疗的作用。《特殊教育学校暂行规定》第26条规定：特殊教育学校应重视体育美育工作，学校要结合学生实际，积极开展多种形式的体育活动，增强学生的体质。学校应保证学生每天不少于1小时的体育活动时间。

二、体育锻炼的基本要求

体育锻炼是一个渐进的过程，效果也是逐渐积累和显现的，应按一定的原则和要求来进行。

（一）培养儿童对体育锻炼的兴趣与习惯

参与体育锻炼是儿童发展体能、获得运动技能、提高健康水平、形成乐观开朗的生活态度的重要途径。促使学生主动参与体育锻炼的关键是培养他们参与体育锻炼的兴趣与爱好，形成坚持长期体育锻炼的习惯。为此，要注重儿童体育锻炼的兴趣引导，内容与方法的有趣及多样性的设计，让儿童能体验到参加体育运动的乐趣；同时，还要注重儿童体育锻炼习惯的养成，合理安排锻炼计划，定期积极参与体育锻炼，形成长期进行体育锻炼的良好习惯。

（二）体育锻炼要遵循"循序渐进"的原则

体育锻炼的运动量、运动难度及复杂度都应该有计划、有步骤地逐步增加，使机体有个适应过程，才能逐渐实现身体素质与运动能力提高的目标。否则，机体突然承受过大的运动负荷或从事复杂的高难度动作，易发生过度疲劳或运动损伤。体育锻炼能力的提高要符合"增加→适应→再增加→再适应"的循序渐进的过程。

（三）体育锻炼要尽量达到全面锻炼

根据特殊儿童的具体个体情况，尽量使其身体各系统及各器官的功能水平得到全面的锻炼，也就是利用各种适宜的运动项目来促进身体在力量、速度、耐力、灵敏性、柔韧性、协调性及平衡性等方面都能得到锻炼，提高身体的整体素质。

（四）根据特殊儿童的不同特点，选取锻炼方式和制定标准

聋儿一般锻炼都可进行，注意声音提示要改为视觉提示；视觉障碍儿童一般不要进行球类活动，除非对球进行了特殊的附声处理，或进行过特殊的球类体育活动训练；肢残儿童一般不进行跑步运动，除非经过专业的跑步训练，但可进行肌肉力量性锻炼，如举重锻炼。注意：特殊儿童，尤其是盲、肢残儿童及多重障碍儿童每次体育锻炼的运动量和时间，要较正常儿童少和短些。

①视觉障碍人参加的体育活动有：健身操、棋类、田径、游泳、盲人门球、盲人乒乓球、柔道、盲人足球等。其中田径、游泳、盲人门球、柔道、盲人足球被列为竞赛项目。

②听觉障碍人适宜开展与健全人相同的体育活动，其中竞赛项目按夏季和冬季分为：夏季运动会的男子比赛项目有篮球、排球、足球、乒乓球、网球、水球、田径、游泳、自行车、体操、摔跤、柔道、射击等；女子比赛项目有篮球、排球、乒乓球、网球、田径、游泳、自行车、体操、射击等。冬季运动会的男子项目有速度下滑、大型障碍滑雪、特殊障碍滑雪、跳台滑雪、15千米滑雪、3×10千米接力滑雪等；女子比赛项目有速度下滑、大型障碍滑雪、特殊障碍滑雪、5000米滑雪、3×5千米接力滑雪等。

③智力障碍人士参加的运动项目和比赛项目，智力障碍人士参加的竞赛项目分为正式比赛项目和国家普及项目。其中夏季正式比赛项目有：水上项目、高尔夫球、田径、体操、篮球、举重、保龄球、轮滑、自行车、垒球、马术、网球、足球、排球。较为普及的项目有：地滚球、羽毛球、乒乓球、手球、帆船。冬季正式比赛项目有：高山滑雪、越野滑雪、硬地曲棍球、速度滑冰、花样滑冰。较为普及的项目有：雪鞋走。

④肢残人参加的体育活动有：举重、健身操、棋类、田径、游泳、射箭、射击、轮椅篮球、轮椅击剑、乒乓球、轮椅网球、排球等。其中竞赛项目为：田径、游泳、举重、射箭、轮椅篮球、轮椅击剑、乒乓球、轮椅网球、射击、排球。

⑤脊髓损伤类型的肢残人参加的体育活动有：健身操、棋类、田径、游泳、举重、射箭、射击、轮椅篮球、轮椅击剑、轮椅乒乓球、轮椅网球、轮椅橄榄球、轮椅舞蹈等。其中竞赛项目为：田径、游泳、举重、射箭、射击、轮椅篮球、轮椅击剑、乒乓球、轮椅网球、轮椅橄榄球。

⑥脑瘫类型的肢残人参加的体育活动有：健身操、棋类、田径、游泳、乒乓球、射击、硬地滚球、足球、轮椅网球、轮椅橄榄球等。其中竞赛项目为：田径、游泳、乒乓球、硬地滚球、足球、轮椅网球、轮椅橄榄球。

（五）注意体育锻炼时的卫生、安全及其他影响因素

在特殊儿童锻炼的每个环节都要做好保护措施，确保安全和防止运动创伤或意外事故的发生。如运动场所要平坦、清洁、安全，温度和湿度适宜；有些情况不宜参加体育锻炼，如发烧、疲劳、空腹或饱餐后、急慢性病（尤其心肺疾病）、女生月经期等。

儿童体育锻炼时还要综合考虑儿童的年龄、性别、体质状况、兴趣爱好及地区季节等因素的影响。如，过小的低年级儿童不宜进行负重、长时间的憋气练习及负荷过重的耐力性运动，年龄越小越要注意运动的持续时间不宜过长；男女生理特点的差异，使他们的运动项目、运动器械及运动量上应有所差异；身体健康者可全面锻炼，残障者可根据其身体特点进行程度不同的体育锻炼；如果居住地区靠山可进行爬山锻炼，离公园近可到公园锻炼；春季宜进行田径、球类为主的锻炼，夏季宜进行体操、游泳为主的锻炼，秋季宜进行田径、体操和球类为主的锻炼，冬季宜进行长跑锻炼等。

三、特殊儿童体育锻炼的内容

特殊儿童的体育锻炼包括体育课、课外体育活动（如早锻炼、课间操、业余体育锻炼等）、医疗康复锻炼等。

（一）体育课

体育课是对学生进行体育教学的基本组织形式，通过体育课的学习，学生不仅可以掌握体育知识与技能，学会各项体育锻炼的运动项目，而且也可以通过科学规律的运动达到锻炼身体、增强身体素质和促进生长发育的目的。《学校体育工作条例》第11条中规定：学校应当在学生中认真推行国家体育锻炼标准。

学校体育课的基本卫生要求：课程的内容和负荷要适合学生的年龄、性别、健康状况和体力的特点；遵守体育锻炼的基本原则，课程结构合理，形成适宜的运动密度和生理负荷；教学内容的实施有助于增进健康、身体的匀称发育、正确姿势形成等；课程保持连续性，在每周课程表中应同其他课程有机地结合；授课应有适宜的运动场地和专用设备，学生应穿着运动服和运动鞋进行锻炼。

体育课的运动负荷取决于课程的强度、密度及时间三个因素的综合情况。强度是指单位时间内所做的功，受负荷的大小、项目的性质等影响。密度是指一节课时内学生实际运动练习的时间占全课总时间的比例，以30% ~ 40%为宜。时间是指一节课的总时间。运动的强度、密度及时间必须适合学生的年龄、性别和健康状况特点。

体育运动负荷过低不能起到锻炼身体的作用，运动负荷过高则可能会损坏机体的心肺功能。判断体育运动负荷常用的指标为靶心率，即达到最大运动强度60% ~ 70% 时的心率。要求健康中小学生体育课和课外活动的基本部分的靶心率不应低于 120 次 / 分钟，也不得超过 200 次 / 分钟。此外，还可利用脉搏（心率）曲线图、平均脉搏和脉搏指数等方法来评价体育课的运动负荷。

（二）课外体育活动

课外体育活动是学生在课余时间里，以增强体质、促进身心发展为目的的运动锻炼。按活动形式与组织方法，可分为早锻炼、课间操、眼保健操、小组锻炼、业余体育训练等。要求学生每天应当坚持做好早锻炼、课间操与眼保健操，有条件地积极组织小组锻炼，对运动水平较高的学生组成运动队进行业余体育训练。

①早锻炼。早锻炼是住校学生清晨起床后，或走读学生上午第一节课前进行的体育锻炼。早锻炼可消除睡眠时大脑皮层的抑制状态，促进机体各系统及器官始动调节的进程，将生理与心理功能提高到一定水平，为一天的学习和生活做好准备。早锻炼的项目选择应根据儿童的年龄、健康状况及季节气候等因素而定。一般应以学生熟悉的、简单易行的活动内容为主，如跑步、广播体操、自编体操或武术基本功练习等，以全身最终得到锻炼为目的。

②课间操。《学校体育工作条例》第 10 条中规定：普通中小学校、农业中学、职业中学每天应当安排课间操。课间操一般是在上午 2、3 节课之间开展的体操活动。上课间操有助于转移大脑的优势兴奋灶，变换身体姿势，舒展身体，消除疲劳，保护视力，提高学习效率。课间操的活动内容可选择广播体操、眼保健操、徒手操或轻的器械体操等。

③小组锻炼。在体育老师的指导下，班级中的体育骨干组成小组，利用课外活动时间进行的有计划的体育锻炼活动。这是保证学生每天 1 小时以上体育锻炼的重要措施，有利于每日生活制度中脑力与体力活动的转换，提高身体素质，增进学生的锻炼兴趣，培养学生团体活动的能力，以及学生之间团结、友爱、合作等的精神。《学校体育工作条例》第 10 条中规定：普通中小学校、农业中学、职业中学应当每周安排三次以上课外体育活动。中等专业学校、普通高等学校除安排有体育课、劳动课的当天外，每天应当组织学生开展各种课外体育活动。

④业余体育训练。利用课余时间对有一定体育特长或爱好的学生进行特殊的体育项目训练，目的是提高学生的体育竞技能力和运动成绩，培养竞技运动的后备人才。组织形式可以是少年业余体校、学校运动队、体育特长班、竞技学校等。对有运动潜能的特殊儿童也可以在普通学校或特殊学校参加业余体育训练，或通过残疾人体育协会组织运动队，配备教练进行有计划的运动训练，学校应当在学生中认真推行等级运动员制度。参加业余体育训练前必须进行体格检查，身体素质允许时才可参加。同时，要注意安排好他们文化课的学习，加强思想道德教育，并注意改善他们的营养。

另外，学校也可根据条件有计划地组织学生远足、野营和举办夏（冬）令营等多种形式的课外体育活动。

（三）医疗康复训练

《特殊教育学校暂行规定》第 28 条：特殊教育学校要把学生的身心康复作为教育教学的重要内容，根据学生的残疾类别和程度，有针对性地进行康复训练，提高训练质量。要指导学生正确运用康复设备和器具。

有些特殊儿童，尤其是有运动功能障碍的儿童，如脑瘫儿童、肢残儿童、有运动障碍的多重障碍儿童等，在接受教育的同时，还需要接受医疗康复训练或治疗，最常见的是运动治疗，即通过人体神经、肌肉及骨骼的运动锻炼达到对某种运动功能的治疗、康复作用，同时也获得机体身心功能的发展与锻炼。如假肢矫形器治疗、医疗体操、维持和增加关节活动度的训练、增强肌力和肌肉耐力的训练、恢复平衡能力的训练，步态训练、增强心肺功能的训练，神经发育疗法训练等。另外，其他医疗康复治疗，如电、声、光、磁、热等人工物理因子治疗、作业治疗、语言治疗及中国传统康复治疗（如针灸、推拿、按摩、气功、太极拳等）等除了主要的功能治疗作用外，也包含有增强体质、促进身心功能锻炼的作用。

（四）体育竞赛

学校体育竞赛应以小型多样、单项分散、基层为主、勤俭节约为主要原则。学校每学年至少举行一次以田径项目为主的全校性运动会。普通小学校际体育竞赛在区、县范围内进行，普通中学校际体育竞赛在自治州、市范围内举行。经省、自治区、直辖市教育行政部门批准，也可在本省、自治区、直辖市范围内举行。全国中学生运动会每 3 年举行一次，全国大学生运动会每 4 年举行一次。特殊情况下，经国家教育委员会批准可提前或者延期举行。国家教育委员会根据需要，可以安排学生参加国际学生体育竞赛。

残疾人奥林匹克运动会

残疾人奥林匹克运动会（Paralympic Games）是由国际奥委会和国际残疾人奥林匹克委员会主办的，专为残疾人举行的世界型竞赛运动会，是将残疾人体育运动融入到国际体育运动的重要标志。残疾人奥林匹克运动会分夏季残奥会与冬季残奥会，均为四年举行一次，夏季残奥会正式始办于 1960 年，冬季残奥会正式始办于 1976 年。2000 年，国际奥委会和国际残奥委会签署协议规定：申办奥运会的城市，必须同时申办残奥会；奥运会后 1 个月内，在奥运会举办城市的奥运场地举行残疾人奥运会。这体现了残疾人与正常人一样能参与体育运动的竞技，并享有世界最高荣誉的权利，是人类社会文明进步的象征！

残疾人奥林匹克运动会的参赛运动员的残疾类别主要为视力残疾与肢体残疾，肢体残疾包括脑瘫、脊髓损伤、截肢及其他肢体残疾者。进行比赛时，会依据预先制定好的分类和分级标准，对参赛运动员的残疾类别及程度、运动能力等进行评估分类，属于不同残疾类别的运动员分别参加各自级别的比赛，一般按照参赛项目的具体要求，将残疾程度或运动能力差不多的选手尽可能分在一起进行比赛。

残疾人奥林匹克运动会的比赛项目每届都有变化，经过几十年的发展与淘汰，至今比较成熟的正式比赛项目有：七人制足球、五人制足球、轮椅橄榄球、轮椅篮球、硬地滚球、盲人门球、马术、帆船、坐式排球、轮椅网球、盲人柔道、轮椅击剑、自行车、乒乓球、力举、射箭、射击、游泳、田径、赛艇、高山滑雪、坐式滑雪、越野滑雪、雪橇竞速、冰上雪橇球、轮椅体育舞蹈等。

我国于 2008 年 9 月 6 日至 9 月 17 日在北京举行了第十三届世界残疾人夏季奥林匹克运动会，有来自 147 个国家和地区的 4000 多名残疾人运动员参加了本次运动会。本次运动会进行了 20 个大项、472 个小项的比赛项目，其中 279 项刷新了残疾人世界纪录，339 项刷新了残奥会纪录。中国体育代表团获得 89 枚金牌、70 枚银牌、52 枚铜牌，名列金牌榜和奖牌榜首位，创造了中国体育代表团参加残奥会以来的最好成绩。

残疾人运动会除了世界级的残疾人奥林匹克运动会之外，还有洲际、国家及地区等不同级别的残疾人运动会。我国举办全国残疾人运动会是从 1984 年开始，每 3～4 年举行 1 次，到 2012 年已成功举办了 8 届，参赛运动员的残疾类别主要为视力残疾、听力残疾、肢体残疾与智力残疾等。除了全国残疾人运动会之外，部分省、市、自治区级的残疾人运动会也每 3～4 年举行一次，部分省、市、自治区还定期举行特殊教育学校残疾学生运动会，都充分体现了残疾人运动会的办会宗旨，即弘扬奥林匹克和人道主义精神，彰显以人为本的人文理念，促进残疾人体育运动发展、交流与合作，推动社会的和谐、进步与文明。

特殊奥林匹克运动会

特殊奥林匹克运动会（Special Olympics Games），简称特奥会，是专门为 8 岁以上的智障（IQ 在 70 分以下）人举办的体育竞赛运动会。特殊奥林匹克运动会的使命是：通过丰富多样的运动项目，为智障儿童和成人参与日常训练及竞赛创造条件和机会，使他们发挥潜能，勇敢表现，在参与中与家人、其他运动员及整个社区分享快乐、交流技艺、增进友谊。特殊奥林匹克运动会的目标是：为智障人士提供参与社会的平等机会，使他们有机会成为对社会有用，被社会认可和尊重的公民。特殊奥林匹克运动包括世界、洲际、国家及地区等不同级别的特奥会，超过 165 个国家成立了特奥组织，中国特奥会组织于 1985 年成立，同年加入国际特奥会。

世界特殊奥运会是由国际特殊奥林匹克委员会主办的世界型特殊奥林匹克运动，每两年举办一届，分夏季特奥会和冬季特奥会，第一届夏季特殊奥运会始办于 1968 年（美国芝加哥举行），第一届冬季特奥会始办于 1977 年（美国科罗拉多州举行），至 2012 年，已举办 13 届夏季特殊奥运会，9 届冬季特殊奥运会。夏季特殊奥运会的比赛项目有：田径、水上运动、羽毛球、篮球、地掷球、保龄球、自行车、马术、高尔夫球、体操、举重、轮滑、帆船、足球、垒球、棒球、乒乓球、手球、网球、排球、赛艇和室内滚球、室外滚球、柔道等。冬季特殊奥运会的比赛项目有：轮滑、高山滑雪、越野滑雪、地板曲棍球、速度滑冰、花样滑冰、雪鞋走、雪板等。

我国于 2007 年 10 月 2 日至 11 日在上海成功举办第十二届夏季特殊奥林匹克运动，有来自世界 170 多个国家和地区的 10000 多名运动员参加了此次比赛，是历届参赛国家和地区参赛人数最多、规模最大、水平空前、影响深远的一次智障人士体育盛会。正式比赛项目 21 个，另外还有 4 个表演项目：舞龙舞狮、赛龙舟、板球、机能运动；非体育项目：执法人员火炬跑、社区接待计划、健康运动员计划、家长论坛、青少年峰会、学校教育计划等。本届夏季特殊奥运会上，中国特奥代表团派出 1713 人参加特奥会，共获得 463 枚金牌、336 枚银牌、258 枚铜牌、219 枚绶带、307 枚技能竞赛奖牌的优异成绩。

　　我国第一届全国特奥运动会于 1987 年在广东省深圳市举办，至 2012 年，已成功举办 5 届全国特奥运动会。2007 年中国残联将每年的 7 月 20 日确定为"全国特奥日"。各省、自治区、直辖市及市县级特奥组织也定期或不定期举办了形式多样的特奥比赛及其他特奥活动，为特奥运动会及残疾人事业的发展起到了积极的推动作用。

聋人奥林匹克运动会

　　聋人奥林匹克运动会（Deaf Olympics Games）简称聋奥会，也称为听力障碍奥林匹克运动会，是由国际聋人体育联合会主办，专为听力障碍者，也包括语言障碍者（因为听力障碍者一般伴有语言障碍）举办的世界型体育运动会。它的前身是世界聋人运动会（Deaf World Games），第 1 届世界聋人运动会于 1924 年在法国巴黎举行，为全球最早举办的身心障碍类运动会，至 2012 年已举办过 21 届夏季聋奥会，1949 年增加了冬季聋奥会，至 2012 年已举办过 17 届冬季聋奥会。聋奥会的比赛项目和健全人的比赛项目差不多，不同的是，所有运动项目的裁判都需要通过视觉信号来提示选手，如运动员在起跑时，裁判是用旗子，而不是用枪来发令，而是旗用来指挥。中国于 1988 年 4 月加入国际聋人体育联合会。

　　中国聋人体育协会成立于 1985 年，2004 年 4 月 1 日改名为中国聋人奥林匹克委员会（简称中国聋奥会）。中国聋奥会负责组织、帮助聋人参与体育运动及康复健身的活动，是中国残疾人体育活动中的重要组成部分，也是国际聋奥运动的积极倡导者与参与者，组织参加了第十六届至今多届的世界聋人奥林匹克运动会，也举办了全国综合性和单项聋人体育赛事；改进和参与社会生活的能力，推动聋人运动的发展方面，发挥了积极的作用。

思考题：

　　1. 对特殊儿童进行日常生活的护理有何重要意义？

　　2. 何谓日常生活活动？特殊儿童的日常生活护理主要包括哪些方面？

　　3. 简述特殊儿童饮食的日常护理卫生要求。

　　4. 简述特殊儿童睡眠的日常护理卫生要求。

　　5. 特殊儿童体育锻炼的基本卫生要求是什么？

　　6. 试述对特殊儿童进行进食动作训练的基本方法。（以某特殊儿童个案举例说明）

　　7. 试述对特殊儿童进行梳洗操作技能训练的基本步骤与方法。（以某特殊儿童个案举例说明）

　　8. 实践题：选择一名特殊儿童，根据其实际学习与生活的情况，结合本章所学知识，为其制定科学的一日生活作息制度。

第五章　特殊儿童的教育过程卫生

学习目标：

　　1. 熟悉大脑皮层功能活动的特点及学习疲劳的预防常识。

　　2. 了解学习时脑力工作能力的变化规律及其影响因素。

　　3. 掌握特殊儿童课堂教学过程中教学与学习的卫生要点。

　　4. 知道保证特殊儿童课外活动及娱乐顺利进行的卫生要点。

　　5. 了解特殊儿童学校劳动及职业教育方面的卫生要求。

第一节　特殊儿童学习的脑力劳动卫生

　　教育过程卫生是从卫生学的角度，研究如何合理组织各种教育过程，确保儿童良好的身心状态，同时又能有效提高教学质量和儿童的学习效果，促进儿童全面的发展。组织教育活动除了应符合儿童的身心特点之外，还要依据儿童的学习规律，重要的是儿童学习时大脑皮层活动的功能特点。

一、大脑皮层功能活动的特点

（一）始动调节

　　工作或活动刚开始时，效率较低，以后逐渐提高，这属于神经系统的始动调节，即大脑皮层的工作能力在刚开始时处于较低的水平，需要一定的启动时间（神经系统对其他器官系统的调节也需要一定的时间），随着工作的进行，逐渐进入状态，工作能力将逐渐提高。所以，在每天的早上、每星期的星期一、每项活动的刚开始，一般人都表现出一定的惰性。安排活动时尤其注意要由易到难，由简单到复杂，强度也要循序渐进，逐渐增强。

（二）优势兴奋法则

　　当一个人进行某种生理或心理活动时，会引起大脑皮层相关工作区神经细胞的兴奋,形成优势兴奋灶,它能将大脑皮层其他神经细胞的兴奋吸引过来,加强正在工作神经细胞的兴奋程度,同时使其他工作区的神经细胞呈现抑制状态(如一个专心从事某工作的人对其他事情不感兴趣了)。这样,优势兴奋灶神经细胞的反应能力处于最佳状态,工作效率最高,条件反射最容易形成,这就是大脑皮层的优势兴奋法则。如果"一心二用"或"一心多用",大脑皮层相关的几个工作区的兴奋灶会相互干扰,不能形成优势兴奋灶,什么事情都做不好。 所以对儿童的教育或活动的安排要目标明确,尽量能激发其学习或从事活动的兴趣,使其相应的脑工作区形成优势兴奋灶,提高脑工作效率,增强其注意力与专注力,才有可能取得好的效果。

(三)动力定型

如果儿童身体内外的条件刺激,依一定的顺序不变地重复多次后,大脑皮质兴奋和抑制过程的相关神经环路在空间和时间上的关系就会固定下来,形成精确恒定的条件反射(时间是条件刺激),就是动力定型。

动力定型的形成经历三个过程:

①兴奋过程的扩散。例如儿童初学写字时,有许多多余的动作,就是相关脑皮质兴奋扩散的缘故。

②兴奋过程逐渐集中。负诱导会使与该项活动无关的脑皮质区产生抑制,如教师指示初学写字的儿童"要坐直""拿笔的姿势要正确""头不要偏"等都属于负诱导,能制止与写字无关或不必要的动作,使有关脑皮质区的兴奋过程更快集中,加速技能的形成。

③动力定型的巩固、完善和自动化。该过程的形成需要一定时间的反复训练,越复杂的动作需要越长时间和越多次的训练。

一切技能和习惯的训练与培养都是动力定型的形成过程。儿童的年龄越小,脑皮质活动的可塑性越大,越容易建立动力定型。儿童应该制定规律的生活制度,并且要严格执行;某种技能的获得或某种习惯的养成是需要多次重复、反复训练才能成功的,并且一旦形成,就不要轻易改变,应该尽量坚持,否则形成的动力定型容易消退。

(四)镶嵌式活动

大脑进行某一项活动时,整个大脑皮质相应部分的神经细胞处于兴奋或工作状态,其他部分则处于抑制或休息状态,使大脑皮质呈现兴奋区与抑制区、工作区与休息区相互轮换、互相镶嵌的活动方式。由于大脑皮质区这种轮换式的工作、镶嵌式的活动,使大脑皮质各个区域得以交替休息,对防止脑疲劳有重要的意义。因此,制定生活制度时要注意动静结合,不同性质活动轮换进行。年龄越小的儿童,同一性质的活动时间要更短,轮换要更频繁才可。例如计算、语言、音、体、美、娱、游戏等教育活动要交叉进行,不仅可提高学习效率,而且能有效防止脑疲劳。

（五）保护性抑制

大脑的任何活动都伴随着相应神经细胞能量物质的损耗，如三磷酸腺苷的分解和高能磷酸化合物的减少等。最初，由于损耗过程开始而引起恢复过程加强，但持续一段时间后，损耗过程会超过恢复过程，当神经细胞的损耗超过其功能限度时，脑皮质即进入抑制状态，属于保护性抑制。保护性抑制是一种生理状态，也是脑疲劳早期的表现。在教育过程中要及时注意儿童的这种早期脑疲劳表现，适当安排休息或调换活动的性质或种类，使相应脑皮质活动区得以休息与恢复。对特殊儿童往往需要延长学习或劳动时间，加大活动量，更要注意及时休息，劳逸结合，有张有弛，保持大脑始终处于清醒状态，防止脑疲劳。

（六）终末激发

工作或活动即将结束时，大脑皮层会因为结束时的喜悦而出现一种过性兴奋性升高的现象。一般在每节课末、每天末、每周末或每学期末等都会出现此现象。一般在每节课末、每天末、每周末或每学期末等都会出现此现象。所以教师在一堂课快结束时，对所讲内容进行回忆总结，可使学生有效加深记忆。这是一种很好的教学策略，但一定要合理应用，勿过度使用。

二、脑力工作能力的变化规律

儿童学习能力的发挥很大程度上取决于儿童的脑力工作能力，脑力工作能力成为影响儿童学习效率和学习成绩的重要因素。正常情况下，脑力工作能力包括工作速度、工作准确性及持续性，直接反映大脑皮层的高级神经功能状态。在学习过程中，这种神经功能状态有一定的变化规律，根据其变化规律，可合理安排或评价儿童的学习和生活。

儿童在学习日中的脑力工作能力，通常有四类变化规律：第Ⅰ型表现为学习日开始后工作能力逐步升高，约两个小时后达到高峰，然后逐渐下降，午休后又回升，随后又逐渐下降，到学习日末下降到略低于学习日开始水平。第Ⅱ型与第Ⅰ型不同的是在学习日末时，由于对即将到来的休息性活动引起前驱性兴奋，使工作能力略有回升，有人称为"终末激发"。终末激发的出现是有条件和限度的，与脑皮层兴奋性降低的程度、能量贮备的多少、个人对学习的态度和情绪等有关。第Ⅲ型表现为工作能力从学习日开始兴奋性持续性升高。第Ⅳ型表现为兴奋性很早就迅速下降。第Ⅰ型与第Ⅱ型都符合大脑皮质功能的活动特性，即经过始动调节后工作能力升高，学习末工作能力下降，但不会出现严重下降，短时休息后即可恢复，是理想的神经类型。第Ⅲ型与第Ⅳ型则属于不良的神经类型，第Ⅲ型提示大脑处于高度紧张状态，持续下去会导致脑皮层神经细胞能量耗竭，出现保护性抑制，甚至严重的脑疲劳；第Ⅳ型表明脑皮层功能很早就处于抑制状态，工作效率呈现低水平状况，工作能力严重下降。

一周中脑力工作能力也会出现变化，最常见的变化规律是：星期一由于始动调节的需要，所以工作能力一般，不太高；到星期二逐渐升高；星期三、四达到并维持高峰状态；星期五脑力工作能力下降或出现"终末激发"；周末经过休息脑工作能力逐渐恢复。学周中若全周都没出现脑工作能力的明显高峰或该高峰过早下降，多为不良的神经生理活动表现，提示学习负担过重，或课程安排不合理，或学习的动力或兴趣不高等，应及时查找原因，尽快采取改善措施。

学年中，学生在第一学期开始时脑力工作能力较低，中段工作能力出现高峰并维持在较高水平，期末工作能力下降或出现"终末激发"（寒假前）。第二学期工作能力也出现高峰，但比第一学期相对低，到学年末时（暑假前）的工作能力达最低水平。

三、影响脑力工作能力的因素

脑力工作能力的高低常常会受到多方面因素的制约或影响，既包括年龄、性别、遗传、健康状况等生物因素，也包括学习动机、学习兴趣、学习生活条件等个体及外在因素。

（一）年龄

年龄越小，中枢神经系统的功能发育越不成熟，脑神经的兴奋与抑制功能越易扩散，越不容易协调，注意力集中时间越短，语言、思维、记忆等高级功能越差，脑力工作能力越低。随着年龄的增长，该影响作用将逐渐减小。

（二）性别

男女儿童在脑力工作能力上总体不存在差异，但由于男女身心发育不同步，存在有阶段性的差异，如青春期前，男生的身心发育晚于女生，所以在早期教育过程应注重加强对男生认知、语言的培养；青春期后男女生的性别差异逐渐显现，男生的身心发育速度迅速增快，抽象逻辑思维多优于女生，女生的形象思维却一般优于男生，所以应注视各自优势项的发挥，同时也要重视各自弱项的强化与训练。

（三）健康状况

身体发育不良、体弱多病或重病初愈儿童的脑力工作能力较正常儿童低。心理功能失调的儿童，如抑郁症儿童、多动症儿童等，也常会出现注意力不集中，记忆力下降，脑工作能力降低，学习成绩差等表现。

（四）遗传

脑力工作能力、智力、学习能力等均受遗传因素的影响。通过对相同环境条件下成长的同卵双生子、异卵双生子的研究，以运算能力或学习成绩作为观察指标，发现以同卵双生子之间的相关性最高，同性异卵双生子次之，异性异卵双生子最低，说明遗传性越相近，智力和学习潜质越接近，所以良好的遗传素质是智力和学习能力发挥的重要条件，但是，遗传潜能能否有效发挥则取决于后天的生活、学习、教育环境以及各种非智力因素。

（五）学习动机

学习动机是在社会、家庭、学校的影响下形成的与学生年龄、认知发展水平相适应的推动其学习的一种心理需要。良好的学习动机能够引导学生产生浓厚的学习兴趣，容易在大脑皮层上形成学习优势兴奋区，使注意力更易集中指向学习，激发其学习的热情与动力，提高学习效率。但过分强调学习动机，以及对学业要求标准过高，则易造成大脑皮层过度兴奋，使儿童产生过分紧张、焦虑的心理状态，影响脑力工作能力的正常发挥，反而降低学习效率。

（六）学习兴趣

学习兴趣是学生对获取知识和技能的一种积极态度及参与的积极倾向。浓厚的学习兴趣可引起大脑优势兴奋灶的形成，提高脑力工作能力。促进学生产生学习兴趣的因素包括良好的师生关系、强烈的求知欲、成功的学习体验、必备的知识贮备、有趣的教学内容、多样有效的教学方法、可望成功的期待等。相反，不良的师生关系、被动或被迫的学习、屡遭批评或失败的学习、学习负担重、学习内容难度大等则会挫伤儿童的学习兴趣，进而影响其脑力工作的能力。

（七）情绪与情感

积极的情绪和情感，如愉快、高兴、喜悦、欢乐等，可刺激儿童交感神经系统的兴奋，增强机体的应激能力，提高大脑皮层的工作效率。相反，痛苦、忧愁、焦虑、敌对等消极负性的情绪、情感则会降低机体的应激能力，使脑力工作能力也下降。

（八）学习和生活条件

学习和生活条件是影响儿童脑工作能力的外部因素，包括作息制度、营养膳食、学习环境等方面。如安排儿童适当的课业学习、保证充足的睡眠、适当的体育锻炼等科学合理的作息制度，将有利于儿童保持良好的脑力工作能力；给予儿童合理营养与平衡膳食，不仅可以为其脑力工作提供足够的物质营养保证，有效提高脑力工作能力，而且还可以促进儿童的身心发展与健康生长；符合卫生学要求的教室环境、课桌椅及教学与学习用品等则有助于学生脑力工作的正常发挥，提高教学质量及学生的学习效率。

四、学习疲劳的表现及预防

疲劳是人们在连续工作或学习以后，就会出现效率下降的现象，它实际上是身体的一种自我保护性反应或预警反应，如跑步后下肢肌肉的酸困就是一种体力活动疲劳现象。学习疲劳就是长时间或高强度的学习后出现的一种脑力活动疲劳。实际上是大脑皮层细胞的高级神经功能活动超过限度，产生的一种保护性抑制现象。

（一）学习疲劳的表现

学习疲劳会在不同年龄及不同个体的各个系统、器官功能上产生不同的表现。一般将其分为两个阶段的表现。

①第一阶段：早期疲劳，表现为注意力不集中、东张西望、坐立不安、小动作多，学习的准确性下降，反应速度减慢等。其生理机制实际上是大脑皮层的优势兴奋灶的兴奋性降低，不能实现对周围区域兴奋的有效抑制，出现兴奋的泛化导致出现的生理反应。年龄越小的儿童越容易出现此阶段的表现。

②第二阶段：显著疲劳，表现为打哈欠、瞌睡、犯困等，学习的准确性与反应速度进一步下降，呈现明显低下的状态。其机制实际上是大脑皮层细胞进入广泛抑制的保护性状态，对各种刺激反应的兴奋性都普遍降低。虚弱有病的儿童和青春中后期的少年容易提早出现此阶段的表现。其中体弱儿童大脑皮层兴奋性一旦降低，就会很快出现显著疲劳的表现，可能与其代谢及调控能力较低有关，如伴有贫血或心脏病的儿童，一些脑功能障碍或有多种功能障碍的特殊儿童等；青春中后期少年则可能因为交感神经的活动常占优势，早期疲劳表现容易被掩盖所致。

疲倦不同于疲劳，疲倦是人的一种主观感觉，如感觉头晕脑涨、头痛、疲乏无力、不想活动等。而疲劳是客观存在的一种生理现象。两者可伴随发生，即疲劳发生时也感觉到疲倦。但有时也出现不一致的表现，如已有疲劳的表现，但自己没有疲倦的感觉，多见于儿童对感兴趣内容或事物的学习状态中，或者见于以神经活动兴奋性占优势的低龄儿童；另一方面，也会有没有疲劳的表现，但自己感觉很疲倦，多见于儿童对不感兴趣内容或事物的学习中。

过　劳

劳动过度即为过劳，一般是指因长期工作劳动负荷过重（即工作时间过长或劳动强度过重），再加上心理压力过大或疾病的影响，导致人的机体出现身心交瘁、精疲力竭的一种慢性疲劳状态（持久或反复发作的疲劳达半年以上，常伴有严重的疲倦感，及低热、头痛、乏力、肌肉或关节痛、颈部或腋下淋巴结肿痛、记忆力减退或脾气暴躁、焦急等症状）。它是人身体疲劳蓄积的一种病理现象，即使短时间休息后也不能恢复，直接影响着人的身体健康，如果不及时调整或治疗，严重时会导致疾病或有生命的危险，如过劳死（多见于成人的过度工作劳累导致死亡）。

（二）学习疲劳的预防

教学过程中，老师要注意观察儿童的表现，即时防止学生出现疲劳。教师在教学过程中如果发现儿童有上述疲劳症状的表现，要分析是否是学生学习时间长或学习的任务重等造成的，如果是，要即时进行休息。尤其对特殊儿童，由于其个体差异性大，体质情况不同，可能会导致出现疲劳表现的时间提早或不一致，所以要引起重视。另外，即使是学生感兴趣的教学内容也不要忘记学生的休息。

儿童的学习活动安排要注意不同性质的课程交替学习，重视劳逸结合。教师在制订每天的课程学习安排表时，要注意将不同性质的课程交替轮换安排，保证学生学习过程中大脑皮质细胞能进行镶嵌式的活动，使大脑皮质各个区域得以轮换或交替休息，不仅可以防止脑疲劳的出现，而且也可以提高学生的学习效率。同时，要重视学生学习的劳逸结合，给予其课间充足的休息与玩耍时间。

教师给学生布置的课后作业量要适宜，要符合卫生标准，不要增加学生的学习负担。目前，学习负担过重还是我国许多中小学生产生疲劳的一个重要原因，严重影响儿童的身心健康。减轻学生的学习负担除了减轻课堂学习负担之外，重要的是减轻学生的课后作业负担。如有的初中生，每天放学回家完成课后作业要到深夜 11 ~ 12 点，平均完成作业的时间在每天 4 小时以上，大大超过了国家规定的每天 1.5 小时。

培养儿童规律的生活作息习惯，保证儿童充足的睡眠与休息。睡眠与休息是消除疲劳的最好方法，所以帮助儿童建立科学的、合理的、规律的生活作息制度，并培养其养成规律作息生活的良好习惯，保证其每天充足的睡眠与休息非常重要。

要重视学生的体育锻炼，提高其抗疲劳的自身防御能力。体质越弱的儿童越容易提早出现疲劳的状态，所以通过体育锻炼来增强儿童的体质，可以提高其自身对疲劳的抵抗及防御能力。如每天养成科学体育锻炼的好习惯；学习一段时间后，适当进行一些体育活动，如散步、跑跳、打球等。

第二节　特殊儿童的课堂教学过程卫生

课堂教学是学校教育教学工作中最重要的内容，也是学校师生最主要的工作或学习的部分。课堂教学卫生的工作是保证教师顺利教学、学生有效学习，以及防止课堂教学事故发生的重要举措。课堂教学卫生的工作主要包括课堂教学过程的卫生与课堂教学场地、实施、设备等的保障性卫生两大方面。课堂教学场地、实施、设备等的保障性卫生部分将在"第八章　学校的环境和设备卫生"中陈述，此节主要关注课堂教学过程的卫生。

一、教师教学的卫生

教师要合理编制教学计划和教学大纲，教学内容要适合学生的身心认知特点及知识水平，要数量恰当，难易适度。所选用的教材不能太难懂，也不能太浅显，太难使学生难以理解，注意力会分散，容易产生厌倦和疲劳的现象；如果太浅显，对学生感知、记忆及思维等智力的发展无促进作用，也不能引起学生的学习兴趣。同时，对特殊儿童要考虑到他们的障碍类别及其身心认知特点，选择适合他们学习的教材，或对选用的教材内容要经过筛选、加工处理。

教师最好能针对不同年龄及不同类别的特殊儿童采用丰富多样、灵活多变的教学方法，如不进行单一的讲授，宜灵活应用实例、图片、模型、情景、讨论、多媒体等多种教学方法的配合。这样不仅可以引起学生学习的兴趣，易化难理解的教学内容，而且还可调动学生身体的各种感觉器官来参与认知和学习，可有效提高学生学习的效率。尤其对年龄小的低幼儿童，更要重视以形象直观的教学方法应用为主。

电化教学的卫生

电化教学是指使用电教器材设备和电教教材，如通过幻灯、电影、录音、广播、电视、录像、电子计算机等实施教育的一种现代化教学手段。电化教学已成为许多学校常用的一种教学手段，合理应用对提高教学质量有重要的作用。使用电化教学应注意以下一些基本卫生要求：

①教师使用电化教学要有明确的教学服务目的，禁止搞形式主义（如只是照搬课本内容或板书内容）或无目的放映来充当教学内容。也不能使教学完全依赖于此教学手段，最好与其他教学手段配合应用。

②教学媒体的课件制作应体现出教学性、科学性、技术性及艺术性的结合，最大程度呈现高质量的效果。如使用操作简单，图像清晰，颜色明亮，声音清楚，画面生动协调等。

③放映电教内容的教室应有适当的照明，学生桌面平均照度应达 150 Lux，电视荧光屏应在 20 英寸以上，学生观看距离屏幕的最小距离应为屏幕对角线的 4 倍，最大距离不超过 10 倍，仰视角度最大不超过 30°，水平斜视角（视线到达屏幕中心与水平面的角度）不大于 30°～45°。学生每次观看的时间以不超过 30 分钟为宜。

教师对教学活动的安排要遵循特殊儿童的身心特点及儿童大脑学习活动的客观规律，不能增加学生的学习负担。如对年龄越小的儿童，每节课的时间应该越短些；对体质弱的特殊儿童，要缩短上课时间或安排课中操、课中休息等；每节课的课堂活动安排要符合从易到难，再从难到易的规律；要保证充足的课间休息时间等。

老师要合理安排课内作业及课后作业，作业时间不能超过国家卫生标准，不能增加学生的作业负担。教师应对学生的作业进行精选处理，取消一切不必要的重复练习或过难、过简单的作业，以免增加课后学习负担，影响儿童的休息与睡眠时间，防止出现学习疲劳。

二、学生学习的卫生

（一）阅读的卫生

阅读卫生主要包括学生阅读时的用眼卫生、用脑卫生、阅读心理卫生及环境卫生等多方面的卫生要求。

①用眼卫生是指在阅读的过程中要保护眼睛，防止眼睛疲劳和伤害。具体卫生要求为：要选择合适的光源及光亮度，最好在自然日光下阅读，其次选择荧光灯，再次为白炽灯，最差的是蜡烛与煤油灯；光线要分布均匀，无直射、阴影与炫光，光源应放在左前方，荧光灯下照度不低于 150 Lux（15~20 瓦为宜），白炽灯下照度不低于 100 Lux（60 瓦为宜）。阅读的姿势要端正，选择合适的书桌，端正坐在书桌后，胸与桌子距离保持一拳头左右，双脚与大腿平行，小腿垂直于地面，身体挺直，眼睛与书本的距离保持在 30 ～ 35 cm（一尺左右）。每次阅读的时间不宜过长，或应有间隔休息时间，连续阅读 20 ～ 30 分钟（年龄越小时间应越短）后，应抬头向远处眺望一会；一般每隔 45 分钟就应休息一会儿（不少于 10 分钟）或做一下眼保健操。坐车、吃饭、睡觉、走路时不要看书，易引起眼睛疲劳和近视。

②用脑卫生是指在阅读的过程中要注意保护大脑，科学用脑。如不宜长时间阅读一种性质的阅读材料，最好文理交替或阅读与娱乐、体育等性质不同的活动轮换进行；最好根据头脑的清醒程度不同来选择不同的阅读材料，如难的、复杂的材料宜在头脑最清醒时，应早上来阅读，简单的、易记的材料宜在头脑相对不清醒时来阅读。另外，不宜空腹阅读，不宜熬夜阅读，不宜在疲劳状态下阅读等都是阅读时应注意的用脑卫生要求。

③阅读心理卫生是指阅读时要有积极健康的心理阅读动机与明确的学习目的，选择有益于提高思想、陶冶情操、增长知识的优秀读物；平时要注重培养自己的阅读兴趣，提高读书的积极性与主动性；阅读时要注意调节自己的情绪，增强阅读的自信心和意志力，养成良好的读书习惯；坚决抵制周围不良阅读习惯及风气的消极影响等。

④阅读环境的卫生是指宜选择在整洁、安静、光线好、空气新鲜、温度与湿度适宜（温度：16~21 ℃、湿度：40%~60%）的环境（如图书馆的阅览室）中进行阅读，避开噪声大、吵闹、强辐射、重污染等的不良的阅读环境。

（二）书写与绘画的卫生

1. 书写的卫生

儿童在课堂学习中还应培养良好的书写卫生习惯，除了与阅读相似的光源、坐姿（上体可稍向前倾 15°）、眼与书本的距离（眼与书写本之间的距离不少于 20 cm）之外，还有不同于阅读的一些卫生要求：①开始学写字的年龄不宜过早，一般不应小于幼儿园的大班（6岁），因为过早学习写字不利于幼儿手指及腕部肌肉的正常发育。②根据年龄科学选择书写工具，试验研究已经证明，使用钢笔进行书写训练有助于机体节约能量消耗，减缓肌肉紧张，利于手眼协调，减少疲劳的发生以及有效促进手掌指部肌肉的发育和动作协调等。所以，8～9岁的儿童可以正式用钢笔练习写字，6～8岁则用铅笔即可。③要有正确的握笔姿势与写字方法，笔杆与写字本应成60°角，握笔的食指应较大拇指低些，写字时靠腕关节的活动来移动笔杆。④书写的时间不宜过长，幼儿大班不宜超过每次3分钟，小学生每次宜5～10分钟，中学生每次宜20～30分钟。

2. 绘画的卫生

绘画与书写的差别在于绘画需要更多视觉分析器的活动参与。所以，除了书写的卫生要求外，还要格外注意用眼的卫生及环境的卫生，如绘画室的照明最好应达到200 Lux以上，绘画持续20～30分钟后要眼睛向远处眺望一会儿，40～45分钟后应休息一会儿（10～15分钟）。

（三）考试的卫生

有的学生往往会由于考试前复习的疲劳和考试的高度精神紧张，会引起头痛、头晕、睡眠不足、食欲下降、记忆力下降等一系列身体不适的症状。为了避免此现象的发生，应该重视考试的卫生。具体卫生要求如下：

①通过考前教育或心理辅导来消除学生考试的紧张心理。使学生明白考试的目的只是为了检测他们的学习效果，只要平时认真学习，再加上系统的复习，就不用过度担心与紧张。

②使学生养成平时边学习边复习的良好学习习惯，就可减轻考试前复习的负担。

③学校应安排充足的复习时间，或任课教师对学生进行复习的辅导，都会有效减轻学生考试前的疲劳与考试的紧张心理。

④考试期间应保证足够的营养与充足的休息与睡眠。考试期间要重视学生合理的营养供给，如在保证营养均衡的基础上，适当增加优质蛋白及新鲜蔬菜水果的供给，少吃油腻与高糖食品。另外，一定要作息规律，保证充足的休息与睡眠。

三、 常见的课堂教学安全事故及预防

（一）常见的课堂教学安全事故

上课期间学生脱离监管导致的事故。如学生上课未到教室引发的危险游戏或打架斗殴的事件；学生上课时偷偷溜出教室引发的危险事故；教师提前下课引发的意外事故；教师上课时离开教室导致的课堂发生的事故；教师处罚学生在教室

门外罚站引发的事故等。

教师在课堂教学中的不作为引发的课堂教学事故。如教师对课堂上学生的危险举动不作为引发的事故；教师对学生面临的危险（如校外人来课堂殴打学生，突发火灾、地震等）不作为引发的事故；教师对学生身体不适（如身体不舒服、生病等）不作为引发的事故等。

教师在课堂教学中体罚学生引发的事故。如教师直接殴打学生引发的事故；教师的过失行为导致学生伤害的事故；教师对学生的处罚导致的事故；教师对学生进行侮辱导致的事故等。

学生在课堂教学中对老师采取了过激行为导致的事故。如学生在课堂教学中侮辱老师引发的事故；学生在课堂教学中殴打老师引发的事故；学生在课堂教学中刺伤老师引发的事故等。

（二）课堂教学安全事故的预防

学校与教师要加强对自己课堂考勤的管理与教育。如教师上课前要对学生的出勤情况进行检查，并要清楚知道缺勤同学的请假原因，对逃课同学做出处理；学校要有专门人员对班级同学的出勤情况进行抽查监管；上课期间，学校各部门或班主任不应随意叫学生出教室，确有紧急事务要由学校教务处负责人签字批准后方可执行；教师教学时应关好教室后门防止学生溜出教室；应加强学校门卫对出入人员的监管；教师应严格遵守课堂教学时间，不应私自提前下课等。

教师应对课堂教学时的突发情况做出妥善处理。如教师要对课堂上学生有打闹的行为及时做出制止，并要维护好课堂秩序；当课堂上发生危及学生安全的情况时，教师要积极组织学生进行疏散逃生，并对学生要进行保护；当发现学生有身体不适或生病时要及时采取必要的措施，如联系学校医生或送医务室进行救治等。

学校要坚决采取措施杜绝教师体罚和侮辱学生的行为。教师对学生的体罚与侮辱不仅有损儿童的身心健康，也不可以从学生思想上根本解决认错的问题，而且会使学生也学会用暴力来解决问题的不正确方法，不利于学生的健康成长，应该坚决予以杜绝。

教师要与学生多进行思想的沟通，建立良好的师生关系。良好的师生关系是保证课堂教学顺利进行的重要条件，教师应重视与学生思想上的交流，多与学生沟通，必要时进行心理的辅导与教育。

第三节　特殊儿童的课外活动及娱乐卫生

一、特殊儿童的课外活动卫生

学校组织特殊儿童进行课外教学活动或校外游玩也是学校教育工作的一个重要组成部分。不仅可以帮助他们接触大自然、体验社会生活、发展人际交往及情感体验的能力，还可以实现将课本知识与实践相结合的"知行统一"的教育目标，对学生的成长有着非常重要的意义。《国家中长期教育改革与发展规划纲要》（2010—2020 年）提出要"注重知行统一。坚持教育教学与生产劳动、社会实践相结合。开发实践课程和活动课程，增强学生科学实验、生产实习和技能实训的成效。充分利用社会教育资源，开展各种课外及校外活动。加强中小学校外活动场所建设。"但近年来，由于怕发生意外事故及不安全的问题，许多学校缩减了学生课外活动的安排。这种做法是不对的。只要我们掌握课外活动的安全卫生要点及注意事项，对活动进行科学、细致、合理的安排和部署，就会最大限度地确保师生在活动中的人身安全。

《特殊教育学校暂行规定》第 30 条中规定：特殊教育学校应加强课外活动的指导，做到内容落实、指导教师落实、活动场地落实；要与普通学校、青少年校外教育机构和学生家庭联系，组织开展有益活动，安排好学生的课余生活。学校组织学生参加竞赛、评奖活动，要执行教育行政部门的有关规定。

学校组织特殊儿童进行某项课外活动或外出游玩时，要注意以下卫生要求：

①活动地点与项目的选择要根据特殊儿童的年龄、体质、障碍类别及程度、教育目的等来选择适宜于他们的地点及项目。如低年级的或障碍程度重的儿童宜选择在就近的、他们感兴趣的，如公园、动物园、社区游乐场等，高年级或障碍程度轻的儿童宜选择在远些的、符合他们学习认知的一些地点，如科技馆、博物馆等。学校不得组织学生参加商业性庆典、演出等活动。严禁组织学生参加超越其年龄、行动能力及自我保护能力范围的各类活动。

②校外活动的时间尽量避开旅游高峰时期。也不宜在学期初及学期末进行，宜在学期中安排，以便有充分的准备及细致的安排。

③活动之前要做周密的安排：如先到活动地点进行实地考察；活动前拟定详细的计划，包括活动时间、地点、路线、活动负人及参与人员、服装要求、交通及通讯工具的准备、饮食安排、住宿安排等；要根据可能存在的不确定因素或危险因素制定临时应对方案；要预备简便的急救药品、器材，最好能安排学校校医随队参与。

④必须保证学生出行的交通安全。原则上，应就近、徒步，在本辖区内活动，

如果确实需要乘车，带队领导或组织者要严把交通安全关：严禁乘坐有安全隐患的车辆；严禁乘坐或租用无证、无照人员驾驶的车、船等，《中小学幼儿园安全管理办法》第 26 条中规定："接送学生的机动车驾驶员应当身体健康，具备相应准驾车型 3 年以上安全驾驶经历，最近 3 年内任一记分周期没有记满 12 分记录，无致人伤亡的交通责任事故。"所以，外出活动时，学生乘坐的车辆驾驶员应达到此标准；严禁车辆超员、超载及酒后驾车，谨防交通事故的发生；师生要遵守基本的交通规则与行为规范；学生在车上不要随意走动，不要将头或手伸出车窗；换乘车辆时，带队老师要维持好学生秩序，严禁学生下车随意走动或打闹等。

⑤必须严防学生走失的危险。为此学校应该采取以下措施：活动前要做好安全教育工作，如每位学生要遵守活动纪律，不得擅自离开队伍或团体等；要事先对出游场地进行实地考察，消除可能的安全隐患；参加活动的学生或老师最好统一着装，形成团体的标志，便于寻找和防止掉队；出发前最好将行程路线告知全部老师与学生，可每人发一份地图或行程路线，并说明每次汇合的地点与时间；要安排专人或老师负责带队，并组成活动管理小组分工组织管理（管理人员数与学生人数之比不低于 1∶15，对于幼儿或特殊儿童应增加管理人员数）；要保证每个学生与老师、学生与学生之间的通信联系畅通；每次转移活动地点或活动结束时都要清点人数，全部到齐后再出发；如有学生走失，要立即就地寻找，并通知其他带队老师或管理人员关注寻找，利用广播、呼喊等形式发布寻人信息等。

⑥对于特异体质的特殊儿童，要给予特殊的照顾与管理。在外出活动之前，要对参与活动的所有儿童的体质特点或障碍特点有全面的把握，不适宜参加哪些活动，或需要提供什么样的辅助及照顾等都要事先做好安排，如有心脏病的儿童不宜参加剧烈活动；对有行走障碍的儿童要带好助行辅具；如果发生意外，应当有急救的措施、器材或药品的准备等。

⑦课外活动中，如果学生受伤，教师应当对学生及时积极地采取救助措施，以免耽误治疗。《中华人民共和国未成年人保护法》第 24 条规定："学校对未成年学生在校内或者本校组织的校外活动中发生人身伤害事故的，应当及时救护、妥善处理，并及时向有关主管部门报告。"《学生伤害事故处理办法》第 15 条规定："发生学生伤害事故，学校应当及时救助受伤害学生，并应当及时告知未成年学生的监护人；有条件的，应当采取紧急救援等方式救助。"

二、特殊儿童的娱乐卫生

娱乐是人追求快乐的一种天性。儿童也是天性爱玩，喜欢娱乐。娱乐对于儿童不仅仅是愉悦身心的"玩"，而且可以通过娱乐增加与外界事物的接触，开阔视野，增长见识；通过娱乐可获得人际关系交往的能力；通过娱乐还能促进其感官的刺激，提高感觉统合的能力及事物的认知能力；通过娱乐发展其语言能力、思维能力及解决事情的综合智力等，对儿童的成长具有非常重要的意义。特殊儿童由于身体的残障限制了他们对周围世界的接触或探索，同时也造成他们知识面的局限与思维的简单。鼓励特殊儿童参加娱乐活动，会使他们从娱乐中获得身心的愉悦、发展与成长，同时，也有利于激发他们对外界接触或探索的兴趣与热情，获得各种生活、娱乐的知识与技能，促进其获得全面的康复。

特殊儿童的娱乐一般包含有游戏、室内玩具玩耍、游乐场的玩耍、文艺表演等。娱乐的卫生应当也从这些方面来加以重视。

（一）游戏的卫生

教师和家长应当多组织特殊儿童进行各种形式的游戏活动。通过各种游戏活动使特殊儿童获得愉悦与成功的体验，建立自信心，增强与人交往、适应社会的能力及应变、思维的能力等。特殊儿童每次游戏活动的时间不能太长，要根据其体质状况来决定，以不引起疲劳为原则。

要重视游戏活动的安全保障，避免玩危险游戏。学校应针对危险的游戏对学生进行安全教育，如果发现学生正在玩危险的游戏，如攀爬高处或从高处往下跳，将楼梯扶手当滑梯玩、用刀棍打斗、用泥土或沙石投掷、玩火、玩电、下河边或水库边玩水，模仿电影或电视中的危险镜头等，应及时制止、告诫，尽量避免学生玩危险的游戏。

（二）室内玩具或游乐场玩具玩耍的卫生

购买的室内玩具或游乐场配备的玩具设施等要无毒、无害，不会对特殊儿童造成身体的伤害。室内玩具宜集中放置，不能乱丢，更不能放到卫生间或厨房。

要定期对玩具进行清洗、消毒等处理，防止病原微生物的污染，有效避免学生通过玩具感染疾病。如皮毛、棉布玩具要放在日光下曝晒几小时；木制玩具要用煮沸的肥皂水烫洗；铁皮制作的玩具，可先用肥皂水擦洗，再放在日光下曝晒；塑料和橡胶玩具，可用84、滴露等消毒液浸泡洗涤，然后用水冲洗、晒干。

要根据特殊儿童的身心特点选择玩具。如智力障碍儿童就不宜玩复杂的益智玩具。不宜长时间让特殊儿童玩一种玩具，以免出现厌烦或疲劳。应当轮流或交替玩不同的玩具。要教育特殊儿童不能将玩具放到嘴里，玩完玩具一定要先洗手再吃东西。需要用嘴吹的玩具最好不要与人合玩，以防传染病交叉感染。

（三）文艺表演的卫生

节假日可组织班级学生进行文艺表演或联欢会活动。文艺表演的节目及联欢会活动形式要符合特殊儿童的残障类别及身心特点需求，如聋儿的舞蹈表演，盲儿的相声表演等。文艺表演整个过程都要有安全保障。要有专人密切观察表演现场，防止出现意外伤害。如果是唱歌、朗诵等表演，要避免高声喊叫或持续很长时间发音，注意保护好声带。

第四节　特殊儿童的劳动与职业教育卫生

《特殊教育学校暂行规定》第 27 条指出：特殊教育学校要特别重视劳动教育、劳动技术教育和职业教育。学校要对低、中年级学生实施劳动教育，培养学生爱劳动、爱劳动人民、珍惜劳动成果的思想，培养从事自我服务、家务劳动和简单生产劳动的能力，养成良好的劳动习惯；要根据实际情况对高年级学生实施劳动技术教育和职业教育，提高学生的劳动、就业能力。学校劳动教育、劳动技术教育和职业教育，应做到内容落实、师资落实、场地落实。

无论是劳动教育、劳动技术教育还是职业教育，如何根据特殊儿童的身心特点选择劳动工种，如何确定其劳动的时间、强度、频率，如何安排劳动场所及设备来保证其劳动过程的安全等等都是要关注的卫生要点。《学校卫生工作条例》第 9 条也规定："应当根据学生的年龄，组织学生参加适当的劳动，并对参加劳动的学生，进行安全教育，提供必要的安全和卫生防护措施。不得让学生接触有毒有害物质或者从事不安全工种的作业，不得让学生参加夜班劳动。"

一、劳动工种的选择

《中小学幼儿园安全管理办法》第 28 条中规定："学校组织学生参加的集体劳动、教学实习或社会实践活动，应当符合学生的心理、生理特点和身体健康状况。"

小学 1 ~ 3 年级不应安排劳动课，但可参加清扫教室卫生，简单的植物栽培，饲养小动物，简单的手工劳动如折纸、糊纸、剪纸、陶泥制作等。4 年级以上劳动课应以轻体力劳动为主，如清洁整理、修理课桌椅、钉木箱等。中学生的劳动课可根据当地条件，结合所学知识，参加到较复杂的劳动当中，如电工、木工、机工、金工、刺绣、缝纫、编织等。

中小学生不宜从事下列劳动或工作：

①高空、易燃、易爆等危险作业工作。

②易引起矽肺、尘肺的粉尘作业。

③高噪声、强振动、高频电磁声和放射性物质场所的工作。

④繁重的体力劳动，需要维持强迫体位，高速度、高精度的工作。

⑤接触具有破坏代谢功能及有致癌、致突变作用的化学毒物工作。职业教育学校也应严格控制学生接触毒物的时间，一般每天不超过 3 小时。并且这些专业的学生年龄应明确规定在 15 岁以上。

对于特殊儿童，要充分考虑不同类型障碍儿童的身心条件，帮助他们选择最适合其身心特点的劳动或工作。如盲童可选择按摩、推拿、编织等；聋童选择绘画、舞蹈、缝纫等；智障儿童应从事一些程序简单而又安全的工作，如种植花草、饲养小动物，简单的清洁、擦洗、打扫、粘贴，简单的餐点打包或零件装配等。

二、劳动负荷的安排

劳动负荷取决于劳动时间、劳动定额与劳动强度三个要素。普通学校一日合理劳动时间安排应该是：小学四至六年级不超过 2 小时，初中不超过 4 小时，高中不超过 6 小时。学生每小时的劳动定额要低于成人，其中高中要低于成人 25%，初中低 40%，小学四至六年级要低 60%。15 岁以下不宜参加较重的工农业劳动，16 至 17 岁男、女学生的劳动定额应分别为成年男子的 60% 和 25%。适宜的劳动强度一般以劳动后心率（或脉率）增加不超过安静时的 70% ~ 90%，并在 10 分钟内即可恢复至原有水平为好。以上规定也适应于职业技术教育学校。

对于特殊儿童，应当根据不同障碍类别及障碍程度来决定其劳动负荷，最高不能超过上述标准。如《特殊教育学校暂行规定》第 33 条规定：特殊教育学校接受劳动技术教育和职业教育的学生，用于劳动实习的时间，每天不超过 3 小时；毕业年级集中生产实习每天不超过 6 小时，并要严格控制劳动强度。

三、劳动制度的建立

劳动制度是指对劳动时间、劳动中休息次数和时间、劳动速度、工种轮换等实施的合理安排。

劳动时间包括一日劳动与一周劳动，一日劳动时间安排如二中所述。如果劳动课安排在学日内，最好在上午 3 ~ 4 节或下午；如果一周内只安排一日劳动，最好在星期四；如果需要安排几次劳动，最好与学习日交替、均匀穿插进行。不宜连续几周安排劳动。学生参加校内外公益劳动，最多每周两次，每次时间：小学 1 ~ 4 年级只宜在校内进行，小学五年级到初中不超过 45 分钟，高中不超过 1.5 小时。18 岁以下学生要限制上夜班。

劳动中休息的安排主要应根据劳动的时间与强度来定。小学生一般在连续劳动 30 分钟后休息一次，中学生可 40 ~ 45 分钟休息一次，每次休息 10 ~ 15 分钟。劳动地点与住宿地点间的路途往返时间应计入劳动总时间。如果一日安排 6 小时劳动时，每 3 小时应至少有 1 小时进餐和午休时间。夏季露天工作时，应避开烈日照射时间，可安排上午提早出工，下午晚些出工的方式，保证足够的中午休息睡眠时间。特殊儿童更要注意劳动中休息时间的保证，应该比上述标准更要延长休息时间。

劳动速度宜由开始慢速到逐渐加快，然后快结束时再减慢。劳动节律不要太单调，也不要波动太大。单一重复动作、长时不良体位、长时静止性肌紧张姿势（如弯腰、蹲、跪等）等都易导致疲劳，从而降低工作效率，所以应该尽可能安排不同工作的轮换，以变换姿势、减轻疲劳，并达到提高工作效率的目的。尤其对特殊儿童的劳动训练或教育时要注意：长时重复操作易导致疲劳。

四、劳动场所、设备与安全防护

劳动场所应该设在干燥、开阔，有良好的采光照明，远离易燃易爆物品的地带；远离教学楼，并要在其下风侧，劳动车间应有较宽的通道，以便教师巡回检查和指导操作。劳动环境设置应符合卫生和安全技术要求。应根据特殊儿童的需要，设置相应的无障碍环境，以及安全防护网等安全防护设施。农业劳动的环境应符合无传染病、地方病和寄生虫病流行的要求；注意农机操作和农药使用的安全防护；预防牲畜、蛇、蜂、牛虻、水蛭、蜈蚣等伤害；无意外事故隐患。劳动设备应符合特殊儿童身心特点的需求，或根据其障碍特点设计配备特制的劳动辅具。

思考题：

1. 人神经系统的大脑皮层功能活动时有何特点？根据这些特点在对特殊儿童进行教育时应注意什么？

2. 影响脑力工作的常见因素有哪些？如何提高儿童脑力工作时的学习效率？

3. 什么是学习疲劳？我们应当如何预防学生学习过程上出现的学习疲劳？

4. 教师在课堂教学过程中应当遵循哪些基本卫生要求？

5. 学生在阅读时要注意哪些卫生要求？书写与绘画的卫生要求是什么？

6. 在课堂教学中容易出现的课堂教学安全事故有哪些？如何进行预防？

7. 学校组织特殊儿童进行课外活动或外出游玩时，要注意哪些卫生要求？

8. 娱乐对特殊儿童有何作用？特殊儿童进行游戏玩耍时要注意哪些卫生要求？

9. 学校在安排特殊儿童进行劳动或职业教育时应遵循哪些基本卫生要求？

10. 实践题：选择一名特殊儿童个案，记录其一天在学校的学习及娱乐活动情况（包括活动过程、场地、环境、设备等全方面资料），然后通过整理分析，找出不符合卫生要求的问题，并给予合理的建议。

第六章　特殊儿童的营养

学习目标：

1. 了解我国儿童存在的主要营养问题及其形成原因。
2. 掌握营养、营养素、平衡膳食、食物中毒等基本概念。
3. 知道满足正常儿童需求的各种营养素供给量标准及其食物来源。
4. 掌握儿童合理膳食的卫生要求，以及判断是否平衡膳食的指标依据。
5. 熟悉各类特殊儿童的特殊营养和膳食的需求特点。

食物是人类生存的基本条件，我们需要不断从食物中合理获取能量和营养素，才能维持生命、健康、生长发育及各种活动的正常进行。营养不足或过量都会影响身体的正常代谢，严重导致疾病的出现。

目前，我国儿童呈现许多营养不合理的现象，如婴幼儿辅食添加不正确；学生用餐质量不高；儿童营养素摄入不平衡；偏食、挑食甚至厌食等不良饮食习惯的存在等。这些现象直接影响着我国儿童的身体健康及生长发育。据第四次全国营养调查报道（2004年），在我国农村地区，儿童营养不良依然存在，5岁以下儿童生长迟缓和低体重率分别占到17%和9%；贫困农村高达29%和14%。而在城市和发达地区，却存在营养过剩，"小胖墩"越来越多的现象。我国儿童身体状况仍存在有两极化的"双峰现象"。城市与发达地区的儿童热量营养素摄入过多的同时，还存在有某些矿物质与维生素，如钙、铁、锌、碘、维生素 AD 及 B 族维生素（维生素 B_1、维生素 B_2 等）等供给不足的营养不良现象。所以也可以说，我国城市儿童目前还存在有"双重营养不良"问题。"双重营养不良"对身体的潜在危害是，许多成年慢性病如冠心病、高血脂、高血压、糖尿病等发生在儿童身上，呈现明显低龄化的趋势。

据调查研究报道，近年来我国儿童钙、铁、锌、维生素 A 等微量元素及维生素的营养缺乏状况虽然有所改善，但还未达到满意的程度。如我国 3 ~ 12 岁儿童维生素 A 缺乏率为 9%（城市为 3%，农村为 11%），维生素 A 的边缘缺乏率在城市为 29%，农村为 50%；营养性缺铁性贫血仍是儿童的多发疾病；锌、碘、维生素 A、D 缺乏导致的营养性疾病也较多等。如果不引起重视，势必影响到儿童的健康成长，智力发育及未来发展等，事关国家的将来，值得深思。

我国儿童出现营养不合理、不均衡现象的主要原因是什么？归根究底来说，是由于家长、老师及儿童的养护者等营养监护人对儿童饮食营养的不重视，或缺乏正确的营养知识及营养素搭配的技能等。长期下去，导致儿童营养结构不合理，再加上儿童不良的饮食习惯，以及不合理的膳食制度与食物烹调方式等，终会出现儿童的营养问题。

特殊儿童的营养问题更是不容乐观，不容忽视，因为一些营养素摄入的不合理，有时会直接影响到某些残障器官功能的发挥，甚至加重残障的程度。如维生素 A 不足会引起夜盲，加重视觉功能的障碍；铅元素摄入过多会直接加重智能残障儿童的智力低下；苯丙酮尿症导致的智能障碍儿，低苯丙氨酸饮食治疗是关键的治疗手段，否则不仅会加重智能损害，严重还会有生命危险等。近年来，特殊儿童的营养逐渐引起人们的重视，对特殊儿童的相关营养研究也越来越多，相信这对促进人们认识特殊儿童的营养及营养对特殊儿童的康复作用都将是重要的推动。本章主要从基本营养学知识出发，重点阐述正常儿童的营养需求、学校的膳食管理及特殊儿童的膳食需求等营养卫生学内容。

第一节　人体的营养需求

一、营养与营养素的概念

营养是指机体摄取、消化、吸收和利用食物中身体需要的物质（养分或养料）来维持生命活动的过程，它是一种动态生理过程，而不是专指某一种养分。

营养素是指食物中的养分（身体需要的物质）科学上称为营养素，它是食物中能被人体消化吸收和利用的一些有机或无机物质。

二、营养素的分类

人体需要的营养素约有 50 种，分六大类：蛋白质、脂类、碳水化合物（糖类）、维生素、矿物质（无机盐）和水。有人将膳食纤维归为第七类营养素。

三、营养素的生理功能及来源需求

（一）蛋白质

1. 蛋白质的组成特点
蛋白质是生命的物质基础，人体一切细胞都有蛋白质组成。蛋白质占人体全部重量的 18%。蛋白质由碳、氢、氧、氮，还有硫和磷元素组成。蛋白质是人体氮的唯一来源。蛋白质的基本单位是氨基酸，构成人体蛋白质的氨基酸有 20 种。

营养学上根据人体对氨基酸的必需性及合成特点分为必需氨基酸、非必需氨基酸和条件必需氨基酸。

①必需氨基酸：人体必不可少，但机体内又不能合成或合成速度不够快，必须从食物中补充的氨基酸。成人体内必需氨基酸有 8 种，即异亮氨酸、亮氨酸、赖氨酸、蛋氨酸、苯丙氨酸、苏氨酸、色氨酸、缬氨酸。儿童为 9 种，即上述 8 种加上组氨酸。

②非必需氨基酸：人体能在体内及时合成，供给机体需要，食物中缺少影响不大的氨基酸。如天门冬氨酸、谷氨酸、甘氨酸、脯氨酸、丝氨酸、精氨酸、胱氨酸、丙氨酸等。

③条件必需氨基酸：人体内不能直接合成，但可由其他氨基酸转变而成，如果食物中能直接供给，则可相应减少能转变成它们的氨基酸用量。半胱氨酸与酪氨酸即为条件必需氨基酸。

2. 食物蛋白质营养评价

（1）蛋白质的营养价值分类

①完全蛋白质。蛋白质所含必需氨基酸种类齐全，数量充足，比例适当（与人体需要比例一致），足以维持健康与促进生长发育。动物蛋白质和豆类蛋白质主要为完全蛋白质，如乳类中的酪蛋白、乳白蛋白；蛋类中的卵白蛋白、卵磷蛋白；肉类中的白蛋白、肌蛋白；大豆中大豆蛋白。另外，小麦中的麦谷蛋白；玉米中谷蛋白也为完全蛋白质。

②半完全蛋白质。蛋白质所含必需氨基酸种类齐全，但数量不充足，比例不适当，只能维持成人健康，不足以满足生长发育。如蔬菜类、水果类、五谷类的蛋白质主要为半完全蛋白质，如小麦中的麦角蛋白。

③不完全蛋白质。蛋白质所含必需氨基酸种类不全，数量少，比例不适当，不能促进生长发育，亦不能维持身体健康。如肉皮中的胶质蛋白，玉米中的玉米胶蛋白，豌豆中的豆球蛋白等。

（2）蛋白质生物价

蛋白质生物价是反映食物蛋白质消化吸收后，被机体利用程度的一项指标。生物价越高，说明蛋白质被机体利用率越高，即蛋白质的营养价值越高。蛋白质的生物价是评价食物蛋白质最常用的方法。计算公式如下：

蛋白质生物价：储留氮 ×100% / 吸收氮

储留氮：吸收氮 － (尿氮＋尿内源性氮)；吸收氮：摄入氮 － (粪氮＋粪代谢氮)

表 6-1-1　常见食物蛋白质的生物价

蛋白质	生物价	蛋白质	生物价
鸡蛋蛋白质	94	熟大豆	64
鸡蛋白	83	扁豆	72
鸡蛋黄	96	蚕豆	58
脱脂牛奶	85	白面粉	52
鱼	83	小米	57
牛肉	76	玉米	60
猪肉	74	白菜	76
大米	77	红薯	72
小麦	67	马铃薯	67
生大豆	57	花生	59

（3）蛋白质的互补作用

蛋白质互补作用：为了提高食物蛋白质的营养价值，往往将两种或两种以上的食物混合食用，以相互补充其必需氨基酸不足的作用。每餐膳食提倡动物蛋白质与植物蛋白质混合食用，粗细粮混合食用，荤素菜肴适当搭配，以利于产生互补作用。

（4）机体的氮平衡

机体的氮平衡是指人体摄入蛋白质氮的含量与排出氮的量的平衡状态。通常采用测定氮的方法，推算蛋白质的含量。氮平衡常用于蛋白质代谢、机体蛋白质营养状况评价及蛋白质需要量的研究。

零氮平衡：摄入氮量＝排出氮量

正氮平衡：摄入氮量＞排出氮量

负氮平衡：摄入氮量＜排出氮量

健康成人应维持零氮平衡，并富余 5%；处于生长发育期的儿童、怀孕的妇女、疾病恢复期的病人，以及运动、劳动强度大的成人等都应保证适当的正氮平衡；人在饥饿、疾病及老年时等，一般会处于负氮平衡，应当尽量避免。

3. 蛋白质的生理功能

（1）构成和修补组织

蛋白质是构成人体细胞、组织和器官的主要成分，如细胞中除水分外，蛋白质约占细胞内物质的 80%；如肌肉组织和心、肝、肾等器官均含有大量的蛋白质；骨骼、牙齿，甚至指甲也含有大量蛋白质，所以构成机体组织、器官的成分是蛋白质最重要的生理功能。身体的生长发育很大程度上是蛋白质不断积累的过程，故儿童的膳食要重视蛋白质的供给。另外，人体内各种组织的蛋白质需要不断更新，机体组织受伤或缺损后需要蛋白质来修复。所以，摄入足够的蛋白质对维持人体的生长、更新和修复起重要作用。

（2）调节生理机能

人体内许多蛋白质是构成重要生理活性物质的成分，参与调节重要生理功能，如核蛋白构成细胞核并影响细胞的功能；免疫球蛋白具有维持机体免疫力的重要功能；肌收缩蛋白具有调节肌肉收缩的功能；血液中的血红蛋白具有携带、运送氧的功能；血白蛋白具有调节渗透压、维持体液平衡的功能；各种酶蛋白参与调节机体多种生理生化反应；一些蛋白质激素，如甲状腺素、胰岛素、肾上腺素等都是机体生理活动的重要调节物质。

（3）供给机体能量

当体内糖和脂肪不足时，或人体患消耗性疾病，如恶性肿瘤、结核病、甲亢、慢性萎缩性胃炎、慢性失血等，使机体能量物质出现过度消耗时，蛋白质就会被氧化分解释放能量，以满足机体生理活动的需要。每克蛋白质在体内氧化分解可产生 4 千卡 (16.7 千焦耳) 热量。一般人体在健康状态，尤其是体内糖类与脂类充足时，蛋白质不会表现出此功能。

4. 蛋白质的参考摄入量与食物来源

（1）蛋白质的参考摄入量

> 我国 2001 年起用膳食营养素参考摄入量（DRIS）标准，包括 4 项内容：EAR、RNI、AI 和 UL。
>
> ①平均需要量（EAR） 可满足某一特定性别、年龄及生理状况群体中 50%个体需要量的摄入水平。
>
> ②推荐摄入量（RNI） 是满足某一特定性别、年龄及生理状况群体中 97% ~98%个体需要量的摄入水平。RNI 相当于传统的营养素平均供给量（RDA）。
>
> ③适宜摄入量（AI） 通过观察或实验获得的健康人群某种营养素的摄入量。AI 值一般都超过 EAR，也有可能超过 RNI。
>
> ④可耐受最高摄入量（UL） 平均每日摄入营养素的最高限量。

根据我国膳食结构模式，中国营养学会推荐（2001）我国居民膳食蛋白质参考摄入量 (RNI) 为：婴儿为 2 ~ 4 g/(kg·d)，儿童 35 ~ 75 g/d，少年 70 ~ 90 g/d，成年男性和女性按不同劳动强度分别为 70 ~ 110 g/d 和 65 ~ 80 g/d，孕妇和乳母另加 15 ~ 25 g/d，老年男女酌减为约 75 g/d 和 65 g/d。按热能计算，蛋白质摄入应占膳食总热能的 10% ~ 15%。（d 表示一天）

（2）蛋白质的食物来源

蛋白质含量高的食物主要有动物肝脏、肉（ 15% ~ 22% ）、蛋类（ 11% ~ 14% ）、及豆类（尤其是大豆 36% ~ 40% ）。其中动物肝脏、肉、蛋类的蛋白质属于动物性蛋白质，营养价值优于植物性蛋白质，是优质蛋白质的重要来源；豆类蛋白质虽然被机体的利用率不及肉类，但大豆蛋白质含量高，是非常好的植物性蛋白质。为提高膳食蛋白质的质量，应保证膳食中有一定量的优质蛋白质，一般要求动物性蛋白质和大豆蛋白应占膳食蛋白质总量的 30% ~ 50%。

含量中等的有米、面等谷类（10% 左右）。因谷类一般都是食物中的主食，摄入量较大，所以仍然是膳食蛋白质的主要来源。蔬菜和水果中的蛋白质含量最少。

（二）脂类

脂类包括脂肪和类脂。脂类中大部分是脂肪，类脂只占 5%，营养学上常把脂类通称为脂肪。脂肪是由一分子甘油和三分子脂肪酸组成的甘油三酯，约占脂类的 95%，脂肪酸是构成甘油三酯的基本单位。在营养学上较重要的类脂有磷脂、糖脂、类固醇（包括动物中的胆固醇和植物中的谷固醇）、脂蛋白等。

1. 脂类的生理功能

（1）贮存和供给能量

脂肪大部分分布在人体的皮下、大网膜、肠系膜及肾周围等的脂肪组织中，被通称为脂库。当机体能量消耗增多而糖类供应不足时，脂库就会动员脂肪氧化供能。每克脂肪在体内氧化可产生 9 kcal(38. 9 kJ) 的能量，是含热量最高的营养素，也是主要的贮能物质。

（2）构成重要生理物质

磷脂和胆固醇构成细胞膜、核膜、线粒体膜和内质网等的膜，也是构成神经组织的主要成分。如鞘磷脂构成神经髓鞘；脑磷脂大量存在于脑白质，参与神经冲动的传导；胆固醇是所有体细胞的构成成分，并大量存在于神经组织，胆固醇还是合成胆酸、维生素 D_3 和类固醇激素（如性激素、肾上腺皮质激素等）等重要生理活性物质的主要原料。

（3）维持体温和保护内脏

脂肪的低导热性有维持正常体温的作用。内脏器官周围的脂肪软垫有缓冲机械外力冲击、固定内脏的作用，对内脏起很好保护作用。

（4）提供必需脂肪酸

自然界存在的脂肪酸有 40 多种。有几种脂肪酸人体自身不能合成，必须由食物供给，称为必需脂肪酸。过去认为亚油酸、亚麻酸与花生四烯酸是必需脂肪酸，现在认为必需脂肪酸只有亚油酸和 α - 亚麻酸。

（5）促进脂溶性维生素的吸收

脂肪是脂溶性维生素的重要溶剂与运输载体，能载运并促进这些脂溶性维生素在肠道的吸收。另外，一些脂类食物含有脂溶性维生素，如鱼肝油和奶油富含维生素 A 和维生素 D，许多植物油富含维生素 E。

（6）增加饱腹感

脂肪在胃肠道内停留时间长，有增加饱腹感的作用。

2. 脂类的参考摄入量与食物来源

中国营养学会推荐，我国居民膳食脂肪的参考摄入量为：婴儿脂肪提供的能量占总能量的 30% ~ 45%，儿童和少年为 25% ~ 30%，成年和老年为 20% ~ 25%。

脂肪的食物来源：主要是动物的脂肪组织和肉类，以及植物油、油料作物的种子。必需脂肪酸的最好来源是植物油类，所以膳食要求植物来源的脂肪不应低于 50%，植物油与动物油比例为 3∶2 最好。胆固醇只存在于动物性食物中，蛋类，尤其是蛋黄含胆固醇较高（如鸡蛋 585 mg/100 g，鸡蛋黄 1510 mg/100 g）；畜肉中胆固醇含量大致相近，其中内脏高于肥肉（如猪肝 288 mg/100 g，肥猪肉 109 mg/100 g），肥肉高于瘦肉（如肥牛肉 133 mg/100 g，瘦牛肉 58 mg/100 g），脑中含量最高（如猪脑 2571 mg/100 g）；一般鱼类的胆固醇含量与瘦肉相近（如瘦猪肉 81 mg/100 g，草鱼 86 mg/100 g，带鱼 76 mg/100 g），但虾、蟹与鲫鱼的胆固醇含量相对较高些（如河蟹 267 mg/100 g，海蟹 125 mg/100 g，虾皮 428 mg/100 g，对虾 193 mg/100 g，基围虾 181 mg/100 g，鲫鱼 130 mg/100 g）。

（三）碳水化合物（糖类）

1. 碳水化合物的组成分类

糖类是由碳、氢、氧组成，其中氢与氧的比例与水分子中氢和氧的比例相同，因而被称为碳水化合物。糖类根据分子结构的繁简及聚合度的不同分为糖、寡糖和多糖三大类。

表 6-1-2　碳水化合物的组成分类

分类（单糖分子个数）	亚　组	组　成
糖（1 ~ 2）	单糖	葡萄糖，果糖，半乳糖
	双糖	蔗糖，乳糖，麦芽糖，海藻糖
	糖醇	山梨醇，甘露糖醇
寡糖（3 ~ 9）	异麦芽低聚寡糖	麦芽糊精
	其他寡糖	棉子糖、木苏糖、低聚果糖
多糖（≥ 10）	淀粉	直链、支链或变性淀粉，糖原（动物淀粉）
	非淀粉多糖	纤维素、半纤维素、果胶、亲水胶质物

2. 碳水化合物的主要生理功能

（1）供给机体能量

这是碳水化合物最重要的生理功能。它是人体最主要的供能物质，也是直接供能物质，在体内可迅速氧化及时提供机体能量，如脑组织、心肌和骨骼肌的活动都需要靠碳水化合物供给能量，尤其是中枢神经组织、红细胞只能靠葡萄糖提供能量，故碳水化合物对维持神经组织和红细胞的功能有重要的意义。在维持人体健康所需要的能量中，55% ~ 65% 是由碳水化合物提供，1 g 碳水化合物体内氧化可产生 4 kcal(16.7 kJ) 能量。

（2）构成机体物质成分

碳水化合物是细胞膜、骨骼、结缔组织中的糖蛋白、神经组织的糖脂以及传递遗传信息的脱氧核糖核酸 (DNA) 的重要组成成分。如每个细胞都有碳水化合物，其含量为 2% ~ 10%，主要以糖脂、糖蛋白和蛋白多糖的形式分布在细胞膜、细胞器膜及细胞间基质中。

（3）其他生理功能

①蛋白质节约作用。摄入足够碳水化合物能防止体内蛋白质分解供能，而有利于减少蛋白质消耗。当膳食中碳水化合物供应不足时，机体为了满足自身对葡萄糖的需要，会通过糖原异生作用将蛋白质转化为葡萄糖供给能量。

②抗生酮作用。当碳水化合物充足时，能使脂肪酸彻底氧化避免产生酮体，防止酮症酸中毒发生。当膳食中碳水化合物供应不足时，体内脂肪被动员并加速分解成脂肪酸来供给能量，但脂肪酸不能彻底氧化而产生过多的酮体，从而导致酮血症或酮尿症，严重会致酮症酸中毒的发生。

③保肝解毒作用。肝内糖原储备充足时，肝细胞对某些有毒的化学物质和各种致病微生物产生的毒素有较强的解毒能力。肝脏中的葡萄糖醛酸是重要的解毒物质，能与许多有害物质如细菌毒素、酒精、砷等结合，以消除或减轻这些物质的毒性。

（4）膳食纤维（非淀粉多糖）的生理功能

膳食纤维对人体的功能逐渐受到人们的重视，近年来已研究证实它对促进人体的健康有许多重要生理功能。

①增强肠蠕动，利于粪便排除。膳食纤维有很强的吸水能力与水结合的能力，可使肠道中粪便的体积增大，刺激增强肠的蠕动，加速肠道内容物的排泄，利于粪便的排除。

②减少肠道内有害物质的吸收。膳食纤维促进肠道内容物的排泄作用就能减少其中有害物接触肠壁的时间，从而减少有害物质的吸收，另外，一些膳食纤维具有强的黏滞性，能形成黏液性溶液附着在肠壁上，保护肠壁免受有害物质的侵蚀。

③维持肠道内正常菌群的作用。膳食纤维在肠道易被细菌酵解，尤其是可溶性膳食纤维可完全被细菌酵解，酵解后产生的短链脂肪酸如乙酯酸、丙酯酸和丁酯酸均可作为肠道正常菌群的能量来源，促使有益的嗜氧菌的生长。

④预防结肠癌发生的作用。肠道厌氧菌大量繁殖会使中性或酸性类固醇，如胆酸、胆固醇等及其代谢物降解，产生致癌物质。膳食纤维可抑制厌氧菌的生长，减少致癌物质的产生，再加上它还可促使有益嗜氧菌的繁殖，以及加快粪便从结肠的排走等作用，都可减少结肠癌发生的可能性。

⑤控制体重，降血糖、血脂等作用。膳食纤维的强吸水性可增加胃内容物容量，

增加饱腹感，从而减少食物的摄入量，有利于控制体重，防止肥胖；同时，膳食纤维中的可溶性纤维如果胶、树胶、豆胶等还可在肠道与胆固醇结合，促使其排泄，减少肠道吸收，起到降血脂的作用；可溶性膳食纤维还可通过降低餐后血糖的升高，提高机体胰岛素的敏感性等，起到降血糖的作用。

3.碳水化合物的参考摄入量与食物来源

碳水化合物需要量以提供能量的百分比来表示。中国营养学会建议，除了2岁以下的婴幼儿，糖类的适宜摄入量（AI）应占总能量的55%～65%。

碳水化合物的主要食物来源是谷类与薯类（谷类碳水化合物含量为40%～70%，薯类为15%～29%）。根茎类蔬菜、豆类及含淀粉多的坚果等也是碳水化合物的次要来源。蔬菜、水果及粗糙的粮谷类（尤其是麸皮和糠）是膳食纤维的主要来源。

注意：蔗糖、糖果、甜食、糕点、甜味水果、含糖饮料和蜂蜜等是单糖与双糖的主要来源，也是儿童摄入过多碳水化合物导致龋齿与肥胖的一个重要原因，应适当予以控制。

（四）热能

热能包括热和能两种。在体内，热量维持体温的恒定并不断地向环境散发，能量可维持各种生理和体力活动的正常进行。国际上通用的热能单位是焦耳（J），我国多用千卡（kcal）。

1.人体的热能消耗

①基础代谢。基础代谢是维持生命最基本活动的代谢状态，基础代谢消耗的能量是维持生命活动最起码的能量需要。一般来说，男性比女性高，儿童和青少年比成年人高，寒冷气候下比温热气候下高。

②体力活动。体力活动是影响人体能量消耗的主要因素，体力活动所消耗的热能占人体总热能消耗的15%～30%，是人体热能消耗变化最大，也是人体控制热能消耗、保持能量平衡维持健康最重要的部分。体力活动所消耗热能多少与劳动强度、年龄、性别、生理特点等因素有关。另外还与人的情绪及精神状态有关，如精神紧张地工作，可使大脑的活动加剧，能量代谢增加3%～4%，当然，与体力劳动相比，脑力劳动的能量消耗仍然较少。

③食物热效应。人体由于摄入食物而引起能量代谢额外增加的现象就是食物的热效应，过去称为食物的特殊动力作用。它是由于食物在消化、吸收、转运、代谢及储存等的过程需要消耗能量而产生的。各种营养素的食物热效应不同，蛋白质最强（增加30%～40%），其次是碳水化合物（增加5%～6%），脂肪最弱（增加4%～5%），一般混合膳食约增加基础代谢的10%。

④生长发育。儿童的生长发育需要能量来建立新的组织。每增加1克新组织约需要消耗20 kJ能量。能量摄入必须和生长速度相适应，否则生长便会减慢甚至停止。

2.人体的热能供给

人体的能量来源于食物中蛋白质、脂肪和碳水化合物三大热能营养素。这三种营养素每克供给人体的能量分别为 16.74 kJ(4 千卡)、37.56 kJ(9 千卡) 和 16.81 kJ(4 千卡)。中国营养学会推荐，成人蛋白质、脂肪和碳水化合物占总热能的适宜比例分别为 10%~15%、20%~30%(儿童为 25%~35%) 和 55%~65%。年龄越小，蛋白质及脂肪供给比例应适当增加。

人体总能量的需求要根据不同人群和不同体力活动强度不同而不同。儿童处于生长发育期，能量需求为 6.7 MJ (1600 kcal) ~ 11.7 MJ (2800 kcal)。轻体力劳动(约 75% 时间坐或站，25% 时间活动)如办公室工作、驾驶员、学生听课等，膳食能量参考摄入量为：男 10.03 MJ (2400 kcal)，女 8.08 MJ (2100 kcal)；中体力劳动 (约 40% 时间坐或站，60% 时间活动)如学生日常活动、电工、车床工等，男 11.29 MJ (2700 kcal)，女 9.62 MJ (2300 kcal)；重体力劳动(约 25% 时间坐或站，75% 时间活动)如干农活、采矿、炼钢、体育活动等，男 13.38 MJ (3200 kcal)，女 11.30 MJ (2700 kcal)。中年后减少从 8.00 MJ (1900 kcal) 到 13.00 MJ (3100 kcal) 不等。

（五）维生素

维生素是人体不可缺少的一种营养素，虽需要量很小(mg 或 pg)，但生理作用大，体内不能合成或合成量不足，必须由食物供给，被称为"维持生命的营养素"。

维生素根据溶解性质分为脂溶性及水溶性两大类。脂溶性维生素是指维生素 A、D、E、K。此类维生素不溶于水，只溶于脂肪及有机溶剂。水溶性维生素是指 B 族维生素 (B_1、B_2、B_6、PP、B_{12}、叶酸、泛酸、生物素等) 和维生素 C，此类维生素溶于水。

1.维生素 A

维生素 A 有维生素 A_1 和维生素 A_2 两种。维生素 A_1 即视黄醇，是一类不饱和一元醇，维生素 A_2 是 3-脱氢视黄醇，其活性是维生素 A_1 的 40%。

（1）维生素 A 的生理功能及缺乏症

①维持正常夜视功能。维生素 A 是形成视网膜上一种杆状感光细胞（即视杆细胞）中感受弱光刺激的物质（即视紫红质）的必须物质。缺乏维生素 A 会导致"夜盲症"，即一到天黑就两眼昏黑，看不清东西，夜视力明显下降。

②维持上皮细胞正常结构。维生素 A 对上皮的正常形成、发育及维持都十分重要，如果维生素 A 缺乏，上皮容易干燥、增生和角化，形成角化丘疹性皮肤病，如皮肤毛囊角化象"鸡皮"，多在上臂和大腿伸侧发生，易发生呼吸道和消化道感染等。若泪腺上皮受影响，则患干眼病，使角膜和结膜干燥、发炎，甚至严重至化脓、软化、穿孔失明，故也称此维生素为抗干眼病维生素。

③促进生长发育。维生素 A 对胚胎发育是必需的；维生素 A 能促进细胞的增殖与生长，还能维持成骨细胞与破骨细胞间的平衡，保证骨骼的正常生长发育。儿童和青少年缺乏维生素 A 时会发生生长发育障碍，甚至生殖功能的发育也会受到影响，包括生长发育迟缓，免疫功能低下，味觉、听觉、食欲降低和精子生成减少等。

④其他功能。维生素 A 能抑制肿瘤细胞的生长及其脱氧核糖核酸的合成；有防止化学物质对动物的致癌作用；在临床上维生素 A 已被作为治疗上皮组织肿瘤、急性粒性白血病等的辅助药物。

维生素 A 原中的 β - 胡萝卜素具有抗氧化作用，对防止脂质过氧化，预防心血管疾病、肿瘤及延缓衰老等都有重要意义。

（2）维生素 A 的参考摄入量与食物来源

中国营养学会推荐，我国居民维生素 A 膳食参考摄入量为：0 ~ 1 岁 400 μgRE/天，1 ~ 3 岁 500 μgRE／天，4 ~ 6 岁 600 μgRE／天，7 ~ 13 岁 700 μgRE／天，14 岁以上男为 800 μgRE／天，女为 700 μgRE／天，孕早期 800 μgRE／天，孕中后期 900 μgRE／天，乳母 1200 μgRE／天。注意：维生素 A 摄入过量可引起中毒，它的最高可耐受摄入量（UL）为 3000 μgRE／天。

1μgRE（视黄醇当量）＝1 μg 维生素 A＝6 μg β - 胡萝卜素

1 国际单位（IU）维生素 A＝0.3 μg 视黄醇当量＝0.3 μg 维生素 A

1μg 胡萝卜素＝0.167 视黄醇当量＝0.556 IU 维生素 A

维生素 A 的最好食物来源是各种动物的肝脏、鱼肝油、全奶、蛋黄等。植物性食物中只含有胡萝卜素，到体内可转化为维生素 A，称维生素 A 原。最重要的是 β - 胡萝卜素，来源是有色蔬菜，如菠菜、胡萝卜、韭菜、雪里蕻等，水果中的杏、香蕉、柿子及芒果等。维生素 A 和维生素 A 原对酸、碱、热稳定，但易被氧化和受紫外线破坏。注意储存与烹调方法。

2. 维生素 D

维生素 D 有两种最常见：维生素 D_2（麦角钙化醇）和维生素 D_3（胆钙化醇）。大多数高等动物皮肤中存在的 7- 脱氢胆固醇通过日光或紫外线照射可以转化为维生素 D_3。1，25(OH)$_2$- 维生素 D 是维生素 D 的活性形式，具有重要的生理功能。

（1）维生素 D 的生理功能及缺乏症

①促进骨骼的钙化、保证牙齿和骨骼的正常发育。维生素在体内经活化后通过促进小肠钙吸收和肾小管对钙、磷的重吸收来调节钙、磷代谢，维持血钙、磷的浓度，促进骨骼的钙化，保证骨骼与牙齿的正常发育。儿童缺乏维生素 D 会引起佝偻病，故又称抗佝偻病维生素。成人会患骨质软化病或骨质疏松症，尤其是孕妇或授乳妇女多见。

②维持肌肉收缩、神经传导和体内细胞的功能。维生素 D 作为机体内钙、磷代谢的重要调节物质，对保证与维持钙离子参与肌肉收缩、神经传导及其他功能

如凝血等功能的正常发挥也起着重要作用。

③还具有免疫调节功能。维生素D可改变机体对感染的反应。现在人们已成功地运用维生素D在细胞分化和免疫调节方面的作用来治疗银屑病及其他皮肤病。

（2）维生素D的参考摄入量与食物来源

我国居民维生素D参考摄入量(RNI)为：11~49岁为5 μg/天，婴儿~10岁、50岁以上及中晚期孕妇和乳母为10 μg/天。1 μg维生素D_3相当于40 IU维生素D，或1IU维生素D_3相当于0.025 μg维生素D。注意：长期大量服用维生素D可引起中毒，中国营养学会提出维生素D的可耐受最高摄入量（UL）为20 μg（800 IU）/天。

天然食品中实际上不存在维生素D_2（麦角钙化醇）。天然维生素D_3（胆钙化醇）主要在鱼肝油中含量较高，另外在海鱼、动物肝脏、蛋黄、奶油和干酪等中较多。维生素D在中性和碱性溶液中耐热，不宜被氧化，但在酸性溶液中则逐渐分解。

3. 维生素E

维生素E是生育酚与三烯生育酚的总称，总共有8种，即α，β，γ，δ-生育酚和α，β，γ，δ-三烯生育酚，其中α-生育酚的生物活性最高。

（1）维生素E的生理功能

①抗氧化作用。维生素E是一种很强的抗氧化剂，能抑制细胞内和细胞膜上的不饱和脂肪酸被过氧化成氢过氧化物，从而保护细胞免受自由基的侵害。同时，维生素E也能防止维生素A、C及三磷酸腺苷（ATP）的氧化，保护脱氢酶中的巯基免受氧化，保证它们生理作用的正常发挥。所以，维生素E和生长、发育、延缓衰老等都有密切关系。它还可增强细胞对烟雾、有害气体、放射线等的抵抗力，减轻环境污染对人体的损害。

②保护心血管系统的作用。维生素E对维持红细胞的正常有重要作用，膳食中缺少维生素E可引起红细胞数量减少及其生存时间缩短，引起溶血性贫血，故临床上常被用于治疗溶血性贫血。较高剂量的维生素E还有改善微循环，防止动脉硬化和血栓形成等的治疗作用，对保护心血管系统有重要作用。

③调节体内某些物质合成。维生素E通过调节嘧啶碱基进入核酸结构而参与DNA的生物合成，它也是维生素C、辅酶Q合成的辅助因子，也可能与血红蛋白的合成有关。

④其他作用。动物实验表明，维生素E与动物的生殖功能及精子的生成有关，故被称为生育酚。动物实验还发现，维生素E是维持骨骼肌、平滑肌、心肌的结构和功能所必需的成分，缺乏会引起肌营养不良。高浓度的维生素E还可使多种免疫功能增强，包括抗体反应和吞噬细胞的活性等。

（2）维生素E的适宜摄入量和来源

适宜摄入量(AI)：婴儿为3 mgα-TE（α-生育酚当量）/天，1~3岁为4 mgα-TE/天，4~6岁为5 mgα-TE/天，7~10岁为7 mgα-TE/天，11~13岁为10 mgα-TE/天，14岁以上所有年龄组均为14 mgα-TE/天，老年人可适当增加维生素E用量。

食物来源：含油的种子和植物油、粮食胚芽、蛋类、内脏、坚果、豆类等含量较多。麦胚、向日葵及其油富含 α - 生育酚，玉米和大豆主要含 γ - 生育酚。肉、鱼类动物性食品、水果及其他蔬菜含量很少。

维生素 E 对热、酸稳定，对碱不稳定，对氧敏感，油脂酸败可加速其破坏。

4. 维生素 K

维生素 K 是一类萘醌化合物，自然界有两种：维生素 K_1（或称叶绿醌）与维生素 K_2（或称甲基萘醌）。膳食一般都是维生素 K_1 与维生素 K_2 的混合物。

（1）维生素 K 的生理功能

①促凝血作用。维生素 K 具有促进血液凝固的作用，故又称凝血维生素。凝血过程中的许多凝血因子，如凝血因子 Ⅱ、Ⅵ、Ⅶ、Ⅸ 等的生物合成都离不开维生素 K；血浆中还有四种蛋白质（蛋白质 C、S、Z 和 M）被确定为维生素 K 依赖性蛋白质，它们具有抑制或刺激血液凝固的作用。血维生素 K 缺乏会引起出血，严重会有生命危险（多见于"新生儿出血症"）。

②促骨钙沉积作用。维生素 K 作为辅酶参与骨中的骨钙素和 γ - 羧基谷氨酸蛋白质（MGP）的形成，而骨钙素有促进钙在骨组织的沉积，MGP 有促进钙在骨的有机质及矿物质中的沉积。所以维生素 K 对骨钙的正常沉积，骨的生长发育等有重要作用。

（2）维生素 K 供给量和来源

维生素 K 可由人体肠道细菌合成，难确定其供给量，一般认为，成人每日需要量为 20 ~ 100 μg/ 天不等。一般成人很少发生维生素 K 缺乏症，新生儿由于出生时肠道菌群还未建立，体内从母亲获得的储量又少，故不及时补充维生素 K 易患"新生儿出血症"，严重会导致内脏或颅内出血，危及生命。

维生素 K 在绿色蔬菜含量丰富，动物肝脏、鱼类的含量也较高，肉类与乳制品含量中等，水果与谷类含量较少。

维生素 K 对光和碱敏感，但对热和氧化剂相对稳定。

5. 维生素 C

维生素 C 是一种酸性多羟基化合物，具有有机酸的性质，对人体有多种重要的生理功能。

（1）维生素 C 的生理功能

①促进胶原蛋白的形成，具有促进伤口愈合，维持血管正常完整性功能。胶原蛋白如同是细胞间的黏合剂，当维生素 C 缺乏时，细胞间的这种胶质物质合成障碍，伤口或溃疡不易愈合，毛细血管壁的通透性增加，易出现牙龈出血，严重者会引起皮下出血、肌肉或关节出血等，称为坏血病。故也将维生素 C 称抗坏血酸。

②具有氧化还原作用，可保护细胞膜和解毒。维生素 C 可使氧化型谷胱甘肽变成还原型谷胱甘肽，而还原性谷胱甘肽对保证细胞膜的完整性起着重作用，并

且还能与对机体有害的一些重金属离子如铅、汞、镉、砷等结合，避免机体中毒；维生素 C 还具有保护巯基酶的 -SH 的作用，而巯基酶的 -SH 可与有些毒物结合使其毒性失活，起到解毒的作用。

③防治心血管系统疾病。维生素 C 能防止贫血（可使三价铁还原成二价铁，促进铁的吸收，防止或改善缺铁性贫血；还可使叶酸还原为有活性的四氢叶酸，防止巨幼红细胞性贫血）、改善心肌功能（急生克山症即不明原因的心肌病，用大量维生素 C 抢救效果好）、防止动脉粥样硬化（防止血管内皮损伤、抑制胆固醇在血管壁沉积），对防止心血管系统疾病有重要的积极作用。

④提高机体抗病能力、抗癌等作用。维生素 C 可促进肾上腺素和去甲肾上腺素的合成与分泌，提高机体应激能力，增强机体抵抗力；大剂量维 C 可增强体内血液中白细胞吞噬细菌以及抗病毒的能力，辅助治疗感冒有一定效果；另外也发现，维生素 C 能阻断致癌物亚硝胺的形成，维持细胞间的正常结构防止肿瘤细胞的浸润转移等。

（2）维生素 C 参考摄入量和食物来源

维生素 C 参考摄入量（RNl）：婴儿 40 ~ 50 mg/ 天，1 ~ 13 岁 60~90 mg/ 天，14 岁以上各年龄组均为 100 mg/ 天，孕妇中晚期和乳母 130 mg/ 天。维生素 C 可耐受最高摄入量（UL）为 1000 mg/ 天。

维生素 C 主要来源于新鲜的蔬菜与水果，水果中，如酸枣、鲜枣、猕猴桃、柑、桔、山楂、草莓等含量丰富；蔬菜中，如辣椒、青椒、芥菜、茼蒿、苦瓜、白菜、豆角等中含量丰富。

维生素 C 水溶液不稳定，在加热、有氧、光照或碱性环境中极易被氧化。注意：吃新鲜蔬菜水果；蔬菜先洗后切；烹调急火快炒、不要加碱。

6. 维生素 B_1

维生素 B_1 是由嘧啶环与噻唑环组成的化合物，因其分子中含有硫和胺，故称为硫胺素。

（1）维生素 B_1 的生理功能

①构成脱羧酶的辅酶，参与糖代谢。维生素 B_1 与三磷酸腺苷结合成硫胺素焦磷酸（TPP），是糖代谢中脱羧反应的重要辅酶成分，如果缺乏维生素 B_1，丙酮酸和 α - 酮戊二酸就不能经过脱羧反应转变为乙酰辅酶 A 被彻底氧化供给能量。缺乏维生素 B_1 会出现神经系统病变（末梢神经炎、肌肉酸痛、压痛及胃肠神经波及症状等）或心血管系统病变（心慌、气短、心脏增大、水肿，严重导致心衰），称为脚气病，故维生素 B_1 又称抗脚气病维生素。

②抑制胆碱酯酶的活性，促进胃肠蠕动。维生素 B_1 可抑制胆碱酯酶对乙酰胆碱的水解，而乙酰胆碱是促进胃肠蠕动的重要神经递质，故维生素 B_1 对促进胃肠蠕动，帮助食物消化有重要作用。维生素 B_1 缺乏会使胃肠蠕动变慢，导致食欲不振，消化不良等疾病的发生。

（2）维生素B1的参考摄入量与食物来源

维生素 B_1 的参考摄入量（RNI）：婴儿0.2～0.3 mg/天；1～13岁0.6～1.2 mg/天；14～18岁男1.5 mg/天，女1.2 mg/天；18～49岁组（成年）男1.4 mg/天，女1.3 mg/天；50岁以上组不分性别均为1.3 mg/天；孕妇1.5 mg/天；乳母1.8 mg/天。

维生素 B_1 良好的食物来源是坚果（葵花仁和花生）、豆类、谷类外皮和胚芽、动物内脏和瘦肉（猪瘦肉）。鱼和蔬菜、水果中含量少。

维生素 B_1 溶于水、耐酸、耐热，不易被氧化，但在碱性环境下加热时可迅速分解破坏。过度加工的米、面会使维生素 B_1 大量丢失，注意：不要常吃精细米面。

7.维生素B2

维生素 B_2 是由核醇与二甲基异咯嗪构成的化合物，后者是一种黄色色素，所以维生素 B_2 又称为核黄素。

（1）维生素B2的生理功能

维生素 B_2 构成体内起递氢作用的黄素酶的辅酶，催化广泛的氧化还原反应，在氨基酸、脂肪氧化、蛋白质和某些激素的合成过程中发挥重要作用。典型缺乏症是口腔生殖综合征，主要表现为：口角炎、唇炎、舌炎、睑缘炎、结膜炎、脂溢性皮炎、阴囊皮炎等。

（2）维生素B2参考摄入量与食物来源

维生素 B_2 的参考摄入量（RNI）：婴儿0.4～0.5 mg/天；1～13岁0.6～1.2 mg/天；14～18岁组男1.5 mg/天，女1.2 mg/天；18～49岁组男1.4 mg/天，女1.2 mg/天；50岁以上组不分性别均为1.4 mg/天；孕妇和乳母1.7 mg/天。

维生素 B_2 良好的食物来源主要是动物性食物，以肝、肾、心脏、蛋黄、乳类为丰富。植物性食物以黄绿色蔬菜类、谷类外皮和胚芽及豆类含量较多。

维生素 B_2 在酸性溶液中对热稳定，在碱性环境中易于分解破坏。注意：不要不吃蔬菜和常吃精细米面。

8.维生素PP

维生素PP又称烟酸、尼克酸、维生素 B_5 或抗癞皮病维生素。

（1）维生素PP的生理功能

①构成脱氢酶的辅酶。维生素PP是构成脱氢酶：辅酶Ⅰ（NAD）和辅酶Ⅱ（NADP）的辅酶，在碳水化合物、脂肪和蛋白质的能量释放上起重要作用，对促进食物的消化，维护皮肤和神经的健康有重要意义。人体缺乏维生素PP可引起癞皮病，轻时只有皮炎表现，即多见于暴露易摩擦部位，对称分布，红肿灼热→粗糙棕色→脱屑→色素沉着，严重时会表现出皮炎、腹泻及痴呆三联症。

②大剂量维生素PP能扩张小血管和降低血胆固醇。常用大剂量维生素PP来治疗外周血管病（如冻伤）、严重头痛和偏头痛、高胆固醇血症及动脉粥样硬化等。

注意：长期服用抗结核病的异烟肼时，要补充维生素PP，因二者的结构相似有拮抗作用。

（2）维生素 PP 参考摄入量与食物来源

维生素 PP 的参考摄入量（RNI）：婴儿 2 ～ 3 mgNE（烟酸当量）／天；1 ～ 13 岁 6 ～ 12 mgNE ／天；14 岁～ 17 岁组男 15 mgNE ／天，女 12 mgNE ／天；18 ～ 49 岁组 男 14 mgNE ／天，女 13 mgNE ／天；50 岁以上组不分性别均为 13 mgNE ／天；孕妇 15 mgNE ／天和乳母 18 mgNE ／天。

食物来源：维生素 PP 在肝、肾、畜瘦肉、鱼和坚果类含量丰富，乳、蛋中虽 不高，但色氨酸较多，可转化为维生素 PP。粮谷类含量也较丰富，但以玉米为主 食的人群，易发生癞皮病，因为玉米含结合型维生素 PP 不能为人体吸收，同时玉 米中色氨酸含量也低。用碳酸氢钠（小苏打）处理玉米即可将结合型维生素 PP 分 解成游离型维生素 PP，防止癞皮病的发生，所以在煮玉米粥时可适当加点碱。

烟酸对酸、碱、光、热稳定，一般烹调损失较小。

9. 维生素 B_6

维生素 B_6 包括三种物质，即吡哆醇、吡哆醛和吡哆胺。

（1）维生素 B6 的生理功能

维生素 B_6 以磷酸吡哆醛的形式参与近百种酶反应。多数与氨基酸代谢有关， 包括转氨基、脱羧等作用。另外在糖异生、不饱和脂肪酸代谢、某些神经介质的 合成方面也起作用。人体缺乏维生素 B_6 主要表现是皮肤损害，眼鼻两侧脂溢性皮 炎（小丘疹、有渗出、斑片鳞屑等），渐扩展至面部、前额、耳后、会阴部，也 可引起唇炎、舌炎等。婴儿缺乏主要会引起全身抽搐，神经末梢炎、皮炎及贫血等。 成人易发生抑郁和精神混乱的表现，甚至有眩晕、恶心、呕吐等症状。人体肠道 的细菌可合成一部分维生素 B_6，故一般不会缺乏。

（2）维生素 B6 的适宜摄入量与食物来源

维生素 B_6 的适宜摄入量（AI）：婴儿 0.1 ～ 0.3 mg ／天；1 ～ 13 岁 0.5 ～ 0.9 mg ／天； 青少年 1.1 mg/ 天；成年 1.2 mg ／天；老年人 1.5 mg ／天；孕妇和乳母 1.9 mg ／天。

维生素 B_6 广泛存在于各种食物中。其中豆类、畜肉及肝脏、鱼类等含量较丰 富，其次是蛋类、水果和蔬菜，乳类、油脂中含量较低。

维生素 B_6 在酸性溶液耐热，在碱性溶液中不耐热，并对光敏感。

10. 维生素 B_{12}

维生素 B_{12} 又称钴胺素，是一组含钴的类咕啉化合物。在体内以两种辅酶的 形式，即甲基 B_{12} 与辅酶 B_{12} 发挥生理作用。

（1）维生素 B12 的生理功能

维生素 B_{12} 主要的生理功能是促进红细胞的成熟和发育。它通过干扰叶酸的 代谢影响 DNA 的合成，对维持神经系统的正常功能也有重要意义。缺乏维生素 B_{12} 易出现营养性巨幼红细胞性贫血，即血液中出现幼稚未成熟的大型红细胞，并 且红细胞的数量明显少于正常同龄人，但骨髓呈现幼稚红细胞数量增多的现象，临床表现出贫血的症状：面色苍黄，疲乏无力，或伴轻度浮肿，毛发稀疏发黄，表情多呆滞、对外界反应迟钝，儿童甚至会伴发智力、动作的发育落后。

（2）维生素B12的适宜摄入量与食物来源

维生素 B_{12} 的适宜摄入量（AI）：婴儿0.4～0.5μg/天；1～13岁：0.9～1.8μg/天；少年、成年、老年人2.4μg/天；孕妇2.6μg/天和乳母2.8μg/天。

维生素 B_{12} 在肉类、贝壳类、鱼类、禽类和蛋类，动物肝肾等内脏中含量丰富。乳类含量低，谷类、蔬菜和水果中几乎不含。故素食者易出现缺乏。

维生素 B_{12} 在弱酸性条件下最稳定，在强酸（pH<2）或碱性溶液中易分解；遇热可一定程度破坏其活性，但快速高温消毒损失较小；易被强光或紫外线破坏。口服维生素 B_{12} 到胃肠道需内因子结合才能被吸收。

11.叶酸

叶酸是由蝶呤酰与谷氨酸结合而成的蝶酰谷氨酸，又称叶精、抗贫血因子、维生素M、维生素U等。

（1）叶酸的生理功能

体内的活性形式为四氢叶酸，作为一碳单位（含一个碳原子的基团）的载体，在许多重要的生物合成中发挥重要功能，如可通过腺嘌呤、胸苷酸影响DNA、RNA的合成，对细胞的增殖与组织的生长具有重要作用；可通过蛋氨酸代谢影响磷脂、肌酸、神经递质（如肾上腺素）的合成等。叶酸的典型缺乏症为巨幼红细胞贫血，临床症状表现与维生素 B_{12} 缺乏引起的营养性巨幼红细胞贫血相似。孕妇缺乏叶酸会导致胎儿发生神经管畸形，如无脑儿和脊柱裂。叶酸还可能与先天性心脏病的发生有关。

（2）叶酸的参考摄入量与食物来源

叶酸的参考摄入量（RNI）：婴儿65～80μgDFE（叶酸当量）/天；1～13岁：150～300μgDFE/天；少年、成年和老年人400μgDFE/天；孕妇600μgDFE/天；乳母500μgDFE/天。叶酸的可耐受最高摄入量（UL）为1000μgDFE/天。

DFE（μg）=膳食叶酸（μg）+1.7× 叶酸补充剂（μg）

叶酸补充剂比单纯来源于食物的叶酸利用度高1.7倍。

叶酸广泛存在动植物性食物中，其良好来源为动物的肝、肾、鸡蛋、豆类、酵母、绿叶蔬菜、坚果和柑橙、香蕉等水果中。

叶酸对热、光、酸性溶液均不稳定，在酸性溶液中温度超过100℃就会分解，在中性和碱性环境中稳定。食物中的叶酸烹调加工后损失率可达50%～90%。

（六）矿物质

矿物质是指除碳、氢、氧和氮主要以有机化合物形式存在外，其余的存在人体内的元素统称为矿物质（或无机盐）。矿物质元素共20多种，分常量元素与微量元素。

常量元素是指体内含量较多（大于体重0.01%），需要量相对较大（每天膳食需要量在 100 mg 以上）的矿物质元素。主要有钙、镁、钾、钠、磷、氯和硫共 7 种。

微量元素是指体内除常量元素外，含量比较少（小于体重 0.01%），需要量也极少的矿物质元素。人体必需的微量元素有 8 种：铁、锌、硒、碘、铜、铬、钼、钴。

我国人群中比较容易缺乏的矿物质元素是钙、铁、锌、碘、硒等。

1. 钙

钙是人体内含量最高（约占体重的 2%）的一种无机元素。体内钙 99% 集中在骨骼和牙齿中，1% 存在于软组织、细胞外液和血液中。

（1）钙的生理功能

①构成骨骼和牙齿的成分，使它们坚硬。钙主要以羟基磷灰石 $[Ca_{10}(PO_4)_6(OH)_2]$ 及磷酸钙 $[Ca_3(PO_4)_2]$ 形式存在于骨骼与牙齿中，是骨骼与牙齿的重要无机盐成分，使它们具有坚硬的特性。儿童体内钙缺乏会患佝偻病，成人会患骨质疏松症。

②维持神经、肌肉的正常活动。钙离子是人体内神经传导、肌肉收缩、心脏跳动等重要生理活动不可缺少的离子成分。如果血液中钙离子浓度降低，神经、肌肉的兴奋性会增高，易引起手足抽搐（俗称抽筋）；反之，血液中钙离子浓度过高，会损害肌肉的收缩功能，严重会出现心脏停止跳动的危险。

③参与血液的凝固过程。在血液的生理性凝固过程中，钙离子担负着使凝血酶原转变为有活性的凝血酶的重要使命，直接影响着血液凝固的进程。如果血液中钙离子减少将不利于血液的正常凝固，易加重出血倾向。

④其他作用。人体内的钙离子还有促进体内某些酶的活性（如 ATP 酶、脂肪酶、蛋白质分解酶等），以及参与激素的分泌、细胞的吞噬、维持体液的酸碱平衡等作用。

注意：钙摄入过多，会使小儿的免疫力下降，容易感染疾病，更严重的会有肾结石、高钙血症的危险。

（2）钙的参考摄入量和食物来源

中国营养学会推荐钙的适宜摄入量（AI）：婴儿 300 ~ 400 mg/ 天；1 ~ 13 岁：600 ~ 800 mg/ 天；少年 1000 mg/ 天；成人、孕妇早期 800 mg/ 天；老年人和孕妇中期 1000 mg/ 天；孕妇晚期和乳母 1200 mg/ 天。

钙的食物来源应考虑钙含量及利用率。含钙较高的食物有奶与奶制品、畜禽的骨、小虾皮、海带、发菜、紫菜和豆与豆制品（黑豆、黄豆、赤小豆等）等。奶与奶制品是钙的最好食物来源。影响钙吸收的物质有膳食中的草酸盐、植酸盐、膳食纤维和脂肪等。促进钙吸收的物质有膳食中的维生素 D、乳糖、蛋白质等。

2. 铁

铁是人体必需微量元素中含量最多的一种，总量为 4 ~ 5 g。体内铁 60% ~ 75% 存在于血红蛋白中，3% 在肌红蛋白，1% 为含铁酶类，总称为功能性铁。另外，还有 25% 的贮存铁，以铁蛋白形式储存于肝脏、脾脏和骨髓中。

（1）铁的生理作用

①铁参与体内氧与二氧化碳的转运、交换和组织呼吸过程。铁是血红蛋白与肌红蛋白、细胞色素 A 以及某些呼吸酶的主要成分，参与体内氧与二氧化碳的转运、交换和组织呼吸过程。铁与红细胞的形成和成熟有关，因为铁是形成血红蛋白的必需成分，如果缺少铁，新生的红细胞中血红蛋白就会不足，生成的红细胞寿命会缩短、自身溶血增加，直接影响到红细胞的成熟与增殖，会导致缺铁性贫血，表现为面色苍白、口唇黏膜和眼结膜苍白，头晕、耳鸣、乏力、稍活动就呼吸急促，抵抗力下降等。

②铁与人体的免疫、抗病能力有关。人体内生理浓度的铁可以增加中性粒细胞和吞噬细胞的功能，促进抗体的生成，从而提高机体对疾病的免疫力。但是，当感染发生时，过量的铁却会促进细菌的生长，不利于机体对疾病的抵抗。

③其他作用。铁还参与嘌呤与胶原的合成、脂类在血液中的转运、某些药物在肝脏的解毒；催化体内 β- 胡萝卜素向维生素 A 转化；以及过量铁的贮存可能与心脏病、肝脏疾病、糖尿病及某些肿瘤等的发生有关。

（2）铁的参考摄入量与食物来源

中国营养学会推荐铁的适宜摄入量（AI）：婴儿 0.3 ～ 10 mg/ 天；1 ～ 13 岁 12 mg/ 天；少年男 16 ～ 20 mg/ 天；少年女 18 ～ 25 mg/ 天；成年男、老年人、孕妇早期 15 mg/ 天；成年女子 20 mg/ 天；孕妇中期、乳母 25 mg/ 天；孕妇晚期 35 mg/ 天。注意：铁过量会致中毒，急性中毒多见于误服过量铁剂，主要症状为消化道出血，可危及生命。

铁的良好食物来源为动物肝脏、动物全血、畜禽肉类、鱼类，其次是绿色蔬菜和豆类。少数食物如黑木耳、海带、芝麻酱等含铁也较丰富。一般动物性食物中铁的含量与吸收率较植物性食物高，但牛奶是贫铁食物，且吸收率不高，蛋类铁的吸收率也较低，仅达 3%。影响铁吸收的物质为粮谷和蔬菜中的植酸盐、草酸盐以及存在于茶叶及咖啡中多酚类物质等。促进铁吸收的物质为维生素 C、维生素 B_2、某些单糖、有机酸以及动物肉类等。

3. 碘

人体内含碘 20 ～ 50 mg。50% 分布在肌肉，20% 在甲状腺，10% 在皮肤，6% 在骨骼中，其余在内分泌腺及中枢神经系统。

（1）碘的生理作用

碘是合成甲状腺素的原料，甲状腺素调节人体能量代谢和蛋白质、脂肪、糖类的合成与分解代谢，能促进机体的生长和发育。缺碘会导致甲状腺肿大（民间称为"大脖子病"）；孕妇缺碘会使胎儿患呆小症（也称为"克汀病"，主要表现为生长发育迟缓、大脑智能发育减退、认知能力降低等）。

（2）碘的参考摄入量与食物来源

中国营养学会推荐的 RNI：婴儿 50 μg/ 天；1 ～ 13 岁 90 μg/ 天；少年 120 μg/ 天；

成年、老年人 150 μg/ 天；孕妇和乳母 200 μg/ 天。

含碘较高的食物有海产品，如海带、紫菜、淡菜、海参等。采用碘化食盐方法，可以预防碘缺乏。

4. 锌

人体含锌 2 ~ 2.5 g，主要存在眼、毛发、骨骼、男性生殖器官中，肾、肝、肌肉中次之。

（1）锌的生理作用

①是酶的组成成分或酶的激活剂。人体约 80 多种酶的活性与锌有关，如碳酸酐酶、碱性磷酸酶、乳酸脱氢酶、羧肽酶、RNA 聚合酶、DNA 聚合酶等。

②促进生长发育与组织再生。锌与蛋白质、核酸的合成，细胞的生长、分裂、分化等过程都有关。缺锌儿童可因生长发育受影响出现侏儒症，还可延缓组织的愈合。

③促进食欲。锌参与构成唾液蛋白而对味觉与食欲起促进作用。

④促进维生素 A 的代谢及其生理作用。

⑤促进性器官和性功能的正常发育和成熟。缺锌会使性器官发育成熟延迟，第二性征发育不全。

⑥保护皮肤健康。缺锌时易出现皮肤粗糙、干燥、上皮角化、易感染等。

⑦维护免疫功能。锌与 DNA 的合成有关，缺少可能使有免疫力的细胞增殖下降。

锌缺乏的主要表现为生长迟缓、食欲不振、味觉迟钝甚至丧失、皮肤创伤不易愈合、易感染、性成熟延迟等。

（2）锌的参考摄入量与食物来源

中国营养学会推荐锌的 RNI：婴儿 1.5 ~ 8 mg/ 天；儿童 9.0 ~ 13.5 mg/ 天；青少年男 18.0 ~ 19.0 mg/ 天；青少年女、成年男 15.0 mg/ 天；成年女、老年人、孕妇早期 11.5 mg/ 天；孕妇中晚期 16.5 mg/ 天；乳母 21.5 mg/ 天。

锌的主要食物来源是动物性食物。最丰富的是海产品（牡蛎含锌量最高，每 100 g 含锌高达 100 mg 以上）、肉类、家禽等。植物性食物较低，以豆类和坚果类含量较高。粮谷加工越细锌损失越多。

人体对锌吸收可受植酸、钙、铁、纤维素的影响。有专家建议对长期素食者、高纤维素膳食人群，大量吸烟者，多次妊娠者，大量摄入钙、铁剂者，应该额外补充锌 15 mg / 天。

5. 硒

硒在人体总量为 6 ~ 20 mg，广泛分布于组织和器官中，以肝、肾、心、脾、牙釉质和指甲中为最高，脂肪中最低。

（1）硒的生理作用

①抗氧化作用。硒是谷胱甘肽过氧化物酶的重要组成成分，起抗氧化作用。

硒在体内还能特异地催化还原型谷胱甘肽，维持细胞和生物膜的正常功能。

②解毒作用。硒与金属有很强的亲和力，在体内硒与金属如汞、镉、铅等结合形成金属硒蛋白复合物需解毒，并使金属排出体外。

③维护心血管和心肌的健康。在我国以心肌损害为特征的克山病，研究发现缺硒是一个重要因素。另外也研究发现，它能降低心血管病的发病率，减轻或消除心绞痛。

④保护视觉器官。硒能通过谷胱甘肽氧化酶和维生素 E 使视网膜上的氧化损伤降低，视觉得以改善。糖尿病人的失明可补硒、维生素 E 和维生素 C 得到改善。

⑤提高免疫力和抗肿瘤作用。研究发现硒具有刺激免疫球蛋白和抗体产生的作用。

（2）硒的参考摄入量与食物来源

中国营养学会推荐硒的 RNI：婴儿 15 ～ 20 μg/ 天（AI）；儿童 20 ～ 35 μg/ 天；青少年 45 ～ 50 μg/ 天；成年、老年人和孕妇 50 μg/ 天；乳母 65 μg/ 天。

动物性食品肝、肾、肉类及海产品是硒的良好来源。粮食中硒的含量会随土壤中硒含量的不同而有所差异。

6. 铜

铜在人体内为 50 ～ 120 mg，分布在体内各组织器官中，其中以肝、肾、心、头发和脑中浓度最高，脾、肺、肌肉和骨次之。

（1）铜的生理作用

铜在体内与十余种氧化酶的活性有关，因此也以这些酶的形式参与许多作用。

①维护正常的造血功能。铜蓝蛋白催化 Fe^{2+} 氧化为 Fe^{3+}，对于形成运铁蛋白促进铁的转运与贮存有重要作用，铜蓝蛋白还能促进亚铁血红素和血红蛋白的合成。铜缺乏还会引起低色素性小红细胞性贫血。

②维护骨骼、血管和皮肤的正常。它通过赖氨酰氧化酶的作用促进结缔组织中胶原蛋白和弹性蛋白交链的形成，使结缔组织强韧、柔软。

③保护机体细胞免受过氧化物损害。铜是超氧化物歧化酶的成分。它们催化超阳离子成为氧和过氧化氢，从而保护活细胞免受毒性很强的超氧离子的毒害。

④维护中枢神经系统的健康。它与多巴胺 - β 羟化酶、酪氨酸酶等含铜酶与儿茶酚胺的生物合成、维持中枢神经系统正常功能、酪氨酸转化为多巴以及黑色素都有关。缺铜可能会导致脑组织萎缩、灰白质退变、神经元减少、运动失调、发育停滞等。

⑤维持毛发正常的色素和结构。含铜的酪氨酸能催化酪氨酸转化为黑色素。含铜酶硫氨基氧化酶有维护毛发正常结构，防止角化的作用。缺铜时会使毛发脱色、角化出现卷发症。

（2）铜的参考摄入量与食物来源

中国营养学会推荐铜的 RNI：婴儿 0.4 ～ 0.6 mg/ 天；儿童：0.8 ～ 2.0 mg/ 天；

成年、老年 2.0 mg/ 天。

含铜丰富的食物有肝、肾、甲壳类（牡蛎含量高）、坚果与干豆类。人乳比牛乳中铜多，但哺乳后期渐减少，注意补充。

7. 铬

铬在人体内含量为 5 ~ 10 mg。

（1）铬的生理作用

①铬在体内主要为潜在性胰岛素作用。铬是葡萄糖耐量因子的重要组成成分，而葡萄糖耐量因子是胰岛素的辅助因子，可使胰岛素充分发挥降低血糖的作用。

②铬可降低血清胆固醇，增加高密度脂蛋白，预防动脉硬化。

③铬还可促进蛋白质代谢和生长发育，它影响蛋白质的合成。

当铬摄入不足时，有致生长迟缓、葡萄糖耐量损害、高葡萄血症的临床报道。

（2）铬的适宜摄入量与食物来源

中国营养学会推荐铬的适宜摄入量（AI）：婴儿 10 ~ 15 μg/ 天；儿童 20 ~ 30 μg/ 天；青少年 40 μg/ 天；成年、老年人 50 μg/ 天。

铬的良好食物来源是肉类及整粒谷类、豆类和奶制品，啤酒酵母、家畜肝脏含铬量高。

8. 氟

成人体内含氟约 2.6 g，分布于骨、牙、指甲、毛发及神经肌肉中。氟与骨、牙齿的形成及钙磷代谢密切相关。缺氟易患龋齿，骨质疏松。含氟高，可发生氟斑牙（过量氟侵害牙釉质，失去光泽，出现黄色或褐色斑点，质脆，易断或早期脱落），氟骨症（骨骼韧带硬化、四肢腰背酸痛、甚至脊柱固定、运动受限等）。

（七）水

水是构成人身体的重要成分之一，也是人体中含量最多的成分，约占成人体重的 60%（会因年龄、性别及胖瘦等因素的影响呈现明显的差异性），它是生命的海洋，它的重要性甚至胜于食物。有人做过实验，只绝食不绝水的狗（活 39 天）要比同时绝食也绝水的狗（活 12 天）多活 27 天。人如断食而只饮水可生存数周，但是如果断食又断水只能生存数日，一般断水 5 ~ 10 天即可危及生命。

1. 水的生理功能

①水是人体的重要液体组成成分。水广泛分布在人体的组织细胞内外，形成人体细胞内外的液体环境，即内环境的液体成分，如血液中含水量占 80% 以上。

②水参与人体内物质的新陈代谢。水的溶解性可使水溶性物质溶解，呈现溶解状态或离子状态，便于进行相应的生理生化反应，对体内酸碱、电解质的平衡调节也发挥极其重要的作用；水的流动性可协助物质在体内的运输及转运，保证人体的新陈代谢及生理生化反应顺利进行。

③水参与调节人体体温的作用。水的比热值大，1 g 水升高或降低 1℃需要 4.2 J 的能量，大量的水可吸收人体代谢过程中产生的热量，使体温不至于显著升高。水的蒸发热大，在 37 ℃体温条件下，每蒸发 1 g 水可带走 2.4 kJ 的能量，随着体温升高，体表蒸发的水越多，带走的热量越多，可起到降低体温的作用。所以水对维持人体的体温恒定起到重要的调节作用。

④润滑及保护作用。人体的关节、胸腔、腹腔及胃肠道等部位存在的水分，对关节的活动，胸腹腔脏器的活动，及胃肠道的消化运动等都可起到润滑、缓冲及保护等作用。

2. 水的需要量

人体对水的需求量，可据环境、体重、消耗不同而不同，禁食的人每天最低进水量 1350 mL。成人每消耗 4.184 kJ 的能量，需要水量为 1 mL，婴儿和儿童体表面积较大，代谢率高，易发生脱水，以 1.5 mL/4.184 kJ 为宜。孕妇每日需要额外增加 30 mL/ 天。哺乳期需额外增加 1000 mL/ 天。

第二节　学校的膳食管理

学生要健康成长，必须要有合理的营养，合理营养的实现不仅应尽量满足儿童少年对各种营养成分数量和质量上的需求，而且需要由合理的膳食制度作保证。学校必须进行膳食管理来保证学生的合理膳食。

《特殊教育学校暂行规定》第 52 条：特殊教育学校要加强饮食管理。食堂的场地、设备、用具、膳食要符合国家规定的卫生标准，要注意学生饮食的营养合理搭配。要制定预防肠道传染病和食物中毒的措施，建立食堂工作人员定期体检制度。

合理膳食：就是全面地提供符合卫生要求的平衡膳食。

平衡膳食：指食物种类齐全，数量比例适当，提供的热量和营养素符合人体需要的膳食。即要求每日膳食中的各种营养素应品种齐全、比例恰当；所提供的热量和各种营养素要符合机体每天的生理、生长发育、学习或劳动的需要（不能过多也不能过少）。对儿童来说就是摄入的各种食物品种、数量和质量与儿童身体的需要相平衡。

一、合理膳食的卫生要求

①食物的运输、储存、选配和加工符合卫生要求，使食物易于消化吸收，营养素损失少。

②食物必须新鲜，对人体无毒害。

③膳食营养成分能够满足学生身体生长发育、调节各种生理活动、促进健康的需要。

④膳食多样化，具有良好的感官性状和一定的饱腹感。

⑤有合理的膳食制度和进餐环境。膳食制度规定了进餐的次数和时间，以及各餐的热量分配。1 ~ 2 岁每天可进餐 5 ~ 6 次，2 ~ 3 岁可进餐 4 ~ 5 次，每餐间隔 3 ~ 3.5 小时。学生可采用三餐制，各餐间隔 4 ~ 6 小时。各餐的热量分配：早餐热量占 30%，午餐热量占 40%，晚餐热量占 30%。每次进餐时间 20 ~ 30 分钟。餐后休息 0.5 ~ 1 小时后开始学习和体力活动；体力活动后至少休息 10 ~ 20 分钟再进餐。晚餐离睡前至少 1.0 ~ 1.5 小时。

⑥有良好的饮食卫生习惯。良好饮食习惯主要表现为进餐前要洗手；进餐宜定时定量；不挑食、不偏食；不吃不干净的食物；不要过多吃糖；摄入盐量要适当；吃饭要细嚼慢咽；吃饭时安静不说笑等。

二、平衡膳食的基本要求

（一）中国居民的平衡膳食宝塔

我们该怎样搭配食物品种，掌握合适的比例呢？中国营养学会根据《中国居民膳食指南》，并结合我国居民的膳食结构特点设计了《中国居民平衡膳食宝塔》，形象直观地告诉我们每天应吃食物的种类及相应的数量。

平衡膳食宝塔共分五层，各层位置和面积不同，一定程度上反映各类食物在膳食中的地位和应占的比重。平衡膳食宝塔建议的各类食物摄入量（一般指食物生重）是一个平均值和比例。每日膳食中应当包含宝塔中的各类食物，各类食物的比例也应基本与膳食宝塔要求一致。不同劳动强度（低体力劳动、中体力劳动和高体力劳动）的建议摄入量有所差异。

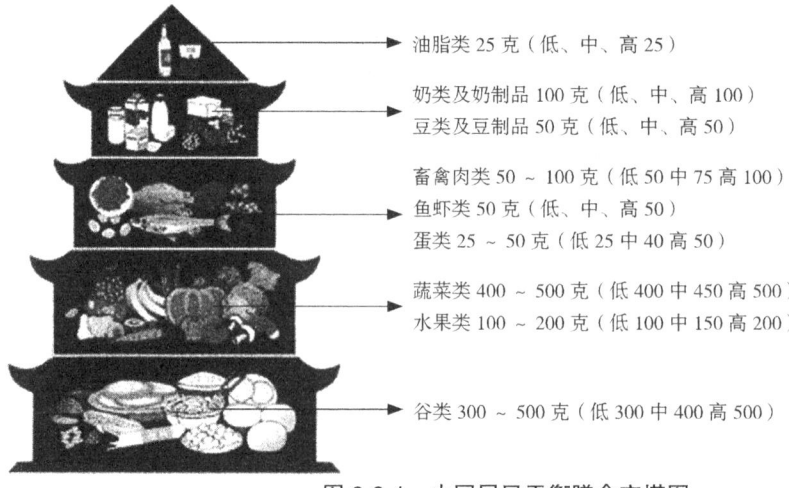

油脂类 25 克（低、中、高 25）

奶类及奶制品 100 克（低、中、高 100）
豆类及豆制品 50 克（低、中、高 50）

畜禽肉类 50 ~ 100 克（低 50 中 75 高 100）
鱼虾类 50 克（低、中、高 50）
蛋类 25 ~ 50 克（低 25 中 40 高 50）

蔬菜类 400 ~ 500 克（低 400 中 450 高 500）
水果类 100 ~ 200 克（低 100 中 150 高 200）

谷类 300 ~ 500 克（低 300 中 400 高 500）

图 6-2-1　中国居民平衡膳食宝塔图

《中国居民膳食指南》（2011）中一般人群（适合 6 岁以上）的膳食指南：

①食物多样，谷类为主，粗细搭配。

②多吃蔬菜水果和薯类。

③每天吃奶类、大豆或其制品。

④常吃适量的鱼、禽、蛋和瘦肉。

⑤减少烹调油用量，吃清淡少盐膳食。

⑥食不过量，天天运动，保持健康体重。

⑦三餐分配要合理，零食要适当。

⑧每天足量饮水，合理选择饮料。

⑨如饮酒应限量。

⑩吃新鲜卫生的食物。

（二）平衡膳食的基本指标

衡量是否达到平衡膳食的水平，要看是否同时达到以下六个方面的指标：

1. 膳食摄入量充足、品种多样

2. 热量食物来源构成合理
- 粮谷类食物提供热量：60% ~ 70%
- 薯类食物提供热量：5% ~ 10%
- 豆类食物提供热量：5%
- 动物性食物提供热量：20% ~ 25%

3. 热量营养素摄入量比值合理
- 碳水化合物提供热量：55% ~ 65%
- 脂肪提供热量：20% ~ 30%（儿童为 25% ~ 35%）
- 蛋白质提供热量：10% ~ 15%

4. 蛋白质食物来源组成合理
- 植物性蛋白质约占：70%
- 动物性蛋白质约占：25%
- 豆类蛋白质约占：5%

5. 脂肪食物来源组成合理
- 植物性脂肪约占：60%
- 动物性脂肪约占：40%
- 饱和脂肪酸（多存在于动物脂肪中，但鱼肝油主要是不饱和脂肪酸）应占总热量的 10% 以下

6. 各种营养素的摄入量均达到推荐摄入量标准

每日各种营养素的摄入量，在一个周期内（5～7天）能平均达到推荐摄入量标准，上下误差不超过10%。

（三）设计营养食谱的步骤与方法

①确定热能供给量标准；

②按比例计算三大热能营养素需要量；

③确定其他营养素的标准供给量；

④根据膳食宝塔或每日碳水化合物的需要量确定每日主食的数量；

⑤根据膳食宝塔确定每日副食的数量和种类，并算出所含营养素的量；

⑥算出的实际营养素量与应给标准量比较，适当调整食物种类；

⑦按照膳食制度的三餐热能分配比例，将所选食物分配到一日三餐；

⑧根据食物交换原则，配制一周或更长时间的多种食谱。

食物交换份法

食物交换份法是将常用食物按其所含营养素量的近似值归类（分为五大类），计算出每类食物每份所含的营养素值和食物重量，然后将每类食物的具体食物种类及其相当于一份的重量列出表格供相互交换使用。这样，根据实际不同能量的需要，按蛋白质、脂肪和碳水化合物的合理分配比例，就可计算出各类食物的交换份数和实际重量，并按每份食物等值交换表选择食物。此法虽然较计算法粗略，但简便易行，可以帮助我们进行日常食谱的设计与调整。

（1）根据膳食指南，按常用食物所含营养素的特点划分为五大类食物

第一类：谷类及薯类。谷类包括米、面、杂粮；薯类包括马铃薯、甘薯、木薯等。主要提供碳水化合物、蛋白质、膳食纤维、B族维生素。

第二类：动物性食物。包括肉、禽、鱼、奶、蛋等，主要提供蛋白质、脂肪、矿物质、维生素A和B族维生素。

第三类：豆类及其制品。包括大豆及其他干豆类，主要提供蛋白质、脂肪、膳食纤维、矿物质和B族维生素。

第四类：蔬菜水果类。包括鲜豆、根茎、叶菜、茄果等，主要提供膳食纤维、矿物质、维生素C和胡萝卜素。

第五类：纯能量食物。主要包括动植物油，主要提供能量。植物油还可提供维生素E和必需脂肪酸。另外淀粉、食用糖和酒类也归此类。

（2）各类食物的每份（或单位）食物交换代量表

①谷类、薯类：每份谷、薯类食物大约可提供能量765 kJ(180 kcal)、蛋白质4 g、碳水化合物38 g。

表 6-2-1 谷类和薯类食物交换代量表

食　物	质　量（g）
面粉	50
大米	50
玉米面	50
小米	50
高粱米	50
挂面	50
面包	75
干粉丝（皮、条）	40
土豆（食部）	250
凉粉	750

②动物性食物：每份食物大约可提供能量 378 kJ(90 kcal)、蛋白质 10 g、脂肪 5 g、碳水化合物 2 g。

表 6-2-2 动物性食物交换代量表

食　物	质　量（g）
瘦猪肉	50
瘦羊肉	50
瘦牛肉	50
鸡蛋（500 g 约 8 个）	1 个
禽肉	50
肥瘦猪肉	25
肥瘦羊肉	25
肥瘦牛肉	25
鱼虾	50
酸奶	200
牛奶	250
牛奶粉	30

③豆类及其制品：每份豆类大约可提供能量 188 kJ(45 kcal)、蛋白质 5 g、脂肪 1.5 g、碳水化合物 3 g。

表 6-2-3 豆类及其制品交换代量表

食　物	质　量（g）
豆浆	125
豆腐（南）	70
豆腐（北）	42
油豆腐	20
熏干	25
腐竹	5
千张	14
豆腐皮	10
豆腐丝	25

④蔬菜水果类：每份蔬菜、水果大约可提供能量 336 kJ(80 kcal)、蛋白质 5 g、碳水化合物 15 g。

表 6-2-4　蔬菜水果类食物交换代量表

食　　物	质　量（g）
大白菜、油菜、圆白菜、韭菜、菠菜	500 ～ 750
芹菜、莴笋、雪里蕻（鲜）、空心菜等	500 ～ 750
西葫芦、西红柿、茄子、苦瓜、冬瓜、南瓜	500 ～ 750
菜花、绿豆芽、茭白、蘑菇（鲜）等	500 ～ 750
柿子椒	350
鲜豇豆	250
倭瓜	350
萝卜	350
蒜苗	200
水浸海带	350
李子、葡萄、香蕉、苹果、桃、橙子、橘子等	200 ～ 250

⑤纯能量食物：每份食物大约可提供能量 188 kJ(45 kcal)、脂肪 5 g。

表 6-2-5　纯能量食物交换代量表

食　　物	质　量（g）
菜籽油	5
豆油、花生油、棉籽油、芝麻油	5
牛油、羊油、猪油（未炼）	5

（四）儿童的膳食指南

1. 婴儿的喂养指南

（1）选择最佳的喂养方式

婴儿最好的营养食品是母乳，母乳喂养是最科学、最经济、最有效的喂养婴儿的方式。因为①母乳的营养成分齐全、比例恰当、最能满足婴儿所需的营养需求，也最适宜婴儿的消化与吸收。②母乳（尤其是初乳）中含有各种免疫活性物质，如嗜中性粒细胞、巨噬细胞、抗体、补体、溶菌酶、干扰素等，具有抗感染，增强婴儿机体免疫力的作用。也有研究报道，母乳喂养有利于预防一些非感染性疾病，如Ⅱ型糖尿病、溃疡性结肠炎、儿童肿瘤、儿童肥胖、儿童自闭症、儿童过敏症等的发生。③母乳温度适宜、来源经济方便、还能及时供给和避免浪费。④母乳喂养还可增进母子之间的情感交流，有助于婴儿的身心全面健康的发育。所以，母乳喂养是婴儿最好的喂养方式。一般母亲产后 30 分钟就可喂奶，0 ～ 6 个月的婴儿，母乳喂养尤为重要，母乳喂养最好应持续到婴儿 1 ～ 2 岁。

对由于各种原因不能母乳喂养的婴儿，可采用牛乳、羊乳等动物乳或其他代乳品（最好是婴儿配方奶粉）来喂养婴儿，这种非母乳喂养的方式称为人工喂养。此方式只有在确实无法母乳喂养时才选用。因为不同种动物的乳汁只适合相应种类的动物幼子，并不适宜直接喂养人类的婴儿。人工喂养的乳品必须经过杀菌消毒处理，并且所用乳量要根据婴儿的需要量进行调配与计算。配好后的乳品在30 ℃以上室温放置超过 2 小时以上就不应喂给婴儿，最好废弃。奶瓶、奶头及其他调配食具每次使用后都要严格清洗消毒。

如果母乳不足或不能按时喂养，应当在坚持母乳喂养的同时，用牛乳、羊乳等动物乳或其他代乳品来补充母乳的不足，此种喂养方式称为混合喂养。此喂养方式要比完全人工喂养好。注意：即使母乳不足，也应坚持给婴儿喂奶，因为婴儿的吸吮可刺激乳汁的分泌，促进排乳量增加。乳母应将多余的乳汁及时挤出或吸空（可将乳汁低温储存，下次喂奶时煮沸后喂给婴儿），既可维持乳汁的分泌，也可保证乳汁的质量及母亲乳腺的健康。

（2）按时按需合理添加辅助食品

一般在婴儿 4 ~ 6 个月时应逐步添加辅助食品。或者婴儿在吃完约 250 mL 奶后不到 4 小时就饿了，说明可以开始添加辅助食品了。添加辅助食品要遵循"由少到多、由稀到稠、由细到粗、逐渐增加"的基本原则。

表 6-2-6　婴儿辅助食品添加顺序

月　龄	添加的辅助食品品种	供给的主要营养素
2 ~ 3	鱼肝油（户外活动）	维生素 A、维生素 D
4 ~ 6	米粉糊、麦粉糊、粥等淀粉类	碳水化合物（供能量、锻炼吞咽功能）
	蛋黄、无刺鱼泥、动物血、肝泥、奶类、大豆蛋白粉或豆腐花或嫩豆腐	蛋白质、铁、锌、钙等矿物质、B 族维生素
	叶菜汁（先）、果汁（后）、叶菜泥、水果泥	维生素 C、矿物质、纤维素
	鱼肝油（户外活动）	维生素 A、维生素 D
7 ~ 9	稀粥、烂饭、饼干、面包、馒头等	碳水化合物（供能量、锻炼咀嚼功能）
	无刺鱼、全蛋、肝泥、动物血、碎肉末、较大婴儿奶粉或全脂牛奶、豆腐等大豆制品	蛋白质、铁、锌、钙等矿物质、B 族维生素
	蔬菜泥、水果泥	维生素 C、矿物质、纤维素
	鱼肝油（户外活动）	维生素 A、维生素 D
10 ~ 12	稠粥、烂饭、饼干、面条、面包、馒头等	碳水化合物（供能量、锻炼咀嚼功能）
	鱼肝油（户外活动）	维生素 A、维生素 D

（3）其他

给新生儿和 1~6 月龄婴儿及时补充适量维生素 K；尽早抱婴儿到户外活动或适当补充维生素 D；定期监测生长发育状况等。

2.幼儿的膳食指南

（1）食物选取要多样，搭配要合理，保证全面营养

幼儿的食物品种选取应该丰富多样：粮谷类（100～200 g/天；）应逐渐成为幼儿的主食，以米、面为主，但同时应加入适量的杂粮和薯类（尤其接近学龄期的幼儿，可逐渐加入此类食品）。1～3岁幼儿每天饮奶或相应奶制品应不少于350 mL，或全脂奶粉40～50 g；3～6岁幼儿每天饮奶200～300 mL，不超过600 mL。注意吃鱼、禽畜肉、蛋类或豆制品100～125 g/天，每周最好吃一次富含碘、锌的海产品（如牡蛎、海参、紫菜、海带等），最好吃一次富含铁和维生素A的动物肝脏；新鲜的蔬菜、水果类150～250 g/天；植物油20 g，糖0～20 g。各类食物的选用也要品种多样，轮流食用，尽量使膳食多样化，达到食物营养素互补，总体营养均衡的目的。膳食蛋白质、脂类、碳水化合物的重量比应接近1：1：4～1：1：5，占总能量比应为12%～15%、25%～35%、50%～60%，动物蛋白应占总蛋白的1/2。

（2）食物的加工与烹调要适宜幼儿食用

食物的加工烹调除了要尽量减少营养素的损失之外，还要注意经常更换烹调方式，多采用蒸、煮、炖等，保证食物质地要细、软、碎、烂，具备较好的色、香、味、形，既要增加幼儿的进食兴趣，又要保证食物适宜于幼儿的消化与吸收。

（3）合理安排幼儿的膳食制度

幼儿因其胃容量相对较小，故每天的进餐次数应相应增加，1～3岁每天可进餐5～6次，3～6岁时可进餐4～5次，每餐间相隔3～3.5小时。一般可安排早、中、晚三餐，两餐之间加点心，如果晚饭距离睡觉时间较长，也可再增加一次点心，点心量的多少要根据主餐进食量及每天的总体营养需求来做调整，一般食物能量分配为：早餐加早点占30%；午餐加午点占40%；晚餐加晚点占30%。这样既能保证幼儿每天的营养需求，也不会增加幼儿消化系统的负担。

（4）营造安静、舒适的进餐环境

安静、舒适的进餐环境有利于幼儿身心放松、专心进食，促进幼儿的食欲及消化功能。相反，嘈杂、不良的环境易使幼儿情绪兴奋或紧张，注意力不集中，影响食欲与消化。另外，吃饭时看电视、就餐时玩耍，或者吃饭时不良情绪等都不利于幼儿专心吃饭和食物的消化吸收。

（5）培养良好的饮食习惯

幼儿期是习惯形成的重要时期，家长或老师应当引导和培养幼儿平时养成良好、健康的饮食习惯，如不挑食、不偏食、餐前洗手、洁净进食、少零食、少甜食、吃饭细嚼慢咽等，以促进幼儿的合理营养，预防由饮食引起的各种疾病，保证幼儿的正常生长发育。

表 6-2-7　某 3 岁幼儿 3 天食谱举例

餐次	星期一		星期二		星期三	
	食物名称	原料及质量	食物名称	原料及质量	食物名称	原料及质量
早餐（7：00）	白粥	大米 15 g	肉末粥	大米 15 g 碎瘦肉 10 g	肉包	面粉 30 g 碎肥瘦肉 15 g
	牛奶	鲜牛奶 200 mL 或全脂牛奶 50 g	牛奶	鲜牛奶 200 ml 或全脂牛奶 50 g	牛奶	鲜牛奶 200 ml 或全脂牛奶 50 g
	蛋黄	1 个蛋黄 17 g				
午餐（11：00）	软米饭	大米 25 g	软米饭	大米 25 g	软米饭	大米 25 g
	西红柿猪肝泥汤	西红柿 50 g 猪肝 20 g	冬菇炖鸡	鸡肉 30 g 香菇（干）5 g	花生炖排骨	花生 20 g 排骨 40 g
	蒸鱼	去刺鱼肉 30 g	蒸鸡蛋	鸡蛋 50 g	红烧鱼片	去刺鱼片 20 g 植物油 10 g
	清炒油菜	碎油菜叶 30 g 植物油 10 g	炒白菜	碎白菜 50 g 植物油 10 g	炒芥菜	碎芥菜 40 g 植物油 5 g
午点（14：30）	蛋糕	鸡蛋 15 g 面粉 25 g	肉包子	面粉 25 g 碎肥瘦肉 10 g	红豆糖水	红豆 10 g 白糖 10 g
	水果	橘子 50 g	水果	香蕉 80 g	水果	苹果 60 g
晚餐（18：30）	软米饭	大米 30 g	软米饭	大米 30 g	软米饭	大米 30 g
	鸡蛋瘦肉汤	鸡蛋 15 g 碎瘦肉 20 g	黄瓜炒肉	黄瓜 40 g 碎瘦肉 20 g 植物油 10 g	苦瓜炒肉	苦瓜 40 g 碎瘦肉 20 g 植物油 5 g
	豆腐	嫩豆腐 50 g	鱼肉丸汤	鲢鱼肉 30 g	蒸鸡蛋	鸡蛋 30 g
	炒白菜	小白菜 50 g 植物油 10 g			菠菜汤	菠菜 30 g
晚点	牛奶	鲜牛奶 150 mL 白糖 10 g	豆浆	大豆 10 g 白糖 15 g	牛奶	鲜牛奶 150 mL 或奶粉 30 g

﹡一周内其余四天的食谱可根据"食物交换份法"调换相应类别的食物来设计完成。

3. 儿童少年的膳食指南

《中国居民膳食指南》（2011 年）中的中国儿童青少年膳食指南提出了总要求：三餐定时定量，保证吃好早餐，避免盲目节食；吃富含铁和维生素 C 的食物；每天进行充足的户外运动；不抽烟、不饮酒。

需要强调的是：学龄儿童要保证吃好早餐，食量相当于全天量的 1/3；食物要粗细搭配，多吃富含蛋白质的鱼、禽、蛋、肉、奶类及豆类；不要挑食、偏食，少吃零食，饮用清淡饮料，控制食糖及煎、炸等高热量食物。少年儿童要多吃粮谷类（每天应达到 400 ~ 500 g），供给充足的能量需求；保证每日鱼、肉、蛋、奶、豆类和蔬菜的摄入，避免盲目节食（青少年尤其是女孩容易出现为了减肥而盲目节食，影响正常的生长发育）；每天摄入的蛋白质应有一半以上为优质蛋白，如动物性蛋白及大豆蛋白（蛋白质摄入不足会影响青少年的生长发育，因蛋白质既是组织器官增长的结构物质，又是调节生长发育和性成熟的多种激素的原料）等；青春发育期要注意多吃海产品，增加碘的摄入。

三、食物的合理烹调

（一）主食

1. 清洗

尽量减少米的浸泡时间、搓洗次数，一般不超过三次。淘米时不要用流水冲或开水烫洗，更不宜用力搓洗，以减少维生素（尤其是 B 族维生素）和无机盐的流失。但是，当发现米有可疑霉变或农药残留时，应用温水多次搓洗至可以食用，保证饮食安全。

2. 制作方法

①米饭制作方法不同，营养素的损失相差很大。煮饭时大量维生素、无机盐、碳水化合物以及蛋白质溶于米汤中，做捞饭若将米汤废弃，就会损失大量营养素，因此，做米饭宜做原汤蒸饭或焖饭为好。

②煮粥不宜加碱，以免破坏维生素 B 和维生素 C 等营养素，但玉米面加碱保护维生素 PP。

③做面食应尽量用蒸、烙的方法，水煮面条、水饺的汤应食用。

④少吃油炸食品，最好用酵母发面，不加或少加小苏打。

（二）副食

①蔬菜最好新鲜。蔬菜受空气、温度、光照的影响，其中所含无机盐、维生素易被氧化变质。有些绿叶菜贮存过久甚至变黄产生亚硝胺等致癌物质，因此蔬菜不宜多买久存，以现买现炒现吃为好。

②提倡洁净生食。生拌蔬菜要比经过加热后的菜品能保留更多的营养素。如黄瓜、西红柿、萝卜等，能生吃尽量生吃，或做凉拌菜；有些根茎类蔬菜在表皮无污染的情况下，尽量不要弃皮。无论生吃还是凉拌一定要保证洁净进食。

③最好先洗后切。切后应立即烹制，不应放置时间过久。有人做过试验，把嫩黄瓜切成薄片凉拌，放置 2 小时，维生素损失 33% ~ 35%；放置 3 小时，维生素损失 41% ~ 49%。焯水时要旺火短煮（煮的时间要尽量短些），注意先焯后切。

④最好快速烹调。烹调肉类食品，常用快炒的方法，炒锅加盖，防止维生素溶于水随蒸汽散失；蔬菜中各种营养素尤其是无机盐和维生素在烹调中的损失与时间成正比，因此必须尽量减少菜品烹调时间。烹调时可采用旺火快炒、提前兑汁方法，以减少维生素的过多流失。

⑤烹制菜品可放醋或勾芡。在菜品烹调出锅前适量放醋，可使菜品汁呈酸性，

而大部分无机盐、维生素在酸性环境下保持稳定状态，不易被氧化、破坏；挂糊勾芡也是保护维生素的好办法。

⑥不要明火直接熏烤肉、肠。食物脂肪的不完全燃烧，淀粉受热不完全分解，都会产生 3，4- 苯并芘致癌物，可用管道干热蒸汽或电烤箱烤。

四、预防食品污染和食物中毒

（一）食品污染

食品在生产、加工、储存、运输和销售的过程中会有很多被污染的机会，会受到多方面的污染。污染后可能引起具有急性短期效应的食源性疾病或具有慢性长期效应的长期性危害。一般情况下，常见的主要食品卫生问题均由这些污染物所引起。食品污染按污染物的性质可分为以下几类：

①生物性污染。食品的生物性污染包括微生物（如致病性大肠杆菌、痢疾杆菌、伤寒杆菌等细菌；甲型肝炎病毒、脊髓灰质炎病毒等病毒；黄曲霉素等霉菌毒素等）、寄生虫（蛔虫、绦虫、囊虫等）和昆虫（螨虫、谷蛾、蝇、蛆等）等的污染。其中以微生物的污染为主，危害较大，常是造成食品腐败变质的主要原因。

②化学性污染。食品的化学性污染主要有：a. 来自生产、生活和环境中的污染物，如有机磷农药、有害金属（铅、汞、镉、砷等）、工业三废（废水、废气、废渣）等；b. 从储存和销售工具、容器、包装材料等溶入食品的污染物，如铅、橡胶、塑料制品中的增塑剂、色素等；c. 滥用食品添加剂等，如人工合成色素、化学防腐剂等；d. 残留动物食品中的生前用药，如催长剂、抗生素及瘦肉精等。

③物理性污染。食品的物理性污染包括食品在生产、贮存、运输、销售过程中发生的杂物污染，以及放射性污染，如来自放射性物质（会放射 β 、γ 射线的铀、镭、氡、P_{30} 等）的开采、冶炼、生产以及在生活中的应用与排放，核爆炸、核废物的污染等。

（二）食物中毒

1. 食物中毒的概念

1994 年卫生部颁发的《食物中毒诊断标准及技术处理总则》明确了食物中毒的定义：食物中毒是指摄入了含有生物性、化学性有毒有害物质的食品，或者把有毒有害物质当食品摄入后出现的非传染性的急性、亚急性疾病。专家提醒：秋季是食物中毒的高发期，细菌性污染是食物中毒的主要原因。

2. 有毒食物

有毒的食物主要有以下类型。

①被细菌、真菌等微生物污染的食物。

②被致病微生物污染，并在繁殖过程中产生大量毒素的食物。

③被有毒化学物质污染，并达到了中毒剂量的食物。

④本身就含有毒性物质，在加工过程中毒性又未被去除的食物，如木薯（含氰苷，进入人体会产生氢氰酸，损害呼吸及运动中枢）、苦杏仁（生的含有苦杏仁甙，其代谢产物可使组织细胞缺氧，严重抑制呼吸中枢）等。

⑤在贮藏过程中，产生或增加了有毒成分的一类食物，如发芽土豆（含会使人中毒的龙葵碱）、高温熬炼的食用油、霉变的甘蔗（可产生神经毒素：3-硝基丙酸）等。

⑥某些食品由于加工处理不当，没有除去不可食的有毒部分或产生了对人体有毒有害的物质，从而引起中毒。如未煮熟的四季豆、黄花菜等；经常食用熏鱼、腌肉、腌菜、油煎食品（含有可能致癌的N-亚硝基化合物）等。

⑦外形与无毒食物难以区别而实际有毒的食物，如毒蘑菇等。

3. 食物中毒的一般特征

食物中毒常呈集体性暴发，其种类很多，病因也很复杂，一般具有下列共同特点：

①突然发生、来势急骤，发病曲线呈现突然上升又迅速下降的趋势。

②潜伏期短而集中，一般在24或48小时内。短期内大量病人同时发病，有类似的临床表现并有急性胃肠炎的症状。

③患者相近的时间内都食用过同样食物，发病与食物有明显关系。

④发病率高，人与人之间不直接传染。

有毒动植物中毒一般发病快、无发热等感染症状，按中毒食品的性质有较明显的特征性症状，通过进食史的调查和食物形态学的鉴定较易查明中毒原因。

4. 污染食品的危害

①污染食品如带大量病菌（或细菌毒素）和有毒化学物质，可引起急性食物中毒。

②污染食品含有少量有害物质时，若长期反复摄入可造成慢性中毒，有的具有致癌、致畸、致突变等作用。

③污染食品如带有某些致病菌（如伤寒杆菌、痢疾杆菌等）或寄生虫卵时，可引起食源性疾病的传播流行。

5. 学校食品污染的预防措施

①学校开展卫生宣传教育。尤其要加强识别食品污染、防止食品污染、预防食物中毒等的宣传教育，做到防患于未然。

②加强食堂卫生管理。一方面要确保在食品加工、储存、烹调等各个环节保持食品的清洁卫生，防止微生物、食品添加剂、不合理烹调等各种因素对食品的污染；另一方面要经常做好食品卫生监测工作，如定期做好食品的卫生检查、食

品取样观察、检测食物样品致病菌落数、致病毒素、放射性物质等，使食品的安全性符合我国《食品卫生标准》（GB 15201—2004）的规定。

③培养学生良好的卫生饮食习惯。如饭前洗手；不吃不洁净的食物；不吃霉变或腐败的食物；不尝试不确定是否有毒的食物；尽量少吃对人体有毒或有害的油煎、熏、烤、腌制食品；防止误食、误用人为污染的食品等。

五、提高营养水平的途径

（一）加强学校营养知识和健康的教育

学校要加强对学校师生的营养知识和健康的教育，可通过课堂教学、讲座、板报、广播等多种形式对师生进行营养知识、常见营养疾病防止知识的宣传教育，来普及营养科学知识，培养师生科学的营养观念及良好的饮食卫生习惯。

（二）进行学生营养健康的干预

学校在进行营养健康教育的同时，还应结合本地实际，与相关政府部门一起开展一些有利于改善师生营养健康方面的实际干预工作，如实施"学生营养餐计划""学生饮用奶计划"等，呼吁社会各界都来关注我国儿童的营养与健康成长问题。

（三）食品营养的强化

食品营养的强化，即在食品原料中添加身体所必需的某种营养素物质。如在面粉中添加了赖氨酸的赖氨酸饼干；牛奶中增加钙的钙奶；糖果中添加了维生素C的维生素C糖果等。某些强化食品对儿童的生长发育确有一定的好处，但必须注意的是：强化食品不是滋补品，不是吃得越多越好；强化食品也不是药品，没有治疗作用。如果生活中，我们注意合理搭配儿童饮食，教育孩子不偏食，一般食物的营养也能满足儿童发育的需求。

如果为儿童选购强化食品，应注意以下几点：

①目标要有针对性。即儿童缺什么，选含什么成分的强化食品，如某儿童缺钙，就可选择钙奶、钙强化的饼干等。

②选好的强化食品。所选择的强化食品要是正规厂家生产的食品，不含对儿童身体有毒有害的化学成分，如有的强化食品存在食品添加剂的超量，就不能选用；另外，所选择的强化食品各种营养素的搭配要合理，否则不但起不到营养强化的作用，反而会产生相反效果，如强化赖氨酸奶粉就不好，因为奶粉本身就是一种氨基酸平衡的食品，再加入赖氨酸，就会使赖氨酸过量，反而破坏了奶粉原来的营养成分。

③用量要科学合理。要了解该儿童每天的饮食安排，强化食品中营养素的含量，

最好还应有医院科学的身体营养素缺乏检测依据。根据需要量的多少，科学合理进食每天强化食品的数量。

（四）加强学校的膳食管理

学校由总务校长领导，下应有总务处，学校的膳食管理委员，还应有校医或保健教师参与，共同加强对学校食堂的管理，特别是卫生、安全方面，对食品来源、工作人员健康证、上岗证，食品、餐具卫生等进行监督，来共同管理学校的膳食工作，保证学生的平衡膳食营养。

（五）随时进行膳食调查

膳食调查是营养调查的基础，通过了解学生的膳食情况和问题，及时进行评价和调整。膳食调查的主要内容如下所述：

①编制的食谱是否合理，能否满足学生需要：

②每人每天所吃食物品种、数量是否调配合适；

③饮食制度、卫生制度是否合理，是否严格执行：

④了解烹调加工方法对维生素保存的影响程度；

⑤观察食品情况、学生饮食习惯，以及调查学生生理状况等；

⑥其他未加工食品的采购情况，膳食的管理情况等。

进行膳食调查的方法有询问法、查账法、称量法、膳食史法及熟食采样分析法等方法。

1.询问法

对个体的食物消耗量得到初步的了解。如通过询问最近三日或一周内每天所吃食物的种类及重量来加以初步估计。同时了解学生的膳食史、饮食习惯等。

2.查账法

适用于有详细账目的膳食调查。根据学校每日购买食物的发票和账目，每日用膳次数和人数，计算出平均每人每日的食物消耗量。此方法在账目精确和每餐用膳人数统计确实的情况下相当准确，并可调查较长时期的膳食状况，调查的手续较简便，所费的人力少，易于为膳食管理人员掌握，能定期的自行调查计算，作为改进膳食质量的参考。

3.称量法

该方法较为精确，可调查出每日膳食的变动情况和三餐食物的分配情况。虽然结果准确，但所费人力大，不适合于大规模的个体调查工作。称量法计算步骤如下所述：

（1）计算前的统计和核对

统计学生的年龄、人数、餐次；每餐供应食物名称、数量及烹调前的生重、烹调后的熟重、吃剩后的质量等，得到食物登记表。

（2）计算

①从食物登记表中求出实际食用量。

实际食用量 = 食用量（净食量）× 可食量／熟后量

例如：用米 9 kg（可食量），煮成稀饭后 49.5 kg(熟后量)，食剩 7.5 kg，净食量可算出是 42 kg。

实际食用量 =42×9 ／ 49.5=7.6 kg

②求得每人每日各种食物消耗量。

每日各种食物消耗量 =（总消耗量／人数）／总天数

③求得每人每日从膳食中所得到的营养素和热量。

④求得蛋白质、糖和脂肪所占热量的百分比。

（3）比较和评价，提出调整意见

膳食调查的结果可以与我国的营养素供给量标准进行比较。如果某种营养素的供给量长期低于标准的 90%，则往往可能有营养不足症发生；如长期低于标准的 70% 则有发生营养缺乏病的可能。

第三节　特殊儿童的膳食需求

由于特殊儿童具有的特殊生理特点，决定了应有不同于正常儿童的膳食需求。

一、视力障碍儿童

视力障碍儿童最明显的特殊生理特点是视觉功能的丧失或减弱，它可能由先天或后天原因造成，也可能直接就是由营养不良引起，对于这类特殊儿童的膳食要求需要注意的是：供给与普通儿童一样的平衡膳食，以保证其生长发育及活动所需。不缺少或适当多供给富含有益于眼睛的营养素膳食。

有益于眼睛的营养素包括优质蛋白、各种维生素（如维生素 A、D、C、E、B_1、B_2、PP 等）和矿物质（如钙、铁、锌、铬、铜、硒等）等。这些营养素有助于促进视力的康复和避免营养缺乏影响眼睛健康，造成视力进一步下降，达到养目的目的。

①蛋白质是组成细胞的主要成分，组织的修补更新需要不断地补充蛋白质。丰富的优质蛋白质食物：如瘦肉、禽肉动物的内脏、鱼虾、奶类、蛋类、豆类等。

②维生素 A 缺乏，可引起夜盲、干眼病及角膜软化症。富含维生素 A 的食物：各种动物的肝脏、鱼肝油、奶类和蛋类; 富含 β - 胡萝卜素的植物性食物，如胡萝卜、

苋菜、菠菜、韭菜、青椒、红心白薯以及水果中的橘子、杏子、柿子等。

③预防眼睛的近视需要健康的血管，维生素 C 和维生素 E 对此很有帮助。维生素 C 还是组成眼球晶状体的成分之一。如严重缺乏维生素 C，眼睛各组织（包括眼睑、前房、玻璃体、视网膜等部位）容易出血，易患晶状体浑浊的白内障疾病。新鲜蔬菜和水果是维生素 C 的主要食物来源，带酸味的水果如橘子、酸枣、山楂中含量较多。而维生素 E 含量较高的是各种植物油，特别是麦胚油、豆油、玉米油含量更多。

④维生素 D 与眼睛健康也有密切关系，严重缺乏时可引起先天性带状白内障、儿童高度近视、搐搦性白内障、顽固性睑缘炎、角膜实质炎、角膜溃疡、水泡性角膜炎或眼睑痉挛。每天到户外接触适量的阳光有利于使身体合成维生素 D。补充维生素 D 应适量，否则会造成高血钙，引发角膜钙沉着、视神经炎、视神经萎缩等眼部疾病。

⑤B 族维生素促进细胞的新陈代谢过程，又与视神经的传导有关，维生素 B_1 缺乏，易发生干眼症、视神经炎或球后视神经炎等，表现出眼睛干燥、视力下降、瞳孔散大、对光反应迟钝、眼动时有牵拉痛、眼眶深部有压迫和痛感等。富含维生素 B_1 的食物，如糙米、面粉、豆制品、动物肝脏、花生、南瓜子、豆芽、土豆、杏仁、核桃仁等。维生素 B_2 缺乏，常会导致视神经炎、睑缘炎、结膜炎等，表现为视力下降、眼睛怕光、流泪、结膜充血等。含维生素 B_2 丰富的食物，如酵母、奶品、牛肉，动物肝脏、黄豆、菠菜、苋菜、木耳、葵花籽及水果等。

⑥钙具有消除眼睛紧张的作用。如豆类、绿叶蔬菜、虾皮含钙量都比较丰富。

⑦有研究证实，锌、铬、铜、硒的缺乏与近视眼和一些眼疾的形成有关。所以应注意供给儿童富含这些矿物质的食物。

二、智能障碍儿童

智能障碍儿童是指智力发育障碍，明显落后于同龄平均水平，除智能低下外，还有运动、生活能力、学习劳动能力等都低于正常水平，甚至有畸形。智能障碍儿童是由于多种原因造成的综合症状。与正常儿童主要的生理区别在于大脑中枢神经系统的异常，表现在大脑皮层神经联系减弱，特别是复杂的条件联系；保护性抑制占优势，神经过程呈惰性表现：第一信号系统和第二信号系统相互作用障碍等。智能障碍儿童的膳食需求要注意以下方面：尽量供给与普通儿童一样的平衡膳食，以保证其生长发育及活动所需。不缺少脑组织所需的营养素膳食，利于大脑功能的康复，避免营养缺乏加重功能障碍。

（一）有利于儿童智力发育的食品

人脑就像计算机一样，机器灵敏与否，取决于结构装备是否严密与精巧。人的智力结构基础是脑细胞，而装配脑细胞的材料，需要高级蛋白质和众多的磷脂等脂质，还不能缺少能量物质葡萄糖，以及调节物质部分维生素与矿物质等。

1. 蛋白质

蛋白质可以说是智力活动的物质基础。蛋白质不仅是脑细胞的主要成分之一，也是脑细胞兴奋和抑制过程的主要物质基础，脑中起传递信息作用的神经递质有氨基酸类如谷氨酸、门冬氨酸、甘氨酸、γ-氨基丁酸，胺类如多巴胺、去甲肾上腺素、肾上腺素、5-羟色胺和组胺等。而多巴胺、去甲肾上腺素、肾上腺素、5-羟色胺等都是由必需氨基酸合成的，必须从食物蛋白质中摄取。因此，随着进食的食物质量不同，脑中氨基酸的含量及其浓度也不同，脑的机能状态也不同。如去甲肾上腺素与人的学习、记忆能力关系十分密切，这种脑物质分泌、传递越活跃，学习和记忆能力就越强；与健脑关系最大的是谷氨酸，富含谷氨酸的食物依次有豆腐衣、腐竹、黄豆、黑豆、西瓜子、葵花子、花生、杏仁、鱼片、肉松等。

2. 脂类

除脂肪组织外，脑是全身含脂类最多的组织，但脂肪组织主要含甘油三酯（贮存脂），而脑组织的脂类几乎全是类脂。脑干重的 1/2 是脂类，脑白质中脂类含量约 3 倍于灰质。脑中的类脂主要包括磷脂、胆固醇和脑苷脂，主要用以构成神经细胞的质膜和髓鞘。髓鞘的形成与神经系统的发育和功能密切相关。脑中的脂肪酸和胆固醇除来源于食物外，还可由体内乙酰 CoA 合成，而乙酰 CoA 的主要来源还是葡萄糖；亚油酸是合成磷脂质的必要物质；卵磷脂在体内能释放乙酰胆碱，而乙酰胆碱是脑神经细胞之间传递信息的桥梁物质，对增强记忆力至关重要。磷脂主要存在于动物性食品中，如奶类、蛋类、动物肝脏、瘦肉和豆制品中。

3. 碳水化合物

虽然脑质量只是全身质量的 2%，但所消耗的能量却是全身能量的 20%。脑组织主要依赖糖的有氧氧化供给能量，甚至可以说，在正常条件下，脑组织唯一利用糖作为能源。所以它对缺糖极为敏感，正常人血糖下降50%就可能会导致昏迷。

4. 维生素

维生素与脑、智力之间的密切关系也不可忽视。B 族维生素在脑内的共同作用是帮助蛋白质的代谢，维持脑细胞的正常生理功能。如缺乏维生素 B_1，会对中枢神经产生不良影响，严重缺乏者会引起"脚气病"，并会产生严重的精神病变；人机体长期缺乏维生素 B_5，会影响智力发育，表现为反应迟钝、恐惧、言语行动异常，严重会出现"进行性痴呆症"；当孕妇体内维生素 B_6 缺乏时，制造脑物质 γ-酪氨酸的酶活性会下降，因而容易生出癫痫患儿；婴儿膳食中缺乏维生素 B_6，容易引起惊厥、神经炎；膳食中维生素 B_{12} 供给不足，易患"智力衰退性精神病"，表现出判断能力、记忆能力、自制能力下降，语无伦次，性格异常等症状。膳食中缺乏维生素 C，可阻碍神经血管向大脑输送营养成分的功能，从而使大脑不能及时得到营养成分。维生素E可保持脑细胞的活力，防止不饱和脂肪酸的过氧化，防止脑细胞和细胞膜受损、衰老，从而稳定它的活力。

5.矿物质

与脑的发育与正常功能维持有关的主要矿物质有以下几种。

锌是多种酶的组成成分或酶的激活剂，如碳酸酐酶、碱性磷酸酶、乳酸脱氢酶、羧肽酶、RNA聚合酶、DNA聚合酶等，与蛋白质和核酸的合成，细胞生长、分裂和分化等过程都有关。所以它对脑的发育和功能发挥很重要。严重不足会造成大脑发育不良和智力低下。富含锌的食品有海产品、畜禽肉和内脏（肝、肾等），植物性食物较低，以豆类和坚果类含量为多。

钙是维持神经、肌肉正常兴奋性（神经传导和肌肉收缩）的物质，在神经元间的功能联系即神经冲动的传导中也发挥重要作用（突触间钙的浓度直接影响突触前膜神经递质的释放）。缺乏时，神经兴奋或抑制功能（抑制异常兴奋）低下，会表现烦躁不安、注意力不集中、神经衰弱、反应迟钝、智力下降等。含钙较高的食物如奶与奶制品、畜禽的骨、小虾皮、海带、木耳、银耳、紫菜、豆与豆制品等。

铁参与体内氧与二氧化碳的转运、交换和组织呼吸过程。缺乏会导致缺铁性贫血，直接影响脑细胞氧的供给。脑细胞对氧的缺乏很敏感，会精神萎靡不振、易激怒、成绩下降等，长期缺氧状态会导致智力低下。铁的良好来源为动物肝脏、动物全血、畜禽肉类、鱼类，其次是绿色蔬菜和豆类。少数食物如黑木耳、海带、芝麻酱等含铁较丰富。

铜维护中枢神经系统的健康。它与多巴胺、B羟化酶、酪氨酸酶等含铜酶及儿茶酚胺的生物合成、维持中枢神经系统正常功能、酪氨酸转化为多巴以及黑色素都有关。缺铜可导致脑组织萎缩、灰白质退变、神经元减少、运动失调、发育停滞等。含铜颇丰富的食物有人乳、肝、肾、甲壳类（牡蛎含量高）、坚果与干豆类。

另外脑的发育与功能维持还与钾、钠、碘、镁、锰、氟等有关。

（二）不利于儿童智力发育的食品

不利于智力发育的食品主要有以下几种。

1.含铅食品

铅是脑细胞的一大"杀手"，当血铅浓度达到50~150 μg/L时，就会引起儿童发育迟缓和智力减退，年龄越小神经受损越重。含铅食品主要有爆米花、皮蛋、罐装食品或饮料等。爆米花的器具，罐装瓶的罐缝大多含铅。

2.含铝食品

世界卫生组织规定每人每天摄铝量不应超过1 mg/kg体重。一般不会超过。经常食用含铝食品如油条、粉丝、凉粉、油饼（加含铝较多的添加剂）等，或常用铝锅炒菜、铝壶烧水就要注意。过多会影响脑细胞，导致记忆力下降，思维迟钝。

3. 含过氧化脂质的食品

过氧脂质在胃肠内破坏食物中的维生素，干扰人体蛋白质和氨基酸的吸收，还可使体内某些代谢酶失活，促使大脑早衰或痴呆。主要的食品有油温 200 ℃以上的煎炸熏烤类食品，如熏鱼、烤鸭、烤鸡等。

4. 糖精

糖精化学名称为邻苯甲酰磺酰亚胺，市场销售的商品糖精实际是易溶性的邻苯甲酰磺酰亚胺的钠盐，简称糖精钠。糖精钠的甜度为蔗糖的 450 ~ 550 倍，制造糖精的原料主要有甲苯、氯磺酸、邻甲苯胺等，均为石油化工产品。甲苯、氯磺酸对人体有害，大量摄入人体后会引起急性中毒，1997 年加拿大进行的一项多代大鼠喂养实验发现，摄入大量的糖精钠可以导致雄性大鼠膀胱癌。当人食用较多糖精时，会影响肠胃消化酶的正常分泌，降低食欲和小肠吸收能力。短时间内食用大量糖精，引起血小板减少而造成急性大出血、多脏器损害等，引发恶性中毒。价值不高的小食品和饮品，基本上都含有糖精，长期食用，会导致青少年营养不良，个别人产生厌食行为，干扰了青少年从正常膳食中摄取营养，对青少年的身体发育产生负面影响。

总之，我们应该注意以上有利于脑的食品的供给不要缺乏，但也不要过多供给，以防中毒。同时，尽量控制该类儿童不利于智力发育的食品摄入。

三、自闭症儿童

儿童自闭症也称儿童孤独症，是儿童的一种全面发育障碍综合征，以"交往障碍、语言障碍、刻板行为"三联征为主要表现。过去认为，此病是脑部功能障碍与后天教育方式不当引起的，近年来普遍认为，此病是先天基因与后天环境相互作用而致。国内外有研究发现，儿童自闭症与营养有关。

在儿童自闭症饮食病因机制的研究探讨中，最多的是谷蛋白和酪蛋白饮食与儿童自闭症的关系研究。1960 年到 1970 年间 Dr. FC Dohan 首次提出谷类和牛奶食品可能会加重儿童自闭症的行为障碍后，许多学者开始怀疑谷类和牛奶食品与儿童自闭症的发生发展有关，并进行了探讨研究。如 1981 年，挪威的 Dr.Karl Reichelt 研究发现自闭症患者尿中存在有类阿片活性肽段，提出引起自闭症患者尿中异常肽段的可能原因是过多摄入谷蛋白和酪蛋白饮食（主要是谷类食物和牛奶）。后来 Lucarelli（1995）、Knivsberg（2002）等学者的研究也证实了限制谷蛋白和酪蛋白的饮食对自闭症患者的行为障碍恢复确有疗效，说明了谷蛋白和酪蛋白饮食对儿童自闭症有重要影响作用。但是后来也有学者研究认为，限制谷蛋白和酪蛋白的饮食对儿童自闭症的进展影响不大，故其疗效不具可靠性。

另外也有研究认为，儿童自闭症的发生发展还可能与"异食癖"、过量食用"酸性食物"、高水平汞暴露（鱼的过量摄入）、铁的过量摄入以及维生素 C 的缺乏等有关，但还缺少进一步的科学验证，具体机制也有待于研究。

由于饮食方面的问题，自闭症儿童可能存在体内营养失衡现象。2004 年美国科学家 Shabayek 对亚历山大市的自闭症儿童进行的营养调查表明，自闭症儿童对热量、钙、维生素 A，维生素 PP 和锌的摄入量均低于正常推荐值，蛋白和维生素 C 的摄入量超过推荐的膳食供给量，而女性患儿的铁摄入量较低。进一步使用体格测量法评估自闭症儿童的营养状况发现，各年龄段的自闭症儿童身高均低于正常儿童，存在轻度贫血，血红蛋白水平低于世界卫生组织规定的最低值，女性患儿体重过轻。对自闭症儿童的血液分析表明，与正常儿童相比自闭症儿童必需氨基酸严重缺乏，同时兴奋性氨基酸谷氨酰胺与天冬酰胺水平降低；血中磷脂及多不饱和脂肪酸水平降低。这些研究表明，自闭症儿童在诸多营养指标上存在不良状况，这必然会对机体的免疫调节、神经传导、代谢反应等生理过程产生影响。

自从美国精神科医师和脑神经医师 Jaquelyn McCandless 首先提出"饮食疗法"后，国外经过许多研究和经验得出，自闭症儿童进行饮食限制后有改善障碍、促进康复的疗效，应限制的食物有：含谷蛋白的谷类食物（小麦、大麦、燕麦等）、含酪蛋白的奶和奶制品（牛奶、冰淇淋、奶酪等）、会对肠道产生不良作用的色素食品（天然或人工色素）和含水杨酸成分高的食品（橘子、橙、胡柚等）；同时应增加有利食物的摄入，如初乳、含维生素 B_6 的食物（国外研究表明维生素 B_6 可有效、安全治疗儿童自闭症）、含维生素 C 和维生素 A 的食物、碱性的绿叶蔬菜、含钙食品及生酮食品等。另外，国内也有一些报道认为，多吃粗粮（如红薯、土豆、玉米、荞麦等）和水果对自闭症儿有好处。但这些食疗建议更多的是经验总结，许多还需要提供科学依据。

儿童自闭症的饮食建议如下所述：

①减少过多"酸性食物"的摄入。"酸性食物"是指富含磷、硫、氯等成分的食物，如高脂肪、高糖分和动物性食物。过量食用此类食物，会使其中的磷、硫、氯等在人体内形成过多的酸性物质，易使血液等体液酸性化，呈现"酸性体质"，破坏正常血液弱碱性（pH 值为 7.35 左右）的"酸碱平衡"，导致体内的各种代谢功能失调，影响重要器官的正常发育或功能发挥，包括影响脑的正常功能。

②适当增加"碱性食物"的供给。"碱性食物"如新鲜的蔬菜、水果、牛奶、海带等，让丰富的碱性成分及时中和掉过多的酸性成分，维持血液的正常酸碱度，保证或促进儿童脑功能的有效恢复。

③及时纠正体内缺少或过量的营养素，保证平衡膳食。为了避免自闭症儿童体内某种营养素的缺乏或过量对其疾病的影响作用，所以应该对自闭症儿童定期（如一年做一次血液生化检测）进行体内营养素的检测，及时补充体内缺少的营

养素，或纠正过量的对人体不利的营养素，有针对性地进行营养食疗，保证营养的均衡，尽量达到平衡膳食。

四、几种脑功能不全症儿童

（一）苯丙酮尿症

苯丙酮尿症（Phenylketonuria，PKU）是一种常染色体隐性遗传病，同时又是先天性氨基酸代谢障碍病，在我国发病率为万分之一，近亲婚配中发病率明显增高。患儿体内苯丙氨酸羟化酶（PAH）缺乏或活性降低，或者其辅酶成分四氢生物蝶呤（BH4）缺乏（苯丙氨酸羟化酶和四氢生物蝶呤的产生是由遗传基因决定的，如苯丙氨酸羟化酶相关基因位于第 12 号染色体，如果父母同时将相关的异常基因传了胎儿，胎儿带有 2 个异常基因，即纯合子，就可导致发病，所以此病是一种隐性遗传代谢病），使吃进去的苯丙氨酸（PA）不能正常转化为酪氨酸，而是经旁路代谢生成苯丙酮酸、苯乙酸、苯乳酸，从尿和汗中排出苯丙酮酸，有异常的鼠尿味，所以被称为苯丙酮尿症。

苯丙氨酸是人体必需的氨基酸之一，经食物摄取后，部分被机体蛋白质合成所利用，其余部分经肝脏苯丙氨酸羟化酶的作用转变为酪氨酸，进一步转化为多巴、肾上腺素、黑色素等重要的生理活性物质。如果苯丙氨酸经旁路代谢生成苯丙酮酸，在体内累积过多，可损害皮肤、神经等多个系统。主要表现为皮肤、毛发变白，头发黄、皮肤和虹膜色浅；绝大多数患儿有抑郁、多动、孤独症倾向等精神行为异常，如不进行及时合理的治疗最终将造成中度至极重度的智力低下。所以 PKU 最主要的危害是神经系统损害。

苯丙酮尿症如果早期诊断，及早治疗，可以使患儿免遭智力损伤，能像正常人一样的生活。患儿的确诊主要依据是血苯丙氨酸的测定，患儿血苯丙氨酸在 20 mg/dl 以上就可确诊。

苯丙酮尿症（PKU）的主要治疗方法是饮食治疗，即低苯丙氨酸饮食疗法。饮食疗法的原则是苯丙氨酸的摄入量能保证生长和代谢的最低需要，又不会使血中含量增高。苯丙氨酸是必需氨基酸，供应不足也会导致生长发育迟缓，严重会导致死亡。所以，苯丙氨酸既不能摄入太多，也不能摄入太少。

控制天然蛋白质（尤其是高蛋白的鱼、肉、禽、蛋等）的摄入，以低或无苯丙氨酸的奶粉、蛋白粉作为 PKU 患儿蛋白质的主要来源。总蛋白质摄入量中最好 80% 来自人工蛋白质，20% 来自天然蛋白质，还要保证给予足够的热量。

制定食谱时，先根据患儿情况（年龄、体重、血苯丙氨酸的浓度及耐受性等）计算出每日蛋白质、苯丙氨酸和热量的需要量，再安排具体饮食。现在我国已经有低或无苯丙氨酸的制剂，如由政府批准用于苯丙酮尿症的特殊营养饮食——维思多系列低或无苯丙氨酸的奶粉、蛋白粉、淀粉以及饮料等。

饮食治疗的时限，过去认为治疗到大脑发育成熟以后（即8岁）即可停止。但是，近年的治疗实践证明，如过早地停止治疗患儿会出现智力倒退。因此目前国际上主张至少应治疗到患儿青春期发育成熟，最好是终生治疗，成年后可以适当放宽饮食限制。

除饮食治疗外，①还应补充多种神经介质，如四氢生物蝶呤（BH4）、多巴、5-羟色胺、叶酸等；②定期监测血清中苯丙氨酸浓度；③定期评估生长发育情况。

（二）半乳糖血症

半乳糖血症也是一类常染色体隐性遗传病，属于先天代谢性疾病。是由于患儿体内半乳糖-1-磷酸尿苷酰转移酶（最常见，此酶基因位点在第9号染色体）缺陷、或半乳糖激酶缺陷（较少见，此酶基因位点在第17号染色体）、或尿-苷二磷酸半乳糖-4-表异构酶缺陷（少见，此酶基因位点在第1号染色体），致使半乳糖-1-磷酸(Gal-1-P)及半乳糖不能正常代谢，积聚在血中，部分随尿排出。Gal-1-P在肝的积聚可引起肝功能损害，甚至肝硬化；在脑的积聚引起智力障碍；血中半乳糖升高可使葡萄糖释出减少，出现低血糖症。半乳糖在醛糖还原酶作用下产生半乳糖，能改变晶状体的渗透压，使水分进入，影响晶状体代谢而致白内障。

新生儿时期开始喂奶（乳类含有乳糖，它经消化道乳糖酶分解产生葡萄糖及半乳糖）后即可出现症状：呕吐、低血糖、惊厥、黄疸、肝大、水肿、腹水，如不进行饮食控制，可有进行性肝衰竭，严重低蛋白血症、肝硬化，肾损伤后可有糖尿、氨基酸尿、蛋白尿，常并发大肠杆菌性败血症，可于生后数周夭亡，幸存者可能有白内障、营养不良、智力低下等。

饮食治疗方法如下所述：

①患儿必须完全停用含有半乳糖的食物如母奶、牛奶及奶制品等乳类食品，而用谷、豆类作为婴儿食品，如炒米粉、豆浆、水解蛋白、肉汤等均可试作乳类的代替品，或特殊配方奶粉（如豆奶）喂养。

②要强化无机盐微量元素与维生素使其达到供给量要求。如注意钙、维生素B_2及维生素D的添加。一般控制饮食后肝脾肿大者可缩小，早期肝硬化可恢复，但已形成神经系统损伤者不能恢复。

五、其他特殊儿童

（一）肥胖儿童

儿童如果过多摄取营养物质，尤其是高热能物质，超出了正常生理需要量，则会造成营养过剩，营养过剩会引起肥胖，但不是所有儿童肥胖都是由营养过剩导致的（有些肥胖还与遗传、疾病、活动减少、不良的生活方式等有关）。一旦发现儿童超过正常体重，而且是由营养过剩引起的，就要尽快采取措施，防止肥胖。

防治肥胖的重要措施之一就是调整饮食。

1. 要调整饮食结构

①首先应保证蛋白质的需要。可给肥胖儿吃豆浆、豆腐等豆制品，牛奶、鸡蛋、瘦肉、鱼类等含优质蛋白的食物。

②减少高热能营养素（主要是糖类与脂肪）的摄取，最好忌食高脂肪、高糖、高盐食物。如肥肉、猪油、牛油、油炸食物；含糖量高的甜食；每天食盐以 3 ~ 5 g 为宜；忌用咖啡、茶、肉汤等。

③在膳食中可适当多安排一些减肥食品。选用营养价值高、热量低、含膳食纤维高的新鲜蔬菜和水果，如冬瓜、芹菜、黄瓜、韭菜、番茄、大头菜、大白菜、绿豆芽、海带、竹笋、香菇、萝卜等。

④多摄入一些富含维生素的食物，如维生素 B_6、维生素 B_{12}、维生素 PP 及维生素 A 等。最新研究表明，不少儿童发胖是因为缺乏使人体脂肪分解代谢中需要的维生素所致。一旦缺乏这些维生素，就会影响机体内脂肪的正常分解，造成脂肪在体内的堆积，从而形成肥胖。

⑤注意补充含钙食物。如豆制品、海产品、动物骨等高钙食物。肥胖儿童由于体重大，体液多，对钙的需求量相对增加，如若缺乏，更易发生缺钙性佝偻病等疾病。

2. 要保持良好的饮食习惯

肥胖儿要养成良好的饮食习惯，如吃饭要细嚼慢咽、不狼吞虎咽；进餐的时间与数量要均衡稳定，不暴饮暴食；尤其注意晚餐要少吃，以占每天热能的 25% 为宜（早、午以 35%、40% 为好）；少吃零食与夜宵；不挑食与偏食；不饮酒等。

（二）营养不良儿童

营养不良是由于进食不足或进食不能被充分吸收利用，或因为慢性疾病（如结核、肝炎等）消耗较大所引起的一种慢性营养缺乏症。我国儿童的营养不良不仅包括蛋白质、热能营养素的不足或缺乏（多见于 3 岁以内的小儿），还包括某些维生素或微量元素的缺乏。热能严重不足引起的多为消瘦型营养不良：小儿矮小、消瘦、皮下脂肪明显减少或消失，皮肤弹性差，头发干燥易脱落，体弱乏力，萎靡不振等。蛋白质缺乏引起的多为浮肿型营养不良：眼睑、下肢及周身出现水肿，皮肤干燥、角化脱屑或有色素沉着，头发脆弱易断或脱落，指甲脆弱有横沟，食欲不振，容易出现腹泻或感染等。某些维生素或微量元素的长期缺乏导致的营养失衡也会使身体出现各种不同的症状（如前所述），直接影响儿童的生长发育与身体健康。

营养不良儿童的饮食调养建议如下所述：

① 积极提倡母乳喂养。对于有营养不良的婴儿，尤其是早产儿或低出生体重儿母乳喂养更加重要。对母乳不足或无母乳者，再考虑采用混合喂养和人工喂养

的方式，尽量用牛奶、羊奶或奶粉等优质乳品喂养患儿，并且可较普通儿童增加喂养次数与喂养乳品的量。

②多供给高热能或富含蛋白质的食物。在基本维持原膳食喜好的基础上，注意增加高热能营养食品，如增加主食量，多食含脂类或糖类高的食物。如果是蛋白质不足引起的营养不良，可适当增加富含蛋白质的食物，如鱼、蛋、禽肉类等。

③调整饮食结构，纠正不良的饮食习惯。某些维生素或微量元素缺乏导致的营养不良多是长期饮食结构不合理，或者是长期不良的饮食习惯，如偏食、吃零食等造成的，所以要防止此类营养不良，必须调整该儿童的不合理的饮食结构，积极纠正存在的不良饮食习惯，以达到平衡膳食。对于较重的由于某维生素或微量元素缺乏引起的疾病，要积极通过营养强化或药物治疗纠正其营养不良。

（三）多动症儿童

儿童多动症，又称为多动综合征、轻微及功能障碍综合征或注意力缺陷障碍，是一种常见的儿童心理行为异常综合征。此病在国内的发病率为3%左右，男孩多于女孩，学龄儿童为高发人群。此病的病因及发病机制尚不完全清楚，可能与生物因素、心理因素以及家庭、社会等因素都有一定的关系。儿童多动症的核心症状为注意力涣散、自控能力差、冲动任性和活动过度等。一般分为"注意缺陷伴多动"与"注意缺陷不伴多动"两类。

儿童多动症除了主要的药物治疗与教育心理治疗之外，也应注意饮食的辅助调养。多动症儿童的饮食调养建议如下所述：

1. 保证优质蛋白质的供给
多动症儿童宜选用含蛋白质丰富且优质的牛奶、鸡蛋、瘦肉、大豆及豆制品、动物脏器（如心、肝、肾、脑）等。

2. 宜食的食物
多动症儿童宜适当多食枸杞子、熟地黄、酸枣仁等具有补养肝肾、安神作用的食物；宜清淡饮食；宜多食新鲜蔬菜、水果。

3. 忌食的食物
①含水杨酸盐类较多的食物。如西红柿、苹果、橘子及杏子等含甲基水杨酸盐较多，可能会促使或诱发有遗传体质的小儿产生多动症。

②食品添加剂和人工色素。国外有学者研究认为，酒石黄等人工色素、香精、胡椒油等调味剂与儿童多动症的发生有关，所以多动症儿童最好忌食此类食物。

③含铅、铝量高的食物。这两类食物摄入过多都会影响儿童脑功能的正常发挥，可能加重儿童多动症的表现，甚至严重导致其智力、记忆力等脑功能的减退。

④辛辣、油腻、过甜过咸、刺激性的食物。如辣椒、肥肉、高糖食物、具有兴奋作用的茶水、饮料等。此类食物，中医认为会助火生痰，可能会加重病情。

但也有研究证明，咖啡有助于儿童多动症的治疗，每天一杯有助于康复。但是，多动症儿童长期饮用咖啡是否会有一定的副作用，还有待于进一步研究。

"中医食疗"与"现代营养学"的关系

　　"中医食疗"是利用食物来防病、治病的一种方法。它强调利用食物的功效来达到保健的目的，它常作为药物等医学治疗的辅助手段，但不能完全代替药物治疗。中医食疗主要考虑食物的食性、食味、功效、主治及由此产生的配伍禁忌，而现代营养学侧重于营养素的功用及合理的膳食结构。目前，中医食疗学也逐渐与现代营养学相结合，发展出一些有中国特色的营养保健方法，如食疗双重干预方法等。

"食疗"与"药膳"的关系

　　"食疗"和"药膳"的概念常被人们混淆，实际上"食疗"不同于"药膳"。"食疗"是不加药物，只利用食物来达到养身保健，防病治病，延年益寿的一种方法。"药膳"是将食物与药物相结合，运用传统的饮食烹调技术和现代加工方法，制成的一种含有药物成分的膳食，也具有养身防病，治疗康复和益寿延年的功效。总之，"药膳"具有"食疗"的功效，"食疗"促进了"药膳"的发展，两者既有区别也有联系。

思考题：

　　1. 名词解释

营养　营养素　蛋白质生物价　氮平衡　完全蛋白质　平衡膳食

合理膳食　必需氨基酸　推荐摄入量　适宜摄入量　食物中毒

　　2. 目前我国儿童存在的主要营养问题是什么？造成此问题的主要原因是什么？

　　3. 你能举例说明什么是蛋白质的互补作用吗？

　　4. 你能说出含钙、铁、锌丰富的食品分别有哪些吗？

　　5. 如何判断儿童是否达到平衡膳食，指标依据是什么？

　　6. 如何设计儿童的营养食谱？你能举例说明设计步骤吗？

　　7. 视觉障碍的儿童不能缺少哪些营养素？如果缺乏会有什么危害？

　　8. 简述智能障碍儿童的膳食需求特点。

　　9. 简述学校儿童合理膳食的基本卫生要求。

　　10. 肥胖症一般是由哪些营养素摄入过量引起的？这类儿童的膳食需求有何特点？

　　11. 导致食物中毒的常见原因有哪些？学校应该如何预防儿童食物中毒的发生？

　　12. 实践题：调查记录一名特殊儿童的一周食物摄入情况，评价是否达到平衡膳食？分析其食谱存在的问题，并对其营养食谱进行调整，提出相应合理的指导建议。

第七章　学校的疾病预防与急救

学习目标：

    1. 了解疾病的常识与预防意义；

    2. 掌握传染病的基础知识及常见传染病的预防常识；

    3. 熟悉常见儿童非传染性疾病的预防常识；

    4. 了解学校常见外伤的特点，并掌握其急救方法与技能。

第一节　疾病与预防疾病的意义

一、什么是疾病

    疾病没有明确的定义，是机体在内外环境中一定致病因素作用下，因稳态破坏发生的内环境紊乱和生命活动障碍的一种病理状态，这里多指生理性疾病。简而言之，就是人体的正常形态或功能发生了变化，长期偏离了正常范围，导致人体出现结构与功能损害的一种状态。疾病可以影响人体的健康，严重者还会导致长期的损害并危及生命。

二、学校进行疾病预防的意义

    ①学生处于生长发育时期，身体、心理和社会适应能力都不成熟，容易患多种疾病，应重点预防。

    ②学校的任务是教书育人，要保证学生的健康与正常的生长发育，就要积极进行儿童常见疾病的预防工作。

    ③预防学校学生疾病的发生也是为了提高学生的身心素质，是国家未来高素质人才及社会发展的需要。

    ④特殊儿童的身心特殊性对学校疾病的预防工作又提出了更高的要求，对保

证特殊儿童接受教育及进行相关康复治疗都有极其重要的意义。

《中小学幼儿园安全管理办法》第 23 条中规定："学校应当按照国家有关规定配备具有从业资格的专职医务（保健）人员或者兼职卫生保健教师，购置必需的急救器材和药品，保障对学生常见病的治疗，并负责学校传染病疫情及其他突发公共卫生事件的报告。有条件的学校，应当设立卫生（保健）室。"《特殊教育学校暂行规定》第 49 条也明确指出：特殊教育学校要做好预防传染病、常见病的工作。

第二节　急性传染病的预防

一、传染病的基础知识

（一）传染病的概念

传染病是某种病原体侵入人体，在人体内生长繁殖，产生疾病，而这种疾病能在人群中传播，使其他人引起同样的疾病。传染病的基本特征如下所述。

①病原体。每种传染病都是由特定的某种病原体引起的，如病毒、细菌、原虫等。

②传染性。传染病可以从原来感染者，以一定方式到达或传播给新的感染者。

③流行性。传染病可以在人群中传播，产生一定的地方流行性，或季节流行性。

④免疫性。人体在患某种传染病痊愈后，具有一定的不感受性，即一段时间内不会再患此病。

传染病不同于流行病，流行病是指某种疾病在一定时期内的发病率高于平时。它既可以是传染病，也可以是非传染病，如龋齿、肿瘤、近视眼等。

（二）传染病发生的条件

传染病发生需要三个条件：病原体、环境、人体。即病原体的致病力、环境的条件允许、人机体的反应性。

1.病原体的致病力

病原体的致病力，与病原体的毒力（即对机体的侵袭能力和毒害能力）、病原体的数量（数量越多病情越重，传染性越大）、病原体的定位与扩散形式（传入途径、入侵门户、定居部位）以及病原体的变异性（长期进化过程中，受各种环境的影响其结构形态，生理特性等发生了改变）等有关。病原体的致病力越强，发生传染病的机会越大。

2.环境的允许条件

传染病的发生还需要在一定的时间、空间条件下，足够致病力的病原体侵入人的机体。如果病原体没有侵入人的机体，如没有机会接触到病原体，是不会发生传染病的。

3.人机体的反应性

当病原体侵入人体后，机体会出现一种保护性反应即免疫反应，通过识别和排除病原体和抗原性异物，达到维护机体的生理平衡和内环境的稳定。它决定了人对某种疾病的抵抗能力，即免疫力。如果病原体的致病力过强，或者人体的免疫反应过弱，机体平衡状态遭到破坏就会发生疾病。

人体的免疫反应

人体的免疫反应分为非特异性和特异性免疫两种。

（1）非特异性免疫

非特异性免疫是先天就有的，也称先天免疫，是不针对某一特定抗原物质的免疫反应。有种类的差异，具有稳定性和遗传性。主要表现三方面的功能：

①免疫屏障。包括皮肤粘膜屏障、血脑屏障、胎盘屏障，机械阻挡病原体的入侵外，还可通过分泌的汗腺液，乳酸，脂肪酸以及不同部位黏膜分泌的溶菌酶，粘多糖、胃酸、蛋白酶等对病原体发挥杀灭作用。

②吞噬作用。在肝脏、脾脏、骨髓、淋巴结、肺泡及血管内皮有固定的吞噬细胞（如巨噬细胞），在血液中游动的单核细胞，以及血液中的中性粒细胞，均具有强大的吞噬病原体或异物的作用。

③体液作用。血液、各种分泌液与组织液含有补体（血清中的一组球蛋白，在抗体存在下，参与灭活病毒，杀灭与溶解细菌，促进吞噬细胞吞噬与消化病原体）、溶菌酶（低分子量不耐热的蛋白质，主要对革兰氏阴性菌起溶菌作用）、备解素（一种糖蛋白，能激活C3，在镁离子的参与下，杀灭各种革兰氏阳性细菌，并可中和某些病毒）、干扰素（对肝炎病毒、单纯疱疹病毒、带状疱疹病毒，巨细胞病毒、流感、腺病毒均有抑制其复制作用）、白细胞介素-2（是小分子蛋白，通过激活细胞毒性T淋巴细胞LAK细胞、NK细胞、肿瘤浸润淋巴细胞，从而杀伤病毒和肿瘤细胞以及细菌等，并能促进和诱导γ-干扰素产生的作用）等杀伤物质。

（2）特异性免疫

特异性免疫又称获得性免疫，具有特异性和非遗传性，有抵抗同一种微生物的重复感染。分为细胞免疫与体液免疫两类：

①细胞免疫。T细胞是参与细胞免疫的淋巴细胞，受到抗原（侵入人体能使人产生免疫反应的物质）刺激后，转化为致敏淋巴细胞，并表现出特异性免疫应答，免疫应答只能通过致敏淋巴细胞传递，故称细胞免疫。免疫过程通过感应、反应、效应三个阶段，在反应阶段致敏淋巴细胞再次与抗原接触时，便释放出多种淋巴因子（转移因子、移动抑制因子、激活因子、皮肤反应因子、淋巴毒、干扰素等），与巨噬细胞、杀伤性T细胞协同发挥免疫功能。细胞免疫主要通过抗感染、免疫监视、移植排斥、参与迟发型变态反应起作用。其次辅助性T细胞与抑制性T细胞还参与体液免疫的调节。

②体液免疫。B 细胞是参与体液免疫的致敏 B 细胞。在抗原刺激下转化为浆细胞，合成免疫球蛋白。能与靶抗原结合的免疫球蛋白即为抗体。IgG 是血清中含量最多的免疫球蛋白，唯一能通过胎盘的抗体，具有抗菌、抗病毒、抗毒素等特性，对毒性产物起中和、沉淀、补体结合作用，临床上所用丙种球蛋白即为 IgG。IgM 是分子量最大的免疫球蛋白，是个体发育中最先合成的抗体，因为它是一种巨球蛋白，故不能通过胎盘。血清中检出特异性 IgM，作为传染病早期诊断的标志，揭示新近感染或持续感染，具有调理、杀菌、凝集作用。IgA 有两型即分泌型与血清型，分泌型 IgA 存在于鼻、支气管分泌物、唾液、胃肠液及初乳中，其作用是将病原体黏附于黏膜表面，阻止扩散；血清型 IgA，免疫功能尚不完全清楚。IgE 是出现最晚的免疫球蛋白，可致敏肥大细胞及嗜碱性粒细胞，使之脱颗粒，释放组织胺。寄生虫感染，血清 IgE 含量增高。IgD 其免疫功能不清。

（3）变态反应

变态反应是指抗原抗体在体内的相互作用中，转变为对人体不利的表现，出现异常免疫反应，即过敏反应。变态反应分为四型：

①第 I 型变态反应（速发型）。如血清过敏性休克，青霉素过敏反应，寄生虫感染时的过敏反应。

②第 II 型变态反应（细胞溶解型）。如输血反应，药物过敏性血细胞减少。

③第 III 型变态反应（免疫复合物型）。如出血热，链球菌感染后肾小球肾炎。

④第 IV 型变态反应（迟发型）。细胞内寄生的细菌性疾病如结核病，布氏杆菌病，某些真菌感染等。

（三）传染病流行的基本环节

传染病的流行必须具备三个基本环节：传染源、传播途径和易感人群。三个环节必须同时存在，方能构成传染病流行，缺少其中任何一个环节，新的传染不会发生，不会形成流行。

1. 传染源

传染源是指被病原体感染的人或动物，是传染病流行的根源。

①病人。包括潜伏期和发病期的病人，不同病的病人的传染性强弱不同。

②病原携带者。恢复期病原携带和健康带菌者，常不被发现，有重要流行病学意义。

③动物传染源。即传播疾病的动物，动物作为传染源传播的疾病，称为动物性传染病，如狂犬病、布鲁氏菌病等；野生动物为传染源的传染病，称为自然疫源性传染病，如鼠疫、钩端螺旋体病、流行性出血热等病。

2. 传播途径

病原体从传染源传播给其他人所经过的路线或途径称传播途径。

①水与食物传播。病原体借粪便排出体外，污染水和食物，易感者通过污染的水和食物受染。菌痢、伤寒、霍乱、甲型毒性肝炎等疾病通过此方式传播。

②空气飞沫传播。病原体由传染源通过咳嗽、喷嚏、谈话排出的分泌物和飞沫，使易感者吸入受染。流脑、猩红热、百日咳、流感、麻疹等疾病，通过此方式传播。

③虫媒传播。病原体在昆虫体内繁殖，完成其生活周期，通过不同的侵入方式使病原体进入易感者体内。蚊、蚤、蜱、恙虫、蝇等昆虫为重要传播媒介。如蚊传疟疾，丝虫病，乙型脑炎；蜱传回归热；虱传斑疹伤寒；蚤传鼠疫；恙虫传恙虫病等。

④接触传播。有直接接触与间接接触两种传播方式。如皮肤炭疽、狂犬病等均为直接接触而传染，艾滋病的性接触传染，乙型肝炎的注射传染，血吸虫病、钩端螺旋体病的接触疫水传染等均为直接接触传播。多种肠道传染病通过污染的手传染，为间接接触传播。

3.易感人群

某些人群免疫力低下容易感染病原体而发病，表现对某种传染病的易感性。新生人口增加、易感者的集中或进入疫区、部队新兵入伍等易引起传染病流行。病后获得免疫、人群隐性感染、人工免疫等均可使人群易感性降低，减少或终止传染病流行。

二、传染病的预防措施

针对传染病流行的三个基本环节，主要预防措施如下所述。

（一）控制传染源

（1）无疫情时控制外来传染源的进入

新进学生、老师、工作人员必须经过体格检查；学校已有学生、老师、工作人员定期体检；建立合理的儿童接送制度，尽量避免与有病人接触，接触后要检疫观察；在疫情流行期及时采取消毒防范措施。

（2）疫情出现时控制传染源的扩散

①学校做到"五早"即早发现、早诊断、早隔离、早治疗、早报告。早发现，普及卫生常识、了解疾病特点是早期发现病人的关键。早诊断，流行期间加强检查（针对性检查），可疑病人到医院进一步确诊。早隔离，对病人和可疑病人要及早隔离观察，及时治疗和控制传染源。早治疗，早确诊、早治疗病人使之早日康复，也同时早消灭传染源病原体。早报告，学校发现传染病或疑似病人时，有责任根据不同种类的传染病及相应疫情报告制度向当地卫生防疫机构报告，控制病情蔓延。

表 7-2-1　根据《中华人民共和国传染病防治法》规定需要报告的传染病种类

甲类传染病：鼠疫、霍乱
乙类传染病：甲型 H1N1 流感、传染性非典型肺炎、艾滋病、病毒性肝炎、脊髓灰质炎、人高致病性禽流感、麻疹、流行性出血热、狂犬病、流行性乙型脑炎、登革热、炭疽、细菌性和阿米巴性痢疾、肺结核、伤寒和副伤寒、流行性脑脊髓膜炎、百日咳、白喉、新生儿破伤风、猩红热、布鲁氏菌病、淋病、梅毒、钩端螺旋体病、血吸虫病、疟疾
丙类传染病：流行性感冒、流行性腮腺炎风疹、急性出血性结膜炎、麻风病、流行性和地方性斑疹伤寒、黑热病、包虫病、丝虫病、手足口病、除霍乱、细菌性和阿米巴性痢疾、伤寒和副伤寒以外的感染性腹泻病

实行网络直报的责任疫情报告单位

　　发现甲类传染病和乙类传染病中的肺炭疽、传染性非典型肺炎、脊髓灰质炎、高致病性禽流感的病人、疑似病人以及其他暴发传染病、新发传染病以及原因不明的传染病疫情时，接诊医生诊断后应于 2 小时内以最快的方式（电话）向当地县级疾病预防控制机构报告，同时将传染病报告卡通过网络进行报告。

　　对其他乙、丙类传染病病人、疑似病人、按规定报告传染病的病原携带者在诊断后应于 24 小时内进行网络报告。

尚未实行网络直报的责任报告单位

　　发现甲类传染病和乙类传染病中的肺炭疽、传染性非典型肺炎、脊髓灰质炎、高致病性禽流感的病人、疑似病人以及其他暴发传染病、新发或不明原因传染病疫情时，接诊医生诊断后城镇 2 小时内、农村 6 小时内以最快的方式向当地县级疾病预防控制机构报告，同时送（寄）出传染病报告卡。

　　对其他乙、丙类传染病病人、疑似病人、按规定报告传染病的病原携带者在诊断后应于 24 小时内寄出传染病报告卡。

　　对于传染病报告卡未及时报告、传染病漏报，疾病预防控制机构在现场监测时发现漏报的应该及时或随时补报，按初次报告进行报告和录入。任何单位或个人不得隐瞒、谎报或授意他人隐瞒、谎报疫情。

　　②病原携带者要进行管理与必要的治疗。特别是对食品制作供销人员、炊事员、保育员作定期带菌检查，及时发现、及时治疗和调换工作。

　　③传染病接触者必须进行医学观察、留观、集体检疫，必要时进行免疫法或药物预防。如接触了病毒性肝炎的孩子，可以注射丙种球蛋白；接触了流行性脑膜炎或猩红热的孩子，可以服用些磺胺药。

　　④对动物传染源，有经济价值的野生动物及家畜，应隔离治疗，必要时宰杀，并加以消毒；无经济价值的野生动物发动群众予以捕杀。

（二）切断传播途径

1.无疫情时搞好卫生管理，切断传播途径

①做好饮食卫生、饮水卫生及环境卫生工作；

②教育儿童养成良好个人卫生习惯；

③对儿童及家长做好卫生宣传工作；

④预防性消毒。

2.疫情出现时切断传播途径，防止病情蔓延

（1）根据传染病的不同传播途径，采取不同防疫措施

肠道传染病作好床边隔离，吐泻物消毒，加强饮食卫生及个人卫生，作好水源及粪便管理；呼吸道传染病应使室内开窗通风，空气流通、空气消毒，个人戴口罩；虫媒传染病应有防虫设备，并采用药物杀虫、防虫、驱虫。

（2）消毒是切断传播途径的有效方法

消毒（Disinfection）是用物理或化学方法消灭停留在不同的传播媒介物上的病原体，以切断传播途径，阻止和控制传染病的发生。并非要求杀灭一切微生物（灭菌，Sterilization）。消毒可分为预防性消毒和疫源地消毒。

预防性消毒。对传染途径上可能携带或存在病原体的媒介物进行消毒，如前述的饮水消毒、空气消毒、食物消毒等。目的是杀灭由传染源排出的病原体。

疫源地消毒。指对现有或曾有传染源的疫源地进行消毒，又可分为随时消毒及终末消毒。随时消毒：指在现有传染源的疫源地进行消毒，以迅速杀灭病原体；终末消毒：指传染源痊愈、死亡或离开后的疫源地进行彻底消毒。需要进行终末消毒的主要疾病为：肠道传染病：霍乱、伤寒、副伤寒、疾病、病毒性肝炎、脊髓灰质炎等；呼吸道传染病：肺鼠疫、肺结核、白喉、猩红热等；动物传染病：炭疽、鼠疫等。

不同的传播机制引起的传染病，消毒的效果有所不同。肠胃道传染病，病原体随排泄物或呕吐物排出体外，污染范围较为局限，消毒效果较好；呼吸道传染病，污染范围不确切，消毒较为困难，须同时采取空间隔离，才能中断传染；虫媒传染病则采取杀虫灭鼠等方法。

常用消毒方法

有物理方法、化学方法及生物方法，但生物方法利用生物因子去除病原体，作用缓慢，而且灭菌不彻底，一般不用于传染疫源地消毒，故消毒主要应用物理及化学方法。

1.物理消毒法

①机械消毒。如肥皂刷洗和流水冲洗手上细菌，多层口罩防止病原体出入呼吸道等。

②热力消毒。火烧（金属器械和尸体）、煮沸（加1%烧碱或用肥皂水等碱性剂溶解脂肪增强杀菌力，用于一般金属器械和棉织物，被消毒物不可超过容积3/4，应浸于

水面下，一般1～2分钟，芽胞需30分钟～6小时不等）、高压蒸气消毒（15～20分钟杀灭芽胞）等可使病原体蛋白质凝固变性。

③辐射消毒。有电离辐射与非电离辐射两种。前者包括丙种射线的高能电子束（阴极射线），由于设备昂贵，对物品及人体有一定伤害，故使用较少；后者有紫外线、红外线和微波，目前应用最多为紫外线，可引起细胞成分、如核酸、原浆蛋白发生变化致微生物死亡。因使用方便，对药品无损伤，广泛用于空气及一般物品表面消毒。照射人体能发生皮肤红斑，紫外线眼炎和臭氧中毒等。故使用时人应避开或用相应的保护措施。日光曝晒亦依靠其中的紫外线，由于大气层中的散射和吸收使用，仅39%紫外线可到达地面，仅适用于耐力低的微生物，且需较长时间曝晒。

2. 化学消毒法

根据对病原体蛋白质作用，分为以下几类。

①凝固蛋白消毒剂，包括酚类、酸类和醇类。

酚类主要有酚、来苏、六氯酚等。具有特殊气味，杀菌力有限。可使纺织品变色，橡胶类物品变脆，对皮肤有一定的刺激，故除来苏外应用者较少。

酚（石炭酸）(Carbolic Acid) 无色结晶，有特殊臭味，受潮呈粉红色，但消毒力不减。1：80～1：110溶液，20～30分钟可杀死细菌繁殖型，但不能杀灭芽胞和抵抗力强的病毒。加肥皂可皂化脂肪，溶解蛋白质，加强消毒效应，对皮肤有刺激性，不能用于皮肤消毒，可用于擦拭器械、家具、地板、墙壁、门窗的消毒等。

来苏尔（煤酚皂液）（Lysol）以47.5%甲酚和钾皂配成。红褐色，易溶于水，有去污作用，杀菌力较石炭酸强2～5倍。常用为2%～5%的水溶液，可用于喷洒、擦拭、浸泡容器及洗手等。细菌繁殖型10～15分钟可杀灭，对芽胞效果较差。

酸类对细菌繁殖体及芽胞均有杀灭作用。但易损伤物品，故一般不用于居室消毒。5%盐酸可消毒洗涤食具、水果，加15%食盐于2.5%溶液可消毒皮毛及皮革，10 L/kg加热30℃浸泡40小时。乳酸常用于空气消毒，100 m³空间用10 g乳酸熏蒸30分钟，即可杀死葡萄球菌及流感病毒。

醇类乙醇（酒精）（Ethyl Alcohol）75%浓度可迅速杀灭细菌繁殖型，对一般病毒作用较慢，对肝炎病毒作用不肯定，对真菌孢子有一定杀灭作用，对芽胞无作用。用于皮肤消毒和体温计浸泡消毒。

②溶解蛋白消毒剂，主要为碱性药物，常用有氢氧化钠、石灰等。

氢氧化钠（Caustic Soda） 强杀菌力，2%～4%溶液能杀灭病毒及细菌繁殖型，10%溶液能杀灭结核杆菌，30%溶液能于10分钟杀灭芽胞。因腐蚀性强，故极少使用，仅用于消灭炭疽菌芽胞。

生石灰（Calcined Lime） 遇水可产生高温并溶解蛋白质，杀灭病原体。常用10%～20%石灰乳消毒排泄物，用量须2倍于排泄物，搅拌后作用4～5小时。因其性质不稳定，应用时应现配。

③氧化蛋白类消毒剂，包括含氯消毒剂和过氧化物类消毒剂。因消毒力强，故目前在医疗防疫工作中应用最广。

漂白粉（Bleaching Powder） 应用最广，主要成分为次氯酸钙[Ca(OCl)$_2$]，性质不稳定，可被光、热、潮湿和CO$_2$所分解。故应密闭保存于阴暗干燥处，时间不超过1年。有效成分次氯酸可渗入细胞内，氧化细胞酶的硫氢基团，破坏胞浆代谢。酸性环境中杀菌力强而迅速，高浓度能杀死芽胞，粉剂常用于粪、痰、脓液等的消毒。每升加干粉

200 g，搅拌均匀，放置 1 ~ 2 小时，尿每升加干粉 5 g，放置 10 分钟即可，10% ~ 20% 乳剂除消毒排泄物和分泌物外，可用以喷洒厕所、污染的车辆等。

过氧乙酸（Peroxyacetic Acid）亦名过氧醋酸，是一种速效消毒剂，为无色透明液体，易挥发有刺激性酸味，易溶于水和乙醇等有机溶剂，具有漂白的腐蚀作用，性质不稳定，遇热、有机物，重金属离子、强碱等易分解。0.01% ~ 0.5% 过氧乙酸 0.5 ~ 10 分钟可杀灭细菌繁殖型，1% 过氧乙酸 5 分钟可杀灭芽胞，常用浓度为 0.5% ~ 2%，可通过浸泡、喷洒、擦抹等方法进消毒，在密闭条件下进行气雾（5% 浓度，2.5 mL/m³）和熏蒸（0.75% 浓度，1.0 g/m³）消毒。

高锰酸钾（Kalium Hypermanganicum）1% ~ 5% 高锰酸钾溶液浸泡 15 分钟，能杀死细菌繁殖体，常用于食具、瓜果消毒。

④阳离子表面活性剂（Cationic Surfactants）主要有季铵盐类，高浓度凝固蛋白，低浓度抑制细菌代谢。有低浓度、毒性和刺激性小、无漂白及腐蚀作用，无臭、稳定、水溶性好等优点。但杀菌力不强，尤其对芽胞效果不佳，国内生产有新洁尔灭、消毒宁和消毒净，以消毒宁杀菌力较强，常用浓度 0.5‰ ~ 1.0‰，可用于皮肤，金属器械，餐具等消毒。不宜作排泄物及分泌物消毒用。

⑤烷基化消毒剂。

福尔马林（Formalin）为 34% ~ 40% 甲醛溶液，有较强大杀菌作用。1% ~ 3% 溶液可杀死细菌繁殖型，5% 溶液 90 分钟可杀死芽胞，室内熏蒸消毒一般用 20 mL/m³ 加等量水，持续 10 小时，消除芽胞污染，则需 80 mL/m³ 24 小时，适用于皮毛、人造纤维、丝织品等不耐热物品，因其穿透力差，故消毒物品应摊开，房屋须密闭。

戊二醛（Glutaraldehyde）作用似甲醛。在酸性溶液中较稳定，但杀菌效果差，通常 2% 戊醛内加 0.3% 碳酸氢钠（杀菌效果增强，可保持稳定性 18 个月）。无腐蚀性，有广谱、速效、高热、低毒等优点，可广泛用于杀细菌，芽胞和病毒消毒。不宜用作皮肤、黏膜消毒。

环氧乙烷（Epoxyethane）低温时为无色液体，沸点 10.8 ℃，故常温下为气体灭菌剂。其作用为通过烷基化，破坏微生物的蛋白质代谢。一般应用是在 15 ℃时 0.4 ~ 0.7 kg/m³，持续 12 ~ 48 小时。温度升高 10 ℃，杀菌力可增强 1 倍以上，相对湿度 30% 灭菌效果最佳。具有活性高，穿透力强，不损伤物品，不留残毒等优点，可用于纸张、书籍、布、皮毛、塑料、人造纤维、金属品消毒。因穿透力强，故需在密闭容器中进行消毒。须避开明火以防爆，消毒后通风防止吸入。

⑥其他消毒剂。

碘（Iodine）通过卤化作用，干扰蛋白质代谢。作用迅速而持久，无毒性，受有机物影响小。常有碘酒、碘伏（碘与表面活性剂为不定型结合物），常用于皮肤粘膜消毒，医疗器械应急处理。

洗必泰（Hibitane）为双胍类化合物，对细菌有较强的消毒作用。可用于手、皮肤、医疗器械、衣物等消毒，常用浓度为 0.2‰ ~ 1‰。

（三）保护易感人群

保护易感人群，首先要合理膳食营养，加强体育锻炼，增强学生体格，提高免疫力。其次需认真执行计划免疫，有计划进行预防接种，提高学生特异免疫力。

计划免疫是按照科学的免疫程序，有计划地使用疫苗对特定人群进行预防接种,最终达到控制和消灭相应传染病的目的。预防接种(Vaccination)又称人工免疫,是将生物制品接种到人体内,使机体产生对传染病的特异性免疫力,以提高人群免疫水平,预防传染病的发生与流行。

预防接种分为人工自动免疫和人工被动免疫。

①人工自动免疫指以免疫原物质(抗原)接种人体,使人体产生特异性免疫。是有计划对易感者进行疫苗、菌苗、类毒素的接种,接种后1~4周内出现免疫力,持续数月至数年。

②人工被动免疫是指以含抗体的血清或制剂接种人体,使人体获得现成的抗体而受到保护。即紧急需要时,注射抗毒血清、丙种球蛋白、高效免疫球蛋白等使免疫力迅速出现,维持1~2月即失去作用。

我国常年计划免疫接种主要内容如下所述:

①对7周岁以下儿童进行"计划免疫类疫苗"(国家支付费用的免费疫苗,也称一类疫苗)的接种,实现"五苗七病"的预防。即进行卡介苗、脊髓灰质炎三价糖丸疫苗、麻疹疫苗、百白破混合制剂和乙肝疫苗的基础免疫和以后适时的加强免疫,使儿童获得对结核、脊髓灰质炎、麻疹、白喉、百日咳、破伤风和乙肝的免疫。②计划免疫接种采用自愿原则,对儿童进行"计划免疫外疫苗"(需要个人支付费用的自费疫苗,也称二类疫苗)的接种,实现其他类传染病的预防。如流感疫苗、甲肝疫苗、乙脑疫苗、流脑疫苗、风疹疫苗、腮腺炎疫苗、肺炎球菌疫苗、水痘疫苗、狂犬病疫苗等。

表 7-2-2　我国卫生部规定的儿童计划免疫程序表

年　龄	接种疫苗名称
出生:	卡介苗
1 个月:	乙肝疫苗
2 个月:	乙肝疫苗,脊髓灰质炎三价混合疫苗
3 个月:	脊髓灰质炎三价混合疫苗,百白破混合疫苗
4 个月:	脊髓灰质炎三价混合疫苗,百白破混合疫苗
5 个月:	百白破混合疫苗
6 个月:	乙肝疫苗
8 个月:	麻疹疫苗
1.5 ~ 2 岁:	百白破混合疫苗
4 岁:	脊髓灰质炎三价混合疫苗
7 岁:	麻疹疫苗,百白破混合疫苗
12 岁:	乙肝疫苗

第三节　学校常见的儿童疾病

一、流行性感冒

流行性感冒简称流感，是由流感病毒引起的一种常见急性呼吸道传染病。流感病毒分为甲、乙、丙三型，其中甲型流感病毒极易发生变异，流感大流行均由甲型流感病毒引起，乙型和丙型流感病毒主要呈局部小流行或散在发生。

（一）流行病学特点

①流行特征：突然发生，迅速蔓延，发病率高，流行过程短，无明显季节性，以冬春季节多发。一般每10～15年可发生一次世界性大流行，每2～3年可有一次小流行。迄今世界已发生过五次大的流行和若干次小流行，造成数十亿人发病，数千万人死亡。如1918年的那次流感在欧洲参加第一次世界大战的士兵中间开始传播，后来出现世界性大流行，使全世界2100万人丧生，是第一次世界大战中战死人数的两倍。

②传染源：主要是病人和隐性感染者。病人自潜伏期末到发病后5日内均可有病毒从鼻涕、口水、痰液等分泌物排出，传染期约1周，以病初2～3日传染性最强。

③传播途径以飞沫传播为主，流感病毒存在于病人的口鼻等分泌物中，随咳嗽、喷嚏、说话等所致的飞沫传播；也可以间接传播，通过病毒污染的茶具、食具、毛巾等物品传播。

④人群普遍易感，多见于5～20岁。感染后对同一型病毒可获得不同程度的免疫力，但型与型之间无交叉免疫性。

（二）临床特点

潜伏期1～3日，最短数小时，最长4日。各型流感病毒所致症状，虽有轻重不同，但基本表现一致。

单纯型流感：症状轻者，类似其他病毒（如鼻病毒）所致的上呼吸道感染，1～2日即可痊愈，很容易被忽视。典型的流感症状为：畏寒、发热起病（多于1～2日内达高峰，可达39～40℃高热），全身中毒症状较重，如明显头痛、全身酸痛（腰、四肢等）、疲乏无力、咽部发干及食欲减退等，而呼吸道症状较轻。发热2～3天后，呼吸道症状可加重，有鼻塞、流清涕、打喷嚏、干咳等（常误认为一般的伤风感冒），幼儿可伴有腹泻、呕吐、高热惊厥等。查体可见急性热病容，面颊潮红，眼结膜及咽部充血。本病属自限性疾病，一般3～4日内退热，其他症状随之缓解，但上呼吸道症状常持续1～2周后才逐渐消失，体力恢复亦较慢。

并发症的出现：如体温持续不退，要注意并发症的可能，尤其体弱儿童常并发肺炎，高热、烦躁、剧咳（重的有血性痰）、呼吸急促（重的呼吸困难、紫绀并有心衰），痰易分离出流感病毒。较轻的病人病程1～2周后进入恢复期，预后较好。重的会持续高热，病情日益加重，多于5～10日内死于呼吸与循环衰竭。另外可引发细菌性感染（如急性鼻旁窦炎、急性化脓性扁桃体炎、中耳炎等）、胃肠炎（呕吐、腹泻）、心肌炎（心律紊乱或循环衰竭）、脑炎（惊厥、意识障碍、脑膜刺激征阳性）、肾炎、中毒性休克等。

临床特点为起病急骤，发热，全身症状较重，或伴轻度呼吸道症状，一般自限痊愈，重则出现并发症。

（三）治疗与预防

1. 治疗

主要是对症治疗，注意休息养护，无特效药物治疗，酌情选用抗病毒药。

（1）对症治疗

对发热超过38℃（38℃以下可不做处理）的病儿可给予物理降温或药物降温，首选物理降温，若体温超过39℃（小儿38.5℃）可配合药物降温。物理降温：如减少穿衣盖被（但有怕冷、寒战，应保暖），用30～39℃的温水擦浴，冷毛巾冷敷（每10～15分钟更换一次冷毛巾）或25%～50%酒精擦拭头部前额、腋下、大腿根部等身体大血管处；退热药：如小儿退热栓、口服柴胡、美林等。注意退热剂量不宜太大，也不要短时间内反复使用，每次间隔至少4小时，其间可多喝温开水或0.9%的淡盐水补充发热散失的水分。如热不退要及时到医院就诊。

（2）一般护理

进行呼吸道隔离至热退后2天解除。卧床休息，多饮水（出汗多给淡盐水），选择容易消化的流质饮食如菜汤、稀粥、蛋汤、蛋羹、牛奶等，宜清淡少油腻，少量多餐，保证水分的供给，可多喝酸性果汁如山楂汁、猕猴桃汁、红枣汁、鲜橙汁等以促进胃液分泌，增进食欲。进食后以温盐水或温开水漱口，保持鼻咽口腔清洁卫生。

（3）抗病毒治疗

①三氮唑核苷（病毒唑）对各型流感均有疗效，用药治疗24小时多数患者体温会恢复正常，副作用少。以0.5%溶液滴鼻，同时口含2 mg片剂，每2小时1次，退热后减至每日4次，连续2日。

②金刚烷胺和甲基金刚烷胺只对甲型流感病毒有效。其机制是抑制病毒增殖，早期用药疗效好。金刚烷胺1～9岁小儿每天4～5 mg/kg，分2次口服，最高量每天不超过0.15 g；9岁以上同成人剂量即0.1 g/次，每天2次，共服3～5日。有口干、头晕、嗜睡、失眠和共济失调等副作用。甲基金刚烷胺较金刚烷胺疗效高，半衰期长，副作用小，治疗量为0.1 g/次，每日2次，口服。

③中草药对流感的治疗方法较多，对流感病毒有抑制作用或灭活作用的中草药有板蓝根、紫草、桉叶、贯众、鹅不食草、茵陈蒿、金银花、黄连、黄芩、连翘等数十种，可酌情选用。风热型症状表现为喉咙发炎，兼有头痛、鼻塞、流黄涕、咳嗽，脉象偏浮数，舌苔略黄。可用金银花、连翘、桑叶、菊花、淡竹叶、牛蒡子等散风热的中药。风寒型症状表现为怕冷、发热、鼻塞、流清涕、头痛、喉痒为主要症状。可用荆芥、防风、羌活、前胡、枳壳、甘草等散风寒的中药为主。暑湿型症状表现为头痛呕心、食欲不振、拉肚子、有高烧不退的情形。常见于高温、高湿的夏季。可以用香薷、扁豆、厚朴、连翘、淡竹叶等芳香化湿的中药。也可以选择适宜儿童服用的中成药，如小儿感冒退热冲剂、双黄连口服液、速效伤风胶囊、板蓝根冲剂等。注意一定要针对不同型的流感科学选药。

（4）抗生素治疗

要选用抗生素来防治继发性细菌感染。下列情况时可考虑应用磺胺与抗生素：继发细菌感染者；有风湿病史者；抗抵力差的幼儿，尤其是有心、肺疾病的患者。

2. 预防措施

（1）控制传染源

隔离消毒：健康人与病人隔离；病人所在场地和用具消毒(0.2%漂白粉喷洒、拭擦或煮沸或阳光暴晒等)。

（2）切断传播途径

①减少或停止集会和集体文体活动；

②避免到病人家和公共场所，或戴口罩；

③保持室内空气流通、新鲜，禁止随地吐痰（尤其公共场所）。也可用醋(每立方米用 4 ~ 5 mL 加水在火炉上慢慢蒸发) 或过氧乙酸熏蒸。

（3）保护易感人群

①加强休息、锻炼和营养,提高机体抵抗力；多食含维生素 C、E 及红色的食物，如西红柿、苹果、葡萄、枣、草莓、甜菜、橘子、西瓜及牛奶、鸡蛋等预防感冒的发生。

②药物预防。对易感者可服用金刚烷胺或甲基金刚烷胺 0.1 g，每日 1 次 (儿童及肾功不全者减量)，连服 10 ~ 14 日；或病毒唑滴鼻，均有较好的预防效果。此外，亦可采用中草药预防如口服野菊花、贯众、板蓝根等，也可预防流感。

③预防接种。常用减毒活疫苗或灭活疫苗，在疫苗株与病毒株型一致的情况下，有肯定的预防效果。但常因病毒发生变异而难以对流行株做有效预防。减毒活疫苗采用鼻腔接种，使之引起轻度上呼吸道感染，从而产生免疫力；每人每次 0.5 mL，在流行季节前 1 ~ 3 月（一般每年的 9 ~ 11 月）喷施双侧鼻腔。灭活疫苗采用皮下注射，副作用小，但大量制备较难，仅用于减毒活疫苗禁忌者；每次学龄前儿童 0.2 mL，学龄儿童 0.5 mL，大儿童及成人 0.5 ~ 1 mL。

（四）普通感冒、上感与流感

感冒分为普通感冒和流行性感冒，一般感冒是指普通感冒，流感就是流行性感冒。它们是两种病。

①病因。普通感冒是由多种病毒引起的一种呼吸道常见病，其中30%～50%是由鼻病毒引起。流感是由流行性感冒病毒引起的，其中最常见为甲型流感病毒。

②流行特点。普通感冒和流感都是主要通过飞沫传播，也可以间接传播。但普通感冒病例分布是散发性的，不引起流行。流感的最主要特点是流行，可引起区域性、全国性，甚至世界性的大流行。

③临床特点。普通感冒和流感都是急性呼吸道感染，但流感的起病比普通感冒急得多。普通感冒的主要症状是呼吸道卡他症状，即打喷嚏、鼻塞、流鼻涕、咽喉部不适、乏力等，但不发热。流感的突出症状是急性起病的寒颤、高热、浑身肌肉酸痛，头疼症状也很突出，但上呼吸道卡他症状相对比较轻。流感合并咽喉、扁桃体、副鼻窦、支气管、肺的细菌感染发生率比起普通感冒要高得多，甚至可导致少数病人死亡。

④"上感"指在临床上主要指细菌感染引起的鼻炎，咽喉炎等。感冒的病变部位主要在鼻黏膜；而"上感"病变部位主要在上呼吸道鼻、咽、喉。感冒的全身症状明显，其次是流涕、不同程度的鼻塞及头痛；而"上感"则以鼻、咽、喉局部症状为主，常有明显的咽痛。感冒主要以对症治疗为主，减轻症状的常用药物是抗病毒药，并发细菌感染时要用抗生素；而"上感"主要使用抗生素控制感染，以预防并发症的出现。感冒与"上感"也有一定的内在联系，感冒后人体上呼吸道的抵抗力明显下降，常会继发上呼吸道感染即"上感"，"上感"发生后也会使呼吸道抵抗力下降，也容易引起病毒性感冒。

二、细菌性痢疾

痢疾是一种肠道传染病，按病原体分细菌性痢疾和阿米巴痢疾两种，学校中以细菌性痢疾为主。细菌性痢疾简称菌痢，是由痢疾杆菌所致的一种常见肠道传染病。

（一）流行病学特点

①流行病学特征：细菌性痢疾多发于夏秋两季，此时气温条件适合痢疾杆菌生长繁殖，苍蝇多，传播媒介多；天热吃冷饮及生食瓜果蔬菜机会多；学校卫生条件及设施差时易致流行。

②传染源：包括患者和带菌者。

③传播途径：主为粪—口途径。痢疾杆菌随粪便排出，通过污染的手、食品、水源或生活接触，或苍蝇、蟑螂等间接方式传播，最终均经口入消化道使易感者受感染。

④易感人群：人群对痢疾杆菌普遍易感，学龄前儿童患病多，与不良卫生习惯有关，成人患者与机体抵抗力降低、接触感染机会多有关，加之不同菌群间及不同型痢疾杆菌之间无交叉免疫，故造成重复感染或再感染而可多次发病。

（二）临床特点

痢疾杆菌进入胃，易被胃酸杀灭，未被杀灭的细菌到达肠道，对肠道形成炎症性破坏，刺激肠壁神经使肠蠕动增加，表现为腹痛、腹泻、里急后重、黏液脓血便等。

临床上以发热、腹痛、腹泻、里急后重（肛门坠痛，有排便感又排不出）及黏液脓血便为特征。因各型痢菌毒力不同，临床表现轻重各异。潜伏期一般为 1 ~ 3 天（数小时至 7 天）。病前多有不洁饮食史。

①急性典型菌痢表现为起病急，畏寒、发热，多为 38 ~ 39 ℃以上，伴头昏、头痛、恶心等全身中毒症状及腹痛、腹泻，粪便开始呈稀泥糊状或稀水样，量多，继而呈黏液或黏液脓血便，量不多，每日排便十次至数十次不等，伴里急后重，左下腹压痛明显。急性菌痢一般预后良好，发病后 1 周出现免疫力，2 周左右可痊愈。

②急性非典型菌痢表现为急性发作性腹泻，每日便次超过 3 次或腹泻连续 2 日以上，仅有稀水样或稀黏液便者，应注意：病前一周内有菌痢接触史；伴有"里急后重"感；左下腹明显压痛；粪便镜检白细胞总数增高；粪便培养检出痢疾杆菌。具有上述前 3 项中之一和后 2 项中之一者即可诊断。

③急性中毒型菌痢病情进展迅猛、高热、惊厥，于起病数小时内发生意识障碍（嗜睡或烦躁甚至昏迷）或伴循环（休克表现）、呼吸系统衰竭（呼吸节律不齐、深浅不匀等中枢性呼吸衰竭或外周呼吸衰竭）的临床表现先后或同时出现。

④注意细菌性痢疾与阿米巴痢疾的鉴别。

表 7-3-1　细菌性痢疾与阿米巴痢疾的鉴别

鉴别项目	细菌性痢疾	阿米巴痢疾
病原体	痢疾杆菌	溶组织阿米巴原虫
流行病学	散发或流行	散发
潜伏期	1 ~ 7 日	数周至数月
表现症状	起病急，多有发热，腹痛、腹泻较重，便次频繁，里急后重明显，左下腹压痛明显	缓起，多无发热，腹痛轻，便次少，里急后重不明显，右下腹轻度压痛
粪便检查	外观多呈黏液脓血便，量少	量多，暗红色果酱样，特殊臭味

（三）治疗

1. 一般治疗

①高热、腹泻、呕吐严重者要卧床休息。隔离至症状消失，便检正常，至少

没有脓血便一周才能解除隔离。要多饮水，及时补充由于腹泻、呕吐等丢失的水份，如果吐泻频繁或伴高热，最好在温开水中加入少量的食盐配成淡盐水饮用，也可饮用适量果汁饮料，但不宜饮用牛奶与汽水，以免增加腹胀。饮食以易消化、忌油腻的半流质食物为主，如米汤、藕粉、稀粥、面条等。

②腹痛剧烈时可适当用解痉药，体温过高可用退热药，可同时配合物理降温。

③腹泻频繁者，可口服黏膜保护剂，如思密达（两餐间服）；微生态制剂，如乳酸杆菌、双歧杆菌等益生菌（调节肠道正常菌群，提高肠道免疫力）治疗。或用中药治疗，如清热利湿：葛根芩连汤；消积导滞：保和丸等；化湿健脾：藿香正气散等。

2. 抗菌治疗

应根据医生指导正规治疗，最好不要自行滥用抗生素治疗，否则易导致肠道正常菌群失调，转为不好治疗的慢性腹泻。常用抗生素药有氨苄青霉素、复方新诺明、黄连素、痢特灵等。勿将成人药随便用于儿童，如庆大霉素、氟哌酸、吡哌酸等，非用不可，要在医生指导下应用。儿童用药原则：能口服不肌注，能肌注不静脉给药，疗程一般 5~7 天。阿米巴痢疾采用灭滴灵口服。

3. 紧急治疗

急性菌痢重症或合并脱水者要到医院进行治疗，一旦中毒型痢疾，及时抢救治疗。

（四）预防

①控制传染源。对病人和带菌者隔离治疗，对其排泄物进行消毒。

②切断传播途径。加强卫生管理，注意环境卫生、饮食卫生、水源卫生和个人卫生。如垃圾处理、粪便管理、消灭苍蝇，食堂工作人员严格执行卫生制度，个人养成饭前便后洗手的习惯，不饮生水，不吃不洁食物等。

③保护易感人群。流行期间预防用药，服黄连素、呋喃唑酮，磺胺药等。饮食多吃大蒜也可起预防作用。

三、病毒性肝炎

病毒性肝炎（Viral Hepatitis）是由肝炎病毒引起以肝脏损害为主的传染病，包括甲型肝炎(Hepatitis A)、乙型肝炎(Hepatitis B)、丙型肝炎(Hepatitis C)、丁型肝炎(Hepatitis D) 及戊型肝炎(Hepatitis E)。乙型，尤以丙型肝炎易发展为慢性，少数患者可发展为肝硬化，极少数病例可呈现重型肝炎的临床过程。慢性乙型肝炎病毒（HBV）感染及慢性丙型肝炎病毒(HCV) 感染均与原发性肝细胞癌的发生有密切关系。

（一）流行病学特点

1. 流行特征

病毒性肝炎遍及全世界，我国属于甲型及乙型肝炎的高发地区，病毒性肝炎一年四季均可发生，不同地区发病率不同，青壮年和儿童感染率较高。甲型肝炎全年均可发病，秋冬季多发，常散在发生，发病年龄多在14岁以下，在托幼机构、学校及部队的发病率较高，且可发生流行；我国人群乙型肝炎 HBsAg 携带率约10%，农村高于城市，发病无季节性，一般散在发生，但常见家庭集聚现象，男多于女，发病年龄在低发区主要为成人，高发区主要为儿童；丙型肝炎主要为散发，多见于成人，发病无明显季节性，易转为慢性肝炎；丁型肝炎在我国各省市亦均存在；戊型肝炎的发病与饮水习惯及粪便管理有关，多发生于雨季或洪水泛滥之后。

2. 传染源

甲、戊型肝炎的主要传染源是急性患者和隐性患者，病毒主要通过粪便排出体外，潜伏末期和发病初期约发病前2周至发病后2~4周内的粪便具有传染性。乙、丙、丁型肝炎的传染源是急、慢性患者和病毒携带者，病毒存在于患者的血液及各种体液（汗液、唾液、泪液、乳汁、羊水、阴道分泌物、精液等）中，乙型肝炎急性患者自发病前2~3个月即开始具有传染性，并持续于整个急性期。HBsAg(+) 的慢性患者和无症状携带者中凡伴有 HBeAg(+)，或抗 –HbcIgM(+)，或DNA 聚合酶活性升高或血清中 HBVDNA(+) 者均具有传染性。

3. 传播途径

甲、戊型肝炎主要经粪、口途径传播，通常引起散发性发病，如水源被污染或生食污染的水产品（贝类动物），可导致局部地区暴发流行。乙、丙、丁型肝炎的传播途径包括：①血液（输血及血制品以及使用污染的注射器或针刺等）传播是主要的传播途径；②母婴垂直传播（主要通过分娩时吸入羊水，产道血液，哺乳及密切接触，通过胎盘感染者约5%）；③性接触传播；④生活上的密切接触。此外，尚有经吸血昆虫（蚊、臭虫、虱等）叮咬传播的可能性。

4. 易感人群

人类对各型肝炎普遍易感，各种年龄均可发病。甲型肝炎感染后机体可产生较稳固的免疫力，发病者以儿童居多。乙型肝炎在高发病地区，新感染者及急性发病者主要为儿童，成人患者则多为慢性迁延型及慢性活动型肝炎；在低发病地区，如果易感者较多，也可发生流行或暴发。丙型肝炎的发病以成人多见，常与输血、血制品、药瘾注射、血液透析等有关。丁型肝炎的易感者为 HBsAg 阳性的急、慢性肝炎及或无症状携带者。戊型肝炎各年龄普遍易感，感染后具有一定的免疫力。各型肝炎之间无交叉免疫，可重叠感染或先后感染。

（二）临床表现特点

各型肝炎临床表现基本相同，主要是疲乏无力、食欲不振、厌油、右上腹不适或疼痛、低热和黄疸（白眼球及皮肤发黄，尿液发黄，有的人无低热或黄疸出现）、肝脏肿大及肝功能损害等。疗程长，易反复，有的肝炎可转为慢性或重症肝炎，甚至发展为肝硬化或肝癌。各型肝炎潜伏期长短不一，甲型肝炎为 2 ～ 6 周（平均一个月）；乙型肝炎为 6 周 ~ 6 个月（一般约 3 个月）；丙型肝炎为 5 ～ 12 周（平均 7.8 周）。

1. 急性肝炎

①急性黄疸型肝炎多以发低热起病，伴以全身乏力，食欲不振，厌油，恶心，上腹部不适、甚腹胀、便秘或腹泻等，一般持续 5（3 ～ 7）天后出现尿色加深，巩膜及皮肤出现黄染进入黄疸期，多于数日至 2 周内达高峰，然后逐渐下降，（儿童患者黄疸较轻，且持续时间较短）本期持续 2 ～ 6 周。黄疸消退，精神及食欲好转，肿大的肝脏逐渐回缩，触痛及叩击痛消失，肝功能恢复正常，本期持续 1 ～ 2 个月。

②急性无黄疸型肝炎起病多缓，症状较轻，仅有乏力、食欲不振、恶心、肝区痛和腹胀，溏便等症状，多无发热，亦不出现黄疸。不少病例并无明显症状，仅在普查时被发现。多于 3 个月内逐渐恢复。部分乙型及丙型肝炎病例可发展为慢性肝炎。

2. 慢性肝炎

①慢性迁延型肝炎指急性肝炎病程达半年以上，仍有轻度乏力、食欲不振、腹胀、肝区痛等症状，病情延迟不愈或反复波动可达 1 年至数年，但病情一般较轻。

②慢性活动性肝炎指既往有肝炎史，目前有较明显的肝炎症状，如倦怠无力、食欲差、腹胀、溏便、肝区痛等面色常晦暗，可出现黄疸、蜘蛛痣、肝掌及明显痤疮。肝肿大质较硬，伴有触痛及叩击痛，脾多肿大。肝功能长期明显异常。

3. 重型肝炎

①急性重型肝炎亦称暴发型肝炎，特点是：起病急，病情迅猛，病程短（一般不超过 10 天）。患者常有高热，消化道症状严重（厌食、恶心、频繁呕吐，鼓肠等）、极度乏力。在起病数日内出现神经、精神症状（如性格改变，行为反常、嗜睡、烦躁不安等）等，可急骤发展为肝昏迷。出血倾向明显（鼻衄、瘀斑、呕血、便血等）。肝脏迅速缩小。

②亚急性重型肝炎起病初期类似一般急性黄疸型肝炎，但病情进行性加重，常有肝臭，顽固性腹胀及腹水（易并发腹膜炎），出血倾向明显。常有神经、精神症状，晚期可出现肝肾综合征，死前多发生消化道出血，肝性昏迷等并发症。肝脏缩小或无明显缩小。病程可达数周至数月，经救治存活者大多发展为坏死后肝硬化。肝功能严重损害。

③慢性重型肝炎在慢性活动性肝炎或肝硬化的病程中病情恶化出现亚急性重型肝炎的临床表现。预后极差。

（三）预后

急性肝炎预后大多良好。甲型及戊型肝炎主要表现为急性肝炎，一般不转为慢性，但戊型肝炎少数病例可发展为重型肝炎，大多数甲型及戊型肝炎患者能在3个月内恢复健康；乙型肝炎10%～15%发展为慢性肝炎。丙型肝炎的临床表现一般较乙型肝炎为轻，但发展为慢性肝炎的比例高，40%～50%。乙型与丙型的慢性感染都与原发性肝细胞性肝癌的发生密切相关。HDV重叠感染于乙型肝炎者使病情加重，且易发展为慢性肝炎、肝硬化、肝细胞性肝癌。

慢性肝炎中慢性迁延型肝炎的预后较好，但其中少数可能发展为慢性活动型肝炎、肝硬化或肝癌。慢性活动型肝炎的预后较差，可发展为肝硬化或重型肝炎。重型肝炎预后差，病死率高。存活者常发展为坏死后肝硬化。无症状HBsAg携带者预后一般良好。

（四）治疗

病毒性肝炎目前尚无满意的抗病毒药物治疗。一般采用综合疗法，以适当休息和合理营养为主，根据不同病情给予适当的药物治疗，同时避免饮酒、使用肝毒性药物（如降糖药、抗结核药、抗肿瘤药、避孕药、激素类药、磺胺等抗生素类药等）及其他对肝脏不利的因素（如吸烟、吸毒，经常睡眠不足、抑郁、便秘、感染、缺氧，经常食用加工食品、高脂高蛋白饮食等）。

急性肝炎多为自限性疾病。若能在早期得到及时休息，合理营养及一般支持疗法，大多数病例能在3～6个月内临床治愈。慢性肝炎应采用中西医结合治疗。

①休息。急性发病早期和慢性活动期必须卧床休息，至症状明显减轻、黄疸消退、肝功能明显好转后，可逐渐增加活动量，以不引起疲劳及肝功能波动为度。在症状消失，肝功能正常后，再经1～3个月的休息观察，可逐步恢复工作。但仍应定期复查1～2年。

②营养。发病早期宜给易消化，适合患者口味的清淡饮食，但应注意含有适量的热量、蛋白质和维生素，并补充维生素C和B族维生素等。若患者食欲不振，进食过少，可由静脉补充葡萄糖液及维生素C。食欲好转后，应能给含有足够蛋白质、碳水化合物及适量脂肪的饮食，不强调高糖低脂饮食，以免影响营养或导致糖尿病，不宜摄食过多。

③中药治疗。可因地制宜，采用中草药治疗或中药方剂辩证治疗。急性肝炎的治疗应清热利湿、芳香化浊、调气活血。热偏重者可用茵陈蒿汤、栀子柏皮汤加减，或龙胆草、板兰根、金钱草、金银花等煎服；湿偏重者可用茵陈四苓散、三仁汤加减。淤胆型肝炎多与湿热淤胆、肝胆失泄有关，在清热解毒利湿的基础上，重用消淤利胆法，如赤芍、黛矾、硝矾散等。

④抗病毒药物治疗如 α - 干扰素、阿糖腺苷、无环鸟苷、三氮唑核苷等。

⑤免疫调节疗法如转移因子、胸腺肽等调节免疫系统的细胞免疫能力。

⑥保护肝功能药物有维生素类：适量补充维生素 C 及 B 族维生素；维生素 E 有抗氧化、抗肝坏死作用，肝功障碍应予补充；凝血酶原时间延长者及黄疸患者应予维生素 K。促进能量代谢的药物：如三磷酸腺苷、辅酶 A、肌苷等。提高血清白蛋白、改善氨基酸代谢的药物：复方支链氨基酸注射液静脉滴注。促进肝细胞修复和再生的药物：胰高糖素 (1 mg) 及普通胰岛素 (10 U) 加于葡萄糖液内静脉滴注。其他如肝泰乐、维丙胺、肝必复等可酌情选用。

（五）预防

病毒性肝炎虽然是一种传染性较强的传染病，但只要做好预防工作，每一个人都树立卫生观念，养成卫生习惯，是完全可以降低发病率的。预防工作主要抓住以下三方面：

1. 控制传染源

①隔离急性期病人应住院或在家隔离，甲肝的隔离期最少在 30 天，乙肝应到血中表面抗原转阴，患者的饮食用具、漱洗用具应专用。对病愈者严格体检符合情况后才可返校。学校学生、教职工、后勤工作人员定期检查身体，发现可疑病人尽早隔离或调离工作。

②病人用具、粪便、尿等排泄物应消毒处理。

2. 切断传播途径

①加强饮食管理。管理好食堂饮食卫生，保证饮水卫生，严格执行食堂卫生制度和操作规程，做好餐具消毒工作；学生养成饭前便后洗手的个人卫生习惯，漱洗用品及食具专用；做好环境卫生管理以及粪便无害化处理等。

②加强医疗器械消毒处理。注射实行一人一管，或使用一次性注射器，医疗器械实行一人一用一消毒。加强对血液及血液制品的管理，做好血制品的 HBsAg 检测工作，阳性者不得使用，非必要时不输血或血液制品。

3. 保护易感人群

①药物预防。流行期间，学校可用中药预防，如每人以茵陈 30 g、山栀 9 g、甘草 3 g，每天一次，连服 3 天。

②预防接种。乙肝的预防主要采用乙肝疫苗预防接种，甲肝的预防可采用甲肝减毒活疫苗及灭活疫苗进行预防接种，使人体自身产生保护性抗体，避免发病。

③被动免疫。丙种球蛋白对甲肝有较好预防效果，可以早期应用。乙型肝炎特异免疫球蛋白亦可用于乙肝的被动免疫（免疫性只能维持 2 ~ 3 周）。

四、结核病

结核病是由结核杆菌感染引起的一种慢性传染病。自 20 世纪 50 年代后，随着有效抗结核药的出现，使该病的流行得到了较好的控制。但是，近年来此病的发生率有所回升，发病率以每年 1.1％ 的速度增长，世界卫生组织（WHO）于 1993 年宣布全球结核病进入紧急状态，1995 年确定每年的 3 月 24 日为世界防治结核病日。2006 年，WHO 提出的全球遏制结核病策略的核心，是以现代结核病控制策略（DOTS）为基础，将结核病防治服务覆盖到最边缘、最贫困和最脆弱的人群，包括老年人、儿童等。

（一）流行病学特点

①传染源：结核病的主要传染源是结核病患者，尤其是痰结核菌培养阳性的病人传染性强。

②传播途径：结核病主要通过空气飞沫传播，如结核病患者在讲话、咳嗽、打喷嚏时喷出带有结核杆菌的飞沫，如果被抵抗力差的人吸入呼吸道可能引发肺结核；其次与结核病人共用餐具或毛巾等也可能会导致传染；患病母亲也可将结核杆菌通过脐带血传染给胎儿等。

③易感人群：主要是身体抵抗力低下的人群，如儿童（尤其是婴幼儿）、老人、营养不良者、艾滋病病毒感染者、糖尿病等慢性病患者，以及由于工作生活繁忙导致抵抗力低下的成人等。小儿第一次感染结核病容易形成血行播散和结核性脑膜炎，对健康的威胁很大，所以应当重点防治小儿原发性结核病，如原发性肺结核。

（二）临床表现特点

人体多个器官都可患结核病，如肺、肾、肝、胃、脑、肠、膀胱、皮肤、睾丸、骨等，最常见的是肺结核。肺结核起初症状不明显，一般要到疾病进展到一定程度，或者感染结核杆菌数量多、毒力大时才有明显的临床症状：低热（一般为 37.5～38 ℃，多发生于午后和傍晚）、盗汗（病人在入睡或睡醒时全身出汗，注意：体质虚弱的正常人也会有此症状）、咳嗽（是最多见的症状，一般随病情进展由单咳→无痰干咳→呛咳，呈现咳嗽加重的趋势）、咳痰（初期此症状不明显，或有少量白色黏痰，病灶增大时痰量增加）、胸痛（当病变波及胸膜时会有此症状，多见隐痛或刺痛）、咳血（当病变伤及肺部血管时会出现咳血，痰内带血丝或小血块，注意：咳血的多少与疾病的严重程度不成正比关系）等，常伴有精神萎靡、乏力、食欲不振、体重减轻、女性月经不调等其他症状。

一般到医院做胸部 X 光透视检查发现肺部有异常阴影，再结合痰细菌检查呈结核杆菌阳性者多可诊断为肺结核。

（三）治疗

对于结核病，最好能做到早发现、早诊断、早隔离与早治疗。结核病的治疗原则是早期、联合、适量、规律、全程。

①早期是指结核病的早诊断和早治疗有利于及早控制病情、消灭病菌、促进病灶的消散与修复，另外还可避免周围人群的感染与患病。

② 联合是指一般医生会选用两种或两种以上有效的抗结核药物组成化疗方案，进行联合治疗。常用的、最有效的抗结核药：异烟肼、链霉素、利福平、乙氨丁醇、吡嗪酰胺等。

③适量是指必须遵照医生的规定，按合适的剂量（过小或过大的剂量都不可以）完成疗程，才能有效确保治疗效果。

④规律是指要保证规律的治疗，即在规定疗程内按规定用药剂量及次数规律用药，要尽量避免漏服或私自中断服药。

⑤全程是指一定要按医生要求完成规定的治疗疗程，如果疗程未满停药，容易导致治疗失败或疾病复发。当然，也没必要无限期用药，以免增加药物的毒副作用。一般一个疗程为 3 个月，全疗程为一年或一年半。短期疗程一般不少于 6 个月或 10 个月。

（四）结核病的预防

1. 控制传染源

对于学校儿童要加强平时的定期体检，以便及早发现结核病人；对于诊断为结核病的患儿，尤其是痰结核菌阳性患者要尽早进行隔离与治疗，否则会对周围儿童造成传染；教师或家长要教育儿童对结核病的认识，及时避开与结核病患者的亲密接触。

2. 切断传播途径

平时要禁止随地吐痰，做好室内外的卫生清洁，并常保持室内通风。教育结核病患儿不要正对着周围人大声说话、咳嗽或打喷嚏，最好戴上口罩，每天要将口罩煮沸后清洗。对痰菌阳性的患儿的痰、日用品及周围的东西都要加以消毒和处理：将痰吐在纸上烧掉或用 20% 漂白粉溶液泡 6 ~ 8 小时后倒掉；患儿用过的食具或衣物要煮沸消毒 10 ~ 15 分钟，衣物或被褥可在阳光下暴晒 4 ~ 6 小时；室内可用紫外线照射消毒，每日或隔日一次，每次 2 小时。

3. 保护易感人群

除了加强体育锻炼增强儿童的抗结核病的抵抗能力之外，按时按需为儿童接种结核病的预防疫苗，即卡介苗，是预防儿童患结核病的有效方法。卡介苗是一种去除毒力，对人无致病性活菌苗，经皮内注射或皮上划痕的方法接种于人体后，会使被接种者产生抗结核杆菌的抗体免疫成分，保护其不受感染。这种方法对易感人群的保护率可达 80% 左右，并可维持 5～10 年。经调查研究发现，我国儿童按计划接种卡介苗后，肺结核和结核性脑膜炎的发病率已明显下降。

（五）结核病患儿的日常护理

①要保证让结核病患儿有独立的卧室，光线充足，通风良好，吃饭餐具及洗漱用品要专用。

②要对结核病患儿的痰、日用品及周围的东西进行消毒和处理（如上述）。

③要保证合理的饮食与营养，最好给予高蛋白和高热能饮食，量宜高于正常人。最好选用优质蛋白来源，如牛奶、蛋、鱼虾、瘦肉、豆制品等；以碳水化合物作为主要热能来源为好，不宜多食动物油脂类食品；注意新鲜蔬菜、水果及杂粮的供给，以补充多种维生素和矿物质。

④监管患儿每天按时按医生规定服药，不得漏服、少服、多服或乱服药物，并按期到医院进行检查或用药的调整。

⑤教育该类儿童认识结核病的特点及日常注意事项，建立战胜疾病的信心，必要时进行心理辅导。

五、手足口病

手足口病是感染肠道病毒如肠道病毒 71 型（EV 71）、柯萨奇病毒 A16 型（Cox A16）等引起的以手、足、口腔等部位出现皮疹或疱疹为主要表现的一类传染病。该病多发生于 5 岁以下儿童，成人也可以患病。

（一）流行病学特点

手足口病的流行无明显的地区性。一年四季均可发病，但以夏秋季多见。此病的传染源为手足口病患者及隐性感染者，以发病后一周内传染性最强；传播途径主要为粪—口途径（经口摄入被病人粪便污染的水、食物或水果等）和呼吸道飞沫传播（病人咽部的病毒经咳嗽、打喷嚏时形成的飞沫传播），亦可经接触病人皮肤、黏膜疱疹液而感染；儿童普遍易感，但以 5 岁以下，尤其是 3 岁之内的婴幼儿发病率最高。

（二）临床表现特点

手足口病一般起病急，发热（初始低热，病情加重可出现高热），口腔黏膜出现散在的、米粒大小的疱疹，疼痛明显，手、足出现斑丘疹和疱疹，部分患儿在臀部或膝盖也可出现皮疹，疱疹周围有炎性红晕，疱内液体较少。可伴有咳嗽、流涕、食欲不振、恶心、呕吐、头痛等症状表现。少数病重或病情进展快的患儿会于 1～5 天后出现脑炎、脑膜炎、脑脊髓炎、心肌炎、肺水肿、循环障碍等，极少数可致死亡。

（三）治疗及预防

该病如果无并发症出现，一般预后良好，多于一周内痊愈。治疗以抗病毒治疗及对症治疗为主。可在医生指导下服用抗病毒药物（如利巴韦林、阿昔洛韦、丙氧鸟苷、干扰素等）、清热解毒中草药及维生素 B、维生素 C 等；重症病例可酌情给予甲基泼尼松龙、静脉用丙种球蛋白等药物治疗；对于发热、呕吐、腹泻者可给予相应对症治疗；对于口腔疱疹或溃疡者，有专家建议可用适量思密达用温开水搅成糊状于晚饭后及睡前涂于口腔溃疡局部，可促使疱疹或溃疡的愈合，同时还可减轻病毒对肠道黏膜的损害程度。

手足口病的预防至今还无特异性的预防方法，主要以加强监测、做好儿童个人、家庭和托幼机构的卫生工作为主要手段，如教育幼儿养成饭前便后洗手（要用肥皂或洗手液洗）、不喝生水、不吃生冷食物等的良好卫生习惯，避免接触患病儿童，尽量少到拥挤的、空气流通差的公共场所，对幼儿的玩具及用具要经常清洗消毒，要妥善处理好污物与粪便，加强儿童的营养与体育锻炼，保证儿童充足的睡眠，增强其抗病能力等；家庭和托幼机构要做好卫生清洁和消毒工作、衣被勤晒勤洗、经常开窗通风保持空气流通等；托幼机构还要做好晨间检查（有无发热伴手、足、口腔皮疹），及时发现病例及时处理（及时送诊或居家休息等），并及时向卫生和教育部门报告。

肠道病毒的消毒方法

对经常接触的物体表面（如餐桌、课桌椅、门把手、睡床栏杆、楼梯把手等）、玩具、游乐设施、寝具及书本等要做重点性消毒。消毒方法如下所述。

①粪便：用生石灰以 1:1 的比例与粪便充分搅拌均匀，作用 4 ~ 5 小时。

②餐具：用含有效氯 250 mg/L 的含氯消毒剂溶液浸泡 30 分钟。

③生活用具、玩具、校舍、书籍：用含有效氯 500 mg/L 的含氯消毒剂溶液擦拭消毒，作用时间 30 分钟，或用 0.3% 过氧乙酸作用 60 分钟，或用紫外线灯直接照射 30 分钟。

④患儿衣被：阳光下暴晒或煮沸 20 分钟或用含有效氯 500 mg/L 的含氯消毒剂浸泡 30 分钟。

⑤排泄物容器：用含有效氯 500 mg/L 的含氯消毒剂浸泡 120 分钟。

⑥饮用水：用含有效氯 1 ~ 3 mg/L 的含氯消毒剂如漂白粉、优氯净等作用 30 分钟。

⑦灭蝇：可用 5% 氯氰菊酯（奋斗呐）、2.5% 溴氰菊酯或其他杀虫剂，按说明书使用。

⑧生活污水：用含有效氯 50 mg/L 的含氯消毒剂作用 120 分钟。

⑨垃圾：用含有效氯 1000 mg/L 的含氯消毒剂溶液喷雾作用 120 分钟。

⑩厕所或其他污染地面、墙：用含有效氯 500 mg/L 的含氯消毒剂消毒，用量 200 mL/m²，旱厕也可用生石灰覆盖。

来源：《手足口病预防控制指南》（2008 版）

六、沙眼

沙眼（Trachoma）是儿童常见的一种感染性眼病，是由沙眼衣原体（一种由比细菌小、比病毒大的生物）引起的一种慢性传染性眼结膜炎症。因其在眼睑结膜表面形成粗糙不平的外观，形似沙粒，故名沙眼。沙眼在新中国成立前是致盲的第一位疾病，现在在全世界是继白内障疾病之后的第二位致盲眼病。沙眼已被列为 2020 年消灭可避免致盲疾病的眼病之一。

（一）流行病学特点

农村高于城市，任何年龄都可感染，儿童沙眼多由父母或其他家庭成员传染，有资料调查表明，无沙眼母亲的子女沙眼患病率为 37.7%，而有沙眼母亲的子女沙眼患病高达 82.5%。传染途径主要是接触传染，因病人的眼泪和眼分泌物中含有沙眼衣原体，故接触病人被沙眼衣原体污染的手、毛巾、手帕、脸盆、水、文具、玩具、工具及其他物品（也可通过苍蝇传播），均可能使健康人得病。此病的患病及病变的严重程度都与病人的生活环境卫生条件密切相关，卫生条件越差的地区患病率越高，病人的病变程度也相对越重。

（二）临床特点

沙眼发病缓慢，潜伏期 5 ~ 10 天，一般双眼发病，病程可持续数年或数十年，常因并发症使视力受到不同程度的损害。初期可无异常感觉，有时有轻微的发痒及异物感，早晨有少量眼屎、轻微的怕光、流泪等症状，眼睑结膜面上开始出现灰黄色、大小不一的、半透明的小滤泡或小白点；伴继发感染时症状加重，眼睑结膜面毛细血管充血严重，可见红色小点，乳头状上皮增生，炎症性增厚——如果经过反复感染可形成疤痕）；

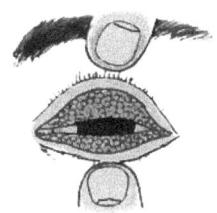

图 7-3-1　沙眼

晚期可发生并发症，如内翻倒睫（当疤痕引起眼睑内层增厚和眼睑形态改变时，它向下牵拉睫毛指向眼球），倒睫会加重病人的流泪、眼摩擦感、疼痛等症状，还会刺激角膜发生炎症、溃疡及血管翳（周围毛细血管生长进入角膜）的形成，使透明的角膜变浑浊，产生不同程度的视力障碍，甚至造成失明。

（三）治疗

沙眼的治疗可用 0.1% 利福平滴眼液、0.3% 氧氟沙星滴眼液点眼，每日滴 4 ~ 6 次，每次 1 ~ 2 滴，晚间临睡前可涂金霉素或氧氟沙星、环丙沙星眼药膏，以 2 ~ 4 周为一个疗程。对于重症沙眼患者应增加口服抗生素治疗，如口服螺旋霉素、强力霉素等可起到好的效果。对沙眼并发症和后遗症应施行相应的药物或手术治疗。

需注意的是，儿童，尤其是 7 岁以下儿童最好不用四环素及氯霉素等抗生素。在流行地区应采取群体治疗和家庭治疗，坚持用药，注意眼的卫生，沙眼是可以治愈的。但治愈后要注意预防再感染，因沙眼治愈后可复发。

（四）预防

及早发现病人，早治疗，定期进行沙眼检查；进行卫生宣传教育（了解沙眼进行预防），培养良好卫生习惯；预防沙眼关键在于做好个人卫生，经常洗手，保持面部和眼睛的清洁，不用脏手、衣服或不干净的手帕擦眼睛，毛巾、手帕要勤洗、晒干，毛巾和脸盆应专人专用、不混用。

积极改善环境卫生；加强理发室、浴室等的卫生管理，严格毛巾、脸盆等消毒制度；合理处理垃圾、消灭苍蝇等。

（五）沙眼与红眼病的区分

俗称的"红眼病"是一种急性传染性结膜炎。根据不同的致病原因，可分为细菌性结膜炎和病毒性结膜炎两类，全年均可发生，以春夏季节多见。红眼病也是主要通过接触传染。

患病早期，病人感到双眼发烫、烧灼、畏光、自觉眼睛摩擦痛，像进入沙子般地疼痛，紧接着眼皮红肿、怕光、流泪，早晨起床时，眼皮常被分泌物粘住，不易睁开。有的病人结膜上出现小出血点或出血斑，分泌物呈黏液脓性，有时在睑结膜表面形成一层灰白色假膜，角膜边缘可有灰白色浸润点。

治疗可冲洗眼睛，在患眼分泌物多处，宜用适当的冲洗剂，如生理盐水或 2% 硼酸水冲洗结膜囊，每日 2～3 次，并用消毒棉签擦净睑缘。也可对患眼点眼药水或涂眼药膏，如为细菌性感染，常用环丙沙星、金毒素眼药膏，10%～20% 磺胺醋酰钠眼药水；对混合病毒感染的结膜炎，除应用以上药物治疗外，还可用抗病毒眼药水，如为腺病毒可用 0.1% 羟苄唑眼药水、0.1% 疱疹净、0.1% 无环鸟苷眼药水等，每日 2～3 次，必要时还可应用干扰素等。

红眼病的预防同沙眼。

七、视力不良

视力是指眼分辩物体的形态、大小及细微结构的最大能力，也叫视敏度。视力不良是指眼睛经过科学验光检查，发现视力低于 1.0（对数视力表为 5.0）者，包括近视、远视、散光、弱视和斜视等。视力不良不仅影响儿童的健康成长，而且也会给日常的学习与生活带来许多不便与烦恼，如视力低于 0.3 者会出现读写困难，视力低于 0.1 者许多劳动都不能参加，视力低于 0.05 者就会被界定为盲（世界卫生组织的规定）。

国家第二次国民体质监测公报显示，2005 年，小学生视力不良率为 31.67%，初中生为 58.07%，高中生为 76.02%，大学生为 82.68%。2005 年与 2000 年相比，每个阶段的学生视力不良率均有所上升，且随年龄的增加升高的趋势越大，其中城市学生高于农村学生，女生高于男生。另外，在学生视力不良的发生率中，以近视眼所占的比例最高。

（一）近视眼

2010 年，据中国、美国、澳大利亚合作开展的一项防治儿童近视调查显示，我国近视眼人数已近 4 亿，居世界第一，近视发生率已经达到世界平均水平的 1.5 倍。我国儿童的近视人数已达 6000 多万人，列世界第二位，其中小学近视率达 28%、中学 60%、高中则达 85%。据调查，我国盲人群中，由高度近视致盲仅次于白内障和青光眼，位居第三位。

近视眼是眼的眼轴过长或屈光力量过强（调节肌紧张甚至痉挛）导致眼睛看不清远处的物体。

1. 近视眼的病因

近视眼的病因至今也还不太清楚，但人们一致认为，近视眼的发生是后天环境因素、先天遗传因素及儿童的营养、发育、健康状况等综合导致的结果。

（1）后天因素

① 读写时间过长和姿势不正确。近年来，我国通过大量的调查资料表明，学生近视眼发生率随学习的年限的升高而增加，高年级的发生率高于低年级的发生率。这与长期近距离读书、写字，加上读写姿势的不正确，使眼睛长期处于近距看事物的紧张状态，久而久之就会导致眼轴过长或视远物的屈光调节能力下降，出现近视眼。

② 学习环境不良。学校的教室、宿舍及家庭房屋的采光照明不符合用眼卫生，课桌椅不适合学生的身材需求等。学生户外活动空间的相对小，各种高大建筑物分布的密度大等影响了儿童的视野和入眼光线不足等都与近视眼的发生有一定的关系。

③ 不良的用眼卫生习惯。儿童少年在读书写字时不注意用眼卫生，如在走路、乘车或躺在床上看书，看电视或电脑时间过长，在光线过亮或过暗的环境中看书等。

④ 发育及营养因素。有研究发现，儿童身高与眼轴发育及近视的发生存在一定的相关性，同性别年龄组身材较高的儿童，其眼轴也较长，越易发生近视。近视眼与营养也有一定的关系，如长期嗜甜食（消耗体内维生素 B_1 增加）、偏食或过精细饮食、营养不良、维生素 A 和维生素 B_1 的缺乏、钙的缺乏、铬的含量不足等均易发生或加重近视。

⑤ 健康状况。近视眼的发生与体质虚弱或一些疾病等也有关系，如有眼科专家认为，儿童患某些发热伴咳嗽的感染性疾病，如上呼吸道感染、麻疹、肺炎、百日咳等，病后容易得近视眼。可能原因是发烧加上频繁的咳嗽，会使眼压升高，促进形成轴性近视眼。

（2）先天因素

近视的发生与遗传有一定的关系。例如患高度近视的学生，他们的父母也往往（不是"一定"）患有高度近视。多数高度近视为常染色体隐性遗传。

2. 表现特点

多数近视眼患者初期临床症状不明显，远视力减退，通常有看远处物体模糊不清，要将物体或书本移近眼前看，不戴眼镜看远物时会眯眼或皱眉头观看。但近视力良好；有的近视眼患者会有眼球胀痛，头痛、恶心，视物眼感困乏、干涩等视疲劳现象；中度以上的近视眼可有眼球突出的外观表现。

轻度近视眼并发症很少；高度近视者，可并发视网膜脉络病变（视乳头周围的脉胳膜被牵拉、大片脉胳膜萎缩等）、玻璃体液化或混浊、视网膜萎缩或脱离、黄斑部萎缩或出血、视神经萎缩并发白内障等。

3. 近视眼分类

（1）按屈光度分类

① 轻度近视眼：近视度 < –3.00D(300 度)，需配屈光度为 3 的凹透镜，一般无眼底病理性改变。

② 中度近视眼：–3.00D(300 度)< 近视度 <–6.00D(600 度)，可有轻度眼底病理性改变。

③ 高度近视眼：近视度 >–6.00D(600 度)，常引起玻璃体和眼底的退行性病变，其中 >–10.00D(1000 度)、眼底病理性改变严重的也称恶性近视眼，多与遗传因素有关。

（2）按性质分类

① 假性近视（屈光性近视）：眼的屈光力增加，但没有眼轴的增长形成的近视。

② 真性近视（轴性近视）：眼的屈光力正常，但眼轴比正常人增长形成的近视。

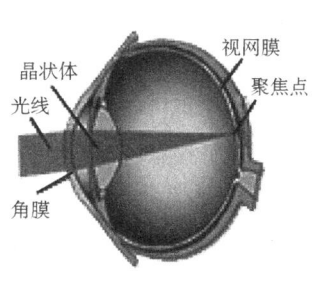

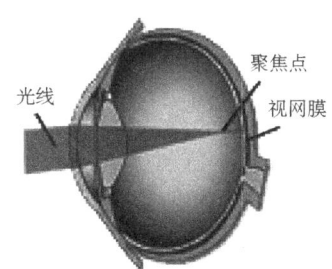

图 7-3-2　正常眼　　　　　图 7-3-3　近视眼　　　图 7-3-4　近视眼的矫正

4. 近视眼的治疗

目前，还没有彻底能长期改变真性近视眼屈光状态的治疗方法，配眼镜仍是治疗近视眼最好最常用的方法。手术治疗是可供选择的一种治疗方法。另外，也可适当配合药物和仪器治疗，中医的针灸、推拿、气功等也有一定的防治作用。

①配眼镜。实际是用凹透镜来矫正视力。只是对症治疗，而不是针对病因治疗，如果戴眼镜后，仍不注意用眼卫生，近视的度数将会继续加深。

②药物治疗。治疗近视的仪器和药品，通过药物的调节或中医的经络刺激来达到放松或改善眼的调节功能，从而提高眼的视力，一般起到暂时性改善视力或防止视力加深的作用。

③手术治疗。有 RK、PRK、LASIK 和 LASEK 手术等，一定要选择设备条件好，技术经验好的医生来进行手术。

RK 即 "放射状角膜切开术" 是最早开展的一种治疗近视眼的手术，它是医生用钻石刀在病人角膜上作放射状切口，使角膜中央平坦，角膜屈光率降低，从而达到矫正视力的目的。但因此手术术前预测性不准，术后眼球抵抗力下降等原因而趋于淘汰，逐渐被准分子激光手术取代。

准分子激光手术可分 PRK 手术（即准分子激光角膜切削术）、LASIK 手术（即准分子激光角膜原位磨镶术）和 LASEK（即准分子激光角膜上皮磨镶术）等，都要是通过激光对角膜进行相应组织的切削或磨合，使角膜变平，降低眼的屈光力。相对 RK 手术，切割的精确度高、副作用少，手术比较简单、相对安全有效。但是也不能保证术后近视眼就不会复发，而且不适宜生长发育期的儿童（手术的合适年龄是至少 20 岁以上），另外，有眼病和其他疾病的患者，如一只眼已失明、圆锥形角膜、角膜疤痕、弱视、视野缺陷、视网膜疾病、Ⅰ 型糖尿病、风湿性关节炎患者或结缔组织病患者等都不适合做此类手术（注：怀孕及哺乳期的妈妈也不适合）。

5. 近视眼的预防

（1）做好用眼卫生的宣传教育工作

如何预防近视眼？如何防止近视眼的加深？相关的预防常识应该成为"家庭—学校—社会"综合操作，一起来做宣传教育的一项重要工作。近视眼的发生与用眼时间及眼看物体的距离密切相关，平时的用眼卫生要做到"三个一""二要""二不要"。

① 养成良好的读写坐姿，做到"三个一"，即"一尺、一寸、一拳"，眼与书本的距离保持一尺，握笔时食指离笔尖一寸，胸部距离桌子一拳。

② "二要"是指：连续看书、写字 1 小时左右，眼睛要休息一会（不少于 10分钟）或向远处眺望一会；连续打电脑、看荧光屏 0.5 小时左右，眼睛要休息一会或向远处眺望一会。

③ "二不要"是指：不要在光线昏暗、强光或直射阳光下看书、写字；不要躺在床上、在晃动的车船上或走路时看书。

（2）已有近视眼的患者设法阻止近视度数加深

① 到正规医院检查，佩戴合适的眼镜，并定期复查。一般每 6 个月应复查一次，及时更换不合适的眼镜，及时诊断与治疗高度近视眼的并发症。

② 坚持每天做眼保健操，定期检查视力。眼保健操的功能是通过自我按摩眼部周围的穴位，使眼睛内血液循环畅通，达到活血通络、解除眼肌及睫状肌的肌紧张与痉挛的目的，对保护视力有肯定的作用。最好每天定时做 1 ~ 2 次。

③ 改善学习环境，平时要注意用眼卫生。每学期开学前要检查教室的采光、照明情况，教室墙壁要定期粉刷，黑板要定期刷黑；课桌椅要配套，要适合学生身体比例的需要；学生平时学习要自觉做到用眼卫生。

④ 生活要规律，重视饮食防治。适当参加体育活动，但高度近视眼者应避免剧烈运动，以防并发视网膜剥离。据研究，钙、蛋白质、维生素 A 等营养素的缺乏也可成为近视的诱发因素，例如糖类物质摄入过多可降低体内钙的含量，钙的减少可造成巩膜弹性的下降而形成近视。所以，预防近视眼的发生除了良好的用眼卫生外，还要教育儿童不偏食、不挑食，多吃优质蛋白、维生素含量较高的食物。

（二）远视眼

远视眼是眼的眼轴过短（晶状体距离视网膜过近）或屈光力量过弱（如晶状体的凸度小于正常眼晶状体的凸度）导致眼睛看不清近处的物体。因为眼睛的眼轴过短或屈光力量减弱都会使物体射来的平行光线不能有效会聚在视网膜上，而是会聚到视网膜之后，不能在视网膜上清晰成像，出现视物不清，尤其是视近物时需要眼的折光更强一些，所以眼睛看越近的物体越不清楚。为了矫正远视眼，可配戴凸透镜。

（三）散光

散光是指眼角膜或晶状体的表面的弯曲度不一致，即不同方位的曲率不等，折光面不呈正球面，平行光线不能在视网膜聚焦成焦点，造成视物不清、重影或物像变形等。出现散光，尤其是伴有视力减退、视疲劳症状时应尽早矫治，一般用圆柱状镜矫正，不规则散光可用角膜接触镜（直接戴在角膜上的或矫治散光的一种隐形镜）矫治。

（四）弱视

弱视是眼部经过检查无器质性病变，但矫正视力低于 0.9 的单眼或双眼视力减退。弱视是儿童视力发育过程中比较常见的一种儿童眼病，多是由于先天或视觉发育的关键期（出生至 3 岁），眼睛未能接受到适宜的光线刺激（如进入眼的光刺激不足，双眼视觉输入不等），使视觉发育受到影响而发生的视觉功能减退的状态，主要表现为视力低下及双眼单视功能障碍。在我国，弱视的患病率为2% ~ 4%，我国已有 1500 多万儿童患弱视。专家提示：弱视的危害大于近视，因为弱视患儿不仅单眼或双眼视力低下，而且没有完善的双眼视觉功能，如立体视觉模糊、不能准确判断物体的方位与远近等，如果不及时治疗（一般认为 6 ~ 8岁是最佳治疗阶段，超过 12 岁效果甚微），可能会导致患儿终身的视力缺陷。

八、龋齿

"龋齿"俗称"虫牙"或"蛀牙"，是一种很常见的牙齿疾病。世界卫生组织已将龋齿与肿瘤、心血管疾病并列为当今人类三大重点防治疾病。我国40%～60%的人有龋齿病，儿童患病率更高，达70%以上，必须重视龋齿病的防治。

（一）龋齿的概念

龋齿是牙齿在机体内外环境因素的影响下，逐渐发生硬组织软化和有机溶解，使牙齿组织遭到破坏、缺损的疾病，是人类口腔常见病之一。

（二）病因

龋齿一般是由于进食黏滞性食物（尤其是含蔗糖的食物），此类食物进入口腔易黏滞在牙面或牙缝里形成牙菌斑，经牙菌斑内致龋菌的作用，发酵产酸，这些酸（主要是乳酸）会侵蚀牙齿表面结构使之脱钙缺损，腐蚀牙齿形成龋斑或龋洞。

（三）临床特点

龋齿好发部位包括：窝沟、邻接面和牙颈部。根据龋齿损坏程度分为浅、中、深龋三个阶段：

①浅层龋：破坏牙齿表面的釉质层，牙釉质表面变软呈灰白色或有色素沉着。患儿没任何感觉，不易引起重视。

②中层龋：破坏到达牙齿的牙本质浅层，出现浅的龋洞，探针可插入洞内。患儿病牙对冷、热、酸、甜等刺激敏感，或产生轻微不适。

③深层龋：龋洞深达牙本质深层，接近或通至牙髓腔。患儿病牙对冷、热、酸等刺激更加敏锐，并产生疼痛，去除刺激后疼痛停止。当炎症继续发展到牙根会引起持续性疼痛，牙齿不能咬合，甚引起全身性疾病。

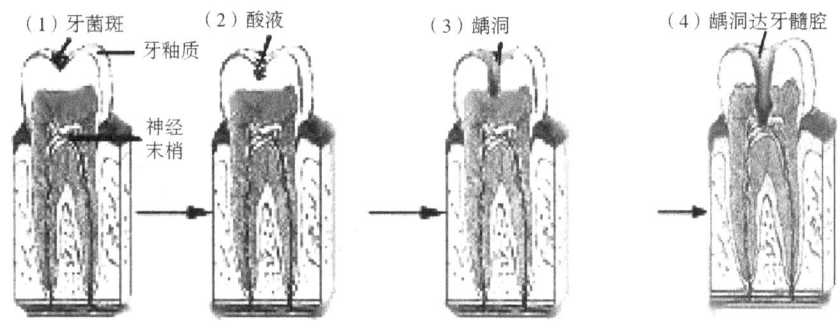

图 7-3-5　龋齿的形成过程

（四）龋齿的预防

1. 保持口腔清洁

从幼儿（3岁）起就要养成早晚刷牙（尤其是睡前刷牙更为重要）、饭后漱口和睡前不吃零食的习惯，以减少食物残渣的存积和附着，减少牙菌斑的形成，增强牙齿的抗病能力。注意：要选用正确的刷牙方法——竖刷法（将牙刷头平行于牙面，并与牙面成45°角，然后顺着牙的长轴刷，即顺着牙缝刷，上牙向下刷，下牙向上刷，咀嚼面前后刷，里里外外都刷到），不要拉锯式的横刷法；最好做到进食后及时（一般饭后10分钟为好）刷牙，每次刷牙不少于3分钟，换新牙刷的间隔时间不超过3个月。

2.注意营养，培养良好的饮食习惯

儿童膳食中应保证供应适量的维生素、磷、钙等，以促进牙齿的健康发育。例如牛奶、黄豆和豆类制品、肉、骨头汤、海带、新鲜蔬菜和水果等。适量吃些粗粮或含纤维素多的食品对牙齿也有保健作用，因为粗粮等的纤维素的充分咀嚼可促进唾液和其他消化液的分泌，既利于儿童的消化吸收，也起到摩擦、洗刷牙齿，促进去除牙齿残渣及牙垢的作用。

糖尤其是蔗糖，是导致龋齿的"祸根"，要预防龋齿，就必须控制甜食。儿童不宜过多食用甜的食品，尤其是含蔗糖多的食品，更不要在睡前吃糖果或糕点，尤其是黏滞性大的甜食如奶糖、蛋糕等。

3.药物预防龋齿发生

氟化物是目前最常用的防龋药物，它对牙齿有三大功能：①可通过增加牙齿组织中的含氟量来增加牙齿的硬度，提高抗酸腐蚀的抵抗力；②氟化物可修补早期侵蚀的牙釉质；③可抑制致龋细菌，如乳酸杆菌的生长及活性，降低其产酸量。口服自来水加氟、含氟牙膏刷牙、牙齿局部涂氟等都是可用的防护措施。注意：3岁之前幼儿不宜使用氟化牙膏（防止自行吞下过多的氟，引起氟中毒），高氟地区的儿童不易用氟防龋。另外，也常在牙膏或漱口液中加入抑止致龋细菌生长的酶或药物来预防龋齿的发生。

4.定期进行口腔检查

正常应每半年至一年请口腔医生检查一次，以尽早发现龋齿，及进治疗。平时要注意查看儿童的口腔，发现龋齿及时就医。

（五）龋齿的治疗

①牙釉质龋：可药物处理，常用氟化钠甘油糊剂或硝酸银涂牙齿，防止龋齿加重。

②牙本质浅龋：可用银汞合金或复合树脂填充龋洞来进行填补治疗。

③牙本质深龋：先用羧酸酯粘固粉或磷酸锌粘固粉或氧化锌粘固粉作洞基，再用银汞合金或复合树脂填充龋洞的填补治疗。

九、脊柱变形

当脊柱的生理弯曲改变时，就叫脊柱变形。脊柱变形有两类：一类是病理性的脊柱变形，是由于脊柱结核、佝偻病或外伤等疾病引起；另一类是儿童姿势性的脊柱变形，常由于长期姿势不正确所致。这里主要说的是儿童姿势性的脊柱变形，最常见的是驼背和脊柱侧弯。

（一）脊柱变形的多发原因

儿童姿势性的脊柱变形发生的原因主要有三点：

①长期坐、立、行姿势不正确。儿童读书、写字、站立或行走时，长期姿势不正确，如歪着头、弯着腰、扭着身子写字，斜着身子站立，弓着背走路等。由于儿童的脊柱正在发育，骨化尚未完成，尤其是年龄越小，骨越软，受压极易变形，长期的姿势不良会使变形的脊柱固定导致成年后的畸形。

②肩部长期受力不均匀。如经常单肩背书包或单手提东西，导致肩部长期受力不均匀，两肩高低不平，长期下去导致脊柱侧弯。

③腰背肌肉缺少锻炼。腰背肌是支持脊柱处于正常位置的重要肌群。有研究者曾测试 9 ~ 17 岁各年龄组的脊柱正常和脊柱变形儿童的背肌力，发现在每个年龄组中都是脊柱变形组的背肌力小于脊柱正常组。可见腰背肌缺少锻炼导致力量减弱也是脊柱容易出现变形弯曲的重要因素。

（二）脊柱变形的防治

①培养良好的坐、站、行走的姿势。培养良好的姿势，做到站如松，坐如钟，行如风和睡如弓。站立时两臂自然下垂，挺胸收腹；走路时抬头挺胸；睡眠时，不宜睡软床，仰卧、侧卧都可以，侧卧时双腿可稍弯曲，但不要蜷缩身体；看书、写字的坐姿尤其重要，坐时身体要端正，两肩平摆，身子不要趴在桌上，写字时两手臂要等长度地放在桌面，一长一短就会使身子歪斜，胸部与桌沿保持一拳的距离。

②关注儿童的双肩负荷与受力。儿童背的书包不宜过重，书包的重量不宜超过儿童本身体重的 1/10 ~ 1/8。儿童最好背双肩书包，如果没有双肩书包，可左、右肩轮换背书包，保持双肩经常性的受力均匀。

③加强体育锻炼，科学进行矫正运动。处于发育期的儿童要重视体育锻炼，尤其应该加强躯干肌的锻炼。已经有轻度脊柱变形的儿童，还应根据弯曲异常的方向进行锻炼，如脊柱侧弯，可经常做向同侧弯曲的活动（凸向左侧，做向左侧弯的活动，凸向右侧，做向右侧弯的活动），加强同侧肌肉的张力，同时消除对侧肌肉的挛缩或扭转。驼背可多做扩胸、伸直脊柱的运动。这样长期的锻炼可促进轻度的脊柱变形得到矫正。

十、缺铁性贫血

缺铁性贫血是由于体内铁贮备不足，不能满足正常人体内红细胞中血红蛋白生成的需要，导致出现红细胞体积变小，血红蛋白含量降低的一种小细胞低色素性贫血。它是最常见的一种贫血，也是儿童多发的一种贫血。

（一）缺铁性贫血的病因

①铁的需要量增加而摄入量不足。生长发育越快的儿童，尤其是婴幼儿、青春期少年对铁的需求量也越大，如果饮食中铁的摄入不能相应增加，就会导致体内合成血红蛋白的铁量不足。

②铁的吸收障碍。一切影响铁在胃肠道吸收的因素都可导致铁的吸收障碍。如植物性食物中的植酸盐、草酸盐、磷酸盐、碳酸盐等能与铁结合成聚合物，干扰铁的吸收；胃中胃酸分泌减少导致食物中三价铁不能被还原成二价铁，不能被肠黏膜吸收；长期腹泻、慢性肠炎等导致不能正常吸收铁等。

③铁的丢失过多。正常儿童体内铁丢失过多最常见原因是青春期少女月经量过多。另外，有一些病也会导致铁的丢失过多，如慢性胃肠道失血（如痔疮、胃十二指肠溃疡、肠道寄生虫感染等）、长期咳血（如肺结核、支气管扩张、肺癌等）等。

（二）缺铁性贫血的临床表现

缺铁性贫血的早期症状不明显，一般当血红蛋白下降到 80 g/L 以下时，可表现皮肤、黏膜苍白，眼结膜处明显；食欲减退、精神烦躁，注意力不集中，多动等；年长儿经常口诉乏力、头晕、头疼；呼吸、心率加快，活动后更明显；抵抗力下降，易患各种感染性疾病。一般贫血越重，表现症状就越重，如果缺铁性贫血长期不被纠正会影响到儿童智力的发育。

身体血液检查：血红蛋白低于正常值（6 个月 ~ 6 岁儿童 110 g/L，7 ~ 14 岁儿童 120 g/L。）

（三）缺铁性贫血的治疗

缺铁性贫血的主要治疗原则是根治病因与补铁治疗。

病因治疗是针对导致儿童体内铁不足的原因进行调整或治疗，如增加饮食中含铁丰富的食品，治疗导致慢性出血的疾病等。

补铁治疗可以从以下方面治疗：①从饮食中补。如增加动物全血、肝脏、瘦肉、海带、黑芝麻、黑木耳、菠菜、芝麻酱等含铁丰富的食物，同时增加新鲜蔬菜和水果促进铁的吸收，也可吃一些铁强化的食品等。②口服铁剂药物。如口服硫酸亚铁、富马酸铁等，同时服用维生素 C 提高铁的吸收率。注意：不能与牛奶、茶、咖啡同时服用，会影响铁的吸收。一般持续到血红蛋白达到正常水平后 6 ~ 8

周。③注射含铁针剂。如果不能口服或口服效果不好，可改用注射含铁针剂治疗，如肌肉注射右旋糖酐铁、山梨醇枸橼酸铁等。

（四）缺铁性贫血的预防

①改善饮食习惯，摄入足量的多样化食物，尤其对生长发育快的儿童更要注意含铁食物的适当增加。

②定期进行儿保检查，即时、早期发现缺铁性贫血，并及时进行干预。尤其对有症状表现怀疑是贫血的儿童更要赶快到医院就医检查。

③及时治疗儿童发生的各种疾病，以免耽误病情控制，造成疾病导致的缺铁性贫血。

④加强儿童缺铁性贫血特点及预防知识的宣传。引起儿童家长及监护人尽早对缺铁性贫血的认识及预防。

十一、糖尿病

糖尿病是由多种病因引起的体内胰岛素分泌量不足或分泌功能障碍，导致体内糖、蛋白质、脂肪和电解质等一系列代谢紊乱，出现长期反复存在的高血糖、高尿糖异常体征，进而损伤多种器官或组织的一种慢性代谢性疾病。主要有：Ⅰ型糖尿病（即胰岛素依赖型糖尿病）、Ⅱ型糖尿病（即非胰岛素依赖型糖尿病）、妊娠糖尿病及特殊类型糖尿病（如胰岛素作用的遗传缺陷、胰腺外伤、手术或肿瘤等引起的糖尿病等）等多种类型。其中Ⅰ型糖尿病与Ⅱ型糖尿病属于原发性糖尿病，是糖尿病的多发类型。

（一）糖尿病的病因

Ⅰ型糖尿病多发生于儿童（少数成人也有发生），尤其有Ⅰ型糖尿病遗传易感性的儿童，多由某些病毒如柯萨奇病毒、风疹病毒、腮腺病毒等感染后导致自身免疫损伤，直接破坏胰岛素 β 细胞，导致胰岛素分泌障碍或停止分泌胰岛素；Ⅱ型糖尿病多发生于成人（约占总糖尿病人数的90%，少数儿童也可发生），尤其是具有遗传易感性的40岁以后的肥胖个体更容易发病，多是由于胰岛素量相对不足或产生组织细胞的胰岛素抵抗（细胞不再同胰岛素结合）引起，另外，热能营养素摄入过多、膳食纤维摄入少、体育活动少、吸烟、心理压力过大等也成为该病发生的重要危险因素。近年来有儿童出现Ⅱ型糖尿病人数增多的趋势，尤其是肥胖儿童易发生。

（二）糖尿病的表现症状及诊断

糖尿病典型的临床表现症状是"三多一少"，即多饮、多尿、多食和体重减轻，可伴有体乏无力、皮肤瘙痒、视力模糊等症状。其中儿童患Ⅰ型糖尿病多起病较急，症状较明显，血糖水平高，不少是以酮症酸中毒为首发症状（当胰岛素严重缺乏或病情进展较快时，可出现糖尿病酮症酸中毒，如极度烦渴、尿多、明显脱水、极度乏力、恶心、呕吐、呼吸困难、精神萎靡或烦躁、嗜睡、昏迷，危及生命）。Ⅱ型糖尿病多数发病缓慢，症状较轻（很少出现酮症酸中毒），甚至无任何症状，血糖增高不明显，多因出现并发症、伴发病（如高血压、高血脂等）或在健康体检时发现。

糖尿病的诊断具备以下三项之一即可诊断。

①非同日两次空腹（禁食 8 小时以上）血糖值大于或等于 7.0 mmol/L (126 mg/dl)。

②葡萄糖糖耐力测试两小时后血糖值大于或等于 11.1 mmol/L (200 mg/dl)。

③具有糖尿病表现症状，并且随机查血糖值大于或等于 11.1 mmol/L (199.8 mg/dl)。

（三）糖尿病的治疗

糖尿病是一种慢性疾病，尤其是原发性的Ⅰ型与Ⅱ型糖尿病还没有可以彻底根治的治疗办法。Ⅰ型糖尿病主要通过终身使用胰岛素（皮下注射）来控制疾病或维持健康，发育期儿童饮食控制要适当（要满足生长发育的营养需求），运动要尽量避免低血糖的发生，酮症酸中毒时不宜运动；Ⅱ型糖尿病主要通过使用降糖药（少数也用胰岛素），配合饮食控制与运动治疗等综合调理的办法来治疗。

（四）糖尿病儿童的日常护理

糖尿病儿童的日常护理除了要每天督促或监管其按时按量注射胰岛素（如三餐前注射或一日两次注射，或用胰岛泵注射的时间及注射剂量等）之外，还要重视饮食的合理控制、预防感染及心理辅导、运动锻炼等。

① 控制饮食。 主要控制糖及总热量的摄入，但又要保证生长发育及健康所需的营养供给。饮食建议：每天所需热卡 =1000 ＋（年龄 ×80 ～ 100），热卡分配：碳水化合物占 50%，蛋白质占 20%，脂肪占 30%；3 餐热量分配：1/5、2/5、2/5，每餐留少量食物作为餐间点心。注意事项：详细记录进食情况，根据每天的活动量及血糖值做出规律的调整；保证儿童随身携带一些糖果或饼干，以防低血糖发生时及时进食；平时要严格制止儿童乱吃零食，尤其是甜品、含碳水化合物或热量高的食品。

②预防感染。糖尿病血糖高时，抵抗力会下降，容易发生感染。另外，感染也易引起血糖增高或加重酮症酸中毒的发生。所以，平时要预防糖尿病儿童发生感染。注意事项：要勤洗脸、洗头、洗澡、洗内衣等，保持皮肤的清洁；要勤剪指甲，避免皮肤抓伤；要保证平时活动及娱乐时的安全，防止刺伤、摔伤、碰伤及其他损伤等；做好会阴部护理（尤其是女孩要每天清洗），防泌尿道感染；如果已经发生感染，要积极使用抗生素治疗。

③心理辅导。糖尿病儿童由于长期用药、血糖的波动、症状的困扰，容易出现负性心理表现，如烦躁、易怒、冲动、情绪低落、自卑、抑郁等，需要给予长

期的心理辅导与支持。

④运动锻炼。糖尿病儿童也要重视体育的锻炼与运动治疗，最好在医生与运动治疗师或体育老师的配合下，为其安排每天规律合理的锻炼或运动方案，以免出现运动中的低血糖。另外，如果该儿童已出现酮症酸中毒，要禁止运动，以防加重危险。

十二、蛔虫病

儿童最常见的寄生虫病是蛔虫病。此病会影响到小儿的食欲及胃肠道功能，虫体寄生肠道，夺取营养，还会导致胃肠功能紊乱，进而影响儿童的生成发育，如果不及时治疗还可能会出现系列并发症，有时也会危及生命。我国各省区均可流行此病，农村高于城市，儿童高于成人，尤以学龄期和学龄前期儿童感染率最高。

蛔虫病多是由于从口吞入含有蛔虫卵的食物，蛔虫卵在人小肠孵化到幼虫，幼虫可在人体内移行和发育。幼虫经血流进入肝脏，之后进入肺，穿过微血管经肺泡、支气管、气管到达咽部，再被吞入胃肠道，在小肠发育成成虫。整个周期为 1 ~ 2 年。

（一）蛔虫病的临床表现

①幼虫移行期。如果短期内生吃了含大量蛔虫卵的食物，肠道吸收虫体异性蛋白可出现低热、乏力、荨麻疹、气喘、肠痉挛、血管神经性水肿等过敏反应。也可引起蛔虫性肺炎、哮喘和嗜酸性粒细胞增多症等。

②成虫期。大多数病例无任何症状。儿童常有反复发作的、突然发生的脐周阵发性疼痛表现，按无压痛。常有食欲减退、恶心、时而腹泻或便秘，大便中有时会排出蛔虫，蛔虫过多也可能会引起胆道蛔虫病、蛔虫性肠梗阻等并发症。有时儿童也可有惊厥、夜惊、磨牙、异食癖等异常表现。

（二）蛔虫病的治疗

主要采用驱虫疗法，使用如肠虫清、驱蛔灵或甲苯咪唑等药物，按说明剂量使用。

（三）蛔虫病的预防

①教育儿童从小养成良好的饮食卫生习惯，饭前便后要洗手，不吃不干净的蔬菜水果、不吃没煮熟的饭菜等。

②加强儿童生活环境的卫生清洁工作，尤其是生活垃圾、呕吐物、粪便等的及时处理和清洁等。

③加强有关蛔虫病的卫生知识的宣传教育，使儿童、家长、教师等获得对蛔虫病防治知识的认识。

第四节　常见的特殊儿童急救护理常识

一、癫痫患儿的护理常识

癫痫俗称羊角疯，是由多种原因引起的慢性脑功能障碍临床综合征，发病原因主要与脑发育异常、颅脑外伤、各种脑炎、脑血管病、脑瘤以及中毒性脑病等因素有关。癫痫临床发作的典型特点是伴或不伴意识障碍的抽搐（俗称抽风）：一般是忽然意识丧失，发出尖叫声，跌倒在地，双眼上翻，口吐白沫，全身或局部肌肉出现节律性的抽动，一般持续 1～5 分钟后全身松弛或进入昏睡。也有患儿呈不典型发作，如失神小发作（几秒钟意识障碍的双眼愣神或眨眼）、精神运动性发作（发作时伴有幻觉、错觉、喜怒失常等精神病状，或不自主的运动或动作等）、植物神经性发作（有头痛、腹痛、肢痛或晕厥等表现）等。癫痫的发作具有突发性、反复性、短暂性的特点。半数发作前有先兆表现，如头昏、精神错乱、上腹部不适、视听或嗅觉障碍等。

（一）癫痫发作时的护理

①尽量平卧。让患儿平卧床上，或就近躺在平整安全的地方，或顺势扶他（她）倒下。防止患儿自己突然倒地摔伤头部或身体。

②保护舌头。用缠有纱布的压舌板放在患儿上、下磨牙之间，压住舌头。防止发作时咬破舌头或嘴唇，或舌头后坠堵塞呼吸道。发作前或发作时病人张口时放，痉挛期不宜放。可自制长约 20 cm，宽 1.5～2 cm，厚 0.3～0.5 cm 小竹板代替压舌板。紧急未准备时，也可顺势将手帕、软布或衣角等来代替压舌板。

③通畅呼吸道。将患儿头侧向一方，使口腔分泌物自然流出。防分泌物阻塞呼吸道或引起吸入性肺炎。最好解开颈部衣扣，有假牙时也应及时取掉。

④强直期保护。一手稍用力托住患儿枕部，另一手托下颌。防颈过后仰造成颈椎压缩性骨折，下颌过张造成下颌脱臼。

⑤痉挛期保护。适当用力按压四肢大关节处（如肩、肘、髋、膝等）。限制其抽动幅度和收缩力度，防止造成关节脱臼或损伤。切忌强行按压，用力过度，以免造成肌肉关节人为的损伤或骨折。

⑥发作后休息。发作后安静休息，必要时（伴有破坏、攻击行为时）给镇静剂。确保患儿体能恢复及朦胧状态时的安全。

⑦莫掐"人中"。掐"人中"中止癫痫发作是护理误区。癫痫发作是由大脑异常"放电"引起，直到"放电"结束才能恢复正常。

（二）日常生活的护理

1. 定期复查

癫痫患儿一般需要长期用药治疗,故应遵照医生嘱咐,定期带患儿到医院复查,根据实际病情调整用药量。同时,也要注意药物毒副作用,定期检查血常规、肝功能、肾功能等。

2. 心理干预

让患儿了解自己的疾病,坚持按时服药,树立战胜疾病的信心。鼓励患儿多与同龄人、社会接触,促进其身心舒畅,精神愉悦。不要过分溺爱或迁就该类患儿,要鼓励其自立、自强与自信。

3. 照料饮食起居

①要合理膳食,保证患儿营养均衡,切忌过饥过饱或暴饮暴食,少饮用兴奋性饮料,忌烟酒。因为这些都有可能成为诱发患儿癫痫发作的诱因。

②如果患儿无智力低下,应与正常儿童一样上学接受教育,但学习不要太累,注意保证充足的休息与睡眠,因睡眠不足可使大脑兴奋性增高,易诱发或加重癫痫的发作;过度的脑力劳动也会使脑局部乳酸增加,血液偏酸性,影响脑细胞的正常活动,容易诱发癫痫发作。

③患儿可以参加适当的体育活动,如散步、慢跑、羽毛球、网球、乒乓球等运动,最好不要游泳、爬山、荡秋千、跳水、赛车等,防止突然发作摔伤或出现意外事故。洗澡时不要盆浴;外出时要与人相伴,或者随身携带"癫痫治疗卡",以方便急救或及时与家人取得联系。

④尽量避免其他一切诱发因素。除了饮食不当、睡眠不足、过度劳累容易诱发癫痫的发作外,另外高热、吐泻、强的感觉刺激(如恐怖电影、强烈的视觉画面或声响等)、精神刺激、长时玩电子游戏等也易诱发癫痫的发作,在日常生活中要尽量避免。

二、常见外伤的急救常识

（一）擦伤

擦伤是儿童最常见的一种外伤,多发生在走路、奔跑或干活时跌倒,身体的一部分(多见于肘部、手掌及膝关节等处)皮肤表层被粗糙物摩擦而引起。皮肤擦伤后,伤处出现肿胀、疼痛,创面有擦痕,小出血点及组织液渗出(可见渗水或流水)。

创面小、浅、较干净只需在创面搽1%龙胆紫(紫药水)或红药水,使创面结痂,一般5～6天后就会长好。如创面有少量泥土或污物,或关节附近的擦伤,可用冷开水或生理盐水（0.9%的氯化钠溶液）冲洗干净，涂1%龙胆紫，擦伤创面外应敷纱布包扎。

创面较大、较深、较脏应及时到医院找医生来处理，注意要注射破伤风抗毒素。

1.常规伤口的消毒处理法

①清创可用双氧水、蒸馏水、灭菌生理盐水冲洗，无条件可用自制生理盐水（1000 mL 冷开水中加 9 g 盐）、凉开水或清水。伤口应用棉球蘸灭菌生理盐水轻轻擦洗。

②消毒一般可用医用75%酒精、碘酒（先碘酒后酒精，由内向外擦伤口周围，因两者刺激性强，不宜直接涂在伤口上，尤其是破溃的伤口及口腔、眼、会阴及其他粘膜处）或碘伏(1%的可直接涂伤口，刺激性小，不用酒精脱碘)等溶液来消毒伤口，或用龙胆紫擦涂。面部擦伤，可涂点红汞，最好不用龙胆紫液。注意：碘酒不能与红汞药水同用；新鲜较深伤口不用龙胆紫液。

③上药。如伤口有轻度感染（如少许脓液），应该每天清洗创面，然后涂红霉素或金霉素软膏，照此方法坚持几天，擦伤创面就会痊愈。

④包扎用消毒纱布或干净布块（如可用熨斗熨几下）盖好伤口，再用纱布或三角巾等包扎。很小的伤口也可不包扎。注意：结痂前尽量不着水。

2.常用包扎法

（1）绷带包扎法

绷带包扎法最常用，包括环形包扎法、螺旋包扎法、螺旋反折包扎法、"8"形字包扎法、手指包扎法等。

① 环形包扎法：用消毒绷带的纱布反复环绕肢体伤口数圈（一般 3～4 圈），第一圈可略斜点，第二圈将第一圈斜出的角压于环形圈内，这样固定更牢固些，下圈也可压住上圈约 3/4，最后将纱布末端中间剪开成两细条纱布，反向环绕打结（注意：最好避开伤口、肢体内侧、受压或摩擦的部位打结），如图 7-4-1 所示。此法多用于额部、颈部、四肢、手腕手指、脚趾等粗细均匀部位的包扎，小伤口的包扎一般都用此法包扎。

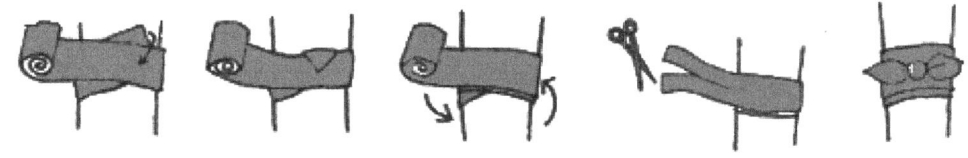

图 7-4-1 环形包扎法

② 螺旋包扎法：从肢体较细端开始，先环绕三圈固定起始端，再斜向上环绕，后圈压前圈约 1/2，最后再绕三圈固定终末端打结，如图 7-4-2 所示。此法多用于前臂、上臂、大腿下段和手指等肢体粗细差不多的部位包扎。

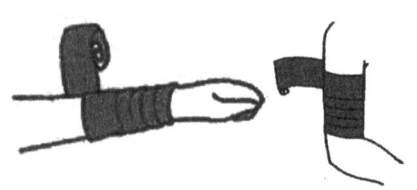

图 7-4-2　螺旋包扎法　　　　　　　图 7-4-3　螺旋反折包扎法

③ 螺旋反折包扎法：方法同螺旋包扎法相似，只是在向上环绕每圈时要反折（用一拇指压住绷带纱布的上缘，将其上缘向下反折）一次，并压住前一圈的1/2 ~ 2/3，每圈的折线应互相平行，如图 7-4-3 所示。此法多用于四肢、手足粗细不等的部位处较大伤口的包扎。

④ "8" 字形包扎法：先环绕关节远端肢体三圈固定起始端，然后跨关节一上一下相交呈 "8" 字缠绕，后圈压前圈 1/2 ~ 2/3，最后在关节近端肢体环绕三圈固定终末端打结，如图 7-4-4 所示。此法多用于肩部、膝部、脚踝、髋关节等关节处包扎。手掌或足掌的 "8" 字形包扎法也称人字形包扎法。

图 7-4-4　"8" 字形包扎法

⑤指（趾）尖包扎法：先用绷带纱布折成双层盖于指（趾）尖部，然后从指（趾）跟处按螺旋包扎法将盖有纱布的指（趾）体包扎，最后在近手指跟处打结。如图 7-4-5所示。

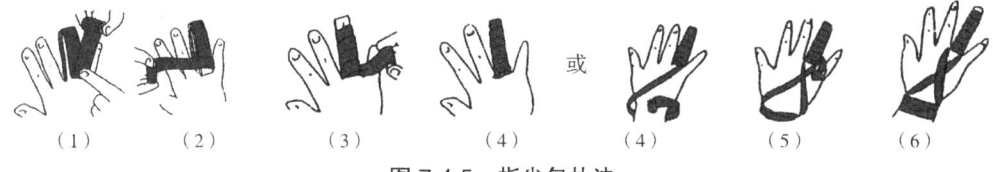

（1）　　　（2）　　　　（3）　　　　（4）　　或　　（4）　　　（5）　　　（6）

图 7-4-5　指尖包扎法

（2）三角巾包扎法

三角巾由一平方米方块对折剪二条，顶角缝合长系带。也可将三角巾折成不同形状的布巾来使用，如图 7-4-6 所示。

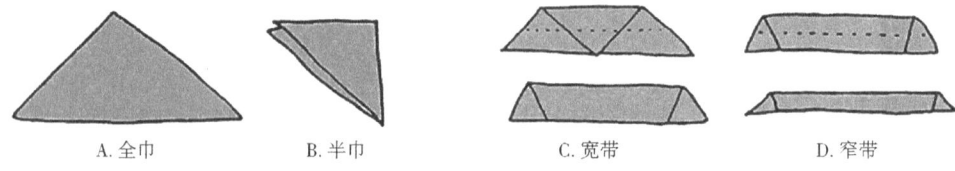

A. 全巾　　　　　　B. 半巾　　　　　　C. 宽带　　　　　　D. 窄带

图 7-4-6　三角巾的多种折法

全身各部位的三角巾包扎法如下所述。

①头部包扎：将三角巾底边向上翻折两指宽，盖住头部，在眉上、耳上，把两底角和顶角在枕后交叉，回额中央打结，如图 7-4-7 所示。如果仅额部小伤口，可用简单的额部包扎法，如图 7-4-8 所示。

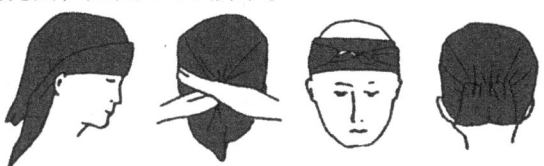

图 7-4-7 头部包扎法

图 7-4-8 额部包扎法

②单眼包扎法：将三角巾折成三指宽的带形，以上 1/3 盖住伤眼，2/3 从耳下端反折绕向脑至健侧，在健侧眼上方前额处反折至健侧耳下再反折，转向伤侧耳上打结固定，如图 7-4-9 所示。

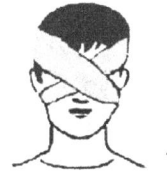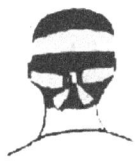

图 7-4-9 单眼包扎法　　　　　　　图 7-4-10 双眼包扎法

③双眼包扎法：将三角巾折成三指宽带形，从枕后部拉向双眼在鼻梁上交叉，绕向枕下部打结固定，如图 7-4-10 所示。

④下颌包扎法：将三角巾折成三指宽带开，留出系带一端从颈后包住下颌部，与另一端颊侧面交叉反折，转回颌下，从耳后伸向头顶部打结固定，如图7-4-11所示。

⑤ 双肩包扎法：把三角巾底边放两肩上，两侧底角向前下方绕腋下至背部打结，顶角系带翻向胸前，在两侧肩前假扣扎紧固定，如图 7-4-12 所示。

图 7-4-11 下颌包扎法　　　　　　图 7-4-12 双肩包扎法

⑥ 单肩包扎法：把三角巾一底角斜放在胸前对侧腋下，将三角巾顶角盖住后

肩部，用顶角系带在上臂三角肌处固定，再把另一个底角上翻后拉，在腋下两角打结，如图 7-4-13 所示。

图 7-4-13　单肩包扎法

另外，还有胸部或背部包扎法、托臂包扎法、肘部包扎法、膝部包扎法、手掌或足部包扎法、臀部包扎法等。具体手法请分别如图 7-4-14 至图 7-4-19 所示。

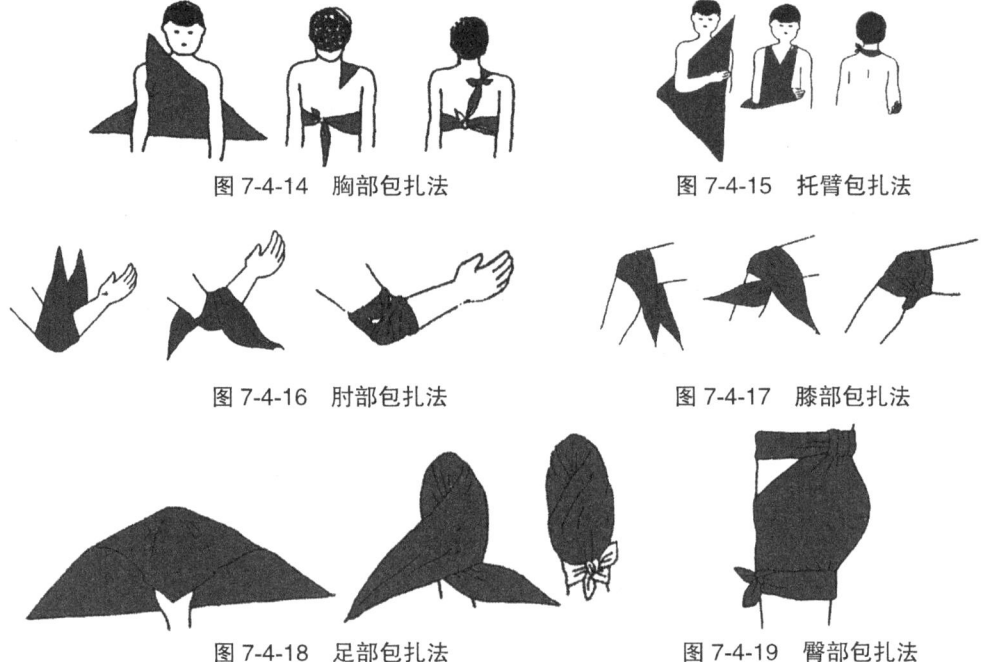

图 7-4-14　胸部包扎法　　　　　　　　图 7-4-15　托臂包扎法

图 7-4-16　肘部包扎法　　　　　　　　图 7-4-17　膝部包扎法

图 7-4-18　足部包扎法　　　　　　　　图 7-4-19　臀部包扎法

（二）刺伤及皮肤割伤

1. 刺伤

刺伤多见于儿童赤脚行走或用手玩木质玩具时，脚底或手指被竹签、木刺或钉子等坚锐物体扎到或刺入。刺伤的伤口虽小但有时会比较深，出现明显的疼痛。

①刺入物较浅、较干净、易拔，将刺入物拔出后，用力挤出血液，然后涂上 3% 碘酊，并用消毒纱布包扎。

②刺入物较深、较干净、易拔，不宜立即拔除，应先用 75% 酒精棉球局部皮

肤消毒，再用缝衣针（应用前需用酒精消毒）轻轻挑破表皮，然后将小刺挑出或拔除，再涂 3% 碘酊，用消毒纱布包扎，几天内创面不沾水，创口会自然愈合。

③刺入物很深或大、可能带菌。带儿童去医院处理，同时别忘注射破伤风抗毒素，预防破伤风的发生。

2. 割裂伤

有时儿童可能被小刀、玻璃或其他锋利的物品（如罐头的开口、破碗口等）造成割裂伤，伤口小而浅，创面规则整齐。

如果伤口小，局部出血少，可用手指压迫止血，血液凝固后再涂 3% 碘酊或红药水，局部包扎、不沾水，1~2 天即会痊愈。如果伤口大而深，出血不止，可用消毒纱布或干净布压住，或直接用手压住（不要用棉花或卫生纸），赶紧送医院，必要时需要扩创缝合，同时注射破伤风抗毒素。

（三）挫伤和扭伤

1. 挫伤

钝体剧烈冲击引起的肌体局部组织肌肉断裂，或使组织血管和神经挫伤，有少量出血，表面皮肤可能无损伤，肿胀较轻，但皮下出血不止，皮肤乌青块会不断扩大。

①紧急处理，即多次冷敷→绷带扎紧→抬高患肢，绝对不能用热敷。冰袋敷于患处或用冷毛巾湿敷，促进血管收缩，减少出血和渗出。多次冷敷后还可用绷带扎紧扭伤处的近体端（每 10~20 分钟放松一次），并抬高患肢高于心脏利于静脉血回流，减轻肿胀与疼痛。

②24 小时后，完全止住出血后改为热敷，多次进行，每次 15~20 分钟。热敷是为了促进局部血液循环、消炎、消肿及加快组织修复。同时，还要尽量减少活动，一般 1 周左右皮下瘀血会吸收消散。

2. 扭伤

扭伤常发生于活动较多的关节，如踝关节、腕关节以及腰部，扭伤后局部肿胀、疼痛。

①要固定，限制活动，防止再损伤。要立即停止行走、运动或劳动等活动，使扭伤部位固定于功能位不动，防止活动加重损伤。

②24 小时以内要冷敷，减少出血和渗出。要立即用冰袋或冷毛巾冷敷扭伤部位，使毛细血管收缩，减少出血与渗出，也可减轻疼痛与肿胀。

③必要时到医院拍片，确定是否骨折并进行治疗。如果怀疑或已经发生骨折，应对扭伤部位固定后到医院拍 X 光片，以便确定是否骨折或骨折程度，并尽早进行治疗。

注意：不要立即进行扭伤处按摩、热敷或贴止痛膏，否则可能会加重出血，按摩还可能使骨折移位，骨折端刺伤深部的血管与神经等。可在 24 小时后，肿胀与疼痛过后，未发现有骨折时，用热敷、贴止痛膏等来促进消肿、消炎及扭伤的康复。

（四）肌肉拉伤

肌肉拉伤多是在运动中，肌肉过度牵拉或剧烈收缩导致肌肉损伤、部分撕裂或全部断裂。拉伤部位出现疼痛、肿胀、肌肉紧张或痉挛，用手摸紧张的肌肉呈条索状硬块，有明显的触痛，甚至伴有皮下瘀血。

出现肌肉拉伤应立即停止运动，抬高伤肢，防止再损伤。立即冷敷，可止血、镇痛与防止肿胀。如果有皮下瘀血，可在冷敷后加压包扎（24 ~ 48 小时后解除），并抬高伤肢，以便减轻出血、渗出与肿胀。伤后 3 天内要避免重复做致伤动作，三天后可进行功能训练，同时可进行热敷。一般轻的肌肉拉伤 1 周后可逐渐恢复锻炼，但以不引起伤处疼痛为度。如果肌肉拉伤严重，要到医院进行手术缝合治疗。

（五）小腿抽筋

"小腿抽筋"实际上是小腿的"腓肠肌痉挛"，一般是在突然进行剧烈运动、长时间走跑、腿部受冷等的情况下，由于肌肉供血不足引起。有时也与肌体高热、缺钙、缺钠等有关。游泳前睡眠不足、未进餐、未做热身运动等也常成为游泳中多发"小腿抽筋"的诱因。

①游泳发作时，不要慌张，先深吸一口气，把头潜入水中，像海蜇一样，使背部浮在水面，两手抓住脚尖，用力向膝盖上方拉，一次不行，可反复多次，肌肉就会慢慢松弛恢复正常。

②平时发作时，应立即休息，将儿童抽筋的腿部伸直（膝盖也要伸直），将脚板向儿童身体方向压。也可儿童自己抓脚尖，用力向膝盖上方拉，或者自己将双手撑住墙壁，脚不离地将抽筋的小腿拉直坚持几分钟即可。可同时用热毛巾热敷或用手按摩抽筋部位，效果会更好。

③也可直接使用使肌肉松弛的运动喷剂或药膏。

（六）出血

意外伤害或疾病引起出血比较常见，小的出血经处理可自行愈合，大的严重出血如不及时救治可危及生命。

按出血部位分为：外出血（血液从血管流出并排到身体之外）、内出血（血液从血管流出滞留在身体之内）、皮下出血（血液从皮肤下血管渗出，呈现皮肤表面瘀点、瘀斑等的"乌青块"）。

按血管的种类分为：动脉出血（颜色鲜红，出血速度快，甚至呈喷射状）、静脉出血（颜色暗红，可涌流而出，但不如动脉出血快）、毛细血管出血（颜色鲜红，多呈点状或片状渗出，常可自行凝固止血）。

1.表浅的少量渗血或缓慢出血（如划伤或擦伤导致的出血）

指压止血加消毒包扎：直接用手指压迫伤口出血处，止血后用肥皂和干净水清洗伤口，然后贴上创可贴或绷带包扎。对缓慢出血的，也可外撒止血药（云南白药、桃花散等）。

2.出血较多或伤口较深

加压包扎法：用无菌纱布或干净的布块牢牢地压住伤口，用纱布、棉垫、绷带等做成衬垫放在无菌纱布或干净的布块上，再用绷带或三角巾加压包扎，如图7-4-20所示。此法最常用。压迫3～4分钟后，检查血是否止住，如血已止住，可用肥皂和干净水轻轻清洗伤口，涂上抗菌软膏，重新包扎；如血没止住，应继续压住伤口，5分钟后仍未止血，赶快找医生，同时仍要继续压住伤口。

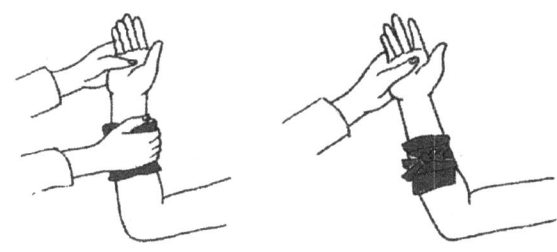

图 7-4-20　加压包扎止血法

注意：①如有碎玻璃块、金属等物体嵌在伤口上时，不用此法。

②如果腿上或手上出血，要抬起受伤肢体，使伤口高于心脏。

③如果血渗透了绷带，不要去除绷带，而是在上面再加一块绷带。

3.如果大出血或出血不止

（1）止血带止血

适用于四肢大出血（应急用，一般是在加压包扎不能止血时用，不可长时间用）。选弹性好的止血带（橡皮止血带最好），确定绑带的位置：上肢上臂上 1/3 处，下肢大腿中上 1/3 处，抬高出血肢体，加衬垫，绑带（一般绕两周后拉紧打结，打结法如图 7-4-21 所示）。

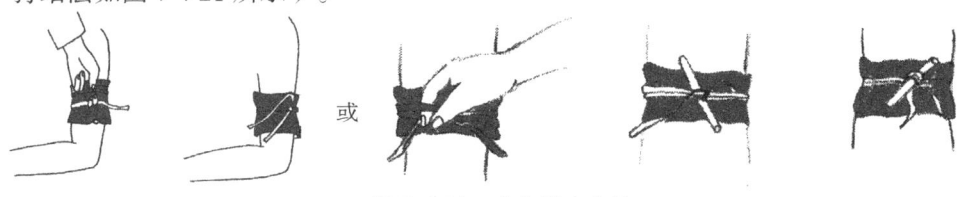

或

图 7-4-21　止血带止血法

①止血带下要加衬垫（衣服、毛巾、软布等）。

②如果没有橡皮止血带，可用绷带、布条、毛巾等替代，但不可用电线、绳索或铁丝等。要打活结，可用笔杆、筷子或小木棒等插进结内将绷带、布条或毛巾绞紧，固定。

③原则上每小时放松 3 ~ 5 分钟，止血带止血原则上不超过 1 ~ 1.5 小时，最长不超过 5 个小时。

④止血带止血以达到能止血为度，不要过紧，也不要过松。

⑤有止血带患儿优先送医院，要告医生在何时、何处扎上的止血带。

（2）指压动脉止血法

适于头部或四肢某些部位的大出血（应急用，不可长时间用）。

用手指或手掌将搏动的出血血管的上端压在局部的骨骼上，如图 7-4-22 所示。

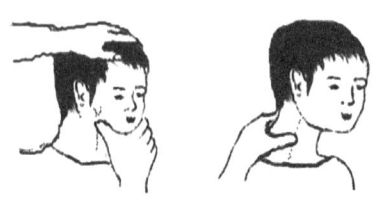

图 7-4-22　指压动脉止血法

①头顶部出血：用食指或拇指在同侧耳前，压迫下颌关节上方的颞浅动脉。

②头颈部出血：用拇指在颈部气管与胸锁乳突肌之间，压迫颈总动脉。

注意：不能同时压迫两侧颈总动脉，易造成脑缺血坏死，压迫一侧时间也不能太长。

③面部出血：用拇指压迫同侧卜颌骨角稍前的骨凹处，压迫面动脉。

④前臂出血：压迫上臂中、上三分之一处的肱二头肌内侧沟，以压迫肱动脉。

⑤手掌、手背出血：压迫腕部的桡动脉。

⑥大腿出血：在大腿腹股沟中点搏动处，用两拇指用力压迫搏动的股动脉。

⑦小腿出血：压迫腘窝（膝关节凹处）的动脉，并尽量屈曲膝关节。

⑧足部出血：用拇指压迫足背动脉搏动处。

4. 鼻出血

儿童鼻出血的部位多见于鼻腔前部，多由跌倒鼻外伤，天气干燥或感冒导致鼻黏膜干燥、微血管破裂而出血，也见于经常用手挖鼻孔导致鼻黏膜血管受损出血，以及血友病、血小板减少、再生障碍性贫血、白血病等血液疾病等引起的鼻出血。小量的鼻出血为鼻涕带血或点状滴血，多可自行停止，大量的鼻出血常呈流水状，如不及时处理，也会导致失血性休克。紧急处理鼻出血的方法如下。

①让该儿童坐下或半躺在床上，头稍微前倾，不要后仰，以防血液流至后鼻道及呼吸道，引起呼吸道阻塞。

②拇、食指紧捏两侧鼻翼稍微向内向上用力，压迫鼻中隔前下方 10 ~ 15 分钟，同时用嘴呼吸。

③用冷水袋或湿毛巾冷敷出血儿童的前额、鼻根及颈部两侧，促使血管收缩，减少出血。

④用消毒药棉或软纱布（卷结实）填塞鼻腔，药棉或纱布要露出少许，以便取出。

注意：不能用没有吸水作用的东西填塞鼻腔，以防血液后流至后鼻道及呼吸道。

⑤如以上方法都不能很好地止血，应赶快送医院，医生会用沾有止血药的纱布填塞鼻腔，压迫止血。

三、意外事故伤害的急救常识

（一）烧烫伤

烧烫伤属于"意外事故伤害"，可分为两类：突发事故伤和生活意外伤。突发事故伤多来自室外，如火灾、建筑物爆炸或锅炉爆炸等导致的烧烫伤；生活意外伤在我们的日常生活中常会遇到，如沸水、热汤、热油、蒸汽、高压锅等导致的烧烫伤。儿童皮肤较成人薄嫩，同等热力的烫伤造成的伤害会较成人严重。

1. 烧烫伤的分类

皮肤从外到内分为表皮、真皮与皮下组织三层。伤烫伤伤及皮肤的层次不同，轻重表现也不同，烧烫伤根据损伤皮肤的深度及轻重程度的不同一般可分为三度烧伤：

Ⅰ度烧伤（红斑型）：主要伤及皮肤的表皮，皮肤发红并有火辣辣的灼痛，但无水泡，经 3 ~ 5 天后自愈，不留疤痕。

Ⅱ度烧伤（水泡型）：表皮全层坏死，一般伤及真皮层，局部红肿、剧痛、起水泡，一般需要 2 ~ 4 周愈合。浅Ⅱ度（伤及真皮浅层）短期内有色素沉着不留疤痕，深Ⅱ度（伤及真皮深层）常遗留疤痕。

Ⅲ度烧伤（焦痂型）：皮肤全层破坏，坏死结痂，烧伤深度可深达皮下组织、肌肉、骨骼等。此时疼痛消失，不起水泡，局部焦黄炭化或皮革样改变，愈合后常遗留疤痕或畸形。

2. 烧烫伤现场急救方法

（1）首先脱离致热源

首先使儿童尽快离开导致烧伤的热源。如果是火焰烧及儿童，应迅速将儿童抱离火场，扑灭其身上的火焰，并立即脱掉燃烧的衣服，或嘱其就地打滚，或用湿棉被、湿毛毯等盖在儿童身上隔离空气而灭火。对热液导致的烧伤，可立即脱掉浸满热液的衣服，动作要尽可能轻柔，必要时将衣物剪开，将未粘身的衣物剪去，不可用力或强行撕掉已粘贴在身体上的衣物，以免将受伤的表皮蹭掉。

（2）立即冷水降温（冷疗）

冷疗可减轻局部渗出，挽救未完全毁损的组织，可采用以下方法处理：

①将烫伤部位（尤其是手足部的烫伤，并且烫伤部位完整）置于冷水中降温。持续时间以脱离冷水后疼痛显著减轻为好。

②持续用凉水冲淋烫伤的部位（烫伤的部位完整）。冲洗时间越早越好，冲洗时间可持续至半小时以上，以脱离冲淋后疼痛显著减轻为好。

③用冷毛巾、冰冷物冷敷烫伤部位。此法既可减轻致热因素对皮肤的损害，还可减轻伤口的疼痛。

注意：冷水或冰冷物等的温度越低越好，但不能低于 -6 ℃；若皮肤被破坏，可先用干净冷湿的纱布盖住伤口后冷敷，不要直接冷敷或冲淋，防止感染；对于酸、碱造成的化学性烧伤，早期也应以大量的流动清水冲洗，而不要过早应用中和剂，否则会因为酸碱中和产热而加重局部组织的损伤。

（3）清洁、包扎或涂药

对于烧伤面积小于 5%（烧伤本人五指并拢时手掌的面积为 1%）的 I 度烧伤，可自行处理。先用肥皂水清洗干净，冷疗处理以后，可外涂一点烫伤药膏，然后用洁净的纱布简单包扎。头、面、颈部的轻度烫伤，经过清洁创面涂药后，不必包扎，可使创面保持干燥，能加快创面恢复。

烧烫伤处皮肤发生水泡时，尽量不要弄破水泡，大的水泡可用消毒针头将水泡刺破，赶尽其内液体，不要撕掉表皮，可外涂一点烫伤药膏，外用纱布包扎即可。

注意：不要用酱油、牙膏、碱面或紫药水等涂烧烫伤处，以免增加感染的机会或不利于就医时医生对烧烫伤处的观察。

（4）医院就诊

对于较严重的各种烫伤，尤其是 I 、II 度大面积烧烫伤或III度烧烫伤者，一定要到医院就诊，便于采取及时、正规、有效的治疗。

（二）中暑

中暑是多发生在夏季的一种意外伤害，是外热侵袭人体，导致机体热平衡机能紊乱的一种急症。如在高温环境中学习或玩耍，如闷热的教室、房间、公共场所等容易发生；在烈日下活动或停留时间过长，由于日光直接曝晒也可发生；另外睡眠不足、过度疲劳、饮水不足、出汗过多、饥饿、体质弱，以及温度高、通风不良的环境等都可成为中暑的常见诱因。

1.中暑的表现

①先兆中暑症状：高温环境下，出现头痛、头晕、胸闷、眼花、耳鸣、口渴、多汗、乏力、恶心、呕吐、注意力不集中、动作不协调，皮肤发红或灼热，体温正常或略有升高等。如及时被转移到阴凉、通风、干爽处，补充水分和盐分，短时间内即可恢复。

②轻症中暑症状：体温多在 38 ℃以上，除头晕、头痛、口渴外，往往有面色潮红、大量出汗、全身发热的表现，或随后出现无汗、四肢湿冷、面色苍白、血压下降、脉搏增快等表现。如及时处理，往往可于数小时内恢复。

③重症中暑症状：体温可急剧升高（可升高至 40 ℃以上），先有大量冷汗，

继而无汗、呼吸急促、脉搏细速、躁动不安、神志模糊、血压下降，晕厥、昏迷或肢体抽搐等症状，严重者可产生脑水肿、肺水肿、心力衰竭等。如不及时救治，会有生命危险。需要赶快送医院抢救。

2.中暑的急救处理

①迅速将中暑儿童转移到凉爽、通风的地方，如走廊、树荫下、空调房等。解开儿童的衣扣及腰带，松开衣服，使其平卧休息。如果衣服被汗水湿透，要换干衣服，同时可用扇子扇风，帮助散热。

②如果有发热，可用冷毛巾敷或用25%～50%酒精擦拭头部、颈部、腋下及腹股沟处，也可洗个温水澡来降温。注意：如果没有发热，不要做此处理，以免加重循环衰竭。

③意识清醒者可喝一些清凉饮料，如绿豆汤、西瓜汁等。出汗多者可喝一些淡盐水或糖盐水。

④可在中暑儿童的额部、颞部涂抹清凉油、风油精等，或给其服用人丹，十滴水、藿香正气水等。

⑤重症中暑者要立即送医院。昏迷者可针刺或用指甲掐人中穴，使其清醒，并赶快送医院。

3.中暑的预防

①盛夏做好防暑降温。如教室应开窗使空气流通，地面经常洒水，设遮阳窗帘；穿单薄、吸汗、透气、宽松的衣服；外出戴遮阳帽或打遮阳伞，或涂抹防晒霜等。

②高温环境不要久待。不宜长时间待在高温环境中学习或玩耍，也不宜在炎热、强烈的日光下过多活动等。

③多喝清凉解暑饮料。在夏季或炎热出汗时，要适当多饮消暑饮料，如凉开水、西瓜汁、绿豆汤等。

④勿劳注意休息睡眠。不要出现过度疲劳的状态，尤其在炎热的夏季要注意保证充分的休息与睡眠。

⑤必要时备好防暑药。在炎热的夏季，最好在身边备好防暑降温药品，如十滴水、仁丹、风油精、藿香正气水等，以防应急之用。

（三）骨折

骨折是指人体骨的完整性或连续性受到破坏，出现裂缝或断开，并伴随有骨折部位局部的疼痛、肿胀、青紫、功能障碍、畸形或骨擦音等表现的一类意外伤害。多发生于直接或间接的打压（如暴力击打、重物挤压、跌滑摔倒、车祸中的碰撞等）、劳损（如长距离行走或长时间的劳作等）、病理性骨折（如骨髓炎、骨肿瘤、骨质疏松等骨病易导致的骨折）等。

1. 骨折的分类

根据骨折部位是否有外观可见的创伤口分为开放性骨折（有创伤口）与闭合性骨折（无创伤口）两大类。

2. 骨折的主要表现

①骨折部位疼痛。骨折部位有明显的疼痛或压痛，移动时常会疼痛加重。

②骨折部位畸形。如果骨折面断开错位会出现明显的畸形，如肢体短缩、成角或扭曲等。

③骨折肢体功能障碍。骨折的肢体不能再进行正常生理功能或出现障碍，如不能在正常的范围内进行弯曲、伸展等活动，不能持重等。

④骨折处有骨磨擦音。当骨折断端接触及互相摩擦时，可听到骨的磨擦音或摸到骨摩擦感。（注意此表现是在医生检查时去发现，不能故意触动骨折处，以免加重损伤）

⑤其他表现。有时骨折处会出现肿胀、出血或瘀斑，严重或多发性骨折也可伴发全身症状，如发热、出血性休克、昏迷等表现。

3. 骨折的急救处理

骨折的处理原则：先抢救生命，再处理骨折。

（1）生命抢救处理

如果有危及生命的大出血、呼吸道阻塞、昏迷、休克等表现时，一定要先进行止血、通畅呼吸道等抗休克处理，必要时进行人工心肺复苏抢救。

①止血。对于开放性骨折出现的大出血，要根据具体情况采用加压止血包扎、止血带止血、指压动脉止血等方法来止血（注意不可在骨折部位加压，以免加重骨折的损伤）。

②通畅呼吸道。将患儿颈部垫高，下颌抬起，使头部最大限度的后仰，同时头偏向一侧，以防呕吐物和分泌物误吸入呼吸道。

③人工心肺复苏。如果患儿出现呼吸停止或心脏骤停，要立即进行人工心肺复苏抢救（参见本章"人工心肺复苏"部分所述）。

如果上述处理不能或不会进行，要立即送到医院抢救。

（2）骨折的处理

当患儿没有生命危险或脱离生命危险后，要进行骨折的处理。

①固定。处理儿童骨折最主要的是固定。其目的是限制骨折处活动，避免加重损伤和减少疼痛。夹板固定是最简单有效的方法，即选用夹板（夹板最好是加有内垫的，以超过上下两关节的长度为宜）放在断骨肢体的内外两侧，用绷带、三角巾或布条、带子等绑好固定。紧急无备用的夹板时，也可就地取材，选用小木板条（2～3 cm厚为宜）、木棒、竹片、手杖、硬纸板等来代替夹板。

注意：有伤口和出血时，应先进行止血包扎伤口，然后再进行固定；上夹板固定之前，要用棉花、软物（如毛巾、软布等）当衬垫垫好；绑扎时应将骨折上下两个关节都要同时固定，才能限制骨折处的活动，防止骨折端移动，如前臂骨折应固定肘关节和腕关节，下肢胫骨骨折应固定膝关节和踝关节；在没有任何固定用具的情况下，可将受伤的肢体与健侧肢体或躯干绑扎在一起，将健侧肢体与躯干作为固定物；四肢固定要露出指（趾）尖，以便随时观察末梢血液循环，以皮肤温度适中、颜色红润为好，如果指（趾）尖苍白、发凉、发麻或发紫，说明固定太紧，要立即松开，重新调整固定的松紧度。

举例：前臂骨折的固定。夹板放在前臂内外两侧，绷带固定，然后用三角巾或带子悬吊伤肢于颈部，使上肢呈肘关节屈曲90°的屈肘位，如图7-4-23所示。

上臂骨折、大腿骨折、小腿骨折、脊柱骨折的固定法请分别参看图7-4-24至图7-4-27。

图 7-4-23　前臂骨折固定法

图 7-4-24　上臂骨折固定法

  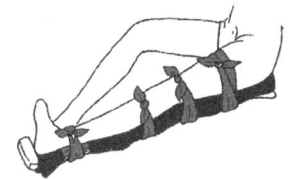

图 7-4-25　大腿骨折固定法

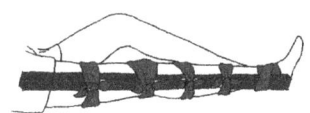 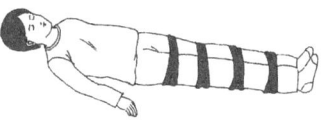 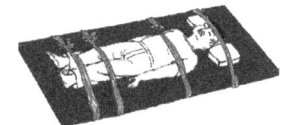

图 7-4-26　小腿骨折固定法　　　　　　图 7-4-27　脊柱骨折固定法

②搬运。对于头颈部骨折、脊柱骨折、大腿骨折等患儿，需采用"硬板担架搬运法"进行搬运。

一定要选用硬担架作为搬运工具，如果没有硬担架，也可用平整的硬木板或门板等作为硬担架的替代品，并且其长度与宽度要超过被搬运人身体的长、宽尺度。

三名搬运者同时站在伤者的一侧，分别将手臂伸入到伤者的肩背部、腰臀部、双下肢的下面，同时用力托起相应身体部位，始终使伤者的身体保持水平伸直的状态，慢慢地、轻轻地将伤者放置或平移到硬担架上，如图7-4-28所示。

 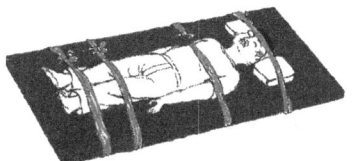

图 7-4-28　硬板担架搬运法

使伤者仰面平躺在硬担架上，双下肢伸直，双上肢伸直放于身体两侧，然后将其身体与担架一起用三角巾或布条、布带等绑好固定。如果是颈椎骨折或损伤者，头颈两侧要放置沙袋、枕头、衣物等填充固定，防止头颈的移动或活动，固定法如图 7-4-6 所示。如果是大腿骨折，要将伤者先用夹板固定后再搬运。

注意：搬运时，千万不能使伤者的躯干扭曲或来回移动，更不能一人抬头一人抬足来进行搬运，否则可能会加重骨折的损伤。

（四）溺水

儿童溺水事故多发生在夏季，常因游泳或水中戏水的儿童缺乏安全的防范意识或遇到水中意外不能应对而导致发生在河流、湖泊或海洋中，有时也可以发生在游泳池、浴池或泡温泉的池水中。溺水时，大量水、泥沙、杂草等可随着人的呼吸运动进入咽喉、气管、支气管等呼吸道及肺内，堵塞呼吸道。同时，呼吸道受到刺激也会出现反射性痉挛，加重窒息，严重至呼吸停止，缺氧而死亡。现场抢救措施如下所述。

1. 使溺水儿童快速脱离溺水水源

①会游泳者，尽快下水，从溺水儿童的腋下伸手抓住其对侧的手，或托住其头部，使其头部露出水面，采用仰泳的姿势，将溺水儿童拖离水源。

②不会游泳者，可将长竹竿、绳索或木棍等物抛向溺水儿童，使其抓住，然后迅速将其拖离水源。

2. 使呼吸道通畅

如果孩子尚有心跳、呼吸，应及时撬开口腔，迅速清除其中的泥沙、烂草等污物，并松解溺水儿童的衣领、裤带，并将舌头拉出，保持呼吸道畅通。

3. 尽快倒出呼吸道内的积水

儿童离水上岸后，如果判断还有呼吸及意识清楚，就应迅速清除他口鼻中的泥沙与污物，立即将其抱起俯卧在抢救者的肩上，使其腰背向上，手足下垂。抢救者扛着孩子快步奔跑，并不时颠颤，借体位及重力作用使其呼吸道内积水倒出。也可将溺水儿童俯卧于大石头、小木凳或成人屈曲的大腿上（单腿跪地，使另一腿膝关节屈曲踏在地上如板凳状），头低脚高，同时按压其背部，使进入呼吸道及肺中的积水尽快排除。

注意：如果溺水儿童呼吸、心跳停止，此步骤可省略，直接进行下面第 4 步操作，否则会延误对生命的抢救时机。

4. 进行心肺复苏

如果孩子呼吸、心跳已经停止，应立即进行口对口的人工呼吸及心脏按压，千万不可只顾倒水而延误呼吸心跳的抢救，更不能放弃抢救。

心跳、呼吸复苏后，应及时送往医院继续抢救。在路途中要注意保暖，密切注意观察溺水儿童，必要时仍应继续进行口对口人工呼吸及心脏按压。

（五）电击伤

儿童在日常生活中有时也会发生触电，即电击伤的意外事故。如用手触摸电源插孔、漏电的电器或手碰触到电线的断端；在靠近电线的地方放风筝，风筝线缠绕在电线上；在野外遭雷击或高压线的电击等。

1. 电击伤的主要表现

①轻症表现。电击后由于强烈的电流通过人体，使人感觉到肢体麻木或震颤、头晕、心慌、四肢无力，由于惊吓会出现面色苍白、惊慌呆滞，甚至晕厥。

②重症表现。电流强度重的电击可将人击倒在地，或由于触电后肌肉的强烈收缩，被弹离电源，跌落在地，引起外伤、骨折、脑部及内脏的损伤，严重者会出现意识不清、休克、心跳呼吸骤停，如不及时抢救，会有生命危险。

③触电部位的烧伤。电击引起的电烧伤一般伤口较小、部位清晰，较正常部位发白或发黑，电击重者有2个或2个以上伤口（一个入口伤，一个或多个出口伤），一般多属于Ⅲ度烧伤。

2. 现场急救措施

（1）立即脱离电源

应以最快的速度使触电的儿童脱离电源。最有效的方法是立即关闭电源，或用干燥的竹竿、木棍、绳索、布带、塑料棒、胶棒等非导电物将电线从触电儿童的身上挑开、分离出去。注意：绝对不能用湿布或用手直接接触触电儿童，以免大人自身触电。切忌用双手同时拖拉触电的儿童。

（2）必要时心肺复苏

触电儿童脱离电源后，应立即观察孩子是否意识清楚，是否有心跳、呼吸。如果意识清楚，呼吸心跳自主，应使其在干燥、安全的地方休息1～2小时，如已停止应立即在现场进行心肺复苏的急救，切勿轻易放弃。

（3）赶快送往医院

在心脏按压和人工呼吸的同时，应同时拨打120，尽快将触电儿童送医院治疗。

（六）喉、气管异物

喉、气管异物多由于孩子误将食物（如豆子、花生、果仁、果冻等固体食物）或其他细小物品，如硬币、纽扣等吸入气管引发，致使呼吸困难甚至窒息。主要急救原则是：尽快清除孩子咽喉内和气管内的阻塞物，并施行人工呼吸。

首先要查看该儿童的口腔及咽喉部，如在可视范围内发现有异物阻塞气管，可试将手指伸到该处将阻塞物取出，如果此处理失败，则可试用拍背法或推腹法进行急救。

①拍背法。大人坐位，将该儿童放在大人的腿上方，孩子胸部紧贴大人的膝部（小的婴幼儿，大人可用一只手掌及前臂支撑其头、颈及胸部，放在膝上），头部略低，大人以适当力量迅速用掌根拍击孩子两肩胛骨之间的脊椎部位4～5次，异物有时可被咳出。另一种方法，也可一手抱其双腿头朝下，身体胸部贴在大人胸前，另一手掌拍其背部两肩胛骨之间部位，也可能会使异物被咳出（注意：千万不要一手提儿童双脚，使儿童身体在空中进行拍打）。对于大一些的儿童，令其俯伏在床上，头向下垂，在其背部两肩胛骨之间用力拍击，促使异物被吐出，或掉至咽喉部，方便被取出。

②推腹法。将该儿童仰卧放在适当高度的桌子或床上，大人站在该儿童左侧，左手放在儿童脐部腹壁上，右手置于左手的上方加压，两手向胸腹上后方向冲击性推压，促进气管异物被向上冲击的气流排出。如此推动数次，有时也可使异物咳出。

以上两种方法如有异物排出，大人要注意迅速从口腔内清除阻塞物，以防再度阻塞气管，影响正常呼吸。如经上法无效，要立即快速送儿童到医院救治。

（七）药物中毒

儿童常因为好奇或贪玩，有时会把带有彩色糖衣的药物当成糖果吃，或者把有芳香气味的液体药物当成饮料喝，或者有时生病时吃错药等，当摄入的药物超过安全剂量时就会导致药物中毒意外事故的发生。所以为了防患于未然，家长或老师应当妥善保存所有药品，最好放在高处或加锁保管。

1. 药物中毒的常见表现

药物中毒的表现多种多样，常因摄入的药物不同会有不同的表现。如果是维生素类药，一般问题不大，可没有明显的异常表现；如果是镇静药，如安眠药，会使儿童出现嗜睡、反应迟钝、言语不清，严重者出现昏睡、昏迷、心跳剧烈加快（或减慢），甚至导致休克，造成生命危险；如果是镇痛类药物，如阿托品、颠茄片等，会出现口干、灼热、心率加快、视物模糊、多语、烦躁、哭笑无常，甚至意识障碍、幻觉、抽搐、休克、呼吸停止等；如果是有机磷农药中毒，会出现恶心、呕吐、腹痛、腹泻、出汗、局部或全身肌肉震颤、抽搐，严重者会出现呼吸骤停、昏迷。

2. 药物中毒的急救措施

①要早期发现儿童吃错药的反常行为与表现，并且要马上检查大人用的药物是否被该儿童动过，尽快弄清该儿童误服了什么药物，服药时间大约有多久和误服的剂量有多少，以便初步判断药物中毒的严重程度。

②确实了解儿童吃错了药，要尽快促使药物排出或减少吸收。如毒副作用很小的普通中成药、维生素、止咳糖浆等，可让该儿童多饮凉开水，使药物稀释并

及时从尿中排出 。如果吃下的药物剂量大且有毒性，或副作用大，可用手指、筷子或汤匙等刺激儿童舌根部位的咽后壁，引发呕吐，使药物被呕吐出来，然后再抓紧时间送医院进行观察抢救。注意：如果是强酸、强碱类药物，禁忌催吐，以防胃肠穿孔。

③如果误服的是腐蚀性较强药物，在将儿童送往医院的这段时间内，可由医生采取相应的解毒措施。如服强碱药物，可立即服用适量的食醋、柠檬汁、橘汁等来适当中和强碱对胃肠的腐蚀，然后服用约 60 mL 调水的生蛋清或牛奶、豆浆 200 mL 来保护胃肠黏膜；如服强酸药物，可口服 10% 氢氧化铝凝胶、2.5% 氧化镁溶液或 7.5% 氢氧化镁混悬液 60 mL，然后服用调水生蛋清、牛奶或豆浆；如误服了碘酒，可使儿童喝米汤、面汤等含淀粉多的液体；如误喝了止癣药水、止痒药水或驱蚊药水，可使儿童多喝浓茶水，借茶叶中的鞣酸来沉淀或缓解其毒性。注意：没有医疗常识的人最好不要用此法，以免所用剂量不合适产生副作用。

④如果中毒儿童已意识不清、呼吸停止，应立即现场进行心肺复苏抢救。

⑤在送往医院急救时，应将错吃的药物或药瓶带上，让医生了解情况，及时采取解毒措施。

（八）食物中毒

儿童如果吃了微生物、农药或化学物质等污染的食物，或者本身有毒的食物，如毒蘑菇、苦杏仁等，极容易引起食物中毒。症状一般在食用食物后 1 ~ 6 小时发作，突然出现腹痛、恶心、呕吐、腹泻、头晕、乏力等表现，严重者会出现发热、嗜睡、昏迷、呼吸停止等危及生命的症状。

食物中毒的急救措施如下所述。

①立即停止食用导致中毒的食物，并留取样品保存，以便提供给医生化验分析食物中毒的原因，同时报告给校医院或疾病控制中心及卫生检疫部门。

②如果食物中毒发生在进食后 2 ~ 4 小时内，可用手指、筷子或汤匙等刺激儿童舌根部位的咽后壁来催吐，使其尽量排出胃内残留的食物，减少毒素进一步吸收。注意：如果已经发生呕吐就不需要再催吐了。

③如果食物中毒发生在进食后 4 小时以上，催吐已无意义，此时可使儿童口服温开水，对吐泻多的儿童，可饮淡盐水或糖盐水。对于确定是细菌污染食物引起的中毒，也可使儿童口服抗生素。

④对于出现腹泻的中毒儿童，不要立即服用止泻药，因腹泻可排除一定数量的毒素，对减轻中毒症状有一定的好处。

⑤对于中毒症状严重的儿童，以及进行简单急救处理后的中毒儿童，都要立即送医院做进一步的诊治，以免延误病情。

四、儿童心肺复苏的急救技术

无论是儿童疾病还是外伤的急救中，始终将维持生命作为第一重要步骤。维持生命的重要身体指征是心跳与呼吸的自主平稳。一般呼吸停止 5 ~ 10 分钟，心脏就会停止跳动，心脏停止跳动 3 ~ 4 分钟，脑细胞就会因血液供应障碍导致损伤，6 分钟以上就一定会有不同程度的损伤，10 分钟以后脑细胞就会因缺氧而导致坏死，出现脑死亡，就会有生命死亡的危险。所以在急救医生到达之前应该尽量防止呼吸与心跳的停止，保证脑细胞的血液供应，延缓脑死亡的发生。心肺复苏术就是挽救心跳、呼吸骤停的急救技术，简称 CPR（Cardio Pulmonary Resuscitation），也是争分夺秒抢救生命的最重要的现场急救技术。同时别忘记呼叫 120 急救车。

8 岁以上的儿童可采用与成人相同的心肺复苏术，但 8 岁以下的儿童要用适合小儿使用的小儿心肺复苏术。

心肺复苏术的步骤与方法如下所述。

1. 检查判断

①判断患儿有无意识。对于小于 1 岁的小儿，可用手拍击其足跟，看是否有反应，如图 7-4-29 所示；对于 1 ~ 8 岁及 8 岁以上儿童，可摇动其肩部并呼叫其名字，看是否有反应，如图 7-4-30 所示。若多次均无反应可判定患儿意识消失。

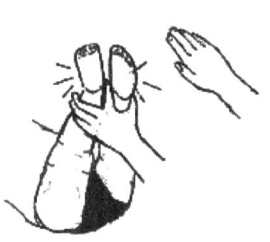
图 7-4-29 拍足法

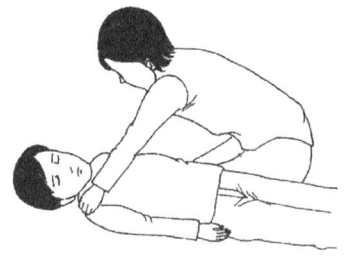
图 7-4-30 摇动法

②判断患儿有无呼吸。将患儿平卧，观察其胸部有无起伏，听有无呼吸音，或者用脸颊、手指部感觉患儿口鼻内有无呼吸气流的存在，如图 7-4-31 与图 7-4-32 所示。若以上三种情况均无存在，可判定该患儿呼吸停止，要立即进行人工呼吸抢救。

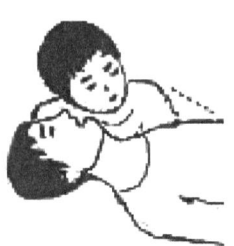
图 7-4-31 脸颊感觉气流与胸部观察法

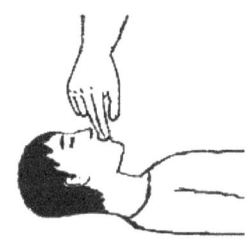
图 7-4-32 手指感觉气流法

③判断患儿有无脉搏。脉搏是动脉管壁随着心脏的跳动呈现有节奏的、有规律的、周期性的起伏。由于脉搏与心跳的强弱、次数相一致，所以可以通过判断患儿有无脉搏来判定心脏是否跳动。1岁以下小儿，可用大人手的食、中两指的指腹或食、中、示三指的指腹触摸上臂的肱动脉或大腿根部的股动脉（腹股沟中点稍下方），感觉是否有脉搏的存在，如图7-4-33所示。1~8岁及8岁以上儿童可触摸颈两侧的颈动脉（位于气管与胸锁乳突肌之间），感觉是否有脉搏的存在，如图7-4-34所示。如果脉搏消失，可判定心脏停止跳动，要立即进行胸外心脏按压抢救。

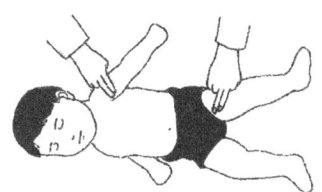 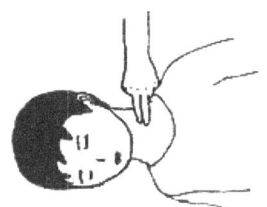

图7-4-33　婴儿脉搏检查法　　　图7-4-34　颈动脉脉搏检查法

注意：以上三个步骤要快速完成，争取在10~30秒内完成，千万不要将过多时间花在寻找脉搏上，如果紧急，可以在判断无意识、无呼吸的情况下就可以开始施行心肺复苏抢救。

2. 人工呼吸

①打开气道。气道就是呼吸道，即口、咽、喉、气管等。抢救者立即将患儿平卧在平整的、坚硬的地面、木板、桌面等平面上，然后抢救者采用"仰头抬颏法"来打开气道，即抢救者跪在患儿身体一侧，一手按压患儿前额，一手托起其下巴，使患儿头呈后仰位，保持气道的开放，如图7-4-35所示。

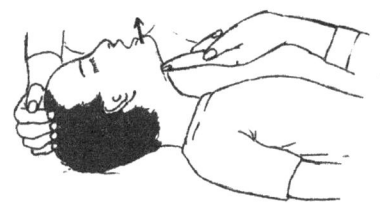 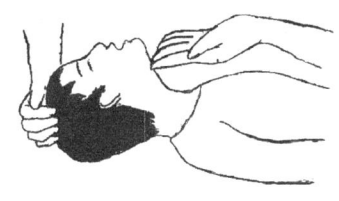

图7-4-35　仰头抬颏法

注意：对怀疑有颈部或脊柱损伤的患儿，要禁用"仰头抬颏法"打开气道。

②"口对口"人工呼吸。对于1岁以上的儿童及成人都可进行"口对口"人工呼吸。患者儿平卧，打开气道后，抢救者一只手托住患儿下巴，另一只手拇、食指捏住患儿的鼻孔以防吹气时漏气。然后，抢救者深吸一口气，用口唇严密地包住患儿的口唇，对准患儿口腔平稳用力吹气，如图7-4-36所示。同时双眼观察患儿胸部是否膨起，如果有膨起则为有效吹气。吹气后，抢救者的口离开患儿的口，并松开捏鼻的手指，使患儿被动"呼"气，此时抢救者可侧转头深吸第二口气，再进行第二次吹气与"呼"气，如此反复循环进行多次吹气与"呼"气。每次吹

气时间 1 ~ 1.5 秒，吹气量为 500 ~ 600 mL，每分钟吹 16 ~ 20 次。

注意：越小的患儿需要吹气的力度与气量越小，越应该缓慢均匀吹气，不可用力过大，防肺泡破裂，也不可吹气过快，防气体进入胃内，造成胃膨胀，膈肌上升减小肺的容积，反而影响人工呼吸的效果。所以吹气时，应该以患儿胸部膨起，胃不膨起为度。

③ "口对口鼻" 或 "口对鼻" 人工呼吸。对于 1 岁以下的婴儿，可采用 "口对口鼻" 人工呼吸或 "口对鼻" 人工呼吸。抢救者的口唇将婴儿的口与鼻一起盖严，同时向婴儿的口鼻吹气，使其胸部膨起的有效吹气与 "呼" 气即为 "口对口鼻" 人工呼吸，如图 7-4-37 所示。如果抢救者口小不容易进行 "口对口鼻" 人工呼吸，就进行 "口对鼻" 人工呼吸，即抢救者一手抬起下颌使婴儿的口闭合，然后，直接用口对婴儿的鼻孔吹气，使其胸部膨起的有效吹气与 "呼" 气。

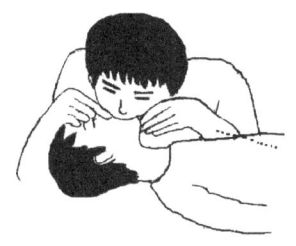 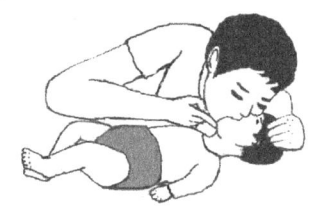

图 7-4-36　"口对口" 人工呼吸法　　图 7-4-37　"口对口鼻" 人工呼吸法

注意：对怀疑有颈部或脊柱损伤的患儿，要禁用 "仰头抬颈法" 打开气道；人工吹气时，如果打开气道用力吹气后不能使患儿胸部膨起，应检查气道是否有异物阻塞，应先排除异物（如泥沙、呕吐物、痰液、血液、假牙等）。

3. 胸外按压

①婴儿胸外按压。有双指胸外按压法与双手环抱胸外按压法两种方法。

双指胸外按压法：抢救者用一只手的中、食两指的指腹垂直向下按压婴儿胸骨中部两乳头连线的中点位置（另一只手可固定患儿头部，或者也可从婴儿背部托住患儿头颈部，同时用前臂支持婴儿的躯干），使胸骨下陷 1.5 ~ 2.5 cm，每分钟按压 120 次左右，如图 7-4-38 所示。

双手环抱胸外按压法：抢救者双手环绕患儿胸部，双手拇指并列或重叠，用指腹按压婴儿胸骨中部两乳头连线的中点位置，使胸骨下陷 1.5 ~ 2.5 cm，每分钟 120 次左右，如图 7-4-39 所示。

注意：一般双指按压法多适用于一人行心肺复苏施救者，双手环抱按压法多适用于两人心肺复苏施救者。相比较，双手环抱按压法比双指按压法更能产生有效的动脉血液灌注。

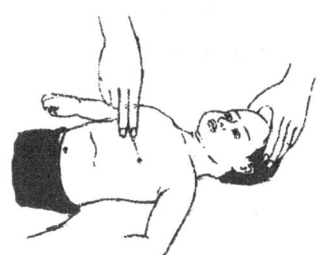
图 7-4-38　双指胸外按压法

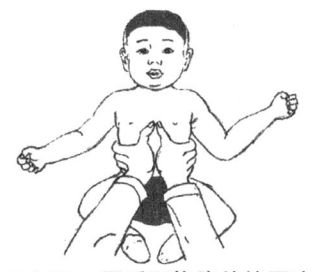
图 7-4-39　双手环抱胸外按压法

②1 ~ 8 岁小儿胸外按压。多用单掌胸外按压法。

单掌胸外按压法：抢救者将一只手的手掌根部置于胸骨下 1/2 处（不要压迫剑突），手心及手指向上翘起不接触患儿胸部，手臂伸直，垂直向下按压，使胸骨下陷 2.5 ~ 3.5 cm，每分钟按压 100 次左右，如图 7-4-40 所示。

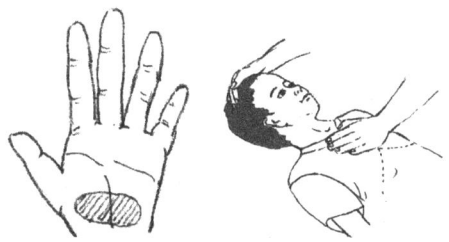
图 7-4-40　单掌胸外按压法

③8 岁以上儿童胸外按压。方法同成人胸外按压法，即双掌胸外按压法。

双掌胸外按压法：抢救者双手掌根部上下重叠，十指相扣，手心翘起，手指离开胸部，双臂伸直（肘关节伸直），垂直向下用力按压（肩、肘、腕三点在同一直线上）胸骨剑突上两横指处，使患儿胸部下陷 4 ~ 5 cm，然后放松，使胸部回到正常位置。抢救者可以以自身髋关节为支点，借上半身的体重及臂部肌肉的力量平稳、节律均匀地反复多次进行按压，每分钟按压 100 次左右，如图 7-4-41 所示。

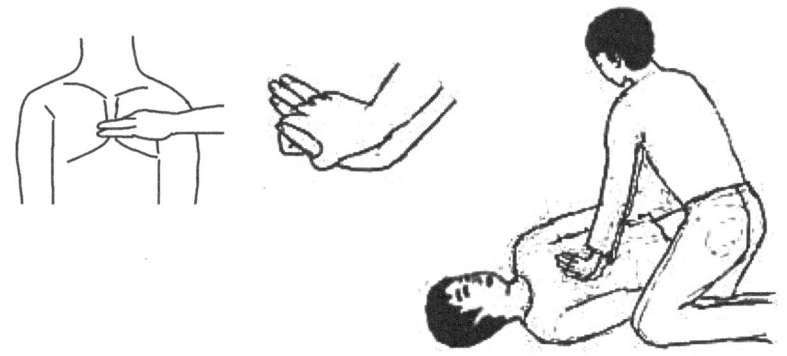
图 7-4-41　双掌胸外按压法

注意：人工呼吸与胸外按压必须保持协调规律、按固定比率交替进行，无论是一人施救还是两人施救，心外按压与人工呼吸的比率以 5:1 为宜（适合生理需要）。最新国际标准：单人操作 30:2，5 个循环；双人操作 15:2，5 个循环。人工呼吸及胸外按压的手法是否准确、到位直接关系到抢救的成功率。心肺复苏抢救成功的指征是患儿神志清楚、恢复自主呼吸和心跳、面色转红润、四肢温暖等，在抢救过程中应该隔几分钟就注意观察一下。

思考题：

1. 名词解释

传染病　流行病　传染源　传播途径　易感人群　消毒　计划免疫
免疫接种　加压止血法　指压动脉止血法　心肺复苏术　"口对口"人工呼吸

2. 请问传染病发生流行的基本环节是什么？学校应如何防止传染病在学校的流行？

3. 学校怎样预防儿童出现细菌性痢疾病的流行？

4. 学校怎样预防儿童出现乙肝传染病的流行？

5. 如何预防流行性感冒在学校的发生与流行？

6. 什么是近视眼？你能说出一些预防近视的保健常识吗？

7. 龋齿是如何形成的？我们应该如何预防龋齿的发生？

8. 试述老师在儿童癫痫发作时，以及癫痫儿童的日常生活中应该采取的护理措施。

9. 简述对伤口进行常规消毒处理及包扎的步骤与方法。

10. 儿童意外发生挫伤或扭伤后，老师应做如何的紧急处理？

11. 简述儿童鼻出血的紧急处理方法。

12. 简述一般烧烫伤的急救方法。

13. 简述对儿童进行人工呼吸的抢救方法。

14. 简述对儿童进行胸外按压的抢救方法。

15. 实践题：请在实验室实践练习：癫痫发作时的护理方法、常规清创消毒方法、包扎方法、紧急止血法、烧烫伤急救法、中暑急救法、骨折固定法、心肺复苏技术等急救处理方法，达到能够熟练、标准的操作。

第八章 学校的环境和设备卫生

学习目标：

1. 熟悉特殊教育学校环境和设备卫生标准应该遵循的规范性文件。

2. 了解各类特殊教育学校校址选择及建筑物平面设计的基本卫生要求。

3. 掌握特殊教育学校学生常用的教室、活动室及宿舍的基本室内卫生要求。

4. 熟悉学校主要设备（课桌椅、黑板等）及特殊教育机构设备的基本卫生要求。

学校环境就是指学校一切内外条件，它包括自然环境和人为环境。自然环境如学校所处的地理位置、日光、空气、水、土壤、气候、绿化等；人为环境是指学习、工作和生活所接触的一切场所和设施，如教室、宿舍、办公楼、操场等场所及其配套的设施，还有相关的制度、校风校纪、校园文化、师生精神风貌等都可属于人为环境（精神环境或软环境）。如何创建适合视障、听障、智障及其他类别的残障儿童身心特点所需要的、有利于他们受到最佳教育与康复要求的、能使他们的德智体诸多方面都能得到良好发展的校园环境是各个特殊教育学校建设的重要举措。为了形成全国统一的特殊教育学校建设的标准，经过多次试行与修订，我国教育部与建设部于2003年共同发布了《特殊教育学校建筑设计规范》，为各类特殊教育学校的建筑设计制定了规范标准。2012年1月1日我国教育部又发布施行了《特殊教育学校建设标准》，成为各类特殊教育学校新建、改建或扩建项目的执行标准。所以，特殊教育学校的环境和设备卫生应该遵循现行的《特殊教育学校建设标准》和《特殊教育学校建筑设计规范》的卫生标准。另外，还要遵循2012年1月1日由国家住房与城乡建设部发布的《中小学校设计规范》GB 50099及国家现行的有关标准、规范的要求执行。

第一节 学校的场地

学校场地的要求：学校建筑设计应满足教学功能要求，有利于学生安全及身心健康，合理安排学校用地。按现行的《中小学校设计规范》及国家有关标准、规范的要求执行。

一、学校校址的选择

①校址应选择在阳光充足、空气流通、场地干燥、排水通畅、地势较高的地段。校内应有布置运动场的场地和提供设置给水排水及供电设施的条件。城镇完全小学的服务半径不宜大于 500 m，城镇初级中学的服务半径不宜大于 1000 m。

②中小学校严禁建设在地震、地质塌裂、暗河、洪涝等自然灾害及人为风险高的地段和污染超标的地段。校园及校内建筑与污染源的距离应符合对各类污染源实施控制的国家现行有关标准的规定。

③学校教学区的声环境质量应符合现行国家标准《民用建筑隔声设计规范》GB 50118 的有关规定。学校主要教学用房设置窗户的外墙与铁路路轨的距离不应小于 300 m，与高速路、地上轨道交通线或城市主干道的距离不应小于 80 m。当距离不足时，必须采取有效的隔声措施。走读小学生不应跨过城镇干道、公路及铁路，或应有能保障学生安全跨越的通道。有学生宿舍的学校，不受此限制。

④学校不宜与集贸市场、公共娱乐场所，医院的传染病区及太平间、殡仪馆等不利于学生学习和身心健康的场所毗邻。

⑤高压电线、长输天然气管道、输油管道严禁穿越或跨越学校校园；当在学校周边铺设时，安全防护距离及防护措施应符合相关规定。

（一）特殊教育学校校址选择的基本卫生要求

特殊教育学校的校址选择，还应根据 2012 年中国教育部发布施行的《特殊教育学校建设标准》的统一规定，符合 2003 年中国教育部与建设部共同发布的《特殊教育学校建筑设计规范》的要求，满足城市及农村不同类别残障儿童特殊教育学校校址选择的基本要求，其中良好的、安全的周边环境是特殊教育学校必须重点考虑的问题。

1. 学校用地的内部环境

学校用地面积应根据学校规模保证特殊教育学校建设标准所规定的面积；选择适合建校的较为规整的地形，学校用地最好选在阳光充足、空气清新和通风良好的地段；校内用地的地势应稍高，并便于排除校园用地范围内的积水；学校应直接面向街道（或一面临街），在紧急情况下，校内人员便于安全疏散、车辆易于进出；当一般中小学校与特殊教育学校合建在一个地段时，必须保证各自的用地面积，以及使用、管理的独立性。

2. 学校用地的外部环境

学校应选在交通较为方便、城市公用设施较为完备的地区；学校必须选在安全的环境内，周边无自然灾害发生的可能，学校周围不能有河流、池沼、断崖或较大的陡坡，以防学生在上下学或游玩时发生某些突然事故而造成伤害；学校应选在良好的区域内，为残疾学生创造良好的认知自然、认知社会的环境。学校应尽量选在附近有公园绿地、文化教育、医疗康复等设施完善的位置，便于学生接触自然社会及方便就医康复等。学校不应选择在车辆通行量大的街道一侧，或与车辆出入频繁的单位为邻。学校应避免靠近娱乐场所、市场等不利于培养儿童、青少年的周边环境。

（二）各种特殊教育学校选址要点

1. 盲校

校址应选在安静无噪声（校界处的允许噪音为白天不超过 60 dB，夜间不超过 45 dB）、无散发各种气味的环境。这些不仅影响盲生的身体健康，更妨碍盲生的听觉及嗅觉的感知，此外还应避开各种污染源。盲校不宜选择在城市繁华区内或人流及车流量大的区域，以防盲生在上下学通行时受到干扰或发生事故。校内地势不应有较大高差及复杂的地貌。

2. 聋校

学校应选择在安静无噪声干扰的区域内（校界处的允许噪音为白天不超过 60 dB，夜间不超过 45 dB），以免妨碍尚有残存听力聋生的听觉。应避开附近有强大电波发射区域，以防止干扰教室等学习活动用房的集体助听系统，影响对聋童的教育与训练。

3. 智障学校

智障学校不应选在城市繁华区或人流、车流量大的区域，以防智障生在上下学通行时遇到某些突发事件，智障儿难以随机应对导致造成某些伤害。智障学校的校内地势不应有较大的高差或复杂的地貌。智障学校的校址应靠近医疗机构，方便伴有其他较重障碍或疾病的智障生得到及时的治疗或急救。

二、学校用地的规划

特殊教育学校用地，由建筑用地、体育活动用地（包括盲校、智障学校的训练用地）、绿化用地、职业技术教育及勤工俭学用地等部分组成。特殊教育学校应遵照有关规定管理和使用校舍、场地等，未经主管部门批准，不得改变其用途。

①我国特殊教育学校用地面积标准。根据《特殊教育学校建设标准》的规定，各类特教学校的用地面积不应低于标准规定。

②建筑用地。建筑用地包括建筑物占地面积、建筑物周边通路及由建筑间距或建筑物组合所形成的建筑物各体部之间的空地等。建筑用地面积按建筑容积率（即建筑用地与学校规划用地之比）不大于 0.85 计算。各类不同特殊教育学校的建筑面积可有不同的标准。

③体育活动用地。体育活动对于有各种残障的儿童极为重要，特殊教育学校

开展各种体育活动、功能训练，不仅有助于增强残障儿童体质，促进身体健康，提高学习效果，在体育活动过程中，还可增强其感知能力和适应能力，在提高其运动技能的同时，也会提高其心理健康及社会适应能力。学校必须设置有足够的体育活动场地。按《特殊教育学校建设标准》规定，体育活动场地面积占学校用地面积的 34% ~ 48%。9 ~ 12 班的规模，应设置 200 m 的环形跑道及 4 ~ 6 股的 100 m 直跑道的运动场；18 ~ 24 班的规模，还应增设 1 ~ 2 个球类场地。

④康复训练及职业技术训练场地。康复训练及职业技术训练场地应包括体能训练、盲校的定向行走训练、职业训练场地等，场地用地面积应为 4 m^2/生，但总的面积不应小于 400 m^2。

⑤其他用地。绿化用地面积应包括校园绿地及植物种植园地等成片绿地，对净化空气、吸附尘埃、降低噪声、调节气温，甚至杀灭病菌、预防疾病等校园环境的维护方面起着非常重要的作用。绿地占地率不应小于 35%，盲校不小于 2 m^2/生，聋校及智障学校不小于 4 m^2/生；职业教室及勤工俭学用地面积各类学校均不小于 4 m^2/生。总平面布置还应预留一定面积的发展用地。

第二节　学校的建筑物

一、主要校舍建筑物的设计要求

《特殊教育学校暂行规定》第 46 条：特殊教育学校应按有利于管理，有利于教育教学，有利于安全的原则设置教学区和生活区。第 55 条：要及时对校舍设施进行维修和维护，保持坚固、实用、清洁、美观，发现危房立即停止使用，并报主管部门。

（一）普通教室

同一学年的普通教室应尽量在同层布置，并应有相同的物理环境，并保持各年级的独立性、不应形成穿行的道路。根据某一年级组的特性（如低年级、高年级、重复障碍班级）及使用上的灵活性，应设置满足该年级组教学及生活活动所需的辅助用房及辅助空间。

教室大小由学生人数（《中小学校设计规范》规定：完全小学（设有初、高年级两部的小学）应为每班 45 人，非完全小学（只设初年级或高年级小学）应为每班 30 人；完全中学、初级中学、高级中学应为每班 50 人而定，每名学生占教室面积不小于 1 ~ 1.1 m^2，每名学生空间容积为 3 ~ 4 m^3。如一般教室为 60 m^2 应安放 50 ~ 60 个课桌椅。

注意：特殊教育学校的教室班额不能太大，一般规定：盲生班与聋生班为每班 8 ~ 14 人，智障班为每班 8 人左右，其他类特殊儿童可根据儿童的障碍程度需求及教师资源、场地大小等因素综合确定班额的大小，小班为宜，最好不超过上述标准。

（二）专用教室

专用教室：音乐、微机、美工、实验、手工、地理、语言等教室。

各专用教室应根据学校类别、学校规模、学习内容及方法等设置适于学习、实验、操作等所需的家具及不同的布置形式所需的教室规格与面积；并应配备相应的、有足够使用空间的辅助用房或准备空间，其位置应与教室密切相邻，以便于利用。各专用教室的位置，应与利用频度高的年级靠近，也应满足利用频度不高年级的利用。

对某些发生噪声、气味等专用教室位置的安排，既要先靠近经常使用的班级，又要避免其对其他邻近房间的影响，当必需靠近某些用房时，则需在该专用教室的构造设计时加强措施，以防止对邻近房间的干扰。为使管线布置合理（指水、煤气等），应尽量在满足功能使用的同时，将诸多设有管线要求的房间集中（水平或垂直）安排。

（三）公共学习用房

公共学习用房有图书阅览、视听教室（电教室）等。公共学习用房是供全校学生进行多种活动场所（其利用以中、高年级为主），故其位置以临近中高年级学习区域为宜，其中图书室有可能作为向社会开放的场所之一，考虑外来利用者流线的合理性。

学校图书阅览室有可能构成学校多媒体教学中心，为充分发挥各种教学器材的综合利用，可将视听、电视演播、广播、教材制作中心等较集中的布置在校舍的中心部位。

阅览室面积大小依学校规模而不同，中等规模学校一般按 50 个座位设计，每座面积小学为 0.8 ~ 0.9 m²，中学为 1.4 ~ 1.5 m²。阅览室要与书库靠近，书库面积大小由藏书量而定，可按每班一千册计算，中学约为 60.90 m²，小学约为 40.50 m²。特殊教育学校的图书资料应考虑设置盲文、非盲文、音响等各类图书。盲文阅览室应该以阅览盲文书籍为主，视听及低视力阅览室内应该设录像机、录音机及低视力阅读机等。

（四）公共活动空间

公共活动空间有多功能活动室、游戏室、科技活动室、休息及交往空间等。公共活动空间的构成，基本可分为固定房间及开敞空间两种形式。前者如多功能活动室；后者为在某一适当部位设一开敞空间。在低年级教室区域内设置游戏活动场所时，可作为教学活动的延伸部分。如进行个别指导等学习活动，但需解决各种游戏、玩具、教具等存放场所及相关的辅助用房，如在康复训练区可设置各种有利于康复训练、机能训练的活动空间，以作为康复训练、学习活动的地点，同时也应考虑存贮空间及相关的辅助用房等。

（五）体育活动用房

特殊教育学校的体育活动场地及设施有：室外田径场、各类球类活动场地、器械活动场地、创造条件设置体育活动室、游泳池等。各种体育活动场地应尽量布置在一个区域内，形成体育运动区。

特殊教育学校体育馆一般可进行多种活动：上体育课、体育活动、全校会议、康复训练活动、全校性集会等。因此应创造条件为残障儿童建造具有多种功能的活动场所。特殊教育学校的体育馆、游泳池等的设计必须适合残障学生的身心特点，注意一定加强安全措施。

（六）康复、训练、检测用房

此类用房包括：律动教室（律动课是通过聋童的视觉、触觉、振动觉等感官，包括重听儿童的残余听力等进行音乐、舞蹈、体操、游戏、语言技巧等内容的学习与训练，发展其感知能力与动作机能）、语训、生活与劳动、直观教学、康复训练等教室，听力训练、智力测验等用房。

各种训练、检测等用房一般应较集中设置，以便进行综合分析及管理。对生活训练用房，应按使用要求配置有关设施、设备及有关的辅助用房。

（七）职业、技术实习用房

一般包括劳技教室及实习室等。这类用房是为培养学生生活、生存所必须具备的知识以及进行技能的训练。为达到技能的准确熟练，必须经过实习，设置适于各种残障学生的实习场所等。此类用房应集中设于一区，便于实习及对外服务，后者宜注意流线的组织。

（八）行政办公管理用房

应集中设置。其位置要便于对全校的管理及接待残障儿童的各种咨询及联系工作等。教师办公室，不小于 $4 \, m^2/$ 人，中学教师 2.5 人/班，小学 1.5 人/班比例配备。

（九）宿舍

住宿的特教学校应设宿舍，要与教学楼分开，防止干扰，要有保证学生充分休息和睡眠的环境。每间宿舍能容纳 7～8 人，每人占地面积 2.5～3.0 m^2。宿舍要有必备的床铺、衣柜及桌椅等，还要有洗浴间和厕所。均要有适合残障学生的无障碍设施。

（十）食堂和厨房

供给学生和职工膳食和饮用水。学校应按用膳人数规定食堂厨房面积。一般以每人占地 1 m² 左右计算，应在教学楼下风方向（有油烟、煤气和噪声等的影响），食堂内应有洗手和放餐具的设备，应干净、定时清洁。

（十一）厕所

厕所应远离饮水区、厨房和食堂，应靠近教室和宿舍，面积因学生多少而设（男生每 40 个用 1 个大便池和 2 个小便斗或小便槽，女生每 25 人 1 个大便池），宜每层设置，均应有无障碍设施，出入口有轮椅进出坡道，并符合坡道设计的国家标准，厕门宜采用外开式，厕所入门处、每个厕位门上及洗手处均需有盲文标识，厕所大门及厕所内部需铺设盲道，内设保持身体平衡的扶手或抓握器等。

（十二）医务室

医务室位置能与运动场、教室、宿舍等联系方便。最好有 5 m² 以上的房间，配备常用药品及体检测查仪器或器材。

二、特殊教育学校总平面设计的基本要求

（一）基本要求

①应遵守国家、省、市教委及城市规划部门有关的建筑设计规范和对特殊教育学校建设的要求。应参照普通中小学校总平面规划中相关的规定、标准等。

②学校平面布置，应按教学区、生活区、体育运动区、植物种植绿化区、职业技术教育等区进行合理布局，做到：布局合理、使用方便、易于辨识、便于疏散。

③校舍的组合布置尽量紧凑、集中。各栋建筑之间的距离应符合建筑设计防火规范。作为校舍建筑组合是以教室组群为主，其他各组为辅的关系，合理地安排其各自位置。建筑物的间距应符合下列规定：教学用房朝向最好是坐北或东南向，应有良好的自然通风。两排教室的长边相对时，其间距不应小于 25 m。

④主要学习用房处于最优越的部位。必须满足良好的日照、采光、朝向、通风、防噪条件。

⑤周密布置人、车流线和道路系统。既要满足日常运行的安全通畅，也要保证紧急情况时的安全疏散。

⑥应最大限度地创造良好的校园环境。利用建筑设计、庭园绿化等手段美化校园、丰富校园空间，使残障儿童在校园中更多地接触自然、认识自然，以优美的校园环境陶冶残障学生的理想情操及生活乐趣，最大限度地创造良好的校园环境。

⑦要设置相关无障碍设施。如道路应满足坐轮椅、挂拐杖者和视力残障者无

障碍通行；建筑物应考虑出口、电梯、扶手、厕所等设置残障者可使用的相应设施和方便残障者通行等。也要保证信息和交流的无障碍，如影视作品、节目字幕、解说、电视手语、盲人有声读物等。具体应按照我国颁布的《特殊教育学校无障碍设计规范》（2004）及《城市道路和建筑物无障碍设计规范》JGJ 50 的有关规定设置无障碍设施。

⑧当学校的某些组成部分向社会开放、或学校的某些组成部分作为职业教育、联系生产实际的场所时，应注意安排其位置及解决人、车流线而不影响学校的正常生活与学习。

⑨进行总平面布置应有效而合理地利用学校的地形与地势、合理地利用土地，并应预留必要的用地供以后发展之用。

（二）学校的交通与安全

1. 交通组织问题

校内交通组织关系到学生的安全。如盲生难以发现前后来车，聋生难以得知背后来车，智障生发现来车难以应付，乘坐轮椅的学生行动迟缓难以躲避等现象。

从校园的环境安静及安全考虑，应使进入学校的各种车辆控制在一定范围之内，合理地安排车行区、人行区、各种车辆停车场地。停车场地应设于前庭广场，其行车范围及停靠位置也应限于前庭广场，前庭广场不应作为学生活动区域。

2. 安全疏散问题

（1）盲校

当发生紧急事故需进行安全疏散时，学生无论在任何建筑物内，都能沿着一定路线迅速由房间内通过走廊或楼梯疏散到室外或集中到体育场地，故在建筑物的平面组合布置时，应合理地安排疏散路线，对盲校的疏散路线，应简明、直接、易于辨识、便于记忆。

在通行的道路上，不得在 1.3 m 以上及 0.4 m 以下的空间设置固定或临时悬吊、摊放的任何障碍物，在校各通道上应铺设盲道，盲校的走廊、沿内墙两侧均应设置与墙牢固连接的连续扶手，距地面高度宜为 0.8 ~ 0.9 m。教学及生活用房的门厅或走廊、所设坡道的坡度不应大于 1:8，供轮椅使用的坡道不应大于 1:12。

（2）聋校

聋校紧急疏散问题主要是如何获得紧急疏散的信息，在房间内、走廊、厅等处应设有传达紧急事故信息的传媒，如指示灯的颜色、有规律的亮灭、电视图像的通知，而在夜间睡眠时枕下设置震动器等以传达信息等设施。

（3）智障学校

由于智障儿童反应迟钝，难以处理突发事件，对某些事物的严重性估计不足等特点，为使学生在短时间内迅速撤出危险区到达安全区需采取综合设计方案，如建筑平面组合及总平面布置比较简单，流线清楚、直接，并有鲜明、准确的疏散标志；在学校管理上应有专人负责，有计划地组织安全疏散的训练等。

学校招收有多种障碍学生就学时，应将乘坐轮椅学生的班级安排在底层。在疏散道路上有台阶之侧设坡道，坡度不大于 1∶12，坡道两侧设高低扶手（高扶手高度应为 0.9 m，低扶手的高度应为 0.65 m）、坡道应有防滑措施。必须设置踏步且其踏步数量超过三步时，需在踏步两侧设不高于 0.9 m 的扶手。

注意：特殊教育学校的安全设计除了通行的安全，还应包括校园内防火、防灾、安全防护设施、餐饮设施安全、环境安全等方面的设计。

3. 学校出入口的设计问题

特殊教育学校的校门前与街道相连接处，应设有宽敞的缓冲地带，以使学生走出校门后可作短暂停留以感知街道情况。

①盲校校门外的人行道，应设有导盲标志（触感块材），距学校较近的人行横道也应设置导盲标志。

②智障学校的校门与街道的连接空间，应设有一视野开阔的缓冲地带，并应在校门处加强安全措施，防止学生由校内飞奔、追逐跑向街道而造成安全事故。

三、特殊教育学校无障碍环境的建设

无障碍环境指人生活和活动的环境没有任何的不方便和障碍。这里的人包括健全人、伤病人、老年人、残疾人、妇女、儿童等所有的人群。障碍既包括软件的障碍，如不理解、不接纳、不赋予权利与尊严、没有归属感等；也包括硬件的障碍，如物质环境的障碍、信息和交流的障碍等。特殊教育学校作为残障儿童接受教育与集中生活的主要场所，除了对他们进行重点的特殊教育、生活技能训练、康复治疗、个人发展规划等软件的无障碍建设之外，还应重视硬件无障碍环境的支持与建设。硬件无障碍环境主要包括物质环境的无障碍和信息、交流的无障碍。

（一）物质环境的无障碍

特殊教育学校物质环境的无障碍主要应包括：道路与交通工具的无障碍、校内公用建筑物的无障碍、个人起居室的无障碍等。

1. 道路与交通工具的无障碍

不同类别残障儿童学校的道路及交通工具应分别满足不同类别残障儿童及教师的无障碍通行或乘坐的需求，尤其对肢体残障（如坐轮椅儿童、挂拐杖儿童等）和视力残障的儿童或教师，此方面的支持更为重要。如道路铺设盲道、坡道；路口及人行横道设置交通音响信号装置；设置无障碍行进路线图和无障碍标志；车辆应配备升降底盘或可降斜坡出入口；车内配置有语音报站设备；车内有轮椅停放位及把手等。

2. 校内公用建筑物的无障碍

学校内公用建筑物，如教学楼、图书馆、食堂、文体室及康复训练室等的出入口、地面、电梯、扶手、厕所、房间、柜台等都应设置相应类别残障儿童或教师可使用的相应设施和方便残障者通行等。如出入口进行坡化处理；内部通道的宽度保证；观演场所按比例设轮椅席位；设低位服务窗口和低位电话；无障碍厕所或厕位等。（具体标准见前述相关内容）

3. 个人起居室的无障碍

根据各类残障儿童或教师的具体情况，对个人起居室（如宿舍）的起居设施要进行无障碍建设或改造。如门口设坡道或安装升降电梯，拓宽门道及走廊，门隔断应做成外开式或推拉式；安装闪烁门铃或声响门铃，卫生间安装低位洗漱台、低位镜面、低位坐便器及扶手等。尽量使其能够独立完成生活起居。

（二）信息和交流的无障碍

特殊教育学校的信息和交流的无障碍主要要求：公共传媒应使相应类别的残障儿童或教师（主要是听力障碍、言语与语言障碍、视力障碍者）能够无障碍地获得信息，利用信息和进行交流。如公用场所的信息显示屏幕和语音提示系统、电影和电视节目配字幕、手语新闻、手语翻译、图书馆提供的有声读物、盲人上网软件、聋人专用通讯设备（如电子屏幕手语记号）、盲人电话等。另外还有图形化的信息指示；用色彩、材料、光影等手段多元化的信息传达方式；经过特殊处理的教材课本等。

2004 年由国家建设部、教育部联合颁布了《特殊教育学校无障碍设计规范》的公告，并于 2004 年 3 月 1 日起开始实施。该规范文件对特殊教育学校的选址及总平面布置、建筑设计、室外空间、各类用房、交通疏散、室内环境与建筑设备等的具体卫生要求都有了详细的规定，可为各类特殊教育学校进行无障碍环境建设提供标准的法律依据。

第三节　学校建筑的室内卫生

学校建筑的室内（主是教室、活动室和宿舍）卫生要求：温度湿度适宜，采光照明和通风换气良好；保持安静，能防噪声；不使学生感到拥挤，符合残障儿童视、听、触觉等功能要求；便于清扫和便于学生养成良好的卫生习惯；清洁卫生、布置淡雅。

一、温度与湿度

冬天，聋校室温应不低于 16 ℃，盲校与智障学校室温应不低于 18 ℃，盲校的按摩教室室温不应低于 22 ℃。夏天，室温不宜高于 30 ℃。室内相对湿度应不小于 65%；风速，夏天不小于 0.15 m / 秒，冬天应不大于 0.3 m / 秒。

二、采光和照明

（一）自然采光

自然采光是指利用自然的日光获得光线。自然采光的卫生要求：足够的照度；照度稳定分布均匀；没有或尽量减少眩光、直射光和阴影。

1. 足够照度

日照是太阳光照在室内的时间和强度，一般要保证每天室内太阳照射 2 小时（维持身体健康的最低标准），这就要求建筑的朝向和建筑间距要符合标准，如教室最好是坐北或东南朝向，前后建筑间距不少于 2 m。另外还与此室的采光有关。

采光是指室内得到的光线。采光的多少与采光系数和室深系数有关。

采光系数是窗户透光面积与该室地面积之比。

最小采光系数=同时间室内最暗处的照度×100% / 同时间室外空旷处的照度。

采光标准：教室、阅览室、实验室和健身房等采光系数为 1∶4 ～ 1∶6；绘画、制图室为 1∶3 ～ 1∶5；办公室为 1∶8。最小采光系数应不低于 1.5%，多雾地区则规定不低于 2%。

室深系数是窗上缘高与室深（即窗户到对面墙壁的距离）之比。单侧开窗的房间，室深系数不小于 1∶2，投射角（即室内桌面一点到窗侧所引的水平线到窗上缘之间的夹角）不小于 27°；双侧开窗，室深系数不小于 1∶4，室内工作地点离窗越远光线越差。

2. 照度分布均匀

教室各桌面上的最小照度和最大照度之比最好不低于 7∶10。室内的布置和装饰应选明亮的浅色，如墙壁、家具为白色或淡米色，可使室内产生明亮均匀的反射光。

3. 避免眩光、直射光和阴影

表面光滑的黑板或桌面反射的眩光可使学生看不清黑板上的字，可加大黑板外壁的宽度或设置挡光措施。同时，也要防止直射光线照在桌面上，照度可达 20000 勒克司（lux），而人眼的适宜照度为 200 ～ 500 lux，所以过强的直射光对视力可造成伤害，应有一定的遮阳设备，如设置外廊、遮阳板，室外绿化等。

（二）人工照明

人工照明的卫生要求：足够的照度；照度稳定；没有或尽量减少眩光和阴影；灯的光谱组成要接近昼光；灯具及开关布置合理。

1. 足够的照度

课桌面上的平均照度 >150 lux，黑板上的平均照度 >200 lux。

2. 照度稳定

照射的光线应分布均匀，各桌的照度差不应太大，最小与最大照度比（均匀系数）≥ 0.7。灯距桌面距离 ≥ 1.8 m（越高，均匀性越好但照度越小）。

3. 没有或尽量减少眩光和阴影

最好是视野内看不到发光体，但一般达不到，所以要求：注视黑板的视线与发光体间形成的夹角 ≥ 30°（此度内眩光最强）；可用磨砂灯泡、装上形成漫散光的灯罩或装有一定保护角的灯罩。

4. 灯的光谱组成要接近昼光

一般宜采用荧光灯（发光率高，发光面积大，亮度小，光谱接近日光，使用寿命较长），没有条件的用白炽灯，煤油灯等。注意：照明的设备不应引起室内过热和室内空气污染，应保证安全卫生。

5. 灯具及开关布置合理

一般教室应装 8 支灯管，每支 40 W。长轴垂直于黑板方向排列，可使黑板与桌面照度一致，如提高黑板面的照度，可在黑板上方设置 2 个或 2 个以上的局部照明灯（装上不透明灯具防眩光，其垂直照度的平均值不应低于 500 lux，黑板面上的照度均匀度不应低于 0.7）。

盲校及低视力学生学校的各种用房、门厅、走廊、楼梯及卫生间等的照明标准应达到或高于以上照明标准。盲校室内电源开关应统一设置在房间门开启一侧的墙壁上，并应设置上下按键式开关。电源插座应统一设置在室内某一固定位置，并要使用安全插座。低视力学生教室每个课桌均应设局部照明灯（照度不应低于100 lux），可采用折叠摇臂式灯具固定在课桌的边缘。最好在地面设走线槽，不可设于地面上。

聋校教室内前墙应设置彩色灯泡，通过亮灯、灭灯、有规律的闪烁等变化来向学生传达各种信息。为了不影响师生相互看嘴形，聋校教室的照明要足够重视，应加强教师面部照明，其垂直照度不应小于 300 lux，其余照明最好也能达到相应卫生标准。

三、通风和取暖

通风换气是为了通过空气的流动，排出室内的污浊空气，送进室外的新鲜空气，以改善室内小气候，减低室内空气中 CO_2 的含量和室内来源的有害气体的浓度，以及减少病原微生物和灰尘的数量。

房间要设计通风换气的装置，如门窗、气孔、通风管道等，来进行自然通风。也可装空调、排风扇等进行人工通风。

采暖是为了室温应符合各建筑气候区的采暖温度卫生标准，并在时间、空间上分布均匀。采暖器表面温度不宜超过 85 ℃，以防有机性灰尘发生干馏，产生臭气，并可减少因空气对流而产生的室内灰尘飞扬。采暖器应能连续作用，且易调节温度。不应使燃烧产物逸入室内，或因添加燃料或排除灰烬而污染室内空气。没有火灾危险，无噪声，经济，管理简单，易保持清洁等。采暖的形式可根据当地条件，选择集中式取暖或局部式采暖。

第四节　学校的设备卫生

学校的各种设备（包括各种教具、学具等）的基本卫生要求：适合儿童的生理特点和生长发育规律，有利于提高学生学习和教师的工作能力，各种设备、教具、学具等都应符合安全要求，并对健康无害。对于特殊儿童，要充分满足各类特殊儿童的不同需求，特别重视使用过程中的安全防护工作，最好制订明确的安全操作制度。

一、课桌椅

学生在校学习大部分时间是坐在课桌椅上的。合适的课桌椅，不仅能保证学生进行正常的课堂学习活动，还能保持学生良好的坐姿，对提高学习效率，减轻体位疲劳，预防脊柱弯曲异常及近视眼发生等都有重要的意义。

（一）课桌椅的基本卫生要求

①要满足教育上的需求：如写字、看书、听课等。

②也要满足卫生学要求：适合就座儿童的身材，可提供良好的坐姿，少产生疲劳。不妨碍儿童的正常生长发育，保护视力。

③坚固、安全、美观、价廉，不妨碍教室的彻底清扫。

（二）课桌椅的卫生标准及具体要求

①桌面是指桌的平面。桌面有平面和斜面两种，可为固定式，也可为向上翻转式。坐人侧向下倾斜0°～12°角，该侧桌缘高度与平面桌的桌面高（h_1）相同。桌面宽（b_1）即桌面左右长应不小于书写时两肘间的距离，标准为单人用≥600 mm，双人用1200 mm；桌面深（t_1）即桌面前后宽标准为400 mm；盲校课桌的平面不宜小于500 mm×800 mm。

②桌下净空和桌下构件：桌面下可设搁板或屉箱，h_1～h_2（桌下净空高1）之间开口的高度不小于80 mm。桌下方，在t_1～h_3（桌下净空高2）之间，可设不高于125 mm的横向构件，也可不设。桌侧方设挂钩时，钩端不超出桌侧缘之外。桌面至箱底的高度不大于桌椅高差的1/2。

③桌椅高差与桌高：桌椅高差是指桌近缘高与椅高之差。桌高 = 桌椅高差 + 椅高。在课桌、椅配合程度中，桌椅高差是最重要的因素。对于小学阶段的儿童，适宜的桌椅高差应为其坐高的1/3。而对初中、高中生，应在此基础上提高1～2.5 cm。理想的桌椅高差 =0.408× 坐高 – 4.5 cm。

④椅座面：椅座面稍向后下倾0°～2°为好。宽以足以支持臀部和大腿，椅面上有吻合臀部形态的凹槽最好，其凹面曲率半径宜在500 mm以上。椅座面的前后距离即椅座面的有效深（t_4）宜为大腿长的3/4，椅座面高（h_4）即椅座面离地面的高度，宜为小腿高减1 cm（穿鞋），椅座面的有效深（t_4）、椅座面高（h_4）及椅座面宽（b_3）具体标准见表8.5.1。椅座面的前缘及两角要钝圆。

⑤椅靠背：靠背点（靠背点是在椅正中线上靠背向前最凸的点）以上向后倾斜，与垂直面之间以6°～12°角为宜，靠背面的前凸呈漫圆，上、下缘加工成弧形。靠背凹面的曲率半径在500 mm以上。靠背下缘与座面后缘之间留有净空。椅靠背上缘距座面高（h_6）标准见表8.4.1。

⑥桌椅距离：即桌与椅之间的水平距离，有椅座距离和椅靠距离两种。椅座距离：椅前缘与桌近缘向下所引垂线之间的水平距离。要求最好有2～4 cm以内的负距离（椅座距离有三种：正距离、零距离和负距离）。椅靠距离：椅靠背与桌近缘之间的水平距离。要求就座后儿童的胸前有3～5 cm的自由距离。

（三）课桌椅的卫生管理

①为学生选择课桌椅应根据我国2003年1月开始实施的《学校课桌椅功能尺寸》GB/T 3976—2002国家标准进行选择。该标准规定的10种型号课桌椅尺寸、颜色标志、各种型号课桌椅适用的学生标准身高、身高范围及学校预置课桌椅的参考型号见表8-4-1。

②校医要协助年级老师测量学生的身高、坐高、身长及特殊的身体特征，并按学生的具体情况配给相应型号的课桌椅或特殊定制的课桌椅。

③原则上课椅要与同号课桌相搭配，但对极少数需要较大桌椅高差的学生，亦可用低1～2号的课椅搭配课桌。在现有课桌椅不能完全满足学生身材需要时，

按照就大不就小（如大 1 号）的原则迁就使用。

④如果选用可调式课桌椅，可调式课桌椅的可调范围应符合 GB/T 3976—2002 标准。并且应指定专人根据学生的身高变化定期调整学生课桌椅的高度。

表 8-4-1 中小学学生身高和课桌椅尺寸的选择

身　高 /cm										
标准身高	180.0	172.5	165.0	157.5	150.0	142.5	135.0	127.5	120.0	112.5
学生身高范围	173~	165~179	158~172	150~164	143~157	135~149	128~142	120~134	113~127	~119
颜色标志	蓝	白	绿	白	红	白	黄	白	紫	白
课　桌 /mm										
尺寸名称	1 号	2 号	3 号	4 号	5 号	6 号	7 号	8 号	9 号	10 号
桌面高（h_1）	760	730	700	670	640	610	580	550	520	490
桌下净空高 1（h_2）	≥ 630	≥ 600	≥ 570	≥ 550	≥ 520	≥ 490	≥ 460	≥ 430	≥ 400	≥ 370
桌下净空高 2（h_3）	≥ 490	≥ 460	≥ 430	≥ 400	≥ 370	≥ 340	≥ 310	≥ 280	≥ 250	≥ 220
桌面深、桌下净空深 1（t_1）	400									
桌下净空深 2（t_2）	≥ 250									
桌下净空深 3（t_3）	≥ 330									
桌面宽（b_1）	单人用≥ 600，双人用 1200									
桌下净空宽（b_2）	单人用≥ 440，双人用≥ 1040									
课　椅 /mm										
尺寸名称	1 号	2 号	3 号	4 号	5 号	6 号	7 号	8 号	9 号	10 号
座面高（h_4）	440	420	400	380	360	340	320	300	290	270
靠背上缘距座面高（h_6）	340	330	320	310	290	280	270	260	240	230
靠背点距座面高（w）	220	220	210	210	200	200	190	180	170	160
靠背下缘距座面高（h_5）	180	180	170	170	160	160	150	140	130	120

续表

课 椅 /mm									
座面有效深（t_4）	380	380	380	340	340	340	290	290	290	260
座面宽（b_3）	≥ 360	≥ 360	≥ 360	≥ 320	≥ 320	≥ 320	≥ 280	≥ 280	≥ 270	≥ 270
参 考 型 号										
高 中	▲	▲	▲							
初 中		▲	▲	▲	▲	▲				
小 学				▲	▲	▲	▲	▲	▲	▲

注：表中"▲"表示可选择。桌面高、座面高的允许误差范围为 ±2 mm，靠背点距座面高的允许误差范围为 ±15 mm，其他尺寸误差及材料工艺要求、漆膜理化性能要求、力学性能要求及试验方法见 QB/T 3916 规定。高中选用型号数量不超过三种；初中选用型号数量至少两种；小学选用型号数量至少三种。

⑤课桌椅在教室的排列：最前排课桌前缘与黑板的水平距离不小于 2 m，最后排课桌后缘与黑板的水平距离：小学不大于 8 m，中学不大于 8.5 m。课桌端部与墙面（或突出墙面的内壁柱及设备管道）的距离不小于 0.12 m。教室纵向走道宽度均不小于 0.55 m。教室最后应设不小于 0.6 m 的横向走道。盲校，尤其是高年级学生的教室后墙要预留一排书橱（存放学生的盲文书）的位置；智障学校的教室除了排放课桌椅，还应预留游戏活动的空间（包括摆放玩具及活动的空间）。

⑥一个教室可预置 1 ~ 3 种型号的课桌椅，矮的在前，高的在后。一般同号课桌与课椅相匹配，如果是一些特殊儿童，如坐高较高或较低的儿童、身体发育有畸形的儿童、坐位姿势有异常的儿童或需要特殊坐姿椅辅助儿童坐好的特殊情况可例外，应该根据该类儿童特殊的身材特征配置适合其使用的课桌椅。

⑦幼儿及高校学生的课桌椅标准也可参见《学校课桌椅功能尺寸》GB/T 3976—2002 国家标准进行选择。

二、黑板

黑板设计应符合下列规定：黑板的高度不应小于 1 m。黑板的宽度：小学不宜小于 3.6 m，中学不宜小于 4 m。下缘距地面高应与就座时儿童的眼高相平为宜，上缘应考虑老师的方便，举手可及即可。黑板下沿与讲台面的垂直距离：小学宜为 0.8 ~ 0.9 m，中学宜为 1 ~ 1.1 m。讲台两端与黑板边缘的水平距离不应小于 0.2 m，宽度不应小于 0.65 m，高度宜为 0.2 m。黑板表面应采用耐磨和无光泽的材料，最好用磨砂玻璃，要平整、不反光、定期刷黑。多用浅色粉笔，最好用白色，以防尘粉笔为宜，最好用吸粉尘的黑板擦，无条件可用湿布代替。

注：低视力学生教室黑板的颜色与粉笔的颜色的对比度一定要大，如深黑色黑板（白色粉笔），或白板（黑色笔）；最好设置黑板灯，加强黑板的照度（不低于 500 lux）。

三、书籍与文具

教师用书与学生用书应符合以下卫生要求：①文字、插图、符号等排版要清晰、合理。文字、符号应横排，字体应以年级越低字体越大的原则为宜，如小学一、二年级应用二、三号字，行距不小于 5 mm；三、四年级应用三、四号字，行距不小于 4 mm；五年级及其以上年级应用四、五号字，行距不小于 3 mm。小学课本行长不应超过 120 mm。版面空白区，天头不小于 15 mm，地脚不小于 20 mm。②书籍装订应合理，纸张应采用胶版纸，纸质应结实环保，不易撕破，着色及装饰材料等应对儿童无伤害。小学课本单本质量不应超过 200 g，中学不应超过 300 g。③如果无书籍消毒处理，最好将太破旧、太污损的书籍停止使用或焚烧掉，以防发生肠道等传染病。

文具用品，如铅笔、毛笔、钢笔、圆珠笔、墨水、笔记本或作业本、纸张、绘画材料、格尺、文具盒等的卫生要求：①规格与造型要最大限度适合儿童的年龄特点，使用方便，质量保证，不会增加儿童视力负担或手腕部的疲劳。如铅笔长应为 18 cm 左右，粗应为 7～7.8 mm，低年级适用圆形铅笔，高年级适用六角形、八角形；钢笔直径 8 mm 左右，吸水钢笔长以 10～12 cm 为宜，蘸水钢笔杆长以 15～17 cm 为宜；学生宜用浓黑色或蓝黑色墨水书写，不宜用红色墨水（可刺激视网膜，造成视力疲劳）。②文具的材料、涂料、颜料等要环保、不易变形或变质、无毒无害，不会导致儿童外伤或意外事故的发生。如无有害重金属超标（如铅笔杆涂料层中铅含量不应超过 2500 mg/kg，可溶性铅最高允许含量不超过 250 mg/kg），墨水中不应含有有毒色素或其他有毒物质，蜡笔、绘画材料及纸张不能含有有毒的色素及物质，文具不能有棱角、毛边、毛刺或刺手的尖角等。具体安全标准可参照国家发行的《学生用品的通用安全要求》的标准要求。

四、特殊教育机构的设备

《国家中长期教育改革和发展规划纲要》（2010—2020）指出：特殊教育学校除具备常规教学设施设备外，学校还应该配备无障碍设施、康复设备、职业技术教育教具、社会适应能力设施和辅助用品用具等。《特殊教育学校暂行规定》第 53 条也指出：特殊教育学校应具备符合规定标准的教学仪器设备、专用检测设备、康复设备、文体器材、图书资料等；要创造条件配置现代化教育教学和康复设备。

（一）教学设施设备

特殊教育学校的教学设施设备一般包括常规教学设施设备（如前所述）与教学辅助设备。教学辅助设备主要包括各类教师演示及学生操作实验仪器设备。如投影仪、录放像机、电视机等教学用的电教设备；各种用于教学观察的实验标本、模型、挂图、仪器等实验设备等。这些设备的配置，应充分考虑教育对象，即各类残障学生的身心特点和规律，符合他们需求的同时，也能够提供更为丰富的教育资源及更多的实践体验机会。

（二）体育器材设备

特殊教育机构的体育器材设备主要应包括体操设备、轻器械设备、田径设备和球类设备。

①体操设备：有助于身体全面发展的爬竿、爬绳、秋千、软梯等；锻炼胸背肌和上肢肌肉的吊环、单杠、双杠和高低杠等。锻炼动作协调性和勇敢精神的跳箱、跳马、跳板等。

②轻器械设备：哑铃、棍棒、跳绳等。

③田径设备：培养学生力量、速度、耐力、柔软性等的铁球、铁饼、跳高架、起跳板、接力棒等。

④球类设备：篮球架、排球网、羽毛球网、足球门、兵乓球台等。

学校的各种体育设备的材料制作应安全无害（如无污染、无锈斑、无断裂等），安装要牢固结实，间距要适宜。学校应当制订体育器材、设备的管理维修制度，由专人负责管理，要经常定期地对各种设备进行安全卫生检查。任何单位或个人不得破坏学校的体育器材和设备。休育具体的体育场地及设备配置标准要按《国家学校体育卫生条件基本标准》执行。

（三）卫生设备

卫生设备主要应该有身体测查设备和一些医疗急救用品，如观察床、身高坐高计、体重秤、课桌椅测量尺、肺活量测量器、视力表、听诊器、血压计、体温计、消毒用具、急救箱以及常用药品等。

各类特殊学校还应根据特殊儿童的卫生需求配备相应的辅助设备，如为低视力儿童配置助视器材，包括近距看书的眼镜、放大镜、望远镜、放大阅读器、电脑阅读装置等。盲生使用的各类教学用房均要设置洗手池，窗户部分应设护栏。提倡教师根据学生特点及需要设计制作更多个性化、多样化的辅助设备。

（四）专用康复设备

有些残障儿童在接受教育的同时还要进行康复治疗与训练，所以，特殊儿童与普通儿童使用设备不同之处还有"专用康复设备"。不同类别儿童进行的康复治疗或训练不同，用到的康复设备也不同，如听障儿童主要用到听力检测、补偿设备与听觉语言训练及治疗设备；肢体障碍儿童主要用到助行器、轮椅、矫形器，以及动作训练、物理治疗设备；视力障碍儿童主要会用到放大镜、导盲器定向训练器材等；智力障碍学校会用到生活技能训练、运动功能康复、语言康复训练、心理干预训练等设备器材等。另外，还可能有作业治疗训练设备及职业训练器材等。无论何种专用康复设备都要应符合国家《医疗器械监督管理条例》有关安全、有效的规定，都应通过医疗器械产品市场准入审查，保证康复的功效，确保儿童不受伤害。同时，也应考虑到特殊儿童身心发展的特点及学校教育的需求，最好能与教育进行有效整合、相互协作、共享利用为好。

第五节　学校的环境卫生管理

一、学校建筑物、场地的清洁和管理

（一）清洁

清洁包括学校场地和建筑物内设备等的清洁。定期清扫、整理和擦洗，达到除尘、保洁、整齐的作用。

（二）卫生管理制度

要建立卫生管理制度，制定卫生公约，采取定期清扫和突击扫除相结合的原则，实行分片包干、专人负责，可开展竞赛和评比。

具体方法：室内每天清扫，每周擦洗；房屋每学期或学年修缮，随时进行安全检查和修理；室外场地每日清扫，每月大扫除一次；按季节清除积水、淤泥和修理道路；要消灭蚊蝇、臭虫、老鼠、蟑螂等害虫；定期喷洒药物对主要活动场所进行消毒；注意防潮，洗晒被褥等。学校的环境卫生管理要让学生积极参加，共同维护环境的整洁，也有利于他们的学习和健康。

二、学校饮用水的供给

应有充分的水供应学生饮用、教学用、厨房用、个人卫生和环境清洁用、厕所冲洗用、灌溉用和防火用等。

注意饮用水的清洁消毒要煮沸后饮用；培养学生饭前便后洗手和手脏即洗的良好卫生习惯，同时要教育他们节约用水，合理用水；还要有储水设备，以防备用。

三、学校的污物处理

每日学习、生活产生的污物，如垃圾、污水和粪便等要及时清除，以防滋生蚊蝇，传染疾病，也保持环境的卫生。

垃圾处理应设立垃圾箱，最好分放垃圾如果皮剩菜箱、废电池回收筒、普通垃圾筒等，并及时运走和清理打扫。污水不要直接倒地上，要及时倒入渗坑或下水道。厕所及时冲洗、清洁和消毒，粪便及时处理，防蚊蝇滋生。

四、防止空气及噪声污染

除了做好环境的清洁卫生、搞好绿化外，应注意食堂、家用燃料或能源的选择，尽量减少空气中烟尘和有害气体的含量，要加高烟囱(30.60 m)，实行高空排放，减少空气污染。

保持学校环境安静，禁止闲杂人（尤其是小商小贩）等入校；禁止喧哗；严禁车辆随便通行；可对某些房室（如视听室、音乐教室）设置隔声设备，减少噪声。

一般噪声标准：教室为 40~55 dB，工厂 85 dB 以下，居住环境 45 dB 以下，户外白天 55 dB 以下，卧室睡眠时 35 dB 以下。

五、学校的绿化管理

为了净化空气，美化环境，要做好绿化工作。选择适用、卫生价值高、有经济效益的树木和花草，根据季节种植。平时及时修剪、整理和灌溉，保持绿化区的整洁和美观。

思考题：

1. 名词解释

采光　采光系数　室深系数　椅深　桌椅高差　无障碍环境

2. 盲校、聋校及智能障碍学校在选择校址时应遵循什么样的卫生要求？

3. 简述特殊儿童学校教室采光的基本卫生要求。

4. 简述特殊儿童学校教室照明的基本卫生要求。

5. 简述特殊儿童课桌椅选取的基本卫生要求及注意事项。

6. 实践题：选择一特殊教育学校，对学生学习、生活的环境（学校场地、建筑物布置、教室和宿舍的室内卫生、课桌及室内设备等）做实际评估，找出不合理之处，并给出建议。

第九章　特殊儿童学校的健康教育

学习目标：

1. 了解我国学校健康教育及特殊儿童健康教育的现状。
2. 了解对特殊儿童进行学校健康教育的意义。
3. 熟悉对特殊儿童进行学校健康教育的主要内容。
4. 掌握对特殊儿童实施学校健康教育的步骤与方法。

第一节　特殊儿童学校健康教育的意义

一、什么是健康教育与学校健康教育

健康教育是通过教育活动来促使人们自愿地采纳有利于健康的行为，达到维护其健康和提高生活质量的目的。具体来说，是通过综合许多设计好的学习经验、技能及各种教育性的活动及环境的支持等来教育或促使人们自动、自发地形成健康的行为，使之增长保健知识、改变不良行为、培养良好卫生习惯、选择健康的生活方式。健康教育的目的：①预防疾病；②保持健康；③提高生活质量。

当今世界健康教育专家认为健康教育的重点应该是儿童。学校是儿童的主要生活场所，所以学校健康教育特别重要。从幼儿园到小学、中学、大学等各阶段的学校健康教育都应该得到重视与发展。学校健康教育是学校教育的一部分，在学校应该开展进行有目的、有计划、有组织的、系统的健康教育活动。广义的学校健康教育应当是综合性健康教育，即包括促进学生和教职工健康的各项活动，而不仅仅将教育对象局限于在校儿童。狭义的学校健康教育是通过课堂教学、健康教育活动、健康讲座等教育手段使儿童掌握疾病防治、急救自救、人际交往、身心健康、膳食营养、运动与健康等方面的知识与技能，养成科学、文明、健康的生活方式和行为习惯，预防疾病，促进和保护健康，为终生的健康和社会适应打下良好的基础。

二、我国学校健康教育的发展现状

我国学校健康教育虽然在 20 世纪初已经起步，但是一直处于影响面小，开课得不到保证的状态，直到 1990 年，国家教委和卫生部联合颁布了《学校卫生工作条例》，规定了中小学必须开设健康教育课，大学和中专等开设健康教育选修课或讲座。从教育立法方面正式确定了学校健康教育课在学校教育中的地位。随后，1992 年和 1993 年，国家教委又分别下发了《中小学生健康教育基本要求》和《大学生健康教育基本要求》，分别对学校健康教育的目标、方法、教学内容、课时及教材编写等方面作出了详细明确的规定，推动了大、中、小学各级学校健康教育的落实与发展。但与健康教育发达的国家（如美国）相比，目前我国学校的健康教育发展还很薄弱，还存在着许多的问题与困难，如全国各地发展不平衡，有的学校受课时与师资的制约未能开课；健康教育课常被忽视或挤掉，课时严重不足等现象的存在；全国无统一标准的高质量健康教育课教材；我国尚无统一的学校健康教育师资资格的认定标准；我国学校健康教育师资的培养还处于探索阶段，目前，我国幼儿园、中小学健康教育课多由学校校医承担，严重缺乏专业的师资人才。

三、对特殊儿童进行健康教育的意义

特殊儿童作为儿童中的一个特殊群体，同样应该接受健康教育，并且健康教育的意义更为重要而深远。

（一）使残障儿童尽可能成为独立的个体，促使他们回归主流

由于残障儿童生理或心理上的缺陷导致许多残障儿童不能生活自理，健康教育中的日常生活制度的建立及生活技能的训练可促使他们生活自理，尽可能成为独立的个体，促使他们回归社会主流。

（二）使残障儿童尽可能接近健康的目标，达到康复的目的

残障儿童虽然与普通儿童在某些方面的健康程度上有一定的差距，但他们一样有获得最大健康的权利。健康教育可促进他们对健康及自身残障特点的认识，提高保健意识及预防疾病的能力，获得更加健康科学的生活方式。同时，也促进其康复目的的实现，尽可能达到接近健康或最大程度健康的目标。

（三）有助于他们发展健全的人格（正确对待自身差异的特点）

儿童是人一生中可塑性最大的时期，也是其思想观、价值观、行为习惯及人格等形成的关键时期，通过健康教育课程及各种健康教育活动可向儿童宣传、渗透积极的、科学的、正确的健康观、人生价值观及各种促进健康的技能，通过改

变其不良的行为习惯或思想观念来促进其发展健全的人格，包括正确对待自身差异性的特点。

（四）促进他们的身心健康，使其得到最好的发育与发展

对儿童进行健康教育的根本目标就是为了保证与促进儿童的身心健康，使其得到最好的发育与发展。《特殊教育学校暂行规定》第 29 条明确指出：特殊教育学校要重视学生的身心健康教育，培养学生良好的心理素质和卫生习惯，提高学生保护和合理使用自身残存功能的能力；适时、适度地进行青春期教育。

（五）特殊儿童健康教育的知识与技术存在较狭窄、欠深入的现象

目前，我国各类特殊儿童学校的健康教育有一定的基础与实践，但存在教育内容狭窄、欠深入，相关知识与技能较薄弱的现象。实际上，由于特殊儿童的身心特点的特殊性，以及许多特殊儿童在接受教育的同时还在接受各种康复的治疗，决定了他们比普通儿童更加迫切需要健康教育方面的知识与技能。

第二节　特殊儿童健康教育的课程设置及教育内容

一、特殊儿童健康教育的课程设置

（一）目前，我国特殊儿童健康教育课程已进入新课程设置方案和课程标准之中

由张文京教授主编的《融合教育与教学》（2013 年）中新修改的特殊儿童的融合教育课程标准中就包括了关于特殊儿童生活卫生习惯、安全教育、体育教育及康复训练等方面的健康教育课程设置，并且还有相关课程的一些卫生标准：

聋教育新课程标准规定，"体育与健康"课时要求：1 ~ 3 年级，每周 3 学时；4 ~ 9 年级每周 2 学时。该课程要贯彻"健康第一"的原则，使学生了解体育健康知识，同时必须充分保证学生的安全及参加体育活动的时间。另外，课程设置中还要求有综合康复课程：1 年级每周 3 学时，2 年级每周 2 学时，3 年级每周 1 学时。同时，1 至 6 年级均开设定向行走课程，中高年级开设社会适应课程等。

盲校每天安排 20 分钟广播体操，低视力学生上下午各做 1 次眼保健操，统筹安排体育课和体育活动，保证学生每天 1 小时体育锻炼时间。同时，开展传统节日的庆祝活动、运动会、郊游等课外活动。

培智学校将"运动与保健课"作为一般性课程，低、中段儿童每周3 ~ 4学

时，高段儿童每周2～3学时。同时，高年级还依需要开设康复训练课程。培智教育明确提出运动与保健课程要以提高学生运动能力，增强学生身体素质为主。通过体育运动提高该类儿童大肌肉群活动反应与协调平衡机能的发展；提高安全、自我保护能力；学习基础卫生保健，防治疾病的知识和方法；培养锻炼身体习惯和良好的卫生习惯，促进学生健康成长。通过康复训练课程使学生相应的功能障碍得到一定程度的恢复，并同时提高其身体素质和健康水平。

（二）特殊儿童健康教育实践

近年来，特殊儿童的健康教育备受关注，随着特殊儿童高品质生活的追求及新课改的需求，健康教育已进入多所学校的学生个别化教育计划和教学活动设计与实施中，成为学校管理、校园环境建设、学校评价、教师培训等的重要指标及实际行动。如融合教育学生个别化教育计划中关于发展性、适应性领域综合课程评量中就包含了学生的健康状况、生活自理等健康教育方面的内容。特殊儿童卫生健康教育实践已逐渐向纵深发展。

二、特殊儿童健康教育课程的主要内容

特殊儿童学校进行健康教育的内容主要包括两个方面：一是有关健康的卫生知识；二是有关健康行为习惯的训练与养成。

（一）有关健康的卫生知识

①生长发育知识。儿童生长发育的规律；影响儿童生长发育的因素；儿童生长发育的指标测查及调查评价等。

②生理、心理卫生知识。儿童身体各系统、器官的生理特点及卫生保健知识；不同阶段儿童的心理特点及保健常识；特殊儿童的身心特点及保健要点等。

③学习卫生知识。儿童学习用脑的卫生、读写姿势及用眼卫生；儿童学习作息制度的建立；儿童学习设备及环境的卫生等。

④营养卫生知识。维持儿童正常生长发育的营养素要求；如何评价儿童是否合理膳食或平衡膳食；儿童营养食谱的科学搭配与设计；各类特殊儿童的饮食注意事项等。

⑤身体保护常识。包括免受伤害的行动常识（包括安全保护的知识，意外伤害的急救常识等）；疾病防治的一般常识（如儿童常见病、传染病等的防治）。注意：要树立起预防为主的思想观念。

⑥体育锻炼卫生知识。特殊儿童非残障身体部分的锻炼，增强体质，发挥补偿作用；特殊儿童残障身体部分的康复训练与治疗，促进其康复；特殊儿童体育锻炼的卫生标准及注意事项等。

（二）健康行为习惯的训练与养成

对特殊儿童的健康教育，除了进行有关健康知识的宣传教育，还应该特别重视其健康行为的训练与养成，促使其真正形成健康的行为习惯才是健康教育的最终目的。对特殊儿童进行训练的健康行为主要应包括以下几个方面。

①个人卫生行为：重在训练特殊儿童能自己进行个人卫生行为，并培养其良好的卫生习惯。如饭后刷牙、漱口，勤洗手、剪指甲，会按时洗头、洗澡、洗内衣，不将手指、玩具等放入口中，不用脏手揉眼睛等个人清洁卫生行为；不喝生水、不吃不洁食物，不暴饮暴食、要细嚼慢咽，吃饭定时定量、不说笑，饭前要洗手，不偏食、不吃零食等饮食卫生行为；正确的坐、立、走的姿势，用眼卫生、用耳卫生、用脑卫生等学习卫生行为等。

②生活自理行为：主要是日常生活行为，如吃饭、穿衣、如厕、洗漱、睡觉、学习、娱乐、锻炼等健康行为的训练与养成。对一些残障儿童要耐心指导、反复训练，从简单、基本的步骤一步一步训练，促使残疾儿童早日自理自己的生活，真正走向社会主流生活。

③青春期卫生行为：青春期女性月经期的卫生清洁及护理，男性遗精的护理，情绪与心理的调控，男女交往的技能及性安全保护，毒品、烟酒的防范等。

④心理卫生行为：帮助他们克服一些心理障碍如自卑、胆小、畏惧等，提高他们的自信心，给予他们成功的体验，教会他们进行自我心理调节的一些方法、技能；帮助他们控制情绪，培养他们正确的人生观，乐观积极向上的生活态度，以及团结友爱，和睦相处的处事态度，养成正常稳定健康的心理特征。

⑤安全防护行为：教会学生认识常用的安全标志图片（参看附录一）；教会学生遵守基本的交通规则和行为规范；如何进行自我保护的行为（如盲儿定向能力的训练，聋儿残余听力的保护行为等）；怎样避开环境伤害或灾难事故的行为训练（《中小学幼儿园安全管理办法》第42条中规定：学校应当每学期至少开展一次针对洪水、地震、火灾等灾害事故的紧急疏散演练，使师生掌握避险、逃生、自救的方法）；如何在危险情况下进行自护自救的训练；怎样进行科学的、安全的康复治疗训练等。

⑥公共卫生行为：培养他们遵守公共规则、爱护公物、保护环境公共卫生的生活习惯，并进行相应的行为训练，如不乱扔果皮纸屑、不随地吐痰、不随地大小便、不乱涂乱画、做好公共卫生区的清洁等。

⑦道德品质行为：培养他们养成良好的卫生习惯及维护公共卫生的道德行为；加强道德行为训练，包括社会公德、思想品德等；提升他们尊重别人、关心帮助别人、爱护公物、爱护集体、洁身自好等道德品质，促使他们形成高尚健全的人格。

对不同年龄阶段的儿童应给予重点不同的健康教育内容，并且对不同类型的特殊儿童，也要给予相应重点不同的健康教育内容，如盲童应着重对其眼睛的知识及保护，克服盲相等重点教育；聋童应侧重他们耳朵的康复及其视、触觉的保护训练上；肢残儿童应保护残肢，功能训练，行动协调上重点教育；智障儿童应重点训练其基本的生活适应能力。

第三节　特殊儿童学校健康教育的实施与方法

一、特殊儿童学校健康教育的实施

1.更新观念，重视健康教育

学校健康教育是一项促进学生健康成长的系统工程，应当得到政府、社区、学校自上而下各级单位的重视。应当通过培训、宣传等途径更新各级领导及相关执行人员的全面育人观念、现代健康教育观念及特殊儿童全面康复观念等新思想、新理念，确立实施特殊学校健康教育的信念，并将健康教育纳入学校全面教育计划的规划与实施中。

2.形成学校健康教育领导小组

学校应当成立专门的健康领导小组，由主管校长、教务主任、总务主任、学校医生、健康教育教师等组成，各司其职，负责领导、规划、协调、检查、评估学校健康教育等的具体工作，保证学校健康教育的顺利、高质量完成。

3.制定学校健康教育的策略与规划

各类特殊学校应结合学校的实际情况及有关国家政府等的政策，制定符合学校自身特点的健康教育策略与规划，完善健康教育的具体目标与任务，便于健康教育的实施与管理。

4.全面落实学校健康教育的实施细则

学校应当在政府、社区的支持下，全面调动学校老师、学生、家长及校外相关组织及机构等的力量，努力协作、共同参与实施。通过课堂教育、检查监督、知识比赛、媒体宣传、课外讲座等各种教育活动全面落实完成各项健康教育的具体细则与内容。

二、对特殊儿童进行健康教育的方法

①课堂讲解：老师通过口语向儿童陈述或解释、传授相关健康教育知识的一种方法。要求健康教育教师的课堂语言应生动、形象、表达清楚、简明易懂，必

要时可加入其他教学辅助手段，如图片、幻灯、录像、录音、表演等。

②座谈、讨论：通过师生间、学生间自由的讨论谈话方式来达到健康知识传授的目的。要求老师与学生共同参与，针对问题开展座谈、讨论，自由发表意见和见解，最后提出解决的方案和答案。

③开设讲座：在学校以开设公选课或特定的讲座形式进行相关健康教育主题的教育，最好请主题相关的专家或教授来讲授，要求能传授科学的、最新的健康观念，以及正确的健康教育知识与技能，权威的健康教育理念和相关的前瞻性的研究动态等。

④评比、竞赛：可在学校开展一些有意义的健康知识竞赛、健康征文比赛、健康知识辩论、卫生活动评比、小组自救技能评比等相关健康教育知识与技能的评比、竞赛活动，不仅能增加学生学习的兴趣，而且会提高教育学习的效果。

⑤课外宣传：学校可利用画廊、板报、橱窗、字幕，以及广播、电视、网站等多种媒介对相关健康教育内容进行宣传教育，达到强化教育、扩大教育的目的。

⑥检查监督：学校成立的健康领导小组，要负责对健康教育的实施与效果进行定期检查与监督，这是保证学校健康教育顺利实施，并能获得持久、稳定发展的重要措施。

总之，特殊学校实施健康教育的方法可多种多样，灵活选用，但是，别忘记健康教育的对象是特殊儿童，只要我们付出更多的真心、爱心、耐心与恒心，终将达到健康教育的目标。

思考题：

1. 什么是健康教育？学校健康教育的概念是如何界定的？

2. 我国的学校健康教育现状如何？对特殊儿童进行学校健康教育有何重要意义？

3. 简述对特殊儿童进行学校健康教育的主要内容。

4. 如何实施学校健康教育？常用的对特殊儿童进行健康教育的方法有哪些？

5. 实践题：选择一类特殊儿童（年龄不限）作为教育对象，进行一次健康教育课堂教学或健康教育活动。（要求：自选主题及内容，自行设计教学方案与实施方法，实际完成教学并提交一份完整的教案）

主要参考文献

[1] 李林静 . 特殊儿童养护学 [M]. 重庆 : 西南师范大学出版社 , 1994.

[2] 李林静 . 学校卫生学 [M]. 重庆 : 西南师范大学出版社 , 1997.

[3] 季成叶 . 儿童少年卫生学 [M]. 北京 : 人民卫生出版社 , 2010.

[4] 马军 . 学校卫生学 [M]. 北京 : 高等教育出版社 , 2010.

[5] 方小衡 , 沈彬 . 学校卫生与健康促进 [M]. 广州 : 广东高等教育出版社 , 2010.

[6] 叶广俊 . 现代儿童少年卫生学 [M]. 北京 : 人民卫生出版社 , 1999.

[7] 叶广俊 . 儿童少年卫生与妇幼保健学 [M]. 北京 : 化学工业出版社 , 2004.

[8] 夏淑敏 . 学校卫生教育知识问答 [M]. 北京 : 中国标准出版社 , 2008.

[9] 王芳芳 . 儿童少年卫生学 [M]. 北京 : 中国协和医科大学出版社 , 2003.

[10] 邹小兵 , 静进 . 发育行为儿科学 [M]. 北京 : 人民卫生出版社 , 2005.

[11] 崔光成 . 发展心理学 [M]. 北京 : 人民卫生出版社 , 2007.

[12] 张文京 . 特殊儿童班级管理 [M]. 重庆 : 重庆出版社 , 2007.

[13] 张文京 . 融合教育与教学 [M]. 桂林 : 广西师范大学出版社 , 2013.

[14] 李燕 . 儿童心理学 [M]. 北京 : 中央广播电视大学出版社 , 2011.

[15] 方俊明 , 雷江华 . 特殊儿童心理学 [M]. 北京 : 北京大学出版社 , 2011.

[16] 刘全礼 . 特殊教育导论 [M]. 北京 : 教育科学出版社 , 2003.

[17] 刘春玲 , 江琴娣 . 特殊教育概论 [M]. 上海 : 华东师范大学出版社 , 2008.

[18] 毛萌 . 儿科学 [M]. 北京 : 高等教育出版社 , 2007.

[19] 黄玲 . 儿科护理学 [M]. 北京 : 科学出版社 , 2012.

[20] 松田道雄 . 育儿百科 [M]. 王少丽 , 译 . 北京 : 华夏出版社 , 2008.

[21] 黄国英 . 儿科主治医师手册 [M]. 南京 : 江苏科学技术出版社 , 2008.

[22] 黄永禧 , 王宁华 . 康复护理学 [M]. 北京 : 北京大学医学出版社 , 2003.

[23] 民政部 . 孤残儿童护理员（高级技能）国家职业资格培训教程 [M]. 北京 : 中国社会出版社 , 2010.

[24] 杨剑波 . 现代儿童医疗保健指南 [M]. 北京 : 中国医药科技出版社 , 1998.

[25] 李丹 . 儿童急救手册 [M]. 北京 : 中国城市出版社 , 2010.

[26] 吴宝康 . 儿童常见病饮食宜忌与食疗妙方 [M]. 上海 : 上海科学普及出版社 , 2004.

[27] 李清亚 . 临床营养师指南 [M]. 北京 : 人民军医出版社 , 2010.

[28] 顾景范 , 郭长江 . 特殊营养学 [M]. 北京 : 科学出版社 , 2009.

[29] 北京急救中心 . 家庭急救手册 [M]. 济南 : 山东美术出版社 , 2010.

[30] 古桂雄 , 戴耀华 . 儿童保健学 [M]. 北京 : 清华大学出版社 , 2011.

[31] 席彪 . 急诊急救指导手册 [M]. 北京 : 中国协和医科大学出版社 , 2008.

[32] 刘芳 , 温秀英 , 郄玉霞 . 实用儿童保健手册 [M]. 济南 : 济南出版社 , 2010.

[33] 马雷军 . 平安的校园——学校常见事故预防与应对 [M]. 北京 : 中国法制出版社 , 2011.

[34] 人民教育出版社生物自然室 . 生理卫生 [M]. 北京 : 人民教育出版社 , 2000.

[35] 中国就业培训技术指导中心. 公共营养师（基础知识）[M]. 北京：中国劳动社会保障出版社，2010.

[36] 于晓君，马晓萍，樊晓燕. 校园安全防范指南 [M]. 北京：中国法制出版社，2010.

[37] 顾明远，石中英. 国家中长期教育改革和发展规划纲要（2010—2020）解读 [M]. 北京：北京师范大学出版社，2010.

[38] 胡俊峰，等. 当代健康教育与健康促进 [M]. 北京：人民卫生出版社，2005.

[39] 张梦恩，等. 迈向健康——中小学健康教育与健康促进指南 [M]. 上海：复旦大学出版社，2002.

[40] 陈锦治. 健康教育 [M]. 北京：华夏出版社，2007.

[41] GB 50099，中小学校设计规范 [S].

[42] JGJ76—2003J282—2003，特殊教育学校建筑设计规范（国家标准)[S].

[43] 156–2011，特殊教育学校建设标准建标 [S].

[44] GB/T 3976—2002，学校课桌椅功能尺寸 [S].

[45] 林琳，等. 健康教育与健康促进论文选评 [M]. 北京：中国协和医科大学出版社，2007.

[46] 刘慧芳，叶环，等. 运动对少女月经初潮年龄的影响 [J]. 中国自然医学杂志，2009，11(4):264–266.

[47] 张迎修. 我国中小学生视力不良流行的地域分布特点 [J]. 中国学校卫生，2008, 29(8).

[48] 陈永生. 中美两国学校健康教育之比较 [J]. 中国健康教育，1995, 11(1):12–16.

[49] 陈永生. 中美两国学校健康教育之比较 [J]. 中国健康教育，1995, 11(2):27–29.

[50] 李楠. 当前我国儿童的营养状况 [J]. 中国儿童保健杂志，2005, 13(1):62–64.

[51] Schrek K A, Williams K, Smith A F. A comparison of eating behaviors between children with and without autism. J Autism Dev Disord, 2004, 34(4): 433–438.

[52] Potts M, Bellows B. Autism and diet. J Epidemiol Community Health. 2006, 60(5): 375.

[53] Lucarelli S, Frediani T, Zingoni A M, et al. Food allergy and infantile autism. Panminerva Med, 1995, 37(3): 137–141.

[54] Wakefield A J, Puleston J M, Montgomery S M, et al. the concept of entero-colonic encephalopathy, autism and opioid receptor ligands. Aliment Pharmacol Ther, 2002, 16(4): 663–674.

[55] Barthelmy C, Garreau B, Leddet I, et al. Behavioral and biological effects of oral magnesium, vitamin B6, a combined magnesium-B6 administration in autistic children. Magnes Bull, 1981,3:150–153.

[56] Halsey N A, Hyman S L. Measles-mumps-rubella vaccine and autistic spectrum disorder:report from the new challenges in childhood immunizations conference convenedin oak brook. Illinois, Pediatrics, 2001,107: E84

[57] Padhye U. Excess dietary iron is the root cause for increase in childhood autism and allergies. Med Hypotheses, 2003, 61(2): 220–2.

[58] Shabayek M M. Assessment of the nutritional status of children with special needs in Alexandria. Egypt Public Health Assoc. 2004, 79(3–4): 225–41.

[59] Arnold G L, Hyman S L, Mooney R A, et al. Plasma amino acids profiles in children with autism: potential risk of nutritional deficiencies. Autism Dev Disord. 2003, 33(4): 449–454.

[60] Vancassel S, Durand G, Barthelemy C, et al. Plasma fatty acid levels in autistic children. Prostaglandins Leukot Essent Fatty Acids. 2001, 65(1): 1–7.

附 录

附录一　GB 2894—2008 常用安全标志图片

 禁止吸烟　　 禁止烟火　　 禁止靠近　　禁止停留

 禁止攀登　　 禁止跨越　　 禁止转动　　 禁止通行

 禁止入内　　 禁止跳下　　 禁止启动　　 禁止抛物

 禁止伸入　　 禁止依靠　　 禁止坐卧　　 禁止推动

 禁止游泳　　 禁止滑冰　　 禁止伸出窗外　　 禁止开启无线通讯设备

禁止触摸

禁止饮用

禁止携带托运易燃易爆物品

禁止携带武器及仿真武器

禁止植入金属材料者靠近

注意安全

当心障碍物

当心爆炸

当心机械伤人

当心火灾

当心电缆

当心车辆

当心火车

当心塌方

当心坠落

当心滑倒

当心落物

当心落水

当心坑洞

当心缝隙

当心中毒

当心感染

当心触电

当心伤手

当心烫伤

当心扎脚

当心挤压

当心夹手

当心有犬

当心碰头

当心跌落

当心低温

当心高温表面

当心自动启动

当心磁场

应急电话

紧急出口

击碎板面

避险处

应急避难场所

附录二　常用应急电话

火　警：119	盗　警：110
医疗急救：120	交通事故：122
天气预报：121	号码查询：114

附录三　中国食物成分表 2010 版（修正版）

食物名	地区	可食部分	能量	水分	蛋白质	脂肪	膳食纤维	碳水化物	视黄醇当量	硫胺素(VB_1)	核黄素(VB_2)	尼克酸(烟酸,VPP)	维生素E	钠	钙	铁	类别	抗坏血酸(VC)	类	胆固醇
大黄米(黍)		100	349	11.3	13.6	2.7	3.5	67.6		0.3	0.09	1.4	1.79	1.7	30	5.7	11		25	
大麦(元麦)		100	307	13.1	10.2	1.4	9.9	63.4		0.14	0.05	5	0.25	1.6	13	5.1	11		25	
稻谷(早籼)		64	359	10.2	9.9	2.2	1.4	74.8		0.14	0.05	5	0.25	1.6	13	5.1	11		25	
稻米(大米)		100	346	13.3	7.4	0.8	0.7	77.2	0	0.11	0.05	1.9	0.46	3.8	13	2.3	11	0	25	
稻米(粳,特级)		100	334	16.2	7.3	0.4	0.4	75.3		0.08	0.04	1.1	0.76	6.2	24	0.9	11		25	
稻米(粳,标一)		100	343	13.7	7.7	0.6	0.6	76.8		0.16	0.08	1.3	1.01	2.4	11	1.1	11		25	
稻米(粳,标二)	北京	100	348	13.2	8	0.6		77.7		0.22	0.05	2.6	0.53	0.9	3	0.4	11		25	
稻米(粳,标三)	北京	100	345	13.9	7.2	0.8	0.4	77.2		0.33	0.03	3.6	0.38	1.3	5	0.7	11		25	
稻米(粳,标四)	北京	100	346	13.1	7.5	0.7	0.7	77.4		0.14	0.05	5.2	0.39	1.6	4	0.7	11		25	
稻米(早籼,特等)		100	346	12.9	9.1	0.6	0.7	76		0.13	0.03	1.6		1.3	6	0.9	11		25	
稻米(早籼,标一)		100	351	12.3	8.8	1	0.4	76.8		0.16	0.05	2	0	1.9	10	1.2	11		25	
稻米(早籼,标二)	福建福州	100	345	13.7	9.5	1	0.5	74.6		0.2	0.09	3		0.8	6	1	11		25	
稻米(晚籼,特等)	福建福州	100	342	14	8.1	0.3	0.2	76.7		0.09	0.1	1.5		0.8	6	0.7	11		25	
稻米(晚籼,标一)		100	345	13.5	7.9	0.7	0.6	76.8		0.17	0.05	1.7	0.22	1.5	9	1.2	11		25	
稻米(晚籼,标二)	福建福州	100	343	14.2	8.6	0.9	0.7	75.3		0.18	0.06	2.6		0.9	6	2.8	11		25	
稻米(籼)		100	347	12.6	7.9	0.6	0.8	77.5		0.09	0.04	1.4	0.54	1.7	12	1.6	11		25	
稻米(优标)	广东番禺	100	349	12.8	8.3	1	0.5	76.8	0	0.13	0.02	2.6		1.2	8	0.5	11		25	
稻米(籼,标一)		100	346	13	7.7	0.7	0.6	77.3	0	0.15	0.04	2.1	0.43	2.7	7	1.3	11		25	
稻谷(红)	江西奉新	64	344	13.4	7	2	2	74.4		0.15	0.03	5.1	0.19	22		5.5	11		25	
稻米(香大米)	山东曲阜	100	346	12.9	12.7	0.9	0.6	71.8			0.08	2.6	0.7	21.5	8	5.1	11		25	
方便面		100	472	3.6	9.5	21.1	0.7	60.9		0.12	0.06	0.9	2.28	1144	25	4.1	11		25	
麸皮	甘肃临夏	100	220	14.5	15.8	4	31.3	30.1	20	0.3	0.3	12.5	4.47	12.2	206	9.9	11		25	
高粱米		100	351	10.3	10.4	3.1	4.3	70.4		0.29	0.1	1.6	1.88	6.3	22	6.3	11		25	
挂面(赖氨酸)		100	347	11.9	11.2	0.5	0.2	74.5		0.18	0.03	2.5		292.8	26	2.3	11		25	
挂面(标准粉)		100	344	12.4	10.1	0.7	1.6	74.4		0.19	0.04	2.5	1.11	15	14	3.5	11		25	
挂面(精白粉)		100	347	12.7	9.6	0.6	0.3	75.7		0.2	0.04	2.4	0.88	110.6	21	3.2	11		25	
谷子(龙谷)	黑龙江哈尔滨	100	383		10.9		3.1	84.8	0	0.42	0.17	0.6	3.3				11		25	
黑米(稻米(紫))	北京	100	333	14.3	9.4	2.5	3.9	68.3		0.33	0.13	7.9	0.22	7.1	12	1.6	11		25	
花卷	湖北武汉	100	217	45.7	6.4	1		45.6		0.02	0.02	1.1		95	19	0.4	11		25	
黄米		100	342	11.1	9.7	1.5	4.4	72.5		0.09	0.13	1.3	4.61	3.3			11		25	
煎饼	山东济南	100	333	6.8	7.6	0.7	9.1	74.7	0	0.1	0.04	0.2		85.5	9	7	11		25	
烤麸	上海	100	121	68.6	20.4	0.3	0.2	9.1		0.04	0.05	1.2	0.42	230	30	2.7	11		25	
苦荞麦粉		100	304	19.3	9.7	2.7	5.8	60.2		0.32	0.21	1.5	1.73	2.3	39	4.4	11		25	
烙饼(标准粉)	北京	100	255	36.4	7.5	2.3	1.9	51		0.02	0.04		1.03	149.3	20	2.4	11		25	
馒头(蒸,标粉)	北京	100	233	40.5	7.8	1	1.5	48.3	0	0.05	0.07	0	0.86	165.2	18	1.9	11		25	
馒头(蒸,富强粉)	北京	100	208	47.3	6.2	1.2	1	43.2		0.02	0.02		0.09	165	58	1.7	11		25	
面筋(水)(水面筋)		100	140	63.5	23.5	0.1	0.9	11.4	0	0.1	0.07	1.1	0.65	15	76	4.2	11		25	
面筋(油)(油面筋)		100	490	7.1	26.9	25.1	1.3	39.1		0.03	0.05	2.2	7.18	29.5	29	2.5	11		25	
面条(富强粉)(切面)	北京	100	285	29.2	9.3	1.1	0.4	59.5	0	0.18	0.04	2.2		1.5	24	2	11		25	
面条(干)	广东	100	355	10.5	11	0.1	0.2	77.5	0	0.28	0.05	2.7		60.9	8	9.6	11		25	
面条(煮,富强粉)	北京	100	109	72.6	2.7	0.2	0.1	24.2			0.01	1.8		26.9	4	0.5	11		25	
面条(虾蓉面)		100	429	6.1	8.5	15.1	3.6	64.7			0.01	2.8	1.22	304.2	17	2	11		25	

续表

食物名	地区	可食部分	能量	水分	蛋白质	脂肪	膳食纤维	碳水化物	视黄醇当量	硫胺素(VB₁)	核黄素(VB₂)	尼克酸(烟酸,VPP)	维生素E	钠	钙	铁	类别	抗坏血酸(VC)	类	胆固醇
面条(标准粉)(切面)	北京	100	280	29.7	8.5	1.6	1.5	58		0.35	0.1	3.1	0.47	3.4	13	2.6	11		25	
米饭(蒸,籼米)	北京	100	114	71.1	2.5	0.2	0.4	25.6		0.02	0.03	1.7		1.7	6	0.3	11		25	
米饭(蒸,粳米)	北京	100	117	70.6	2.6	0.3	0.2	26			0.03	2		3.3	7	2.2	11		25	
米粉(干,细)	福建莆田	100	346	12.3	8	0.1	0.1	78.2		0.03		0.2		5.9		1.4	11		25	
米粉(排米粉)	广东	100	355	10.7	7.4	0.1	0.3	81.2		0.02	0.02	0.6		16.3	6	3.2	11		25	
米粥(粳米)	北京	100	46	88.6	1.1	0.3	0.1	9.8			0.03	0.2		2.8	7	0.1	11		25	
糜子(带皮)	甘肃民勤	100	348	9.4	10.6	0.6		75.1		0.45	0.18	1.2	3.5	9.6	99	5	11		25	
糜子米(炒米)	内蒙古	100	374	7.6	8.1	2.6	1	79.5		0.29	0.04	0.7		10.7	12	14.3	11		25	
糯米(优糯米)	广东番禺	100	344	14.2	9	1	0.6	74.7		0.1	0.03	1.9	0.93	1.2	8	0.8	11		25	
糯米(粳糯)		100	343	13.8	7.9	0.8	0.7	76		0.2	0.05	1.7	0.08	2.8	21	1.9	11		25	
糯米(江米)		100	348	12.6	7.3	1	0.8	77.5		0.11	0.04	2.3	1.29	1.5	26	1.4	11		25	
糯米(籼)	浙江	100	352	12.3	7.9	1.1	0.5	77.5		0.19	0.04	2.3		1.9	14	1.8	11		25	
糯谷(早糯)	江西赣州	64	344	11.3	7.1		1.2	79	7	0.19	0.04	0.7	0.13	4.1	19	3	11		25	
糯米(紫红,血糯米)	上海	100	343	13.8	8.3	1.7	1.4	73.7		0.31	0.12	4.2	1.36	4	13	3.9	11		25	
荞麦		100	324	13	9.3	2.3	6.5	66.5	3	0.28	0.16	2.2	4.4	4.7	47	6.2	11		25	
青稞	甘肃山丹	100	298	12.1	10.2	1.2	13.4	61.6		0.32	0.21	3.6	1.25				11		25	
烧饼(糖)	湖北武汉	100	302	25.9	8	2.1		62.7			0.01	1.1	0.39	62.5	51	1.6	11		25	
沙子面	黑龙江哈尔滨	100	362	10.6	9.9	1.1		78.2		0.01	0.08	1.1		9	19	0.9	11		25	
通心面(通心粉)	福建福州	100	350	11.8	11.9	0.1	0.4	75.4		0.12	0.03	1		35	14	2.6	11		25	
五谷香	河北南皮	100	377	5.6	9.9	2.6	0.5	78.4		0.11	0.19		2.31	1	2	0.5	11		25	
小麦(龙麦)		100	352		12		10.2	76.1		0.48	0.14		1.91	107.4		5.9	11		25	
小麦粉(特二粉)		100	349	12	10.4	1.1	1.6	74.3		0.15	0.11	2	1.25	1.5	30	3	11		25	
小麦粉(标准粉)		100	344	12.7	11.2	1.5	2.1	71.5	0	0.28	0.08	2	1.8	3.1	31	3.5	11		25	
小麦粉(特一,精粉)		100	350	12.7	10.3	1.1	0.6	74.6		0.17	0.06	2	0.73	2.7	27	2.7	11		25	
小麦胚粉	山东青岛	100	392	4.3	36.4	10.1	5.6	38.9		3.5	0.79	3.7	23.2	4.6	85	0.6	11		25	
小米		100	358	11.6	9	3.1	1.6	73.5	17	0.33	0.1	1.5	3.63	4.3	41	5.1	11		25	
小米粥	北京	100	46	89.3	1.4	0.7		8.4		0.02	0.07	0.9	0.26	4.1	10	1	11		25	
燕麦片		100	367	9.2	15	6.7	5.3	61.6		0.3	0.13	1.2	3.07	3.7	186	7	11		25	
薏米(薏苡回回米)		100	357	11.2	12.8	3.3	2	69.1		0.22	0.15	2	2.08	3.6	42	3.6	11		25	
油饼	北京	100	399	24.8	7.9	22.9	2	40.4		0.11	0.05			572.5	46	2.3	11		25	
莜麦面	河北张家口	100	385	11	12.2	7.2		67.8	3	0.39	0.04	3.9	7.96	2.2	27	13.6	11		25	
油条		100	386	21.8	6.9	17.6	0.9	50.1	0	0.01	0.07	0.7	3.19	585.2	6	1	11		25	
玉米(白,包谷)		100	336	11.7	8.8	3.8	8	66.7		0.27	0.07	2.3	8.23	2.5	10	2.2	11		25	
玉米(黄,包谷)		100	335	13.2	8.7	3.8	6.4	66.6	17	0.21	0.13	2.5	3.89	3.3	14	2.4	11		25	
玉米(鲜,包谷)		46	106	71.3	4	1.2	2.9	19.9		0.16	0.11	1.8	0.46	1.1		1.1	11		25	
玉米罐头(玉米笋)	河北保定	100	4	93	1.1	0.2	4.9	0	7					170.9	6	0.1	11		25	
玉米面(白)	北京	100	340	13.4	8	4.5	6.2	66.9		0.34	0.06	3	6.89	0.5	12	1.3	11		25	
玉米面(黄)		100	340	12.1	8.1	3.3	5.6	69.6	7	0.26	0.09	2.3	3.8	2.3	22	3.2	11		25	
玉米面(黄豆玉米面)	北京	100	339	13.6	11.8	4.9	6.4	61.9		0.21	0.04	3.1	7.13	1.6	18	3.4	11		25	
玉米糁(黄)		100	347	12.8	7.9	3	3.6	72	0	0.1	0.08	1.2	0.57	1.7	49	2.4	11		25	

续表

食物名	地区	可食部分	能量	水分	蛋白质	脂肪	膳食纤维	碳水化物	视黄醇当量	硫胺素(VB₁)	核黄素(VB₂)	尼克酸(烟酸,VPP)	维生素E	钠	钙	铁	类别	抗坏血酸(VC)	类	胆固醇
玉米粥(即食)	北京	100	390	6.3	7.2	3.7	0.4	81.9		0.02	0.03	2.2	0.08	1.7	11	9	11		25	
糌粑(稞麦(熟品))	甘肃合作	100	257	49.3	4.1	13.1	1.8	30.7		0.05	0.15	1.9	2.68	8.9	71	13.9	11		25	
扁豆	甘肃张掖	100	326	9.9	25.3	0.4	6.5	55.4	5	0.26	0.45	2.6	1.86	2.3	137	19.2	21		5	
扁豆(白)	上海	100	256	19.4	19	1.3	13.4	42.2		0.33	0.11	1.2	0.89	1	68	4	21		5	
蚕豆(去皮)		100	304	11.5	24.6	1.1	10.9	49	8	0.13	0.23	2.2	4.9	21.2	49	2.9	21		5	
蚕豆(带皮)		93	342	11.3	25.4	1.6	2.5	56.4	50	0.2	0.2	2.5	6.68	2.2	54	2.5	21		5	
臭干		100	99	77.9	10.2	4.6	0.4	4.1		0.02	0.11	0.1		33.8	720	4.2	21		5	
豆粕	山东济宁	100	310	11.5	42.6	2.1	7.6	30.2		0.49	0.2	2.5	5.81	76	154	14.9	21		5	
豆腐		100	81	82.8	8.1	3.7	0.4	3.8		0.04	0.03	0.2	2.71	7.2	164	1.9	21		25	
豆腐(内酯豆腐)		100	49	89.2	5	1.9	0.4	2.9		0.06	0.03	0.3	3.26	6.4	17	0.8	21		25	
豆腐(南豆腐)		100	57	87.9	6.2	2.5	0.2	2.4		0.02	0.04	1	3.62	3.1	116	1.5	21		5	
豆腐(北)		100	98	80	12.2	4.8	0.5	1.5	5	0.05	0.03	0.3	6.7	7.3	138	2.5	21		25	
豆腐干		100	140	65.2	16.2	3.6	0.8	10.7		0.03	0.07	0.3		76.5	308	4.9	21		5	
豆腐干(香干)		100	147	69.2	15.8	7.8	1.8	3.3	7	0.04	0.03	0.3	15.85	4.1	299	5.7	21		5	
豆腐干(菜干)	北京	100	136	71.3	13.4	7.1	0.3	4.7		0.01	0.01	0.3	0.62	633.6	179	3	21		5	
豆腐干(酱油干)	安徽合肥	100	158	70.2	14.9	9.1		4		0.02	0.03		16.41	90.3	413	5.9	21		5	
豆腐干(小香干)	浙江杭州	100	174	61	17.9	9.1	0.4	5		0.03	0.07		7.39	372.3	1019	23.3	21		5	
豆腐干(熏干)	北京	100	153	67.5	15.8	6.2	0.3	8.5	2	0.03	0.01	1	7.03	232.7	1/3	3.9	21		5	
豆腐花	北京	100	401	1.6	10	7.6		84.3	42	0.02	0.03	0.4	5		175	3.3	21		5	
豆腐卷(豆制五香卷)	山东青岛	100	200	59.2	17.8	13.9	4.5	1		0.02	0.04		46.66	537.2	6	6.2	21		5	
豆腐卷		100	201	61.6	17.9	11.6	1	6.2	30	0.02	0.04	0.4	27.63		156	6.1	21		5	
豆腐脑(老豆腐)	河北清苑	100	10	97.8	1.9	0.8		0	6	0.04	0.02	0.4	10.46	2.8	18	0.9	21		50	
豆腐皮		100	409	16.5	44.6	17.4	0.2	18.6		0.31	0.11	1.5	20.63	9.4	116	30.8	21		5	
豆腐丝		100	201	58.4	21.5	10.5	1.1	5.1	5	0.04	0.12	0.5	9.76	20.6	204	9.1	21		5	
豆腐丝(干)	河北高碑店	100	451	7.4	57.8	22.8		3.6		0.3	0.6		7.8	110	5	1.3	21		5	
豆腐丝(油)	北京	100	300	38.2	24.2	17.1	2.2	12.3	3	0.02	0.09	1.8	17.8	769.4	152	5	21		5	
豆腐渣	甘肃临夏	100	35	89.2	3.2	0.8	2.6	3.7									21		5	
豆肝尖	山东青岛	100	192	57.6	17.2	12	5.7	3.7		0.01	0.06	0.1	37.58	614.5	5	7.4	21		5	
豆浆		100	13	96.4	1.8	0.7	1.1	0	15	0.02	0.02	0.1	0.8	3	10	0.5	21		50	
豆浆粉	浙江	100	422	1.5	19.7	9.4	2.2	64.6		0.07	0.05	0.7	17.99	26.4	101	3.7	21		5	
豆奶		100	30	94	2.4	1.5		1.8		0.02	0.06	0.3	4.5	3.2	23	0.6	21		50	
豆沙	上海	100	243	39.2	5.5	1.9	1.7	51		0.03	0.05	0.3	4.37	23.5	42	8	21		5	
腐乳(白)	北京	100	133	68.3	10.9	8.2	0.9	3.9	22	0.03	0.04	1	8.4	2460	61	3.8	21		5	
腐乳(臭,臭豆腐)		100	130	66.4	11.6	7.9	0.8	3.1	20	0.02	0.09	0.6	9.18	2012.3	75	6.9	21		5	
腐乳(桂林腐乳)	北京	100	204	60.1	7.3	11.3	1	18.2	22	0.03	0.06	0.4	13.22	3000	302	10.2	21		5	
腐乳(红,酱豆腐)		100	151	61.2	12	8.1	0.6	7.6	15	0.02	0.21	0.5	7.24	3091.3	87	11.5	21		5	
腐乳(上海南乳)	上海	100	138	64	9.9	8.1		6.4		0.04	0.12	0.8	7.75	2110.4	142	2.9	21		5	
腐乳(糟豆腐乳,糟乳)	安徽合肥	100	158	57.5	11.7	7.4		11.2		0.02	0.02		8.99	7410.3	62	22.5	21		5	
腐竹		100	459	7.9	44.6	21.7	1	21.3		0.13	0.07	0.8	27.84	26.5	77	16.5	21		5	
腐竹皮	安徽合肥	100	489	8.2	56.6	26.3		6.5		0.13	0.04		18	119	48	11.2	21		5	
高蛋白豆米粉	陕西西安	100	414	2	16.5	7.1		71		1.1	0.68						21		5	
黑豆(黑大豆)		100	381	9.9	36.1	15.9	10.2	23.3	5	0.2	0.33	2	17.36	3	224	7	21		5	

续表

食物名	地区	可食部分	能量	水分	蛋白质	脂肪	膳食纤维	碳水化物	视黄醇当量	硫胺素(VB₁)	核黄素(VB₂)	尼克酸(烟酸,VPP)	维生素E	钠	钙	铁	类别	抗坏血酸(VC)	类	胆固醇
红豆馅	山东青岛	100	240	35.9	4.8	3.6	7.9	47.2		0.04	0.05	1.7	9.17	3.3	2	1	21		5	
花豆(红)	甘肃临夏	100	317	14.8	19.1	1.3	5.5	57.2	72	0.25		3	6.13	12.5	38	0.3	21		5	
花豆(紫)	甘肃临夏	97	315	13.2	17.2	1.4	7.4	58.4	47	0.14		2.7	9.64	19.6	221	5.9	21		5	
黄豆(大豆)		100	359	10.2	35.1	16	15.5	18.6	37	0.41	0.2	2.1	18.9	2.2	191	8.2	21		5	
黄豆粉		100	418	6.7	32.8	18.3	7	30.5	63	0.31	0.22	2.5	33.69	3.6	207	8.1	21		5	
豇豆(紫)		100	315	11.2	18.9	0.4	6.9	58.9	3	0.22	0.09	2.4	11.42	4	67	7.9	21		5	
豇豆		100	322	10.9	19.3	1.2	7.1	58.5	10	0.16	0.08	1.9	8.61	6.8	40	7.1	21		5	
绿豆		100	316	12.3	21.6	0.8	6.4	55.6	22	0.25	0.11	2	10.95	3.2	81	6.5	21		5	
绿豆饼(饼折)	安徽合肥	100	122	69.7	15.2	1.2		12.7		0.07	0.02			3.1	18	1	21		5	
绿豆面	河南郑州	100	330	9.6	20.8	0.7	5.8	60	15	0.45	0.12	0.7		3.3	134	8.1	21		5	
卤干	江苏	100	336	32.4	14.5	16.7	1.6	31.8		0.03	0.14	0.2		40.9	731	3.9	21		5	
眉豆(饭豇豆)	广东高要	100	320	12	18.6	1.1	6.6	59		0.15	0.18	2.1	12.29	86.5	60	5.5	21		5	
脑豆	甘肃张掖	100	360	10.7	23.4	3.8	1.5	58.1		0.35	0.28	2.9	19.21	12	327	7.7	21		5	
膨化豆粕(大豆蛋白)	北京	100	321	9.3	36.7	0.7	5.9	42			0.11	5.8	1.14	3.3	144	9.8	21		5	
蒲包干	安徽合肥	100	135	72.5	12.1	5.7		8.9		0.02	0.01		14.09	633.1	134	9.1	21		25	
千张(百页)		100	260	52	24.5	16	1	4.5	5	0.04	0.05		23.38	20.6	313	6.4	21		5	
青豆(青大豆)		100	373	9.5	34.6	16	12.6	22.7	132	0.41	0.18	3	10.09	1.8	200	8.4	21		5	
酸豆乳	北京	100	67	84.5	2.2	1.2		11.8		0.06		0.7	1.11	18.6	32	0.4	21		25	
素大肠	江苏	100	153	63	18.1	3.6	1	12		0.02	0.02	0.1		144.7	445	3.8	21		5	
素火腿	山东青岛	100	211	55	19.1	13.2	0.9	3.9		0.01	0.03	0.1	25.99	675.9	8	7.3	21		5	
素鸡		100	192	64.3	16.5	12.5	0.9	3.3	10	0.02	0.03	0.4	17.8	373.8	319	5.3	21		5	
素虾(炸)	北京	100	576	3.4	27.6	44.4	2.7	16.6		0.04	0.02	1.6	50.79	1440.3	251	6.3	21		5	
素鸡丝卷	黑龙江哈尔滨	100	186	63.5	11.2	13.7	5.6	4.5	5	0.03	0.04	0.5	27.72		103	6	21		5	
素什锦	北京	100	173	65.3	14	10.2	2	6.3		0.07	0.04	0.5	9.51	475.1	174	6	21		5	
酥香兰花豆	甘肃和政	100	416	9.2	12.8	13.6	1.2	60.5		0.26	0.17	1.5	8.13	109.8	59	2.3	21		5	
豌豆		100	313	10.4	20.3	1.1	10.4	55.4	42	0.49	0.14	2.4	8.47	9.7	97	4.9	21		5	
豌豆(花)		100	322	11.5	21.6	1	6.9	56.7	40	0.68	0.22	2.4	9.63	3.2	106	4.4	21		5	
小豆(红,红小豆)		100	309	12.6	20.2	0.6	7.7	55.7	13	0.16	0.11	2	14.36	2.2	74	7.4	21		5	
油豆腐(豆腐泡)		100	244	58.8	17	17.6	0.6	4.3	5	0.05	0.04	0.3	24.7	32.5	147	5.2	21		5	
油炸豆瓣	甘肃和政	100	405	8.1	25.1	9.8	0.7	54		0.11	0.2	1.8	7.88	359.4	63	1.9	21		5	
油炸豆花	甘肃高台	100	400	12.2	33.4	14.8	1.8	33.3		0.04	0.26	1.8	18.75				21		5	
芸豆(白)	甘肃张掖	100	296	14.4	23.4	1.4	9.8	47.4		0.18	0.26	2.4	6.16				21		5	
芸豆(红)		100	314	11.1	21.4	1.3	8.3	54.2	30	0.18	0.09	2	7.74	0.6	176	5.4	21		5	
芸豆(虎皮)	甘肃张掖	100	334	10.2	22.5	0.9	3.5	59		0.37	0.28	2.1	6.02	3.3	156	1.7	21		5	
芸豆(杂,带皮)	甘肃张掖	100	306	9.8	22.4	0.6	10.5	52.8						10.5	349	8.7	21		5	
杂豆	河北邢台	100	316	11.4	8.2	1	6.8	68.6									21		5	
枝竹	广东	100	472	6.9	44.5	24.7	2.7	18		0.11	0.07	0.9	26.78	83	49	10.8	21		5	
扁豆(鲜)		91	37	88.3	2.7	0.2	2.1	6.1	25	0.04	0.07	0.9	0.24	3.8	38	1.9	22	13	25	

续表

食物名	地区	可食部分	能量	水分	蛋白质	脂肪	膳食纤维	碳水化物	视黄醇当量	硫胺素(VB₁)	核黄素(VB₂)	尼克酸(烟酸,VPP)	维生素E	钠	钙	铁	类别	抗坏血酸(VC)	类	胆固醇
蚕豆(鲜)		31	104	70.2	8.8	0.4	3.1	16.4	52	0.37	0.1	1.5	0.83	4	16	3.5	22	16	25	
刀豆		92	35	89	3.1	0.2	1.8	5.3	37	0.05	0.07	1	0.31	5.9	48	3.2	22	15	25	
豆角		96	30	90	2.5	0.2	2.1	4.6	33	0.05	0.07	0.9	2.24	3.4	29	1.5	22	18	25	
豆角(白)	广东	97	30	89.7	2.2	0.2	2.6	4.8	97	0.06	0.04	0.9	2.38	9.5	26	0.8	22	39	25	
发芽豆	上海	83	128	66.1	12.4	0.7	1.3	18.1		0.3	0.17	2.3	2.8	3.9	41	5	22	4	25	
荷兰豆	广东	88	27	91.9	2.5	0.3	1.4	3.5	80	0.09	0.04	0.7	0.3	8.8	51	0.9	22	16	25	
黄豆芽		100	44	88.8	4.5	1.6	1.5	3	5	0.04	0.07	0.6	0.8	7.2	21	0.9	22	8	25	
豇豆(鲜)		97	29	90.3	2.9	0.2	2.3	3.6	42	0.07	0.09	1.4	4.39	2.2	27	0.5	22	19	25	
豇豆(鲜,长)		98	29	90.8	2.7	0.2	1.8	4	20	0.07	0.07	0.8	0.65	4.6	42	1	22	18	25	
绿豆芽		100	18	94.6	2.1	0.1	0.8	2.1	3	0.05	0.06	0.5	0.19	4.4	9	0.6	22	6	25	
坑船豆	湖北武汉	82	34	90.3	2	0.4	1.3	5.5	13	0.04	0.02	0.3	0.9	0.9	37	1.3	22	13	25	
龙豆	甘肃兰州	98	32	90	3.7	0.5	1.9	3.1	87	0.04	0.06	1	0.77	4.1	147	1.3	22	11	25	
龙牙豆(玉豆)	广东	93	17	94.4	2.6	0.2	1.3	1.1	87	0.01	0.54			1.8	30	0.8	22	12	25	
毛豆(青豆)		53	123	69.6	13.1	5	4	6.5	22	0.15	0.07	1.4	2.44	3.9	135	3.5	22	27	25	
四季豆(菜豆)		96	28	91.3	2	0.4	1.5	4.2	35	0.04	0.07	0.4	1.24	8.6	42	1.5	22	6	25	
豌豆(鲜)		42	105	70.2	7.4	0.3	3	18.2	37	0.43	0.09	2.3	1.21	1.2	21	1.7	22	14	25	
豌豆苗	上海	98	29	92.7	3.1	0.6		2.8						26.3	59	1.8	22		25	
油豆角(多花菜豆)	黑龙江哈尔滨	99	22	92.2	2.4	0.3	1.6	2.3	27	0.07	0.08	1.4	2.39	3.3	69	1.9	22	11	25	
芸豆(鲜)	山东崂山	96	25	91.1	0.8	0.1	2.1	5.3	40	0.33	0.06	0.8	0.07	4	88	1	22	9	25	
百合	甘肃兰州	82	162	56.7	3.2	0.1	1.7	37.1		0.02	0.04	0.7		6.7	11	1	33	18	50	
百合(干)		100	342	10.3	6.7	0.5	1.7	77.8		0.05	0.09	0.9		37.3	32	5.9	33		5	
百合(脱水)	甘肃兰州	100	343	9.9	8.1	0.1	1.7	77.4			0.02	1.1		69.8	29	5	33		5	
荸荠(马蹄,地栗)		78	59	83.6	1.2	0.2	1.1	13.1	3	0.02	0.02	0.7	0.65	15.7	4	0.6	33	7	25	
慈姑(乌芋白果)		89	94	73.6	4.6	0.2	1.4	18.5		0.14	0.07	1.6	2.16	39.1	14	2.2	33	4	25	
甘薯(红心,山芋红薯)		90	99	73.4	1.1	0.2	1.6	23.1	125	0.04	0.04	0.6	0.28	28.5	23	0.5	33	26	50	
甘薯(白心,红皮山芋)		86	104	72.6	1.4	0.2	1	24.2	37	0.07	0.04	0.6	0.43	58.2	24	0.8	33	24	50	
甘薯粉(地瓜粉)	福建惠安	100	336	14.5	2.7	0.2	0.1	80.8	3	0.03	0.05	0.2	26.4	26.4	33	10	33		5	
甘薯片(白薯干)		100	340	12.1	4.7	0.8	2	78.5	25	0.15	0.11	1.1	0.38	26.4	112	3.7	33	9	5	
胡萝卜(红)		96	37	89.2	1	0.2	1.1	7.7	688	0.04	0.03	0.6	0.41	71.4	32	1	33	13	50	
胡萝卜(黄)		97	43	87.4	1.4	0.2	1.3	8.9	668	0.04	0.04	0.2		25.1	32	0.5	33	16	50	
胡萝卜(脱水)	甘肃兰州	100	320	10.9	4.2	1.9	6.4	71.5	2875	0.12	0.15	2.6		300.7	458	8.5	33	32	5	
茭笋	广东	77	25	91.1	1.7	0.2		4.2		0.05	0.04		0.42	39.8	2	0.5	33	12	50	
姜		95	41	87	1.3	0.6	2.7	7.6	28	0.02	0.03	0.8		14.9	27	1.4	33	4	5	
姜(干)	河北安国	95	273	14.9	9.1	5.7	17.7	46.3			0.1		0.01	9.9	62		33		50	
姜(子姜,嫩姜)	重庆	82	19	94.5	0.7	0.6	0.9	2.8			0.01	0.3		1.9	9	0.8	33	2	5	
芥菜头(大头菜水芥)		83	33	89.6	1.9	0.2	1.4	6		0.06	0.02	0.6	0.2	65.6	65	0.8	33	34	50	
洋姜(洋生姜,菊芋)	甘肃张掖	100	56	80.8	2.4		4.3	11.5		0.01	0.01	1.4		11.5	23	7.2	33	0	50	
玉兰片	北京	100	43	78	2.6	0.4	11.3	7.3		0.04	0.07	0.1	1.9	1.9	42	3.6	33	1	50	
芋头(芋艿,毛芋)		84	79	78.6	2.2	0.2	1	17.1	27	0.06	0.05	0.7	0.45	33.1	36	1	33	6	50	
竹笋	上海	63	19	92.8	2.6	0.2	1.8	1.8		0.08	0.08	0.6	0.05	0.4	9	0.5	33	5	50	
竹笋(白笋,干)	福建屏南	64	196	10	26	4	43.2	13.9	2		0.32	0.2			31	4.2	33		25	

食物名	地区	可食部分	能量	水分	蛋白质	脂肪	膳食纤维	碳水化合物	视黄醇当量	硫胺素(VB₁)	核黄素(VB₂)	尼克酸(烟酸,VPP)	维生素E	钠	钙	铁	类别	抗坏血酸(VC)	类	胆固醇
竹笋(鞭笋,马鞭笋)	浙江杭州	45	11	90.1	2.6		6.6	0.1		0.05	0.09	0.5			17	2.5	33	7	50	
竹笋(春笋)		66	20	91.4	2.4	0.1	2.8	2.3	5	0.05	0.04	0.4		6	8	2.4	33	5	50	
竹笋(黑笋,干)	福建屏南	76	213	14.4	17.6	2.4	27.2	30.3			0.41	1.9		6.2	30	18.9	33		25	
竹笋(毛笋,毛竹笋)		67	21	93.1	2.2	0.2	1.3	2.5		0.04	0.05	0.3	0.15	5.2	16	0.9	33	9	50	
白菜(脱水)	甘肃兰州	100	286	10	6.2	0.8	9.4	63.5		0.24		4.8	187	492.5	908	13.8	31	187	5	
白菜(大白菜)		92	21	93.6	1.7	0.2	0.6	3.1	42	0.06	0.07	0.8	0.92	89.3	69	0.5	31	47	50	
白菜苔(菜苔菜心)		84	25	91.3	2.8	0.5	1.7	2.3	160	0.05	0.08	1.2	0.52	26	96	2.8	31	44	50	
菠菜(赤根菜)		89	24	91.2	2.6	0.3	1.7	2.8	487	0.04	0.11	0.6	1.74	85.2	66	2.9	31	32	50	
菠菜(脱水)	甘肃兰州	100	283	9.2	6.4	0.6	12.7	63	598	0.2	0.18	3.9	7.73	242	411	25.9	31	82	5	
菜花(花椰菜)		82	24	92.4	2.1	0.2	1.2	3.4	5	0.03	0.08	0.6	0.43	31.6	23	1.1	31	61	50	
菜花(脱水)	甘肃兰州	100	286	9.8	6.5	0.4	13.2	63.6		0.21		7.4		264.3	185	6.4	31	82	5	
菜节(油菜苔,油菜心)	上海	93	20	94.2	1.9	0.6	1	1.8	185	0.02	0.1	0.5	0.48	56.2	92	1.3	31	54	50	
莼菜(瓶装,花案板)	浙江杭州	100	20	94.5	1.4	0.1	0.5	3.3	55		0.01	0.1	0.9	7.9	42	2.4	31		50	
葱茎(脱水)	甘肃兰州	100	303	9.7	6.3		11.4	68.6	35	0.07	0.06	3		44.9	49	22.1	31	89	5	
葱头(洋葱)		90	39	89.2	1.1	0.2	0.9	8.1	3	0.03	0.03	0.3	0.14	4.4	24	0.6	31	8	50	
葱头(白皮,脱水)	甘肃高台	100	330	9.1	5.5	0.4	5.7	76.2	5	0.16	0.16	1		31.7	186	0.9	31	22	5	
葱头(紫皮,脱水)		100	324	9.1	6.9	0.4	7.5	73.1		0.2	0.14	1		77.4	351	6.2	31	5	50	
大白菜(青白口)		83	15	95.1	1.4	0.1	0.9	2.1	13	0.03	0.04	0.4	0.36	48.4	35	0.6	31	28	50	
榨菜		100	29	75	2.2	0.3	2.1	4.4	83	0.03	0.06	0.5		4252.6	155	3.9	84	2	1	
草菇(大黑头细花草)	广东	100	23	92.3	2.7	0.2	1.6	2.7		0.08	0.34	8	0.4	73	17	1.3	34		25	
大红菇(草质红菇)	福建泰宁	100	200	15.5	24.4	2.8	31.6	19.3	13	0.26	6.9	19.5		1.7	1	7.5	34	2	25	
地衣(水浸)	甘肃临夏	100	3	96.4	1.5		1.8	0	37	0.02	0.28	0.5	2.24	10.7	14	21.1	34		25	
冬菇(干,毛柄金线菌)		86	212	13.4	17.8	1.3	32.3	32.3	5	0.17	1.4	24.4	3.47	20.4	55	10.5	34	5	25	
发菜	甘肃张掖	100	246	10.5	22.8	0.8	21.9	36.8		0.23			21.7	103.3	875	99.3	34		25	
海带(干,江白菜,昆布)		98	77	70.5	1.8	0.1	6.1	17.3	40	0.01	0.1	0.8	0.85	327.4	348	4.7	34		25	
海带(鲜,江白菜,昆布)	山东青岛	100	17	94.4	1.2	0.1	0.5	1.6		0.02	0.15	1.3	1.85	8.6	46	0.9	34		25	
海冻菜(石花菜,冻菜)	山东乳山	100	314	15.6	5.4	0.1		72.9		0.06	0.2	3.3	14.84	380.8	167	2	34		25	
猴头菇(罐装)		100	13	92.3	2	0.2	4.2	0.7		0.01	0.04	0.2	0.46	175.2	19	2.8	34	4	25	
黄蘑	黑龙江	89	166	39.3	16.4	1.5	18.3	21.8	12	0.15	1	5.8	1.26		11	22.5	34		25	
金针菇(智力菇)		100	26	90.2	2.4	0.4	2.7	3.3	5	0.15	0.19	4.1	1.14	4.3		1.4	34	2	25	
金针菇(罐装)	浙江	100	21	91.6	1		2.5	4.2		0.01	0.01	0.6	0.98	238.2	14	1.1	34		25	
口蘑(白蘑)	北京	100	242	9.2	38.7	3.3	17.2	14.4		0.07	0.08	44.3	8.57	5.2	169	19.4	34		25	
蘑菇(干)	甘肃陇南	100	252	13.7	21	4.6	21	31.7	273	0.1	1.1	30.7	6.18	23.3	127		34	5	25	
蘑菇(鲜,鲜蘑)		99	20	92.4	2.7	0.1	2.1	2	2	0.08	0.35	4	0.56	8.3	6	1.2	34	2	25	
木耳(黑木耳,云耳)		100	205	15.5	12.1	1.5	29.9	35.7	17	0.17	0.44	2.5	11.34	48.5	247	97.4	34		25	
木耳(水发,黑木耳,云耳)		100	21	91.8	1.5	0.2	2.6	3.4	3	0.01	0.05	0.2	7.51	8.5	34	5.5	34	1	25	
平菇(鲜,糙皮)		93	20	92.5	1.9	0.3	2.3	2.3	2	0.06	0.16	3.1	0.79	3.8	5	1	34	4	25	

续表

食物名	地区	可食部分	能量	水分	蛋白质	脂肪	膳食纤维	碳水化合物	视黄醇当量	硫胺素(VB₁)	核黄素(VB₂)	尼克酸(烟酸,VPP)	维生素E	钠	钙	铁	类别	抗坏血酸(VC)	类	胆固醇
普大香杏丁蘑	河北张家口	100	207	14.1	22.4	0.2	24.9	29			3.11		43.4	43.4	17	113.2	34		25	
普中红蘑	河北张家口	100	214	12.3	18.4	0.7	24.6	33.5			1.16			4.3	14	235.1	34		25	
琼脂(紫菜胶)	福建连江	100	311	21.1	1.1	0.2	0.1	76.2						3.3	100	7	34		25	
双孢蘑菇(洋蘑菇)	福建晋江	97	22	92.4	4.2	0.1	1.5	1.2			0.27	3.2		2	2	0.9	34		25	
松蘑(松口蘑,松茸)	河北承德	100	112	16.1	20.3	3.2	47.8	0.4		0.01	1.48		3.09	4.3	14	86	34		25	
苔菜(苔条浒苔)	浙江宁波	100	148	23.7	19	0.4	9.1	17.2		0.35	0.4	4		4955.5	185	283.7	34		25	
香菇(干,香蕈,冬菇)		95	211	12.3	20	1.2	31.6	30.1	3	0.19	1.26	20.5	0.66	11.2	83	10.5	34	5	25	
香菇(鲜,香蕈,冬菇)	上海	100	19	91.7	2.2	0.3	3.3	1.9			0.08	2		1.4	2	0.3	34	1	25	
香杏片口蘑	河北张家口	100	207	15.1	33.4	1.5	22.6	15			1.9			21	15	137.5	34		25	
羊肚菌(干,狼肚)	甘肃甘南	100	295	14.3	26.9	7.1	12.9	30.8	209	0.1	2.25	8.8	3.58	33.6	87	30.7	34	3	25	
银耳(白木耳)		96	200	14.6	10	1.4	30.4	36.9	8	0.05	0.25	5.3	1.26	82.1	36	4.1	34		25	
榛蘑(假蜜环菌)	黑龙江哈尔滨	77	157	51.1	9.5	3.7	10.4	21.5	7	0.01	0.69	7.5	3.34		11	25.1	34		25	
珍珠白蘑	河北张家口	100	212	12.1	18.3	0.7	23.3	33	228	0.27	0.02	7.3	1.82	4.4	24	189.8	34		25	
紫菜		100	207	12.7	26.7	1.1	21.6	22.5	228	0.27	1.02	7.3	1.82	710.5	264	54.9	34	2	25	
芭蕉(甘蕉,板蕉,牙蕉)	广东	68	109	68.9	1.2	0.1	3.1	25.8		0.02	0.02	0.6		1.3	6	0.3	41		25	
菠萝(凤梨,地菠萝)		68	41	88.4	0.5	0.1	1.3	9.5	33	0.04	0.02	0.2		0.8	12	0.6	41	18	25	
菠萝蜜肉	广东	43	103	73.2	0.2	0.3	0.8	24.9		0.06	0.05	0.7	0.52	11.4	9	0.5	41	9	25	
菠萝蜜子	广东	97	160	57	4.9	0.3	2.3	34.4		0.31	0.16	0.12		11.5	18	1.6	41	16	25	
草莓		97	30	91.3	1	0.2	1.1	6	5	0.02	0.03	0.3	0.71	4.2	18	1.8	41	47	25	
草莓酱	北京	100	269	32.5	0.8	0.2	0.2	66.1		0.15	0.1	0.2	0.49	8.7	44	2.1	41	1	25	
橙		74	47	87.4	0.8	0.2	0.6	10.5	27	0.05	0.04	0.3	0.56	1.2	20	0.4	41	33	25	
吊蛋	甘肃临夏	95	56	81.7	0.4	0.4	4.4	12.4		0.01			2.19	0.6	11	0.2	41		25	
番石榴(鸡矢果,番桃)		97	41	83.9	1.1	0.4	5.9	8.3	53	0.02	0.05	0.3		3.3	13	0.2	41	68	25	
柑		77	51	86.9	0.7	0.2	0.4	11.5	148	0.08	0.04	0.4	0.92	1.4	35	0.2	41	28	25	
橄榄(白榄)	福建闽侯	80	49	83.1	0.8	0.2	4	11.1	22	0.01	0.01	0.7			49	0.2	41	3	25	
甘蔗汁	福建同安	100	64	83.1	0.4	0.1	0.6	15.4	2	(0.01)	0.02	0.2		3	14	0.4	41	2	25	
桂圆(鲜)		50	70	81.4	1.2	0.1	0.4	16.2	3	0.01	0.14	1.3		3.9	6	0.2	41	43	25	
桂圆(干,龙眼,圆眼)	福建莆田	37	273	26.9	5	0.2	2	62.8			0.39	1.3		3.3	38	0.7	41	12	25	
桂圆肉	广东	100	313	17.7	4.6	1	2	71.5		0.04	1.03	8.9		7.3	39	3.9	41	27	25	
果丹皮		100	321	16.7	1	0.8	2.6	77.4	25	0.02	0.03	0.7	1.85	115.5	52	11.6	41	3	25	
海棠果		86	73	79.9	0.3	0.2	1.8	17.4	118	0.05	0.03	0.2	0.25	0.6	15	0.4	41	20	25	
海棠脯		100	286	25.8	0.6	0.2	2.2	70.4	10	0.02	0.05	0.3	1.11	200.5	19	3.1	41		25	
海棠罐头	甘肃靖远	100	53	85.4	0.5	0.2	1.3	12.3						8.8	43	2.3	41		25	
黑枣(无核,乌枣,软枣)	北京	98	228	39	1.7	0.3	2.6	54.7	7			2.1	1.88	6.3	108	1.2	41		25	

续表

食物名	地区	可食部分	能量	水分	蛋白质	脂肪	膳食纤维	碳水化物	视黄醇当量	硫胺素(VB₁)	核黄素(VB₂)	尼克酸(烟酸.VPP)	维生素E	钠	钙	铁	类别	抗坏血酸(VC)	类	胆固醇
红果(山里红,大山楂)		76	95	73	0.5	0.6	3.1	22	17	0.02	0.02	0.4	7.32	5.4	52	0.9	41	53	25	
红果(干)		100	152	11.1	4.3	2.2	49.7	28.7	10	0.02	0.18	0.7	0.47	9.9	144	0.4	41	2	25	
黄皮果(黄皮)	广东	59	31	87.6	1.6	0.2	4.3	5.6		0.13	0.06			6.5		0.4	41	35	25	
金糕	北京	100	176	55	0.2		0.6	43.7	3	0.18	0.07	0.1	0.42	34.3	49	1.8	41	4	25	
金糕条		100	300	22.6	0.6	0.6	1.6	73	10	0.02	0.08	0.3	4.54	192.1	42	6.3	41	10	25	
金桔(金枣)		89	55	84.7	1	0.2	1.4	12.3	62	0.04	0.03	0.3	1.58	3	56	1	41	35	25	
桔柑子(宽皮桂)		78	43	88.6	0.8	0.1	0.5	9.7	82	0.04	0.03	0.2	1.22	0.8	24	0.2	41	35	25	
桔(福桔)	福建福州	67	45	88.1	1	0.4	0.6	9.9	100	0.05	0.03	0.3		0.5	27	0.4	41	11	25	
桔(芦柑)	福建漳洲	77	43	88.5	0.6	0.2	0.6	9.7	87	0.02	0.03	0.2		1.3	45	1.4	41	19	25	
桔(三湖红桔)	江西新干	68	41	88.5	0.8	0.3	1.3	8.7		0.03	0.02	0.3	0.3	1.4	33	0.2	41	3	25	
桔(四川红桔)	北京	78	40	89.1	0.7	0.1	0.7	9.1	30	0.24	0.04	0.3	0.27	1.7	42	0.5	41	33	25	
桔(小叶桔)	北京	81	38	89.5	1.1	0.2	0.9	7.9		0.25	0.03	0.7	0.74	2.1	72	0.2	41		25	
桔(早桔)	浙江黄岩	82	57	85.6	1.2	0.2	0.1	12.5	857	0.09	0.03	0.3	1.45	0.9	21	0.4	41	25	25	
桔(蜜桔)		76	42	88.2	0.8	0.4	1.4	8.9	277	0.05	0.04	0.2	0.45	1.3	19	0.2	41	19	25	
桔饼	湖北武汉	100	364	5.4	0.6	0.4	3.5	89.4	43	0.03	0.19	0.6		485.9	125	0.8	41		25	
李(玉皇李)		91	36	90	0.7	0.2	0.9	7.8	25	0.03	0.02	0.6	0.74	3.8	8	0.6	41	5	25	
梨	湖北武汉	75	32	90	0.4	0.1	2	7.3		0.01	0.04	0.1		3.9	11		41	1	25	
梨(巴梨)		79	46	86.1	0.4	0.2	2.2	10.7	2	0.03	0.05	0.2	0.52	1	6	0.2	41	11	25	
梨(冬果梨)		87	37	86.2	0.4	0.2	4.3	8.5	3		0.03	0.2					41	6	25	
梨(鹅黄梨)	安徽砀山	68	37	88.6	0.3	0.1	1.9	8.8		0.03	0.02		1.77	1.7	1		41	8	25	
梨(早酥梨)	甘肃民乐	92	43	85.8	0.2	0.1	3.6	10	7					0.2	12	0.2	41	12	25	
梨(红肖梨)	北京	87	30	89.1	0.2		3.2	7.3	2	0.07	0.46	0.6	0.46	3.4	11	0.4	41	4	25	
梨(锦丰梨)		92	44	85.5	0.2	0.1	3.2	10.7	3								41	6	25	
梨(京白梨)		79	54	85.3	0.2	0.5	1.4	12.3		0.02	0.02	0.2	0.08	0.7	7	0.3	41	3	25	
梨(库尔勒梨)	甘肃敦煌	91	28	85.9	0.1	0.1	6.7	6.7						3.7	22	1.2	41		25	
梨(莱阳梨)		80	49	84.8	0.3	0.2	2.6	11.5		0.03	0.02	0.3	0.61	1.8	10	0.4	41	3	25	
梨(砀山梨)	甘肃敦煌	91	48	83.7	0.2	0.2	4.2	11.4									41		25	
梨(马蹄黄梨)	安徽砀山	74	47	86.8	0.3	0.1	1.3	11.2		0.03	0.03		1.8	3.3	2	0.1	41	10	25	
梨(明月梨)		81	53	85.9	0.3	0.2	0.9	12.4		0.02	0.03		2.09	1.4	2	0.4	41	6	25	
梨(木梨)	上海	80	28	91	0.4	0.1	1.9	6.3		0.01	0.04	0.1	0.47	3	4	0.1	41	5	25	
梨(苹果梨)		94	48	85.4	0.2	0.1	2.3	11.6	5		0.01	0.5		2.4	4	0.4	41	4	25	
梨(软梨)	甘肃敦煌等	68	14	87.4	0.4	0.2	9.1	2.6	3					1	25	0.9	41		25	
梨(苏木梨)	甘肃兰州	88	48	85.6	0.6	0.3	2.5	10.6		0.01	0.02	0.4					41	5	25	
梨(酥梨)	安徽砀山	72	43	88	0.3	0.1	1.2	10.2		0.03	0.02		1.82	2.3	2		41	11	25	
梨(酸梨)	甘肃临夏等	85	26	89.6	0.1	0.1	3.7	6.1		0.03	0.22	0.8	1.28	8.5	12	0.6	41	14	25	
梨(香梨)	甘肃民乐	89	46	85.8	0.3	0.1	2.7	10.9	12			0.1		0.8	6	0.4	41		25	
梨(雪花梨)		86	41	88.8	0.2	0.1	0.8	9.8	17	0.01	0.01	0.3	0.19	0.6	5	0.3	41	4	25	

续表

食物名	地区	可食部分	能量	水分	蛋白质	脂肪	膳食纤维	碳水化物	视黄醇当量	硫胺素(VB₁)	核黄素(VB₂)	尼克酸(烟酸,VPP)	维生素E	钠	钙	铁	类别	抗坏血酸(VC)	类	胆固醇
梨(鸭梨)		82	43	88.3	0.2	0.2	1.1	10	2	0.03	0.03	0.2	0.31	1.5	4	0.9	41	4	25	
梨(鸭广梨,广梨)	北京	76	50	82.4	0.6	0.2	5.1	11.4			0.02	0.3	0.48	1	18	0.2	41	4	25	
梨(专把梨)	山东龙口	74	35	87.7	0.5	1.3	4.9	5.3		0.01	0.12	0.1		5.3	5	0.2	41	4	25	
梨(紫酥梨)	安徽砀山	59	47	86	0.3	0.1	2	11.3		0.03	0.04		3.64	1.7	1		41	9	25	
梨(冬果梨罐头)	甘肃靖远	100	47	83.6	0.3		4.5	11.4		0.01			2	2	16	1.4	41		25	
梨(糖水罐头)	北京	100	33	90.4	0.5	0.2	1.4	7.4		0.02	0.04	0.2	0.02	2.1	2	0.3	41		25	
荔枝(鲜)		73	70	81.9	0.9	0.2	0.5	16.1	2	0.1	0.04	1.1		1.7	2	0.4	41	41	25	
芒果(抹猛果,望果)	广东	60	32	90.6	0.6	0.2	1.3	7	1342	0.01	0.04	0.3	1.21	2.8		0.2	41	23	25	
面蛋	甘肃和政	60	84	74.5	1.6	0.5	3.3	18.4	22	0.03			4.11	3.8	206	4.3	41		25	
南瓜果脯	甘肃会宁	100	336	15.4	0.9	0.2	0.7	82.6		0.01				16.4	176		41	7	25	
柠檬	北京	66	35	91	1.1	1.2	1.3	4.9		0.05	0.02	0.6	1.14	1.1	101	0.8	41	22	25	
柠檬汁	广东	100	26	93.1	0.9	0.2	0.3	5.2		0.01	0.02	0.1		1.2	24	0.1	41	11	25	
枇杷		62	39	89.3	0.8	0.2	0.8	8.5	117	0.01	0.03	0.3	0.24	4	17	1.1	41	8	25	
苹果		76	52	85.9	0.2	0.2	1.2	12.3	3	0.06	0.02	0.2	2.12	1.6	4	0.6	41	4	25	
苹果(伏苹果)	北京	86	45	87.3	0.5	0.1	1.2	10.6		0.04	0.04	0.4	0.15	1.3	15	0.4	41	4	25	
苹果(红星苹果)	河北青苑	85	57	85	0.4	0.1	0.8	13.5	2		0.02		0.21	2.3	2	0.2	41	1	25	
苹果(黄元帅苹果)		80	55	84.6	0.2	0.3	1.8	12.9	15	0.02	0.02	0.1	0.21	0.6	5	0.3	41	4	25	
苹果(国光苹果)		78	54	85.9	0.3	0.3	0.8	12.5	10	0.02	0.03	0.2	0.11	1.3	8	0.3	41	4	25	
苹果(旱)	甘肃兰州	96	30	90.8	0.2		1.7	6.7											25	
苹果(红富士苹果)	甘肃白银	85	45	86.9	0.7	0.4	2.1	9.6	100	0.01			1.46	0.7	3	0.7	41	2	25	
苹果(红香蕉苹果)		87	49	86.9	0.4	0.2	0.9	11.4	17	0.01	0.02	0.1	0.36	2	5	0.6	41	3	25	
苹果(金元帅苹果)		78	50	86.2	0.2	0.1	1.1	12.2	15	0.05	0.01	0.1	0.61	1.7	2	0.4	41	4	25	
苹果(黄香蕉苹果)		88	49	85.6	0.3	0.2	2.2	11.5	3		0.03	0.2	0.79	0.8	10	0.3	41	4	25	
苹果(香玉苹果)	安徽砀山	69	59	83.4	0.5	0.1	1.7	14	10	0.03	0.02		0.84	2.6	3	0.3	41	6	25	
苹果(印度苹果)	甘肃敦煌	90	44	84	0.6	0.2	4.9	9.9	3	0.04							41		25	
苹果(红元帅苹果)		84	59	84.9	0.2	0.4	0.6	13.7	7	0.02	0.01	0.2	0.02	0.7	2	0.3	41	3	25	
苹果(祝光苹果)	安徽砀山	86	46	86.7	0.4	0.1	1.5	11	2	0.05	0.01		0.07	1.7	3	0.4	41	2	25	
苹果(青香蕉苹果)		80	59	86.3	0.3	0.1	1.3	11.8	2	0.02	0.02	0.2	0.37	1.3	9	0.2	41	3	25	
苹果(秋里蒙苹果)	甘肃民乐	85	35	87.5	0.2	0.2	3.7	8.2		0.03	0.01	0.8					41		25	
苹果(倭锦苹果)		86	50	85.8	0.2	0.2	1.7	11.9	8		0.01	0.2		0.6	4	0.6	41	1	25	
苹果(红玉苹果)	甘肃敦煌	84	43	84.7	0.2	0.2	4.7	10		0.02	0.01	0.5					41		25	
苹果罐头	甘肃靖远	100	39	89.2	0.2	0.2	1.3	9						6.2	26	0.7	41		25	
苹果酱	北京	100	277	30.4	0.4	0.1	0.3	68.7		0.28	0.02			11	2	1.3	41	1	25	
苹果脯		100	336	14.2	0.6	0.1	1.6	83.3	12	0.01	0.09	0.1	0.44	12.8	9	1.6	41		25	
葡萄		86	43	88.7	0.5	0.2	0.4	9.9	8	0.04	0.02	0.2	0.7	1.3	5	0.4	41	25	25	
葡萄(紫)		88	43	88.4	0.7	0.3	1	9.3	10	0.03	0.01	0.3		1.8	10	0.5	41	3	25	
葡萄(红玫瑰)	安徽萧县	96	37	88.5	0.4	0.2	2.2	8.5		0.03	0.02		1.66	1.5	17	0.3	41	5	25	
葡萄(巨峰)		84	50	87	0.4	0.2	0.4	11.6	5	0.03	0.01	0.1	0.34	2	7	0.6	41	4	25	
葡萄(马奶子)	甘肃永靖	84	40	89.6	0.5	0.2		8.7	8		0.03						41		25	

食物名	地区	可食部分	能量	水分	蛋白质	脂肪	膳食纤维	碳水化物	视黄醇当量	硫胺素(VB₁)	核黄素(VB₂)	尼克酸(烟酸,VPP)	维生素E	钠	钙	铁	类别	抗坏血酸(VC)	类	胆固醇
葡萄(玫瑰香)	安徽萧县	86	50	86.9	0.4	0.4	1	11.1	3	0.02	0.02	0.2	0.86	2.4	8	0.1	41	4	25	
葡萄干	甘肃敦煌	100	341	11.6	2.5	0.4	1.6	81.8		0.09				19.1	52	9.1	41	5	25	
青梅果脯		100	308	20	1.2	0.6	2.9	74.5	2		0.33	0.1	88	222.8	106	4	41	4	25	
人参果	广东	88	80	77.1	0.6	0.7	3.5	17.7	8		0.25	0.3		7.1	13	0.2	41	12	25	
桑葚		100	49	82.8	1.7	0.4	4.1	9.7	5	0.02	0.06		9.87	2	37	0.4	41		25	
桑葚(干)	浙江桐乡	100	239	10.7	21.1	6.1	29.3	24.9		0.35	0.61	4.8	32.68	28.1	622	42.5	41	7	25	
柿		87	71	80.6	0.4	0.1	1.4	17.1	20	0.02	0.02	0.3	1.12	0.8	9	0.2	41	30	25	
柿(磨盘)	北京	98	76	79.4	0.7	0.1	1.5	18.1	17	0.01		0.2	1.33	4.7	5	0.2	41	10	25	
柿(荷柿)	山东济南	98	57	81.7	0.6	0.2	3.8	13.3	73	0.03	0.04	0.3	2.95	1.1	9	0.2	41	11	25	
柿饼	北京	97	250	33.8	1.8	0.2	2.6	60.2	48	0.01		0.5	0.63	6.4	54	2.7	41		25	
石榴(红粉皮石榴)	安徽怀远	57	64	78.7	1.3	0.1	4.9	14.5		0.05	0.03		3.72	0.8	16	0.2	41	13	25	
石榴(玛瑙石榴)	安徽怀远	60	63	79.2	1.6	0.2	4.7	13.7		0.05	0.03		2.28	0.7	6	0.4	41	5	25	
石榴(青皮石榴)	安徽怀远	55	61	79.5	1.2	0.2	4.9	13.6		0.05	0.03		4.53	1.3	6	0.2	41	8	25	
酸刺	甘肃山丹	16	107	70.7	2.8	0.3	2.2	23.3	25	0.02	0.04	0.2	1.52	8.3	105	11.7	41	74	25	
酸枣棘	北京	52	278	18.3	3.5	1.5	10.6	62.7		0.01	0.02	0.9		3.8	435	6.6	41		25	
桃		86	48	86.4	0.9	0.1	1.3	10.9	3	0.01	0.03	0.7	1.54	5.7	6	0.8	41	7	25	
桃(白粉桃)	甘肃兰州	93	24	92.7	1.3	0.1	0.9	4.6		0.01	0.04	0.2					41	9	25	
桃(高山白桃)	安徽荡山	69	40	88.5	0.7	0.2	1.3	8.8	3	0.04	0.01		1.05	0.7	7	0.8	41	10	25	
桃(旱久保)	北京	89	46	87.3	0.9	0.1	0.8	10.5	2	0.03	0.02	0.8	0.53	1.8	12	0.2	41	10	25	
桃(黄桃)	浙江杭州	93	54	85.2	0.5	0.1	1.2	12.8	15		0.01	0.3	0.92				41	9	25	
桃(金红桃)	甘肃兰州	88	26	92.2	0.7	0.1	1	5.6			0.03	0.2					41	9	25	
桃(久保桃)		94	41	89	0.6	0.1	0.6	9.4		0.04	0.04	1.2	1.15	2	10	0.4	41	8	25	
桃(蒲桃)	广东	69	33	88.7	0.5	0.2	2.8	7.4			0.02	0.1	0.7	1	4	0.3	41	25	25	
桃(蜜桃)		88	41	88.7	0.9	0.1	0.8	9		0.02	0.03	1	1	2.9	10	0.5	41	4	25	
桃(晚,黄)	安徽荡山	75	39	89	0.7	0.2	1	8.6	3	0.05	0.01		0.21	0.5	6	0.3	41	11	25	
桃(庆丰)	河北满城	93	44	88.8	0.6	0.1		10.1		0.01	0.21	0.1	0.76	2.1		0.3	41		25	
桃(五月鲜)	河北满城	93	42	89.4	0.4	0.1		10			0.29		0.67		7	0.3	41		25	
桃(早,黄)	安徽荡山	73	38	89	0.4	0.1	1.1	9	10	0.05	0.02		0.71	1.3	4	0.4	41	12	25	
桃(糖水罐头)	北京	100	58	84.9	0.3		0.4	14.3			0.04	0.2	0.75	28	16	0.4	41		25	
桃酱	北京	100	273	31.2	0.4	0.2	0.5	67.5		0.01	0.01	0.5	0.43	14.2	5	1.3	41	3	25	
桃脯		100	310	19.2	1.4	0.4	2.4	75.2	8	0.01	0.12	0.8	6.25	243	96	10.4	41	6	25	
无花果	山东青岛	100	59	81.3	1.5	0.1	3	13	5	0.03	0.02	0.1	1.82	5.5	67	0.1	41	2	25	
香蕉		59	91	75.8	1.4	0.2	1.2	20.8	10	0.02	0.04	0.7	0.24	0.8	7	0.4	41	8	25	
西瓜脯	甘肃敦煌	100	305	18.7	0.7	0.2	2	75.5	3	0.01	0.03	0.4		529.3	253	11	41	13	25	
杏		91	36	89.4	0.9	0.1	1.3	7.8	75	0.02	0.03	0.6	0.95	2.3	14	0.6	41	4	25	
杏(李子杏)	河南郑州	92	35	89.9	1	0.1	1.1	7.5	13	0.03	0.01	0.5		1.5	3	0.2	41	16	25	
杏干	甘肃敦煌	25	330	8.8	2.7	0.4	4.4	78.8	102		0.01	1.2		40.4	147	0.3	41		25	

续表

食物名	地区	可食部分	能量	水分	蛋白质	脂肪	膳食纤维	碳水化物	视黄醇当量	硫胺素(VB₁)	核黄素(VB₂)	尼克酸(烟酸,VPP)	维生素E	钠	钙	铁	类别	抗坏血酸(VC)	类	胆固醇
杏酱	北京	100	286	28.3	0.2	0.3	0.4	70.5	5	0.1	0.07	0.2	0.31	5	6	0.4	41	1	25	
杏脯		100	329	15.3	0.8	0.6	1.8	80.2	157	0.02	0.09	0.6	0.61	213.3	68	4.8	41	6	25	
杏脯(李广杏)	甘肃敦煌	100	284	23.7	2.8	0.3	4.6	67.5	80		0.03	1.5		146.5	397	12.3	41	8	25	
杏子罐头		100	37	89.2	0.6	0.2	1.4	8.3	72				1.32	22.3	6	2.1	41		25	
杨梅(树梅,山杨梅)		82	28	92	0.8	0.2	1	5.7	7	0.01	0.05	0.3	0.81	0.7	14	1	41	9	25	
桃(杨桃)		88	29	91.4	0.6	0.2	1.2	6.2	3	0.02	0.03	0.7		1.4	4	0.4	41	7	25	
椰子	广东	33	231	51.8	4	12.1	4.7	26.6		0.01	0.01	0.5		55.6	2	1.8	41	6	25	
樱桃(野,白刺)	甘肃民勤	23	288	18.8	11.4	3.9	7.9	51.9		0.12	0.22	3.5		98.5	59	11.4	41		25	
樱桃		80	46	88	1.1	0.2	0.3	9.9	35	0.02	0.02	0.6	2.22	8	11	0.4	41	10	25	
柚(文旦)	福建华安	69	41	89	0.8	0.2	0.4	9.1	2		0.03	0.3		3	4	0.3	41	23	25	
余甘子(油甘子)	福建莆田	80	38	86.6	0.3	0.1	3.4	9	8		0.01	0.5		6		0.2	41	62	25	
枣(鲜)		87	122	67.4	1.1	0.3	1.9	28.6	40	0.06	0.09	0.9	0.78	1.2	22	1.2	41	243	25	
枣(干)		80	264	26.9	3.2	0.5	6.2	61.6	2	0.04	0.16	0.9	3.04	6.2	64	2.3	41	14	25	
枣(干,大)		88	298	14.5	2.1	0.4	9.5	71.6		0.08	0.15	1.6		8.3	54	2.1	41	7	25	
枣(金丝小枣)	河北沧州	81	322	19.3	1.2	1.1		76.7		0.04	0.5	0.4	1.31	7.4	23	1.5	41		25	
枣(酒枣)	甘肃临泽	91	145	61.7	1.6	0.2	1.4	34.3		0.05	0.04	0.4		0.8	75	1.4	41		25	
枣(蜜枣,无核)		100	320	16.6	1	0.1	3	78.9	5	0	0.14	0.4	0.3	15.8	24	2.4	41	104	25	
枣(蜜枣)	浙江杭州	100	321	13.4	1.3	0.2	5.8	78.6		0.01	0.1	0.4		25.1	59	3.5	41	55	25	
枣(密云小枣)	北京	92	214	38.7	3.9	0.8	7.3	47.9		0.06	0.04	0.9		9.3	80	2.7	41		25	
枣(沙枣)	甘肃张掖	41	200	30.5	5.9	0.8	18.4	42.4									41		25	
枣(乌枣)	山东利津	59	228	32.6	3.7	0.5	9.2	52.2		0.07	0.09	1.1	1.24	1.2	42	3.7	41	6	25	
弥猴桃(中华弥猴桃,羊桃)		83	56	83.4	0.8	0.6	2.6	11.9	22	0.05	0.02	0.3	2.43	10	27	1.2	41	62	25	
白果	河北安国	100	355	9.9	13.2	1.3		72.6					0.73	17.5	54	0.2	42		5	
白果(干,银杏)	河北安国	67	355	9.9	13.2	1.3		72.6			0.1		24.7	17.5	54	0.2	42		5	
核桃(干,胡桃)		43	627	5.2	14.9	58.8	9.5	9.6	5	0.15	0.14	0.9	43.21	6.4	56	2.7	42	1	5	
核桃(鲜)	甘肃积石山	43	327	49.8	12.8	29.9	4.3	1.8		0.07	0.14	1.4	41.17				42	10	5	
花生(生,落花生,长生果)	北京	53	298	48.3	12.1	25.4	7.7	5.2	2		0.04	14.1	2.93	3.7	8	3.4	42	14	5	
花生(炒)		71	589	4.1	21.9	48	6.3	17.3	10	0.13	0.12	18.9	12.94	34.8	47	1.5	42		5	
肠(茶肠)	黑龙江哈尔滨	100	329	52.4	9	29.6		6.7		0.14	0.08	3.1	0.21	723.2	2	2.1	51		5	72
肠(大腊肠)	北京	100	267	54.9	12.9	20.1		8.6		0.67	0.07	10		1099.1	24	1.5	51		5	
肠(大肉肠)	北京	100	272	57	12	22.9		4.6		0.24	0.06	7.4		1370.4	67	3.1	51		5	72
肠(蛋清肠)	北京	100	278	55.1	12.5	22.8		5.8	20	0.65	0.06	10.7		1143.2	26	2.2	51		5	61
肠(儿童肠)	黑龙江哈尔滨	100	290	49.8	13.1	19.6		15.3		0.26	0.09	3	1.11		12	3.2	51		5	61
肠(风干肠)	北京	100	283	55.8	12.4	23.3		5.9		0.12	0.09	12.6		618	18	3.5	51		5	47
肠(广东香肠)		100	433	33.5	18	37.3		6.4		0.42	0.07	5.7		1477.9	5	2.8	51		5	94
肠(红果肠)	北京	100	260	51.4	10.2	15.3		20.3		0.05	0.11	11.3	0.41	781.3	22	4.7	51		5	23
肠(火腿肠)		100	212	57.4	14	10.4		15.6	5	0.26	0.43	2.3	0.71	771.2	9	4.5	51		5	57

食物名	地区	可食部分	能量	水分	蛋白质	脂肪	膳食纤维	碳水化物	视黄醇当量	硫胺素(VB₁)	核黄素(VB₂)	尼克酸(烟酸,VPP)	维生素E	钠	钙	铁	类别	抗坏血酸(VC)	类	胆固醇
肠(腊肠)	广东	100	584	8.4	22	48.3		15.3		0.04	0.12	3.8		1420	24	3.2	51		5	88
肠(松江肠)	黑龙江哈尔滨	100	402	30.4	12.3	26.5		28.5	10	0.2	0.1	3.1	0.09	759	5	2.8	51		5	38
肠(蒜肠)	北京	100	297	52.5	7.5	25.4		9.5	5	0.06	0.15	1	0.27	561.5	13	1.9	51		5	51
肠(午餐肠)		100	261	52.4	2.9	16.6		24.9	65	0.1	0.71	0.4	0.18	552.8	2	4.7	51		5	47
肠(香肠)		100	508	19.2	24.1	40.7		11.2		0.48	0.11	4.4	1.05	2309.2	14	5.8	51		5	82
肠(小红肠)		100	280	56.2	11.8	23.2		6	158	0.27	0.14	2.6	0.17	682.2	10	2.2	51		5	72
肠(小泥肠)	北京	100	295	56.4	11.3	26.3		3.2		0.16	0.07	13.4		648.2	20	1.1	51		5	59
肠(猪肉香肠,罐头)	北京	100	290	60.7	7.9	28.1		1.3		0.23	0.18	1.9	0.85	874.3	6	0.6	51		5	
叉烧肉		100	279	49.2	23.8	16.9		7.9	16	0.66	0.23	7	0.68	818.8	8	2.6	51		5	68
方腿	上海	100	117	73.9	16.2	5		1.9		0.5	0.2	17.4	0.15	424.5	1	3	51		5	45
宫爆肉丁(罐头)	北京	100	336	44.5	17.7	27.6		4.2	31	0.37	0.11	10.4	1.51	471.9	47	2	51		5	62
狗肉		80	116	76	16.8	4.6		1.8	157	0.34	0.2	3.5	1.4	47.4	52	2.9	51		5	62
火腿后坐(火腿)		100	330	47.9	16	27.4		4.9	46	0.28	0.09	8.6	0.8	1086.7	3	2.1	51		5	120
火腿(金华火腿)	浙江金华	100	318	48.7	16.4	28		0	20	0.51	0.18	4.8	0.18	233.4	9	2.1	51		5	98
火腿(熟)	甘肃陇西	100	529	24.6	12.4	50.4		6.4		0.17							51		5	166
酱驴肉		100	246	50.7	31.4	11.9		3.2	11	0.05	0.22	4.4	1.25	869.2	20	4	51		5	116
酱牛肉		100	246	50.7	31.4	11.9		3.2	11	0.05	0.22	4.4	1.25	869.2	20	4	51		5	76
酱羊肉	北京	100	272	45.7	25.4	13.7		11.8		0.07	0.06	8.3	1.28	937.8	43	4.1	51		5	92
酱汁肉	上海	96	549	24	15.5	50.4		8.4	4	0.07	0.14	2.5	0.49	257.4	9	1.5	51		5	92
腊肉(培根)	上海	100	181	63.1	22.3	9		2.6		0.9	0.11	4.5	0.11	51.2	2	2.4	51		5	46
腊肉(生)	甘肃陇西	100	498	31.1	11.8	48.8		2.9	96				6.23	763.9	22	7.5	51		5	123
腊肉(熟)	甘肃陇西	100	587	10.9	13.2	48.9		23.6		0.23							51		5	135
腊羊肉	甘肃陇西	100	246	47.8	26.1	10.6		11.5		0.03	0.5	3.4	7.26	8991.6	14	6.6	51		5	100
驴鞭(生)	甘肃陇西	100	143	60.4	29.7	0.8		4.3					0.57	698.1	51	6.8	51		5	186
驴鞭(熟,金钱肉)	甘肃陇西	100	186	51.8	39	2.3		2.3		0.05							51		5	356
骆驼蹄	甘肃嘉峪关	100	116	72.2	25.6	1.4		0.2	9	0.01				210.3	36	4	51		5	55
骆驼掌	甘肃嘉峪关	100	310	21.9	72.8	2		0.3	26	0.03				170.6	152	0.3	51		5	360
驴肉(瘦)		100	116	73.8	21.5	3.2		0.4	72	0.03	0.16	2.5	2.76	46.9	2	4.3	51		5	74
驴肉(熟)	河北清苑	100	251	57.7	32.3	13.5		0	25		0.1		0.39	207.4	13	8.3	51		5	
卤猪杂	湖北武汉	100	186	57.5	24.6	4.8		11		0.01	0.1	2.2		881.4	14	3	51		5	208
马肉	甘肃夏河	100	122	74.1	20.1	4.6		0.1	28	0.06	0.25	2.2	1.42	115.8	5	5.1	51		5	84
马心	甘肃甘南	100	104	76.3	18.9	2.7		1	32	0.22	0.29	2.9	1.99	66.2	25	11.9	51		5	119
牛大肠	河南郑州	100	66	85.9	11	2.3		0.4		0.03	0.08	1.2		28	12	2	51		5	124
牛肚		100	72	83.4	14.5	1.6		0	2	0.03	0.13	2.5	0.51	60.6	40	1.8	51		5	104
牛肺		100	94	78.6	16.5	2.5		1.5	12	0.04	0.21	3.4	0.34	154.8	8	11.7	51		5	306
牛肝		100	139	68.7	19.8	3.9		6.2	20220	0.16	1.3	11.9	0.13	45	4	6.6	51		5	297
牛脑	甘肃张掖	100	149	75.1	12.5	11		0.1		0.15	0.25	4		185.6	583	4.7	51		5	2447

续表

食物名	地区	可食部分	能量	水分	蛋白质	脂肪	膳食纤维	碳水化物	视黄醇当量	硫胺素(VB₁)	核黄素(VB₂)	尼克酸(烟酸,VPP)	维生素E	钠	钙	铁	类别	抗坏血酸(VC)	类	胆固醇
牛肉(肥瘦)		100	190	68.1	18.1	13.4		0	9	0.03	0.11	7.4	0.22	57.4	8	3.2	51		5	84
牛肉(五花,肋条)		100	123	75.1	18.6	5.4		0	7	0.06	0.13	3.1	0.37	66.6	19	2.7	51		5	84
牛肉(后腿)	北京	100	98	77.1	19.8	2		0.1	2	0.02	0.18	5.7	0.81	30.6	7	2.1	51		5	58
牛肉(后腱)	北京	94	93	78.1	18	1.8		1.1	3	0.02	0.18	3.7	0.74	70.6	6	2.3	51		5	58
牛肉(前腱)	北京	95	100	76.6	18.4	2.1		1.8	2	0.02	0.18	4.1	0.42	61.2	6	3	51		5	58
牛肉(前腿)	北京	100	95	78	15.7	2.4		2.7	2	0.02	0.19	3.9	0.71	54.6	7	1.6	51		5	58
牛肉(瘦)		100	106	75.2	20.2	2.3		1.2	6	0.07	0.13	6.3	0.35	53.6	9	2.8	51		5	58
牛肉干	内蒙古	100	550	9.3	45.6	40		1.9		0.06	0.26	15.2		412.4	43	15.6	51		5	120
牛肉松	北京	100	445	2.7	8.2	15.7		67.7	90	0.04	0.11	0.9	18.24	1945.7	76	4.6	51		5	169
牛舌		100	196	66.7	17	13.3		2	8	0.1	0.16	3.6	0.55	58.4	6	3.1	51		5	92
牛肾		89	94	78.3	15.6	2.4		2.6	88	0.24	0.85	7.7	0.19	180.8	8	9.4	51		5	295
牛蹄筋	北京	100	151	62	38.4	0.5		0		0.07	0.13	0.7		153.6	5	3.2	51		5	
牛蹄筋(熟)	甘肃张掖	100	147	64	35.2	0.6		0.1						99.3	13	1.7	51		5	51
牛心		100	106	77.2	15.4	3.5		3.1	17	0.26	0.39	6.8	0.19	47.9	4	5.9	51		5	115
牛血	甘肃张掖	100	52	86.1	12.6			0.5									51		5	71
兔肉		100	102	76.2	19.7	2.2		0.9	212	0.11	0.1	5.8	0.42	45.1	12	2	51		5	59
兔肉(野)	甘肃	100	84	80.6	16.6	2		0			0.21			88.3	23	7.4	51		5	
煨牛肉(罐头)	北京	100	166	70.1	16.7	11		0.1		0.04	0.09	6.5	1.22	609.4	66	2.7	51		5	84
午餐肚	河北保定	100	181	50.5	9.3	0.5		34.7	4	0.01	0.31	0.1	0.32	294.4	36	4.7	51		5	
午餐肉	北京	100	229	59.9	9.4	15.9		12		0.24	0.05	11.1		981.9	57		51		5	56
咸肉	浙江杭州	100	385	40.4	16.5	36		0	20	0.77	0.21	3.5	0.1	195.6	10	2.6	51		5	72
小肚		100	225	57.8	7.2	14.2		17.2	6	0.1	0.1	0.8	0.24	872.1	8	3.6	51		5	51
羊大肠	甘肃临夏	100	70	84.7	13.4	2.4		0			0.14	1.8		79	25	1.9	51		5	150
羊肚		100	87	81.7	12.2	3.4		1.8	23	0.03	0.17	1.8	0.33	66	38	1.4	51		5	124
羊肺		100	96	77.7	16.2	2.4		2.5		0.05	0.14	1.1	1.43	146.2	12	7.8	51		5	319
羊肝		100	134	69.7	17.9	3.6		7.4	20972	0.21	1.75	22.1	29.93	123	8	7.5	51		5	349
羊肝(青羊)	甘肃张掖	100	143	69.5	23.2	5		1.2									51		5	349
羊脑	甘肃张掖	100	142	76.3	11.3	10.7		0.1		0.17	0.27	3.5		151.8	61		51		5	2004
羊肉(肥,瘦)		90	198	66.9	19	14.1		0	22	0.05	0.14	4.5	0.26	80.6	6	2.3	51		5	92
羊肉(瘦)		90	118	74.2	20.5	3.9		0.2	11	0.15	0.16	5.2	0.31	69.4	9	3.9	51		5	60
羊肉(冻,山羊)	内蒙古	100	293	56.4	8.7	24.5		9.4		0.06	0.12	4.7		160.6	135	13.7	51		5	148
羊肉(冻,绵羊)	内蒙古	100	285	58.4	12.6	24.4		3.8		0.02	0.12	4.4		122.2	17	5.2	51		5	148
羊肉(后腿)	北京	77	102	78.8	15.5	4		0.9	8	0.06	0.22	4.8	0.37	90.6	11	1.7	51		5	60
羊肉(里脊)	北京	100	94	78.1	17.1	2		2	6	0.05	0.29	5.2	0.53	92.1	14	1.7	51		5	60
羊肉(颈,羊脖)	北京	74	109	79.1	20.9	2.8		0	7	0.06	0.25	3.9	0.45	79.1	15	2.1	51		5	71
羊肉(前腿)	北京	71	111	78.3	19.7	3.6		0	11	0.06	0.24	4.8	0.49	92	12	1.5	51		5	60
羊肉(青羊)	甘肃张掖	100	99	75.3	21.3	1.1		1		0.08	0.14	5.6		41.7	9	4.5	51		5	60
羊肉(熟)	上海	100	215	61.7	23.2	13.8		0	18	0.01	0.2	3.7	0.33	408	13	1.9	51		5	88
羊肉(胸脯,腰窝)	北京	81	109	77.6	17.2	4.5		0	16	0.04	0.22	4	0.43	81.9	12	2.3	51		5	60
羊肉串(炸)	北京	100	217	57.4	18.3	11.5		10	40	0.04	0.41	4.7	6.56	580.8	38	4.2	51		5	93
羊肉串(电烤)		100	234	52.8	26.4	11.6		6	42	0.03	0.32	5.8	1.8	796.3	52	6.7	51		5	109
羊肉干(绵羊)	内蒙古	100	588	9.1	28.2	46.7		13.7		0.14	0.26	10.6		184	77	10.1	51		5	166

食物名	地区	可食部分	能量	水分	蛋白质	脂肪	膳食纤维	碳水化合物	视黄醇当量	硫胺素(VB_1)	核黄素(VB_2)	尼克酸(烟酸,VPP)	维生素E	钠	钙	铁	类别	抗坏血酸(VC)	类	胆固醇
羊舌	甘肃张掖	100	225	60.9	19.4	14.2		4.8			0.23	3					51		5	148
羊肾	甘肃张掖	100	90	79.2	16.7	2.5		0.1	152	0.3	1.78	8.8		195.2	9	5.2	51		5	289
羊肾（青羊）	甘肃张掖	100	166	71.8	15.9	11.3		0.1									51		5	289
羊蹄筋（生）	甘肃临夏	100	177	62.8	38.8	2.4		0			0.1	1.2		149.7	16	3.1	51		5	58
羊心		100	113	77.7	13.8	5.5		2	16	0.28	0.4	5.6	1.75	100.8	10	4	51		5	104
羊心（青羊）	甘肃张掖	100	86	79.8	17	1.9		0.2									51		5	104
羊血		100	57	85	6.8	0.2		6.9		0.04	0.09	0.2					51		5	92
圆腿	上海	100	138	70.9	18.4	6.5		1.6	1	0.61	0.13	20.4	0.19	373.4	3	1.4	51		5	54
珍珠里脊丝罐头）	北京	100	215	63.6	6.7	17.3		8.1		0.09	0.04	5.4	0.67	572.3	34	1.4	51		5	120
猪大肠		100	191	74.8	6.9	18.7		0	7	0.06	0.11	1.9	0.5	116.3	10	1	51		5	137
猪胆肝	福建武平	100	336	16.3	44.2	6.4		25.3	3582	0.41	2.5	11		3625	12	181.3	51		5	1017
猪大排		68	264	58.8	18.3	20.4		1.7	12	0.8	0.15	5.3	0.11	44.5	8	0.8	51		5	165
猪肚		96	110	78.2	15.2	5.1		0.7	3	0.07	0.16	3.7	0.32	75.1	11	2.4	51		5	165
猪耳	山东胶南	100	190	69.4	22.5	11.1		0		0.05	0.12	3.5	0.85	68.2	6	1.3	51		5	92
猪肺		97	84	83.1	12.2	3.9		0.1	10	0.04	0.18	1.8	0.45	81.4	6	5.3	51		5	290
猪肝		99	129	70.7	19.3	3.5		5	4972	0.21	2.08	15	0.86	68.6	6	22.6	51		5	288
猪肝（卤煮）	北京	100	203	56.4	26.4	8.3		5.6	37	0.36	0.42		0.14	674.7	68	2	51		5	469
猪脑		100	131	78	10.8	9.8		0		0.11	0.19	2.8	0.96	130.7	30	1.9	51		5	2571
猪脾	山东胶南	100	94	79.4	13.2	3.2		3.1		0.09	0.26		0.33	26.1	1	11.3	51		5	461
猪肉（脖子,猪脖）	北京	90	576	35.8	8	60.5		0	18	0.21	0.07	1.7	0.61	54	4	1.2	51		5	94
猪肉（肥）		100	816	8.8	2.4	90.4		0	29	0.08	0.05	0.9	0.24	19.5	3	1	51		5	109
猪肉（肥,瘦）		100	395	46.8	13.2	37		2.4		0.22	0.16	3.5	0.49	59.4	6	1.6	51		5	80
猪肉（后臀尖）	北京	97	331	55.1	14.6	30.8	0	0	16	0.26	0.11	2.8	0.95	57.5	5	1	51	0	5	
猪肉（后蹄膀,后肘）		73	320	57.6	17	28		0	8	0.37	0.18	2.6	0.48	76.8	6	1	51		5	79
猪肉（脊背,里脊）		100	155	70.3	20.2	7.9		0.7	5	0.47	0.12	5.2	0.59	43.2	6	1.5	51		5	81
猪肉（肋条肉）		96	568	34	9.3	59		0	10	0.09	0.04	2.4	0.05	80	6	1	51		5	98
猪肉（奶脯,软五花）	北京	85	349	56.8	7.7	35.3		0	39	0.14	0.06		0.49	36.7	6	0.8	51		5	98
猪肉（奶面,硬五花,猪排骨肉）		79	339	53	13.6	30.6		2.2	10	0.36	0.15	3.1	0.2	52	6	1.3	51		5	79
猪肉（前蹄膀,前肘）	北京	67	338	54.3	15.1	31.5		0	13	0.23	0.14	2	0.71	66.1	5	1.2	51		5	79
猪肉（清蒸）	湖北武汉	100	118	71.4	18.4	13.8		0		0.09	0.07	2.8		210.6	4	3.4	51		5	62
猪肉（腿）		100	190	67.6	17.9	12.8		0.8	3	0.53	0.24	4.9	0.3	63	6	0.9	51		5	79
猪肉（瘦）		100	143	71	20.3	6.2		1.5	44	0.54	0.1	5.3	0.34	57.5	6	3	51		5	81
猪肉松		100	396	9.4	23.4	11.5		49.7	44	0.04	0.13	3.3	10.02	469	41	6.4	51		5	111
猪肉松（福建式肉松）	上海	100	493	3.6	25.1	26		39.7		0.03	0.19	2.7	0.78	1419.9	3	7.7	51		5	111
猪肉松（老年保健肉松）	上海	100	451	5.1	35.8	20.5		30.9		0.17	0.19	3.6	15.09	2301.7	33	3	51		5	111
猪肉松（太仓肉松）	上海	100	229	24.4	38.6	8.3		21.6		0.05	0.16	2.9	0.41	1880	53	8.2	51		5	111
猪舌（口条）		94	233	63.7	15.7	18.1		1.7	15	0.13	0.3	4.6	0.73	79.4	13	2.8	51		5	158
猪肾（猪腰子）		93	96	78.8	15.4	3.2		1.4	41	0.31	1.14	8	0.34	134.2	12	6.1	51		5	354
猪蹄（爪尖）		60	266	58.2	22.6	20	0		3	0.05	0.1	1.5	0.01	101	33	1.1	51		5	192
猪蹄（爪尖）		60	266	58.2	22.6	20		0	3	0.05	0.1	1.5	0.01	101	33	1.1	51		5	192
猪蹄（熟,爪尖）		43	260	55.8	23.6	17		3.2		0.13	0.04	2.8		363.2	32	2.4	51		5	86
猪蹄筋		100	156	62.4	35.3	1.4		0.5		0.01	0.09	2.9	0.1	178	15	2.2	51		5	79

续表

食物名	地区	可食部分	能量	水分	蛋白质	脂肪	膳食纤维	碳水化物	视黄醇当量	硫胺素(VB₁)	核黄素(VB₂)	尼克酸(烟酸,VPP)	维生素E	钠	钙	铁	类别	抗坏血酸(VC)	类	胆固醇
猪头皮	安徽合肥	100	499	30.6	11.8	44.6		12.7		0.1	0.05		0.15	72.4	13	1.7	51		5	304
猪小肠		100	65	85.4	10	2		1.7	6	0.12	0.11	3.1	0.13	204.8	7	2	51		5	183
猪小排(排骨)		72	278	58.1	16.7	23.1		0.7	5	0.3	0.16	4.5	0.11	62.6	14	1.4	51		5	146
猪心		97	119	76	16.6	5.3		1.1	13	0.19	0.48	6.8	0.74	71.2	12	4.3	51		5	151
猪血		100	55	85.8	12.2	0.3		0.9		0.03	0.04	0.3	0.2	56	4	8.7	51		5	51
猪肘棒	北京	67	248	55.5	16.5	16		9.4		0.1	0.09	6.6		80	19	1.5	51		5	65
猪肘棒(熟)	北京	72	314	49.5	21.3	24.5		2.1		0.04	0.09	3.8		753.9	55	1.6	51		5	108
鹌鹑		58	110	75.1	20.2	3.1		0.2	40	0.04	0.32	6.3	0.44	48.4	48	2.3	52		5	157
扒鸡	北京	66	215	56.5	29.6	11		0	32	0.02	0.17	9.2		1000.7	31	2.9	52		5	211
斑鸠肉(麒麟鸟)	甘肃临夏	100	171	66.8	21.4	8.5		2.2									52		5	125
北京烤鸭		80	436	38.2	16.6	38.4		6	36	0.04	0.32	4.5	0.97	83	35	2.4	52		5	91
鹅		63	245	62.9	17.9	19.9		0	42	0.07	0.23	4.9	0.22	58.8	4	3.8	52		5	74
鹅肝	安徽合肥	100	129	70.7	15.2	3.4		9.3	6100	0.27	0.25		5.29	70.2	2	7.8	52		5	285
鹅肫	安徽合肥	100	100	76.3	19.6	1.9		1.1	51	0.05	0.06			58.2	2	4.7	52		5	153
鸽		42	201	66.6	16.5	14.2		1.7	53	0.06	0.2	6.9	0.99	63.6	30	3.8	52		5	99
火鸡肝	山东平度	100	143	69.9	20	5.6		3.1		0.06	1.21	43	1.13	128.6	3	20.7	52		5	294
火鸡腿	山东平度	100	90	77.8	20.1	1.2		0		0.07	0.06	8.3	0.07	168.4	12	5.2	52		5	58
火鸡胸脯肉	山东平度	100	103	73.6	22.4	0.2		2.8		0.04	0.03	16.2	0.35	93.7	39	1.1	52		5	49
火鸡肫	山东平度	100	91	76.5	18.9	0.3		3.1		0.02	0.08	7.8	0.33	57	44	3.7	52		5	342
鸡		66	167	69	19.3	9.4		1.3	48	0.05	0.09	5.6	0.67	63.3	9	1.4	52		5	106
鸡(母,一年内鸡)		66	256	56	20.3	16.8		5.8	139	0.05	0.09	5.6	0.67	63.3	9	1.4	52		5	106
鸡(肉鸡,肥)	北京	74	389	46.1	16.7	35.4		0.9	226	0.07	0.07	13.1		47.8	37	1.7	52		5	106
鸡(沙鸡)	甘肃山丹	41	147	70.5	20	6.7		1.6	1	0.36	0.04	5.4		81.9		24.8	52		5	106
鸡(土鸡,家养)		58	124	73.5	21.6	4.5		0	64	0.09	0.08	15.7	2.02	74.1	9	2.1	52		5	106
鸡(乌骨鸡)	江西泰和	48	111	73.9	22.3	2.3		0.3		0.02	0.2	7.1	1.77	64	17	2.3	52		5	106
酱鸭	上海	80	266	53.6	18.9	18.4		6.3	11	0.06	0.22	3.7		981.3	14	4.1	52		5	107
鸡翅		69	194	65.4	17.4	11.8		4.6	68	0.01	0.11	5.3	0.25	50.8	8	1.3	52		5	113
鸡肝		100	121	74.4	16.6	4.8		2.8	10414	0.33	1.1	11.9	1.88	92	7	12	52		5	356
鸡肝(肉鸡)	安徽合肥	100	121	74	16.7	4.5		3.5	2867	0.32	0.58		0.75	98.2	4	9.6	52		5	476
鸡肝(土鸡)	甘肃临夏	100	118	74	17.1	3.6		4.2									52		5	385
鸡肉松	北京	100	440	4.9	7.2	16.4		65.8	90	0.03	0.11	1	14.58	1687.8	76	7.1	52		5	81
鸡腿		69	181	70.2	16.4	13		0	44	0.02	0.14	6	0.03	64.4	6	1.5	52		5	162
鸡心		100	172	70.8	15.9	11.8		0.6	910	0.46	0.26	11.5		108.4	54	4.7	52		5	194
鸡胸脯肉		100	133	72	19.4	5		2.5	16	0.07	0.13	10.8	0.22	34.4	3	0.6	52		5	82
鸡血		100	49	87	7.8	0.2		4.1	56	0.05	0.04	0.1	0.21	208	10	25	52		5	170
鸡爪	上海	60	254	56.4	23.9	16.4		2.7	37	0.01	0.13	2.4	0.32	169	36	1.4	52		5	183
鸡肫(鸡胗)		100	118	73.1	19.2	2.8		4	36	0.04	0.09	3.4	0.87	74.8	7	4.4	52		5	174
烤鸡		73	240	59	22.4	16.7		0.1	37	0.05	0.19	3.5	0.22	472.3	25	1.7	52		5	99
卤煮鸡	河北保定	70	212	54.4	29.4	7.9		5.8	76	0.02	0.35	0.2	0.9	221.7	71	5.4	52		5	
瓦罐鸡汤(肉)	湖北武汉	100	190	63.3	20.9	9.5		5.2	63	0.01	0.21	0.5	1.08	201.2	16	1.9	52		5	
烧鹅	广东	73	289	52.8	19.7	21.5		4.2	9	0.09	0.11	3.6	0.07	240	91	3.8	52		5	116

续表

食物名	地区	可食部分	能量	水分	蛋白质	脂肪	膳食纤维	碳水化物	视黄醇当量	硫胺素(VB₁)	核黄素(VB₂)	尼克酸(烟酸,VPP)	维生素E	钠	钙	铁	类别	抗坏血酸(VC)	类	胆固醇
瓦罐鸡汤(汤)	湖北武汉	100	408		1.3	2.4		95.2		0.01	0.07		0.21	251.4	2	0.3	52		5	24
乌鸦肉(老鸦)	甘肃临夏	100	136	70.7	21	4.6		2.6		0.02							52		5	131
喜鹊肉	甘肃临夏	100	128	71.3	23.2	3.6		0.8									52		5	112
鸭		68	240	63.9	15.5	19.7		0.2	52	0.08	0.22	4.2	0.27	69	6	2.2	52		5	94
鸭(北京填鸭)	北京	75	424	45	9.3	41.3		3.9	30			4.2	0.53	45.5	15	1.6	52		5	96
鸭(公麻鸭)	安徽合肥	63	360	47.9	14.3	30.9		6.1	238	0.05	0.11		0.13	61.6	4	3	52		5	143
鸭(母麻鸭)	安徽合肥	75	461	40.2	13	44.8		1.4	476	0.06	0.09		0.6	48.8	9	2.9	52		5	132
鸭肠	北京	53	129	77	14.2	7.8		0.4		0.02	0.22	3.1		32	31	2.3	52		5	187
鸭翅	北京	67	146	70.6	16.5	6.1		6.3		0.02	0.16	2.4		53.6	20	2.1	52		5	49
鸭肝		100	128	76.3	14.5	7.5		0.5	1040	0.26	1.05	6.9	1.41	87.2	18	23.1	52		5	341
鸭肝(公麻鸭)	安徽合肥	100	136	69.8	14.7	4.1		10.1		0.15	0.34		0.25	99.3	1	35.1	52		5	313
鸭肝(母麻鸭)	安徽合肥	100	113	73.5	16.8	2.5		5.9	4675	0.35	0.65		1.11	107.5	1	50.1	52		5	252
盐水鸭(熟)	上海	81	312	51.7	16.6	26.1		2.8	35	0.07	0.21	2.5	0.42	1557.5	10	0.7	52		5	81
鸭皮	北京	100	538	28.1	6.5	50.2		15.1	21	0.01	0.04	1		26.2	6	3.1	52		5	46
鸭肉(胸脯肉)	山东	100	90	78.6	15	1.5		4		0.01	0.07	4.2	1.98	60.2	6	4.1	52		5	
鸭舌(鸭条)	北京	61	245	62.6	16.6	19.7		0.4	35	0.01	0.21	1.6	0.23	81.5	13	2.2	52		5	118
鸭胗		93	92	77.8	17.9	1.3		2.1	6	0.04	0.15	4.4	0.21	69.2	12	4.3	52		5	153
鸭胗(公麻鸭)	安徽合肥	100	112	72.6	19.8	1.2		5.4		0.05	0.08		0.12	70.1	2	3.9	52		5	291
鸭胗(母麻鸭)	安徽合肥	100	126	72.9	20.4	4.2		1.6	102	0.04	0.09		0.12	69	1	4	52		5	191
鸭心	北京	100	143	74.5	12.8	8.9		2.9	24	0.14	0.87		0.81	86.2	20	5	52		5	120
鸭血(白鸭)	安徽合肥	100	58	85	13.6	0.4		0		0.06	0.06		0.34	173.6	5	30.5	52		5	95
鸭血(公麻鸭)	安徽合肥	100	56	85.1	13.2	0.4		0	57	0.05	0.03		0.1	198.9	3	31.8	52		5	95
鸭血(母麻鸭)	安徽合肥	100	55	85.6	13.1	0.3		0	110	0.05	0.07		0.1	175.2	2	39.6	52		5	95
鸭胰	北京	97	117	72.6	21.7	2.9		1	6	0.02	0.78	3.2		55.7	20	1.9	52		5	230
鸭掌	北京	59	150	64.7	13.4	1.9		19.7	11		0.17	1.1		61.1	24	1.3	52		5	36
炸鸡(肯德鸡)	北京	70	279	49.4	20.3	17.3		10.5	23	0.03	0.17	16.7	6.44	755	109	2.2	52		5	198
白脱(食用,牛油黄油)	上海	100	742	17.7		82.7		0	534	0.01	0.06	0.1	3.71	18	1	1	53		25	152
冰淇淋粉	北京	100	396	2.5	14.5	3.5		76.7	62	0.08	0.41	0.3		180.6	539	1.2	53		25	86
果味奶	山东青岛	100	20	95.5	1.9	0.8		1.4		0.01	0.02			37.4	88	0.1	53		25	18
黄油	内蒙古	100	892	0.5	1.4	98.8		0			0.02			40.3	35	0.8	53		25	296
黄油渣	内蒙古	100	599	4.7	11.1	43.8		40		0.03	0.47	0.4		60.2	597	2.6	53		25	150
炼乳(罐头,甜)		100	332	26.2	8	8.7		55.4	41	0.03	0.16	0.3	0.28	211.9	242	0.4	53		25	36
奶豆腐(鲜)	内蒙古	100	305	31.9	46.2	7.8		12.5		0.01	0.69	0.7		90.2	597	3.1	53		25	36
奶豆腐(脱脂)	内蒙古	100	343	14.7	53.7	2.5		26.5		0.03	0.27	0.4		55.4	360	12.4	53		25	36
奶疙瘩(奶酪干,干酸奶)		100	426	8.9	55.1	15		17.7		0.05	0.24	0.8		79.3	730	18.7	53		25	51
奶酪(干酪)		100	328	43.5	25.7	23.5		3.5	152	0.06	0.91	0.6	0.6	584.6	799	2.4	53		25	11
奶片	湖北武汉	100	472	3.7	13.3	20.2		59.3	75	0.05	0.2	1.6	0.05	179.7	269	1.6	53		25	65

续表

食物名	地区	可食部分	能量	水分	蛋白质	脂肪	膳食纤维	碳水化物	视黄醇当量	硫胺素(VB$_1$)	核黄素(VB$_2$)	尼克酸(烟酸,VPP)	维生素E	钠	钙	铁	类别	抗坏血酸(VC)	类	胆固醇
奶皮子	内蒙古	100	460	36.9	12.2	42.9		6.3		0.02	0.23	0.2		2.3	818	1.3	53		25	78
奶油	黑龙江哈尔滨	100	720	18	2.5	78.6		0.7	1042		0.05	0.1	66.01	29.6	1	0.7	53		25	168
奶油(焦克)	内蒙古	100	447	48.1	3.6	48.3		0		0.05	0.16	0.2		41.1	202	1	53		25	92
奶油(食用工业)	上海	100	503	43.4	1.1	55.5		0	345	0.01	0.16	0.1	2.19	190.8	20	0.1	53		25	103
牛乳(牦牛乳)	甘肃合作	100	112	75.3	2.7	3.3		17.9		0.03							53		25	76
牛乳		100	54	89.8	3	3.2		3.4	24	0.03	0.14	0.1	0.21	37.2	104	0.3	53		25	15
牛乳(西德牛)	江西南昌	100	60	88.1	3.1	3		5.1	13	0.12	0.16			45.8	114	0.1	53		25	32
牛乳(强化VA,VD)		100	51	89	2.7	2		5.6	66	0.02	0.08	0.1		42.6	140	0.2	53		25	
牛乳(美国牛)	江西南昌	100	59	88.6	2.9	3.2		4.6	9	0.13	0.18			40.2	108	0.1	53		25	26
牛乳(原料奶)	湖北武汉	100	50	90	4.1	2.5		2.7		0.02	0.09	0.2		28.8	77	0.7	53		25	9
牛乳粉(母乳化奶粉)		100	510	2.9	14.5	27.1		51.9	303	0.35	1.16	0.5	0.18	168.7	251	8.3	53		25	
牛乳粉(强化维生素,多维奶粉)	北京	100	484	2.8	19.9	22.7		49.9	77	0.28	6.68	0.5	0.48	567.8	1797	1.4	53		25	68
牛乳粉(全脂)		100	478	2.3	20.1	21.2		51.7	141	0.11	0.73	0.9	0.48	260.1	676	1.2	53		25	110
牛乳粉(全脂,速溶)		100	466	2.3	19.9	18.9		54	272	0.08	0.8	0.5	1.29	247.6	659	2.9	53		25	71
牛乳粉(婴儿奶粉)	甘肃合作	100	443	3.7	19.8	15.1		57	28	0.12	1.25	0.4	3.29	9.4	998	5.2	53		25	91
酸酪蛋	内蒙古	100	443	11.2	40.4	20.4		24.4		0.05	0.44	1		130.8	756	20.6	53		25	120
酸奶		100	72	84.7	2.5	2.7		9.3	26	0.03	0.15	0.2	0.12	39.8	118	0.4	53		25	15
酸奶(高蛋白)	北京	100	62	86.6	3.2	2.2		7.3		0.07	0.08	0.1		43	161		53		25	15
酸奶(果味酸奶)		100	67	84.4	3.1	1.4		10.4	19	0.03	0.19	0.1	0.68	32.5	140	0.4	53		25	15
酸奶(桔味,脱脂)	上海	100	48	87.6	3.2	0.3		8.2	1	0.02	0.21	0.1	0.03	2.6	89	0.2	53		25	15
酸奶(脱脂酸奶)		100	57	85.5	3.3	0.4		10		0.02	0.1	0.1		27.7	146	0.1	53		25	15
酸奶(中脂)	上海	100	64	85.8	2.7	1.9		9	32	0.02	0.13	0.1	0.13	13	81		53		25	15
羊乳(鲜)	河南郑州	100	59	88.9	1.5	3.5		5.4	84	0.04	0.12	2.1	0.19	20.6	82	0.5	53		25	31
羊乳粉(全脂)	陕西三原	100	498	1.4	18.8	25.2		49		0.06	1.6	0.9	0.2				53		25	75
鹌鹑蛋		86	160	73	12.8	11.1		2.1	337	0.11	0.49	0.1	3.08	106.6	47	3.2	54		25	515
鹌鹑蛋五香罐头	北京	89	152	74.4	11.6	11.7		0	98	0.01	0.06	0.3	5.34	711.5	157	2.6	54		25	480
鹅蛋		87	196	69.3	11.1	15.6		2.8	192	0.08	0.3	0.4	4.5	90.6	34	4.1	54		25	704
鹅蛋白	河北雄县	100	48	87.2	8.9			3.2	7	0.03	0.04	0.3	0.34	77.3	4	2.8	54		25	
鹅蛋黄	河北雄县	100	324	50.1	15.5	26.4		6.2	1977	0.06	0.59	0.6	95.7	24.4	13	2.8	54		25	1696
鸡蛋(白皮)		87	138	75.8	12.7	9		1.5	310	0.09	0.31	0.2	1.23	94.7	48	2	54		25	585
鸡蛋(红皮)		88	156	73.8	12.8	11.1		1.3	194	0.13	0.32	0.2	2.29	125.7	44	2.3	54		25	585
鸡蛋白		100	60	84.4	11.6	0.1		3.1		0.04	0.31	0.2	0.01	79.4	9	1.6	54		25	
鸡蛋白(乌骨鸡)	江西泰和	87	44	88.4	9.8	0.1		1			0.31	0.1		165.1	9		54		25	
鸡蛋蛋白粉	江西	100	367	7.2	47.5	4.8		33.5									54		25	
鸡蛋粉(全蛋粉)	北京	100	545	2.5	43.4	36.2		11.3	525	0.05	0.4		11.56	393.2	954	10.5	54		25	2251
鸡蛋黄		100	328	51.5	15.2	28.2		3.4	438	0.33	0.29	0.1	5.06	54.9	112	6.5	54		25	1510
鸡蛋黄(乌骨鸡)	江西泰和	100	263	57.8	15.2	19.9		5.7	179	0.07	0.36	0.1	7.64	57.2	107	0.5	54		25	2057
鸡蛋黄粉(蛋黄粉)	北京	100	644	4.6	31.6	55.1		5.3	776		0.25		14.43	89.8	266	10.6	54		25	2850

食物名	地区	可食部分	能量	水分	蛋白质	脂肪	膳食纤维	碳水化物	视黄醇当量	硫胺素(VB₁)	核黄素(VB₂)	尼克酸(烟酸,VPP)	维生素E	钠	钙	铁	类别	抗坏血酸(VC)	类	胆固醇
松花蛋(鸡)		83	178	66.4	14.8	10.6		5.8	310	0.02	0.13	0.2	1.06		26	3.9	54		25	595
松花蛋(鸭,皮蛋)		90	171	68.4	14.2	10.7		4.5	215	0.06	0.18	0.1	3.05	542.7	63	3.3	54		25	608
鸭蛋		87	180	70.3	12.6	13		3.1	261	0.17	0.35	0.2	4.98	106	62	2.9	54		25	565
鲍鱼(杂色鲍)	山东烟台	65	84	77.5	12.6	0.8		6.6	24	0.01	0.16	0.2	2.2	2011.7	266	22.6	62		25	242
鲍鱼(干)	北京	100	322	18.3	54.1	5.6		13.7	28	0.02	0.13	7.2	0.85	2316.2	143	6.8	62		25	
蛏干(蛏子缢,蛏青子)	福建福清	100	340	12.2	46.5	4.9		27.4	20	0.07	0.31	5.1	0.41	1175	107	88.8	62		25	469
蛏子		57	40	88.4	7.3	0.3		2.1	59	0.02	0.12	1.2	0.59	175.9	134	33.6	62		25	131
淡菜(干)		100	355	15.6	47.8	9.3		20.1	36	0.04	0.32	4.3	7.35	779	157	12.5	62		25	493
淡菜(鲜)		49	80	79.9	11.4	1.7		4.7	73	0.12	0.22	1.8	14.02	451.4	63	6.7	62		25	123
干贝		100	264	27.4	55.6	2.4		5.1	11		0.21	2.5	1.53	306.4	77	5.6	62		25	348
海蛎肉	山东烟台	100	66	85.6	8.4	2.3		2.9		0.03	0.07	1.7	7.66	194	167	5.4	62		25	
海参		93	262	18.9	50.2	4.8		4.5	39	0.04	0.13	1.3		4967.8		9	62		25	62
海参(水浸)		100	24	93.5	6	0.1		0	11		0.03	0.3		80.9	240	0.6	62		25	51
海参(鲜)	山东烟台	100	71	77.1	16.5	0.2		0.9		0.03	0.04	0.1	3.14	502.9	285	13.2	62		25	51
海蜇皮		100	33	76.5	3.7	0.3		3.8		0.03	0.05	0.2	2.13	325	150	4.8	62		25	8
海蜇头		100	74	69	6	0.3		11.8	14	0.07	0.04	0.3	2.82	467.7	120	5.1	62		25	10
蛤蜊	福建连江	45	31	91	5.8	0.4		1.1	19	0.01	0.1	0.5	0.86	317.3	138	2.9	62		25	156
蛤蜊(花蛤)	福建连江	46	45	87.2	7.7	0.6		2.2	23		0.13	1.9	0.51	309	59	6.1	62		25	63
蛤蜊(毛蛤蜊)	山东青岛	25	97	75.6	15	1		7.1		0.01	0.14	1.4	3.54	363	137	15.3	62		25	113
蛤蜊(秋)	山东青岛	26	89	76.4	15.6	0.7		5		0.03	0.2	1.8	17.9	492.3	177	22	62		25	180
蛤蜊(沙蛤)	山东烟台	50	56	86.6	8.9	1.9		0.8		0.01	0.01	1.7	2.26	577.7	111	6.5	62		25	74
蛤蜊(杂色蛤)	山东烟台	40	53	87.7	7.5	2.2		0.8		0.01	0.21	1.5	3.86	494.6	177	12.7	62		25	106
蚶子(银蚶)	浙江宁波	27	71	82.7	12.2	1.4		2.3			0.06	0.9	0.55	280.1	49	7.3	62		25	89
河蚌	上海	23	36	89.8	6.8	0.6		0.8	202	0.01	0.13	1	1.36	28.7	306	3.1	62		25	57
河蚬(蚬子)	福建福州	35	47	88.5	7	1.4		1.7	37	0.08	0.13	1.4	0.38	18.4	39	11.4	62		25	257
螺(东风螺,黄螺)	福建福州	43	106	70.7	19.8	1		4.5	2	0.06	1.02	2.1	0.33	129.4	55	3.3	62		25	
螺(红螺)	山东烟台	55	119	68.7	20.2	0.9		7.6	50		0.46	0.2	20.7	219.6	539	5.3	62		25	
螺蛳	山东济南	37	59	83.3	7.5	0.6		6			0.28	2	0.43	252.6	156	1.4	62		25	86
螺(石螺)	广东	27	91	75.2	12.8	0.7		8.2		0.02		0.7	1.57	13	2458	9	62		25	198
螺(田螺)	上海	26	60	82	11	0.2		3.6		0.02	0.19	2.2	0.75	26		19.7	62		25	154
螺(香海螺)	山东青岛	59	163	61.6	22.7	3.5		10.1			0.24	3.3	7.17	278.9	91	3.2	62		25	195
墨鱼		69	82	79.2	15.2	0.9		3.4		0.02	0.04	1.8	1.49	165.5	15	1	62		25	226
墨鱼(干,曼氏无针乌贼)	福建晋江	82	287	24.8	65.3	1.9		2.1		0.02	0.05	3.6	6.73	1744	82	23.9	62		25	316
牡蛎		100	73	82	5.3	2.1		8.2	27	0.01	0.13	1.4	0.81	462.1	131	7.1	62		25	100
泥蚶(珠蚶,血蚶)	福建宁德	30	71	81.8	10	0.8		6	6	0.07	0.07	1.1	0.28	354.9	59	11.4	62		25	124
生蚝	广东	100	57	87.1	10.9	1.5		2		0.04	0.13	1.5	0.13	270	35	5.5	62		25	94
乌鱼蛋	山东烟台	73	66	85.3	14.1	1.1		0		0.01	0.04	2	10.54	126.8	11	0.3	62		25	243

续表

食物名	地区	可食部分	能量	水分	蛋白质	脂肪	膳食纤维	碳水化物	视黄醇当量	硫胺素(VB$_1$)	核黄素(VB$_2$)	尼克酸(烟酸,VPP)	维生素E	钠	钙	铁	类别	抗坏血酸(VC)	类	胆固醇
乌贼(鲜,枪乌贼,台湾枪乌贼)		97	84	80.4	17.4	1.6		0	35	0.02	0.06	1.6	1.68	110	44	0.9	62		25	268
鲜贝		100	77	80.3	15.7	0.5		2.5		0.21		2.5	1.46	120	28	0.7	62		25	116
鲜赤贝	山东烟台	34	61	84.9	13.9	0.6		0			0.1	0.2	13.22	266.1	35	4.8	62		25	
鲜扇贝	山东烟台	35	60	84.2	11.1	0.6		2.6			0.1	0.2	11.85	339	142	7.2	62		25	
鱿鱼(干,台湾枪乌贼)		98	313	21.8	60	4.6		7.8		0.02	0.13	4.9	9.72	965.3	87	4.1	62		25	871
鱿鱼(水浸)		98	75	81.4	18.3	0.8		0	16		0.03		0.94	134.7	43	0.5	62		25	
章鱼(真蛸)	福建宁德	100	52	86.4	10.6	0.4		1.4	7	0.07	0.13	1.4	0.16	288.1	22	1.4	62		25	114
鳌虾	上海	31	93	80.1	14.8	3.8		0	1	0.02	0.18	2.7	4.31	225.2	85	6.4	63		10	
白米虾(水虾米)	安徽合肥	57	81	77.3	17.3	0.4		2	54	0.05	0.03		3.34	90.7	403	2.1	63		10	103
斑节对虾(草虾)	福建平潭	59	103	73.6	17.6	0.8		5.4	81			2.4	1.64	168.8	59	2	63		10	148
长毛对虾(大虾,白露虾)	福建莆田	65	90	76.4	18.5	0.4		3	79	0.03	0.06	3.1	3.52	208.8	36	2.9	63		10	136
刺姑(红大虾)	湖北武汉	14	77	83.3	16	1.4		0		0.03	0.18	3		86.8		14.5	63		10	98
东方对虾(中国对虾)	福建莆田	67	84	78	18.3	0.5		1.6	87	0.02	0.11	0.9	3.92	133.6	35	1	63		10	183
对虾		61	93	76.5	18.6	0.8		2.8	15	0.01	0.07	1.7	0.62	165.2	62	1.5	63		10	193
海虾		51	79	79.3	16.8	0.6		1.5			0.01	1.9	2.79	302.2	146	3	63		10	117
菠萝豆	北京	100	392	6.1	10.4	2.1	0.1	82.8			0.04	0.1	0.41	30	19	9	71		25	
蚕豆(烤)	北京	100	372	4.3	27	2	2.2	61.6	18	0.22	0.12	4.8	5.16	10.9	229	5.3	71		25	
蚕豆(炸,开花豆)	北京	100	446	10.5	26.7	20	0.5	39.9	5	0.16	0.12	7.7	5.15	547.9	207	3.6	71		25	
炒肝	北京	100	96	84.8	2.8	8		3.3	150	0.01	0.02	2.1		259.6	22	2.9	71		25	91
茶汤	北京	100	92	75.2	1.5	0.1	0.1	21.4		0.05	0.04	0.4	0.25	23.6	17	1.1	71		25	
春卷	北京	100	463	23.5	6.1	33.7	1	33.8		0.01	0.01	3	3.89	485.8	10	1.9	71		25	
蛋糕(蛋清)	北京	100	339	17.8	6.5	2.4		72.9	55	0.18	0.31		1.6	49	30	1.6	71		25	
蛋糕(老年,烤)	北京	100	383	14.6	13	9.6	0.6	61.2	75	0.17	0.31	2	3.72	118.5	96	4.4	71		25	
蛋糕(奶油)		100	378	21.9	7.2	13.9	0.6	55.9	175	0.13	0.11	1.4	3.31	80.7	38	2.3	71		25	161
蛋糕		100	347	18.6	8.6	5.1	0.4	66.7	86	0.09	0.09	0.8	2.8	67.8	39	2.5	71		25	
蛋糕(蒸,黄蛋糕)	北京	100	320	27	9.5	6	0.2	56.9	48	0.13	0.03	0.8	3.05	32	27	2.2	71		25	
蛋黄酥		100	386	6.3	11.7	3.9	0.8	76.1	33	0.15	0.04	4.2	1.08	100	47	3	71		25	
蛋麻脆	湖北武汉	100	452	5.2	9	17.4	1.8	64.9	174	0.01		4.4	3.11	67.9	59	2.4	71		25	
德庆酥	湖北武汉	100	456	4.4	5.9	18.7	3.9	66.1				5		599	38	1	71		25	50
豆腐脑(带卤)	北京	100	47	88.1	2.6	1.8	0.2	5.2		0.01	0.01	0.4	0.87	235.6	301	1.7	71		25	
豆汁(生)	北京	100	10	97.4	0.9	0.1	0.1	1.3		0.02	0.02	0.1	0.34	6.5	8	0.4	71		25	
鹅油卷	北京	100	461	10	8.4	22.7	1.7	55.7	17	0.08	0.35	10.3	2.25	23.8	53	3.2	71		25	
凤尾酥	湖北武汉	100	511	3.3	6.6	25.3		64.2	57		0.02	0.6	1.54		40		71		25	
福来酥	湖北武汉	100	465	7.4	6.2	21.4	2.2	62	54			1.9	0.98	44.6	54	5	71		25	
茯苓夹饼	北京	100	332	10	4.4	0.4	6.5	77.8		0.11	0.14	1.3	4.73	103.4	65	5.7	71		25	
灌肠	北京	100	134	66.1	0.2	0.3	0.3	32.5		0.01	0.13	0.1		12.5	11	5.8	71		25	
黑麻香酥	湖北武汉	100	436	6.8	5.6	16.1	3.3	67.3	274	0.03	0.01	0.6	3.74	36.5	89	7.1	71		25	
黑洋酥	上海	100	417	2.3	4.2	12.4	7.5	72.2					3.1	8	6.1	71		25	
核桃薄脆	北京	100	480	3.3	9.8	24.6	6.2	54.9	10	0.12	0.03	5.8	4.34	251.3	54	4.4	71		25	
黄酒肉(羊肉)	甘肃临夏	100	277	59.6	23.8	20.2		0									71		25	82

续表

食物名	地区	可食部分	能量	水分	蛋白质	脂肪	膳食纤维	碳水化物	视黄醇当量	硫胺素(VB₁)	核黄素(VB₂)	尼克酸(烟酸.VPP)	维生素E	钠	钙	铁	类别	抗坏血酸(VC)	类	胆固醇
混糖糕点	北京	100	453	5.3	7.9	16.3	0.8	68.7	7	0.08	0.18	3	6.33	135.2	77	3.9	71		25	
江米条	北京	100	439	4	5.7	11.7	0.4	77.7		0.18	0.03	2.5	14.32	46.5	33	2.5	71		25	
焦圈	北京	100	544	5.7	6.9	34.9	1.8	50.7			0.01	8.4	1.36	762.2	24		71		25	
京八件	北京	100	435	8.3	7.2	16.4	3	64.6	7	0.08	0.03	4.2	5.5	16.6	15	2.6	71		25	
金钱酥	江西赣州	100	504	1.4	11.4	23.1		62.4		0.07	0.07	2.4	5.63	60	508	8.8	71		25	107
京式黄酥	北京	100	490	4.1	6	21.8	0.3	67.4	17	0.13	0.04	2.2	3.66	52.7	30	1.9	71		25	
鸡腿酥	湖北武汉	100	436	7.1	6.2	13.4		72.7				0.9	1.53	406.8	19	1.1	71		25	
开口笑(麻团)		100	512	5.3	8.4	30	3.1	52.2	12	0.05	0.06	5.9	27.79	68.2	39	4.4	71		25	
空心果	甘肃兰州	100	451	5.6	6.8	15.2	0.2	71.8		0.06			1.4	5.8	114	4.9	71		25	27
凉粉(带调料)	北京	100	50	87.8	0.3	0.5	0.1	11.2							9	0.8	71			
绿豆糕	北京	100	349	11.5	12.8	1	1.2	72.2	47	0.23	0.02	6.1	3.68	11.6	24	7.3	71		25	
栗羊羹		100	301	24.1	3.7	0.6	0.8	70.1		0.06	0.12	0.4	0.93	6.1	80	0.9	71		25	
驴打滚	北京	100	194	48.5	8.2	0.2	1.9	39.9		0.05	0.07	0.3	2.33	192.4	34	8.6	71		25	
麻烘糕	湖北武汉	100	397	4.4	3.8	3.8	0.3	86.9		0.01		2.5	0.34	1.8	59	6	71		25	
麻花	北京	100	524	6	8.3	31.5	1.5	51.9		0.05	0.01	3.2	21.6	99.2	26		71		25	
麻香糕	湖北武汉	100	401	3.5	3.9	3.6	0.5	88.2		0.01	0.01	2.4	1.08	2.5	23	1.2	71		25	
美味香酥卷	北京	100	368	10.7	7.5	3.6	0.4	76.3	18	0.12	0.52	1.6	4.54	185.8		2.4	71		25	
面包		100	312	27.4	8.3	5.1	0.5	58.1		0.03	0.06	1.7	1.66	230.4	49	2	71		25	
面包(多维)	北京	100	318	30.9	8.8	8.4		51.9		0.01	0.01	2.6	0.65	652.7		2.9	71		25	
面包(法式配餐)	北京	100	282	28.3	10	1.2	1	57.7		0.02		6.1	1.44	478.4	127	1.9	71		25	
面包(法式牛角)	北京	100	375	21.3	8.4	14.3	1.5	53.1		0.05	0.01	5	3.75	352.3	83	1.7	71		25	
面包(果料)		100	278	31.2	8.5	2.1	0.8	56.2		0.07	0.07	4.6	1.31	210.5	124	2	71		25	
面包(麦胚)	北京	100	246	38	8.5	1	0.1	50.8		0.03	0.01	6.2	0.88	457	75	1.5	71		25	
面包(麦维)	北京	100	270	37.7	8.3	4.7	0.1	48.5		0.25	0.68	5.2		151	35	2	71		25	
面包(维生素)	北京	100	279	36.1	8.8	5.6	0.3	48.3		0.02	0.58	5.9	0.28	256.4		1.6	71		25	
面包(武斯羹)	浙江杭州	100	273	34.1	9.2	2.8	0.8	52.8			0.13	1.1	0.4	54.9	22	2.1	71		25	
面包(咸)	北京	100	274	34.1	9.2	3.9	0.5	50.5		0.02	0.02	4.3	1.07	526	89	2.8	71		25	
面包(椰圈)	北京	100	320	25.1	9.5	4.8	0.3	59.6		0.02	0.02	0.7	2.31	106.2		1.7	71		25	
面窝	湖北武汉	100	293	38.1	5.2	10.7		44		0.01	0.01	0.7	1.53	154.8	38	0.4	71		25	
蜜麻花(糖耳朵)	北京	100	367	19.4	4.8	11	0.9	62.3		0.01	0.01	8.6	7.93	361.5	99	4.5	71		25	
年糕	北京	100	154	60.9	3.3	0.6	0.8	33.9		0.03		1.9	1.15	56.4	31	1.6	71		25	
酿皮子	甘肃临夏	100	132	71.6	1.6	5.1	0.4	19.9									71		25	
牛杂割	甘肃临夏	100	156	69.7	22	8		0									71		25	163
青稞(甜胚子)	甘肃临夏	100	130	66.9	5.2	0.2	0.4	26.8									71		25	
起酥	北京	100	499	12.9	8.7	31.7	0.3	44.8	55	0.07	0.05	1.8	5.73	493.9		2.5	71		25	
热干面	湖北武汉	100	152	63	4.2	2.4	0.2	28.5					0.29	165.8	67	2.8	71		25	
肉香饼	湖北武汉	100	435	7.8	6.2	16	1.4	66.5				3.2	2.17	493.1	29	3	71		25	
三刀蜜	甘肃兰州	100	383	15.5	4.1	10.5	1.4	67.9		0.07			11.69	20	97	4.6	71		25	56
三鲜豆皮	湖北武汉	100	240	51.2	6	10.2		31	74	0.05	0.08	1.1	2.83	207	4	1.3	71		25	70
烧饼	北京	100	326	27.3	11.5	9.9	2.5	47.6		0.03	0.01		5.19	84.1	40	6.9	71		25	
烧麦	北京	100	238	51	9.2	11	2.3	25.6		0.07	0.07	14.6	0.68		10	2.1	71		25	

续表

食物名	地区	可食部分	能量	水分	蛋白质	脂肪	膳食纤维	碳水化物	视黄醇当量	硫胺素(VB₁)	核黄素(VB₂)	尼克酸(烟酸,VPP)	维生素E	钠	钙	铁	类别	抗坏血酸(VC)	类	胆固醇
水晶饼	甘肃兰州	100	436	10.8	0.2	17.4	0.8	68.7		0.05			0.81	31.5	49	3.6	71		25	51
酥皮糕点	北京	100	426	10.7	8.1	15.5	1.4	63.6	12	0.1	0.1	3.2	1.01	55.7	24	2.7	71		25	
汤包	湖北武汉	100	238	54.2	8.1	11.6		25.2		0.07	0.07	1.4	0.9	219	18	3.5	71		25	21
桃酥		100	481	5.4	7.1	21.8	1.1	64		0.02	0.05	2.3	14.14	7.73	33.9	48	71		25	
豌豆黄		100	133	63.7	7.5	0.6	2.2	24.5	5	0.04	0.04	1.7	2.91	151.7	141	5.1	71		25	
碗糕	北京	100	332	22	4.8	4.8	0.4	67.4	82	0.15	0.04	4	1.06	42.2	41	2.4	71		25	
香油炒面	北京	100	407	1.9	12.4	4.8	1.5	78.6	17	0.25	0.09	2.9	2.81	46.4	16	2.9	71		25	
小豆粥	北京	100	61	84.4	1.2	0.4	0.6	13.1					0.2	0.19	62.3	13	0.6	71		25	
羊法子	甘肃临夏	100	61	84.4	1.2	0.4	0.6	13.1										71		25	240
羊面肠	甘肃临夏	100	152	64	2.7	3.5	0.9	27.3										71		25	38
硬皮糕点		100	463	7.3	8.4	20.1	1.3	62.2	40	0.23	0.05	3.1	10.27	97.4	42	1.1	71		25	
油茶	北京	100	94	76.3	2.4	0.9	0.9	19.1			0.01	0.06	0.4	0.06	19.6	22	1.1	71		25	
月饼(百寿宴点)	北京	100	428	16.9	5.1	22.1	3	52.3	85	0.13	0.04	2.8	0.79	11.1	31	2.1	71		25	
月饼(豆沙)	北京	100	405	11.7	8.2	13.6	3.1	62.5	7	0.05	0.05	1.9	8.06	22.4	64	3.1	71		25	
月饼(奶油果馅)	北京	100	441	9.4	5.7	16.9	1	66.6	23	0.08	0.04	2.9	0.21	28.2	26	3.5	71		25	
月饼(奶油松仁)	北京	100	438	12.6	6.4	21.4	4.1	54.9	62	0.35	0.16	3.1	2.06	17.7	26	2.5	71		25	
月饼(唐王赏月)	北京	100	429	15.1	8	18.4		57.8	17	0.07		2.9	9.83	56.8	29	2	71		25	
月饼(五仁)	北京	100	416	11.3	8	16	3.9	60.1	17		0.08	4	8.82	18.5	54	2.8	71		25	
月饼(香油果馅)	北京	100	449	8.3	6.3	19.7	3.5	61.7	17	0.18	0.03	3.3	2.69	28.2	18	3	71		25	
月饼(枣泥)		100	424	11.7	7.1	15.7	1.4	63.5	8	0.11	0.05	2.7	1.49	24.3	66	2.8	71		25	
炸糕		100	280	43.6	6.1	12.3	1.2	36.1		0.03	0.02	3.6	3.61	96.6	24	2.4	71		25	
状元饼	北京	100	435	8	8.6	14.7	1	67.1	13	0.05	0.3	0.8	1.92	13.6		4.9	71		25	
宝宝福	北京	100	390	2.1	0.2			97.3		0.13	1.19	0.2		22.6	29	12.6	85	31	10	
冰川可乐	北京	100	45	88.7				11.2	0.2					11.4		0.1	85		10	
冰棍		100	47	88.3	0.8	0.2		10.5		0.01	0.01	0.2	0.11	20.4	31	0.9	85		10	45
冰淇淋		100	126	74.4	2.4	5.3		17.3	48	0.01	0.03	0.2	0.24	54.2	126	0.5	85		10	51
冰砖		100	153	69.6	2.9	6.8		20	20	0.01	0.04	0.2	0.73	43.5	140	0.4	85		10	35
橙珍(易拉罐)	北京	100	25	93.8	0.1			6.1	8	0.08	0.13	1.3		5.3	8	0.1	85		10	
刺玫汁(纸盒)	北京	100	32	91.9				8.1		0.02	0.01			4.4	6		85		10	
红果汁	北京	100	157	61		0.2		38.7		0.15		0.1		19.1	5	0.3	85		10	
胡萝卜素王	北京	100	130	67.1	0.1	0.2	0.5	32	450		0.62	1		72.5	7	0.2	85	12	10	
橘子晶		100	390	2.8	0.2	0.4		96.5	3	0.18	1.45	0.4		33	14	0.7	85	3	10	
橘汁(浓缩蜜橘)	江西南丰	100	235	41.3	0.8	0.3		57.3	122	0.04	0.02	0.3	0.04	4.4	21	0.7	85	80	10	
橘汁(VC蜜橘)	江西南丰	100	95	76.4	0.1	0.2		23.2						4.4	4	0.3	85	187	10	
凉薯(番茨地瓜豆薯)		91	55	85.2	0.9	0.1		12.6		0.03	0.03	0.3	0.86	5.5	21	0.6	33	13	50	
萝卜	安徽合肥	94	20	93.9	0.8	0.1	0.6	4	3	0.03	0.06	0.6	1	60	56	0.3	33	18	50	
萝卜(白,莱菔)		95	20	93.4	0.9	0.1	1	4	3	0.02	0.03	0.3	0.92	61.8	36	0.5	33	21	50	
萝卜(红皮萝卜)		94	26	91.6	1.2	0.1	1.2	5.2	3	0.03	0.04	1.8		68	45	0.4	33	24	50	
萝卜(算盘子红皮萝卜)		66	19	93.9	1.1	0.2	1	3.2	3	0.02	0.04	0.4	0.78	33.5	32	0.4	33	22	50	
萝卜(红心萝卜)	山东	94	39	88	1.2		1.4	8.4	13	0.02	0.02	0.1	0	49.1	86	0.9	33	20	50	
萝卜(青萝卜)		95	31	91	1.3	0.2	0.8	6	10	0.04	0.06		0.22	69.9	40	0.8	33	14	50	
萝卜(水萝卜脆萝卜)		93	20	92.9	0.8		1.4	4.1	42	0.03	0.05			9.7			33	45	50	
萝卜(心里美)		88	21	93.5	0.8	0.2	0.8	4.1	2	0.02	0.04	0.4		85.4	68	0.5	33	23	50	
马铃薯(土豆洋芋)		94	76	79.8	2	0.2	0.7	16.5	5	0.08	0.04	1.1	0.34	2.7	8	0.8	33	27	50	
马铃薯粉(土豆粉)	北京	100	337	12	7.2	0.5	1.4	76	20	0.08	0.06	5.1	0.28	4.7	171	10.7	33		50	

食物名	地区	可食部分	能量	水分	蛋白质	脂肪	膳食纤维	碳水化合物	视黄醇当量	硫胺素(VB₁)	核黄素(VB₂)	尼克酸(烟酸,VPP)	维生素E	钠	钙	铁	类别	抗坏血酸(VC)	类	胆固醇
马铃薯片(油炸,油炸土豆片)		100	612	4.1	4	48.4	1.9	40	8	0.09	0.05	6.4	5.22	60.9	11	1.2	33		50	
马铃薯丁(脱水)	甘肃兰州	100	337	11.4	5.7	0.5	3.3	77.4		0.14				22.6	39	2.4	33	20	50	
马铃薯丝(脱水)	甘肃兰州	100	343	10.1	5.2	0.6	3.3	79.2		0.14	0.05	1		21.1	41	3.4	33	17	50	
魔芋精粉(鬼芋粉南星粉)		100	37	12.2	4.6	0.1	74.4	4.4			0.1	0.4		49.9	45	1.6	33		50	
苴莲(苤蓝球茎,甘蓝)	甘肃张掖	61	29	88	2.3		3.6	5	5	0.06	0.04	0.6					33	13	50	
藕(莲藕)		88	70	80.5	1.9	0.2	1.2	15.2	3	0.09	0.03	0.3	0.73	44.2	39	1.4	33	44	50	
藕粉	浙江杭州	100	372	6.4	0.2		0.1	92.9			0.01	0.4		10.8	8	41.8	33		50	
藕粉(桂花藕粉)	上海	100	344	13.6	0.4	0.1		85.3			0.01	0.2		6.5	36	20.8	33		50	
苤蓝(玉蔓菁)		78	30	90.8	1.3	0.2	1.3	5.7	9	0.04	0.02	0.5	0.13	29.8	25	0.3	33	41	50	
山药(薯蓣)		83	56	84.8	1.9	0.2	0.8	11.6	7	0.05	0.02	0.3	0.24	18.6	16	0.3	33	5	50	
山药(干)	河北安国	100	324	15	9.4	1	1.4	69.4		0.25	0.28		0.44	104.2	62	0.4	33		50	
甜萝卜(甜菜头,糖萝卜)		90	75	74.8	1	0.1	5.9	17.6		0.05	0.04	0.2	1.85	20.8	56	0.9	33	8	50	
大白菜(酸,酸菜)		100	14	95.2	1.1	0.2	0.5	1.9	5	0.02	0.02	0.6	0.86	43.1	48	1.6	31	2	50	
大白菜(小白口)		85	14	95.2	1.3	0.1	0.9	1.9	5	0.02	0.03	0.5	0.21	34.8	45	0.9	31	19	50	
大葱(鲜)		82	30	91	1.7	0.3	1.3	5.2	10	0.03	0.05	0.5	0.3	4.8	29	0.7	31	17	50	
大蒜(蒜头)		85	126	66.6	4.5	0.2	1.1	26.5	5	0.04	0.06	0.6	1.07	19.6	39	1.2	31	7	50	
大蒜(脱水)	甘肃兰州	100	339	7.3	13.2	0.3	4.5	70.9		0.29				36.8	65	6.6	31	79	50	
大蒜(紫皮)		89	136	63.8	5.2	0.2	1.2	28.4	2	0.04	0.06	0.6	0.68	8.3	10	1.3	31	7	50	
冬寒菜(冬苋菜,冬葵)		58	30	89.6	3.9	0.4	2.2	2.7	1158	0.15	0.05	0.6		14	82	2.4	31	20	50	
枸杞菜(枸杞地骨)	广东	49	44	87.8	5.6	1.1	1.6	2.9		0.08	0.32	1.3	2.99	29.8	36	2.4	31	58	50	
观达菜(根达菜,恭菜)	广东	83	14	95.1	1.7	0.3	1	1.1	63	0.01	0.1	0.5		260	70	1	31	23	50	
红菜苔	湖北武汉	52	29	91.1	2.9		0.9	4.3	13	0.05	0.04	0.9	0.51	1.5	26	2.5	31	57	50	
红胡萝卜缨	甘肃临夏	100	73	82.2	1.7	0.4		15.7	162	0.04			3.65	74.6	350	8.1	31	41	50	
红皮葱	甘肃高台	68	46	86.2	2.4	0.1	1.3	8.9	8	0.01	0.12	0.5		3.4	24		31	8	50	
茴香菜(小茴香)		86	24	91.2	2.5	0.4	1.6	2.6	402	0.06	0.09	0.8	0.94	186.3	154	1.2	31	26	50	
茭白(茭笋茭粑)		74	23	92.2	1.2	0.2	1.9	4	5	0.02	0.03	0.5	0.99	5.8	4	0.4	31	5	50	
芥菜(大叶芥菜)		71	14	94.6	1.8	0.4	1.2	0.8	283	0.02	0.11	0.5	0.64	29	28	1	31	72	50	
芥蓝(甘蓝菜)		78	19	93.2	2.8	0.4	1.6	1	575	0.02	0.09	1	0.96	50.5	128	2	31	51	50	
茎用芥菜青菜头	重庆	92	5	95.4	1.3	0.2	2.8	0	47		0.02		1.29	41.1	23	0.7	31	76	50	
芥菜(小叶芥菜)		88	24	92.6	2.5		1	2.6	242	0.05	0.1	0.7	2.06	38.9	80	1.5	31	7	50	
金针菜(黄花菜)		98	199	40.3	19.4	1.4	7.7	27.2	307	0.05	0.21	3.1	4.92	59.2	301	8.1	31	10	50	
韭菜		90	26	91.8	2.4	0.4	1.4	3.2	235	0.02	0.09	0.8	0.96	8.1	42	1.6	31	24	50	
韭芽(韭黄)		88	22	93.2	2.3	0.2	1.2	2.7	43	0.03	0.05	0.7	0.34	6.9	25	1.7	31	15	50	
蕨菜(脱水)	甘肃兰州	100	251	7.2	6.6	0.9	25.5	54.2			0.16	2.7	0.53		851	23.7	31	3	50	
苦菜(节节花拒马菜)	山东青岛	100	35	85.3	2.8	0.6	5.4	4.6	90	0.09	0.11	0.6	2.93	8.7	66	9.4	31	19	50	
苦苦菜	甘肃临夏	100	38	88.2	2.5	0.9	1.8	5	357								31	62	50	
萝卜缨(白)	甘肃	100	14	90.7	2.6	0.3	1.4	0.3		0.02							31	77	50	
萝卜缨(青)	山东	100	32	87.2	3.1	0.1	2.9	4.7	33	0.07	0.08	0.2	0.48	91.4	110	1.4	31	41	50	
萝卜缨(小,红)		93	20	92.8	1.6	0.3	1.4	2.7	118	0.03	0.13	0.4	0.87	43.1	238	0.2	31	51	50	

续表

食物名	地区	可食部分	能量	水分	蛋白质	脂肪	膳食纤维	碳水化物	视黄醇当量	硫胺素(VB₁)	核黄素(VB₂)	尼克酸(烟酸,VPP)	维生素E	钠	钙	铁	类别	抗坏血酸(VC)	类	胆固醇
落葵(木耳菜软浆叶)		76	20	92.8	1.6	0.3	1.5	2.8	337	0.06	0.06	0.6	1.66	47.2	166	3.2	31	34	50	
芦笋(石刁柏龙须菜)		90	18	93	1.4	0.1	1.9	3	17	0.04	0.05	0.7		3.1	10	1.4	31	45	50	
马兰头(马兰鸡儿肠)		100	25	91.4	2.4	0.4	1.6	3	340	0.06	0.13	0.8	0.72	15.2	67	2.4	31	26	50	
苜蓿(草头金花菜)	甘肃临夏	100	60	81.8	3.9	1	2.1	8.8	440	0.1	0.73	2.2		5.8	713	9.7	31	118	50	
牛俐生菜油麦菜	广东	81	15	95.7	1.4	0.4	0.6	1.5	60		0.1	0.2		80	70	1.2	31	20	50	
瓢儿白(瓢儿菜)	重庆	79	15	94.1	1.7	0.2	1.6	1.6	200		0.03	0.5		56.9	59	1.8	31	10	50	
荞菜(野荞)	广东	65	11	95.6	0.7	0.2	1.2	1.5	48	0.02	0.02	1.8	0.27	109.4	89	1.1	31	5	50	
荠菜(蓟菜)		88	27	90.6	2.9	0.4	1.7	3	432	0.04	0.15	0.6	1.01	31.6	294	5.4	31	43	50	
芹菜(白茎,旱芹药芹)		66	14	94.2	0.8	0.1	1.4	2.5	10	0.01	0.08	0.4	2.21	73.8	48	0.8	31	12	50	
芹菜(茎)		67	20	93.1	1.2	0.2	1.2	3.3	57	0.02	0.06	0.4	1.32	159	80	1.2	31	8	50	
芹菜(水芹菜)	上海	60	13	96.2	1.4	0.2	0.9	1.3	63	0.01	0.19	1	0.32	40.9	38	6.9	31	5	50	
芹菜(叶)		100	31	89.4	2.6	0.6	2.2	3.7	488	0.08	0.15	0.9	2.5	83	40	0.6	31	22	50	
青蒜		84	30	90.4	2.4	0.3	1.7	4.5	98	0.06	0.04	0.6	0.8	9.3	24	0.8	31	16	50	
生蒜		94	13	95.8	1.3	0.3	1	1.3	298	0.03	0.06	0.4	1.02	32.8	34	0.9	31	13	50	
蒜(小蒜)	广东	82	30	90.4	1	0.4	2	5.7	113	0.03	0.12	0.5	0.24	17.2	89	1.2	31	18	50	
蒜黄		97	21	93	2.5	0.2	1.4	2.4	47	0.05	0.07	0.6	0.53	7.8	24	1.3	31	18	50	
蒜苗(蒜苔)		82	37	88.9	2.1	0.4	1.8	6.2	47	0.11	0.08	0.5	0.81	5.1	29	1.4	31	35	50	
汤菜	湖北武汉	86	22	93.2	1.8	0.5	0.8	2.6	68		0.68	0.6	1.55	28	131	5.8	31	57	50	
茼蒿(蓬蒿菜艾菜)		82	21	93	1.9	0.3	1.2	2.7	252	0.04	0.09	0.6	0.92	161.3	73	2.5	31	18	50	
蕹菜(空心菜)		76	20	92.9	2.2	0.3	1.4	2.2	253	0.03	0.08	0.8	1.09	94.3	99	2.3	31	25	50	
乌菜(塌菜,塌棵菜)		89	25	91.8	2.6	0.4	1.4	2.8	168	0.06	0.11	1.1	1.16	115.5	186	3	31	45	50	
莴苣笋(莴苣)		62	14	95.5	1	0.1	0.6	2.2	25	0.02	0.02	0.5	0.19	36.5	23	0.9	31	4	50	
莴苣叶(莴笋叶)		89	18	94.2	1.4	0.2	1	2.6	147	0.06	0.1	0.4	0.58	39.1	34	1.5	31	13	50	
苋菜(青,绿苋菜)		74	25	90.2	2.8	0.3	2.2	2.8	352	0.03	0.12	0.8	0.36	32.4	187	5.4	31	47	50	
苋菜(紫,紫苋菜红苋)		73	31	88.8	2.8	0.4	1.8	4.1	248	0.03	0.1	0.6	1.54	42.3	178	2.9	31	30	50	
香椿(香椿头)		76	47	85.2	1.7	0.4	1.8	9.1	117	0.07	0.12	0.9	0.99	4.6	96	3.9	31	40	50	
小白菜(青菜,白菜)		81	15	94.5	1.5	0.3	1.1	1.6	280	0.02	0.09	0.7	0.7	73.5	90	1.9	31	28	50	
小葱		73	24	92.7	1.6	0.4	1.4	3.5	140	0.05	0.06	0.4	0.59	10.4	72	1.3	31	21	50	
西兰花(绿菜花)		83	33	90.3	4.1	0.6	1.6	2.7	1202	0.09	0.13	0.9	0.91	18.8	67	1	31	51	50	
西洋菜(豆瓣菜,水田芥)	广东	73	17	94.5	2.9	0.5	2.2	0.3	1592	0.01	0.11	0.3	0.59	61.2	30	1	31	52	50	
雪里蕻(雪菜,雪里红)		94	24	91.5	2	0.4	1.6	3.1	52	0.03	0.11	0.5	0.74	30.5	230	3.2	31	31	50	
油菜		87	23	92.9	1.8	0.5	1.1	2.7	103	0.04	0.11	0.7	0.88	55.8	108	1.2	31	36	50	
油菜(脱水)	甘肃兰州	100	299	9	7.6	0.6	8.6	65.7	577	0.33		10.5	7.73	405.3	596	19.3	31	124	50	
油菜苔		82	20	92.4	3.2	0.4	2	1	90	0.08	0.07	0.9	0.89	83.2	156	2.8	31	65	50	
圆白菜(甘蓝,卷心菜)		86	22	93.2	1.5	0.2	1	3.6	12	0.03	0.03	0.4	0.5	27.2	49	0.6	31	40	50	
芫荽(香菜,香荽)		81	31	90.5	1.8	0.4	1.2	5	193	0.04	0.14	2.2	0.8	48.5	101	2.9	31	48	50	
芫荽(脱水)	甘肃兰州	100	293	9.3	7.4	1.3	8.2	63	472	0.17		6	22.15		1723	22.3	31		50	
榆钱	山东荷泽	100	36	85.2	4.8	0.4	4.3	3.3	122	0.04	0.12	0.9	0.54	0.7	62	7.9	31	11	25	
白瓜	广东	83	10	96.2	0.9		0.9	1.7		0.02	0.04	0.1	0.2	1	6	0.1	32	16	25	
白金瓜	湖北武汉	70	24	93	0.4		0.5	5.7	17	0.05	0.08	0.7	17	1.6	12	0.4	32	17	25	
白兰瓜		55	21	93.2	0.6	0.1	0.8	4.5	7	0.02	0.03	0.6	14		32	14	25			
菜瓜(生瓜,白瓜)		88	18	95	0.6	0.2	0.4	3.5	3	0.02	0.01	0.2	0.03	1.6	20	0.5	32	12	25	

续表

食物名	地区	可食部分	能量	水分	蛋白质	脂肪	膳食纤维	碳水化物	视黄醇当量	硫胺素(VB₁)	核黄素(VB₂)	尼克酸(烟酸,VPP)	维生素E	钠	钙	铁	类别	抗坏血酸(VC)	类	胆固醇
冬瓜		80	11	96.6	0.4	0.2	0.7	1.9	13	0.01	0.01	0.3	0.08	1.8	19	0.2	32	18	25	
方瓜	山东崂山	82	13	95.8	0.8		0.6	2.5	23	0.01	0.01	0.6	0.37	4.4	40	0.2	32	2	25	
佛手瓜(棒瓜,菜肴梨)	山东崂山	100	16	94.3	1.2	0.1	1.2	2.6	3	0.01	0.01	0.1		1	17	0.1	32	8	25	
哈密瓜	北京	71	34	91	0.5	0.1	0.2	7.7	153		0.01			26.7	4		32	12	25	
黄瓜(胡瓜)		92	15	95.8	0.8	0.2	0.5	2.4	15	0.02	0.03	0.2	0.46	4.9	24	0.5	32	9	25	
黄河蜜瓜	甘肃民勤	56	5	95	0.4		3.2	0.8	30	0.02	0.01	0.5					32	15	25	
葫芦条(干)	山东高密	100	219	25.4	4.3	1.8	18.1	46.5		0.05	0.03	1.4		36.3	114	8	32		25	
葫芦(长瓜,蒲瓜,瓢瓜)		87	14	95.3	0.7	0.1	0.8	2.7	7	0.02	0.01	0.4		0.6	16	0.4	32	11	25	
节瓜(毛瓜)	广东	92	12	95.6	0.6	0.1	1.2	2.2		0.02	0.05	0.4	0.27	0.2	4	0.1	32	39	25	
金瓜	上海	82	14	95.6	0.5		0.7	2.7	10	0.02	0.02	0.6	0.43	0.9	17	0.9	32	2	25	
金丝瓜(裸瓣瓜)	黑龙江哈尔滨	80	37	91.7	3.3	2	0.8	1.4	2		0.03		0.01		25	0.3	32		25	
金塔寺瓜	甘肃兰州	81	8	96.9	0.6	0.1	0.7	1.3			0.03	0.5					32	18	25	
苦瓜(凉瓜,赖葡萄)		81	19	93.4	1	0.1	1.4	3.5	17	0.03	0.03	0.4	0.85	2.5	14	0.7	32	56	25	
灵蜜瓜	河北望都	71	6	98.1	1.2	0.1	0.4	0		0.04				5.2	12	0.1	32		25	
麻醉瓜	甘肃兰州	66	16	95.2	0.7	0.1	0.4	3.2			0.03	0.4					32	17	25	
面西胡瓜	河北满城	88	10	97	0.8			1.8	97	0.01	0.02	0.1		0.6	14	0.8	32		25	
木瓜	广东	86	27	92.2	0.4	0.1	0.8	6.2	145	0.01	0.02	0.3	0.3	28	17	0.2	32	43	25	
南瓜(饭瓜,番瓜,倭瓜)		85	22	93.5	0.7	0.1	0.8	4.5	148	0.03	0.04	0.4	0.36	0.8	16	0.4	32	8	25	
蛇瓜(蛇豆,大豆角)	山东崂山	89	15	94.1	1.5	0.1	2	1.7	3	0.1	0.03	0.1		2.2	191	1.2	32	4	25	
丝瓜		83	20	94.3	1	0.2	0.6	3.6	15	0.02	0.04	0.4	0.22	2.6	14	0.4	32	5	25	
笋瓜(生瓜)	安徽合肥	91	12	96.1	0.5		0.7	2.4	17	0.04	0.02		0.29		14	0.6	32	5	25	
甜瓜(香瓜)		78	26	92.9	0.4	0.1	0.4	5.8	5	0.02	0.03	0.3	0.47	8.8	14	0.7	32	15	25	
小西胡瓜	河北保定	79	22	94.4	0.7			4.8			0.01			1.7	5	0.2	32		25	
西瓜(寒瓜)		56	25	93.3	0.6	0.1	0.3	5.5	75	0.02	0.03	0.2	0.1	3.2	8		32	6	25	
西瓜(忠于6号,黑皮)	河北清苑	64	32	92.3	0.5	0.5	0.1	6.4	38	0.01	0.03	0.2	0.16				32	6	25	
西瓜(京欣1号)		59	34	91.2	0.5		0.2	7.9	13	0.02	0.04	0.4	0.03	4.2	10	0.5	32	7	25	
西瓜(郑州3号)		59	25	93.4	0.6	0.1	0.2	5.5	35	0.02	0.04	0.3	0.13	2.4	4	0.2	32	7	25	
西葫芦		73	18	94.9	0.8	0.2	0.6	3.2	5	0.01	0.03	0.2	0.34	5	15	0.3	32	6	25	
籽瓜	甘肃皋兰	46	4	98.7	0.2	0.3	0.5	0.1			0.03	0.1					32	10	25	
茄子(长)		96	19	93.1	1	0.1	1.9	3.5	30	0.03	0.03	0.6	0.2	6.4	55	0.4	31	7	50	
青椒(灯笼椒,柿子椒,大椒)		82	22	93	1	0.2	1.4	4	57	0.03	0.03	0.9	0.59	3.3	14	0.8	31	72	50	
番茄(西红柿,番柿)		97	19	94.4	0.9	0.2	0.5	3.5	92	0.03	0.03	0.6	0.57	5	10	0.4	31	19	50	
番茄(整,罐头)	北京	100	21	93.5	2	0.6	0.8	1.8	192	0.03	0.02	0.8	1.66	246.9	31	0.4	31	5	50	
番茄酱(罐头)	北京	100	81	75.8	4.9	0.2	2.1	14.8		0.03	0.03	5.6	4.45	37.1	28	1.1	31		50	
葫子(茄科)	甘肃临夏	85	27	92.2	0.7	0.1	0.9	5.9	163	0.01	0.06	0.7	1.14	1.2	49		31	29	50	
辣椒(红尖,干)	山东荷泽	88	212	14.6	15	12	41.7	11		0.53	0.16	1.2	8.76	1.8	12	6	31		50	
辣椒(红小)		80	32	88.8	1.3	0.4	3.2	5.7	232	0.03	0.06	0.8	0.44	2.6	37	1.4	31	144	50	

续表

食物名	地区	可食部分	能量	水分	蛋白质	脂肪	膳食纤维	碳水化物	视黄醇当量	硫胺素(VB₁)	核黄素(VB₂)	尼克酸(烟酸,VPP)	维生素E	钠	钙	铁	类别	抗坏血酸(VC)	类	胆固醇
辣椒(尖,青)		84	23	91.9	1.4	0.3	2.1	3.7	57	0.03	0.04	0.5	0.88	2.2	15	0.7	31	62	50	
奶柿子西红柿	黑龙江	100	13	95.6	0.6	0.1	0.8	2.4	88	0.05	0.02	1	1.19		15	0.4	31	8	50	
茄子		93	21	93.4	1.1	0.2	1.3	3.6	8	0.02	0.04	0.6	1.13	5.4	24	0.5	31	5	50	
茄子(绿皮)		90	25	92.8	1	0.6	1.2	4	20	0.02	0.2	0.6	0.55	6.8	12	0.1	31	7	50	
秋葵(黄秋葵,羊角豆)	北京	88	37	86.2	2	0.1	3.9	7.1	52	0.05	0.09	1	1.03	3.9	45	0.1	31	4	50	
甜椒(脱水)	甘肃兰州	100	307	10.5	7.6	0.4	8.3	68.3	2818	0.23	0.18	4	6.05	126	130	7.4	31	846	50	
八宝菜(酱)	北京	100	72	72.3	4.6	1.4	3.2	10.2		0.17	0.03	0.2	1.11	2843.2	110	4.8	84		1	
菜干(芥菜)	福建永定	100	141	24.9	13.3	0.8	27.4	20.1	150		0.4	0.6		3333			84		1	
大头菜(酱)		100	36	74.8	2.4	0.3	2.4	6		0.03	0.08	0.8	0.16	4623.7	77	6.7	84	5	1	
大头菜(桂花,佛手疙瘩)	北京	100	51	65.3	3.2	0.4	1.8	8.6		0.03	0.06	0.8		6060.6	257	7.5	84		1	
大头菜(五香)	甘肃天生园	100	48	72	4.6	0.2	4.5	7	10	0.11							84		1	
洋姜(咸,地姜,鬼子姜)	北京	100	34	74	2.6		1	5.8		0.17	0.06	1.4		5443.3	244	6.8	84		1	
冬菜		100	46	68.4	3.5	0.3	2.8	7.3	12	0.02	0.09	0.9	7228.6	7228.6	135	11.4	84		1	
甘露(酱腌,甘露子,地蚕)		100	37	75.6	2.2	0.3	1.9	6.3		0.03	0.08	0.7	0.83	2839	54	6.4	84	5	1	
狗芽菜	安徽合肥	100	22	81.3	1.3	0.1	2.4	4.1		0.06	0.03		0.21	2777.4	125	4.4	84		1	
合锦菜	北京	100	75	68.3	6		3.9	12.8	3	0.08	0.02	2	0.99	3977.3	102	2.6	84		1	
黄瓜(甜辣黄瓜)	北京	100	99	62.7	2.8	0.2	1.2	21.6		0.07	0.03	0.4			96	4.1	84		1	
黄瓜(酱黄瓜)		100	24	76.2	3	0.3	1.2	2.2	30	0.06	0.01	0.9		3769.5	52	3.7	84		1	
姜(糟)	福建福州	100	27	67.7	1.6	0.8	1.4	3.4			0.13	0.8		9686	39	4.4	84		1	
酱包瓜	济南	100	107	59.2	4.7		2.8	22		0.01	0.05	0.6	1.93	2523.2	15	4.2	84		1	
芥菜(酸)	广东	100	25	90.3	1.2	0.1		4.9		0.01	0.1	0.6	0.88	1164	51	1.4	84		1	
芥菜头(腌,水菜,水疙瘩)		100	38	70.5	2.8	0.1	2.7	6.6		0.07	0.2	0.7		7250.7	87	2.9	84		1	
芥菜头(腌煮,煮菜,煮疙瘩)	北京	100	26	70.7	2.1	0.2	2	3.9	2		0.02	0.7		6834.5	174	5.8	84		1	
金钱萝卜	湖北武汉	100	41	73.5	1.6	0.3	2.1	8	43	0.01	0.02	0.3	0.99	3232.5	158		84		1	
韭菜花(腌)	北京	100	17	79.6	1.3	0.3	1.1	2.2	25	0.01	0.06	0.6		5030.8	84	6.5	84		1	
蕨菜(腌)	甘肃和政	100	22	89.9	2.5	0.3	2.2	2.2	53		0.05	1.6		990.6	115	4.5	84		1	
龙须菜(腌制)	山东沙子口	100	75	67.7	1.4			17.3		0.01	0.04	0.4	0.93	1103	8	6.4	84		1	
萝卜(酱)		100	30	76.1	3.5	0.4	1.3	3.2		0.05	0.09	0.8		6880.8	102	3.8	84		1	
萝卜干		100	60	67.7	3.3	0.2	3.4	11.2		0.04	0.09	0.9		4203	53	3.4	84	17	1	
萝卜条(辣)		100	37	77.8	1.4	0.5	1.8	6.7	17	0.03	0.06	0.5		2650.9	118	3.3	84		1	
蘑菇(酱)	山东济宁	100	121	59	5.4	0.2	0.7	24.3		0.05	0.15	2	1.79	400	30	1.8	84		1	
苤蓝丝(酱)	北京	100	39	73.4	5.5		1.5	4.2		0.08	0.05	0.9	0.15	4981.3	38	2.7	84		1	
乳黄瓜(腌,嫩黄瓜)		100	32	81.3	1.7	0.3	1.8	5.6		0.03	0.03	0.3	0.21	3087.1	44	3.1	84	7	1	
什锦菜	安徽合肥	100	34	78.9	2.9	0.5	1.6	4.6		0.03	0.02		0.18	4092.7	21	4.5	84		1	
蒜头(糖)		74	114	66.1	2.1	0.2	1.7	25.9		0.04	0.06	0.2	0.71	692.2	38	1.3	84		1	
蒜头(酱)	安徽合肥	73	104	67.2	4.4	0.1	2.6	21.3		0.04	0.04		0.5	3503.1	6	3.6	84		1	

食物名	地区	可食部分	能量	水分	蛋白质	脂肪	膳食纤维	碳水化物	视黄醇当量	硫胺素(VB_1)	核黄素(VB_2)	尼克酸(烟酸,VPP)	维生素E	钠	钙	铁	类别	抗坏血酸(VC)	类	胆固醇
甜酸茭头	湖北武汉	100	97	73.7	0.5	0.5	0.4	22.6				0.4	0.01	809	68	4.2	84		1	
莴笋(酱)		100	23	83	2.3	0.2	1	3.1		0.06	0.05	0.6		4665.1	28	3.1	84		1	
咸沙葱(蒙古韭)	内蒙古	100	25	88.2	2.4	0.8	1.8	2		0.05	0.18	0.4		1712.4	457		84		1	
雪里蕻(腌,腌雪里红)		100	25	77.1	2.4	0.2	2.1	3.3	8	0.05	0.07	0.7	0.24	3304.2	294	5.5	84	4	1	
花生仁(生)		100	563	6.9	25	44.3	5.5	16	5	0.72	0.13	17.9	18.09	3.6	39	2.1	42	2	5	
花生仁(炒)	北京	100	581	1.8	24.1	44.4	4.3	21.2		0.12	0.1	18.9	14.97	445.1	284	6.9	42		5	
葵花子(生)	甘肃张掖	50	597	2.4	23.9	49.9	6.1	13	5	0.36	0.2	4.8	34.53	5.5	72	5.7	42		5	
葵花子(炒)		52	616	2	22.6	52.8	4.8	12.5	5	0.43	0.26	4.8	26.46	1322	72	6.1	42		5	
葵花子仁	上海	100	606	7.8	19.1	53.4	4.5	12.2		1.8	0.16	4.5	79.09	50	1	2.9	42		5	
莲子(糖水)	湖北武汉	100	201	49.2	2.8	0.5	0.7	46.2		0.04	0.09	1.5		8.7	24		42		5	
莲子(干)		100	344	9.5	17.2	2	3	64.2		0.16	0.08	4.2	2.71	5.1	97	3.6	42	5	5	
栗子(干)	河北遵化	73	345	13.4	5.3	1.7	1.2	77.2	5	0.08	0.15	0.8	11.45	8.5		1.2	42	25	5	
栗子(鲜,板栗)		80	185	52	4.2	0.7	1.7	40.5	32	0.14	0.17	0.8	4.56	13.9	17	1.1	42	24	5	
毛核桃(鲜)	甘肃积石山	38	174	57.6	12	6.7	5.4	16.3		0.09	0.1	1.5					42	40	5	
南瓜子(炒,白瓜子)		68	574	4.1	36	46.1	4.1	3.8		0.08	0.16	3.3	27.28	15.8	37	6.5	42		5	
南瓜子仁	上海	100	566	9.2	33.2	48.1	4.9	0		0.2	0.09	1.8	13.25	20.6	16	1.5	42		5	
芡实米(鸡头米)		100	351	11.4	8.3	0.3	0.9	78.7		0.3	0.09	0.4		28.4	37	0.5	42		5	
山核桃,熟,小核桃	浙江杭州	30	596	2.2	7.9	50.8	7.8	26.8		0.02	0.09	1	14.08	430.3	133	5.4	42		5	
山核桃(干)		24	601	2.2	18	50.4	7.4	18.8	5	0.16	0.09	0.5	65.55	250.7	57	6.8	42		5	
松子(炒)	北京	31	619	3.6	14.1	58.5	12.4	9	5		0.11	3.8	25.2	3	161	5.2	42		5	
松子(生)	黑龙江哈尔滨	32	640	3	12.6	62.6	12.4	8.6	7	0.41	0.09	3.8	34.47		3	5.9	42		5	
松子仁	北京	100	698	0.8	13.4	70.6	10	2.2	2	0.19	0.25	4	32.79	10.1	78	4.3	42		5	
西瓜子(话梅)	山东青岛	38	541	5	30.3	46.5	13.2	0.2		0.03	0.05	3.2	2.71	133.7	392	4.4	42		5	
西瓜子(炒)		43	573	4.3	32.7	44.8	4.5	9.7		0.04	0.08	3.4	1.23	187.7	28	8.2	42		5	
西瓜子仁	上海	100	555	9.2	32.4	45.9	5.4	3.2		0.2	0.08	1.4	27.37	9.4		4.7	42		5	
杏仁		100	514	5.6	24.7	44.8	19.2	2.9		0.08	1.25		18.53	7.1	71	1.3	42	26	5	
榛子(干)	黑龙江哈尔滨	27	542	7.4	20	44.8	9.6	14.7	8	0.62	0.14	2.5	36.43	4.7	104	6.4	42		5	
榛子(炒)	北京	21	594	2.3	30.5	50.3	8.2	4.9	12	0.21	0.22	9.8	25.2	153	815	5.1	42		5	
鸭蛋(咸)		88	190	61.3	12.7	12.7		6.3	134	0.16	0.33	0.1	6.25	2706.1	118	3.6	54		25	647
鸭蛋白	河北安新	100	47	87.7	9.9			1.8	23	0.01	0.07	0.1	0.16	71.2	18	0.1	54		25	
鸭蛋黄	河北安新	100	378	44.9	14.5	33.8		4	1980	0.28	0.62		12.72	30.1	123	4.9	54		25	1576
白姑鱼(白米子鱼)	山东青岛	67	150	71.5	19.1	8.2				0.02	0.08	3.3	1.49	152.7	23	0.3	61		25	
鲅鱼(马鲛鱼,燕鲅鱼,巴鱼)		80	122	72.5	21.2	3.1		2.2	19	0.03	0.04	2.1	0.71	74.2	35	0.8	61		25	75
鲅鱼(咸,咸马鲛)	广东	67	157	52.8	23.3	1.6		12.4		0.04		2.7	4.6	5350		6.2	61		25	
八爪鱼(八角鱼)	山东青岛	78	135	65.4	18.9	0.4		14		0.04	0.06	5.4	1.34	65.4	21	0.6	61		25	
鳊鱼(鲂鱼,武昌鱼)		59	135	73.1	18.3	6.3		1.2	28	0.02	0.07	1.7	0.52	41.1	89	0.7	61		25	94
餐条鱼	甘肃永靖	78	165	72.7	18.3	10.2		0		0.07							61		25	103

续表

食物名	地区	可食部分	能量	水分	蛋白质	脂肪	膳食纤维	碳水化物	视黄醇当量	硫胺素(VB₁)	核黄素(VB₂)	尼克酸(烟酸,VPP)	维生素E	钠	钙	铁	类别	抗坏血酸(VC)	类	胆固醇
草鱼(白鲩,草包鱼)		58	112	77.3	16.6	5.2		0	11	0.04	0.11	2.8	2.03	46	38	0.8	61		25	86
鲳鱼(平鱼,银鲳,刺鲳)		70	142	72.8	18.5	7.8		0	24	0.04	0.07	2.1	1.26	62.5	46	1.1	61		25	77
赤眼鳟(金目鱼)	上海	59	114	76.5	18.1	5		0	12	0.02	0.08	4.7	1.7	87	59	6.4	61		25	121
大黄鱼(大黄花鱼)		66	96	77.7	17.7	2.5		0.8	10	0.03	0.1	1.9	1.13	120.3	53	0.7	61		25	86
带鱼(白带鱼,刀鱼)		76	127	73.3	17.7	4.9		3.1	29	0.02	0.06	2.8	0.82	150.1	28	1.2	61		25	76
大麻哈鱼(大马哈鱼)	黑龙江哈尔滨	72	143	74.1	17.2	8.6		0	45	0.07	0.18	4.4	0.78		13	0.3	61		25	101
鲷鱼(黑鲷,铜盆鱼,大目鱼)		65	106	75.2	17.9	2.6		2.7	12	0.02	0.1	3.5	1.08	103.9	186	2.3	61		25	65
鲽(比目鱼,凸眼鱼)		72	107	74.6	21.1	2.3		0.5	117	0.03	0.04	1.5	2.35	150.4	107	0.4	61		25	73
丁香鱼(干)	福建福州	100	196	36.3	37.5	3.1		4.6	119	0.01	0.17	2	0.3	4375	590	4.3	61		25	379
堤鱼(海河乌江)	福建厦门	64	191	66.9	17.6	12.8		1.3	5	0.19	0.12	6.5	0.33	65	15	2.2	61		25	
颚针鱼(针量鱼)	山东青岛	75	180	66.5	20.2	10.4		1.4		0.01	0.02		3.36	73.3	58	1.2	61		25	101
狗母鱼(大头狗母鱼)	福建厦门	67	100	76.5	16.7	2.3		3	11	0.05	0.1	3.7	0.07	156.3	95	2.2	61		25	71
鳜鱼(桂鱼)		61	117	74.5	19.9	4.2		0	12	0.02	0.07	5.9	0.87	68.6	63	1	61		25	124
海鲫鱼(九九鱼)	山东烟台	60	206	64.3	17	13.7		3.6		0.02	0.02	4.3	1.06	15.8	69	1.9	61		25	70
海鳗(海鳗鱼,鲗勾)		67	122	74.6	18.8	5		0.5	22	0.06	0.07	3	1.7	95.8	28	0.7	61		25	71
红娘鱼(冀红娘鱼)		55	105	76.1	18	2.8		1.9	6	0.03	0.07	4.9	0.7	163.9	160	1.2	61		25	120
黄姑鱼(黄婆鸡鱼)		63	133	74	18.4	7		0		0.04	0.09	3.6	1.09	101.9	94	0.9	61		25	166
黄颡鱼(戈牙鱼,黄鳍鱼)	济南	52	124	71.6	17.8	2.7		7.1		0.01	0.06	3.7	1.48	250.4	59	6.4	61		25	90
黄鳝(鳝鱼)		67	89	78	18	1.4		1.2	50	0.06	0.98	3.7	1.34	70.2	42	2.5	61		25	126
黄鳝(鳝丝)	上海	88	61	85.2	15.4	0.8		0		0.04	2.08	1.8	1.1	131	57	2.8	61		25	
胡子鲇(塘虱鱼)	广东	50	146	72.6	15.4	8		3.1	8	0.05	0.11	4.3	0.09	45.5	18	0.6	61		25	53
尖嘴白	安徽合肥	80	137	68.6	22.7	3.3		4.1		0.05	0.02		0.27	48.3	27	0.6	61		25	73
鲒花	黑龙江哈尔滨	63	117	79.9	15.6	6.1		0		0.01	0.25	0.9	2.51				61		25	34
静鱼	河北秦皇岛	80	126	73.9	19.5	6		0									61		25	
金线鱼(红三鱼)	广东	40	100	77.1	18.6	2.9		0	20	0.01	0.03	4.8	0.61	118	102	1.4	61		25	54
鲚鱼(大凤尾鱼)	上海	79	106	77.5	13.2	5.5		0.8	15		0.08	1	0.84	53.1	114	1.7	61		25	93
鲚鱼(小凤尾鱼)		90	124	72.7	15.5	5.1		4	14	0.06	0.06	0.9	0.74	38.5	78	1.6	61		25	
鲫鱼(喜头鱼,海鲋鱼)		54	108	75.4	17.1	2.7		3.8	17	0.04	0.09	2.5	0.68	41.2	79	1.3	61		25	130
口头鱼	湖北武汉	56	134	70.3	19.6	4.2		4.5		0.01	0.04	2.4		47.7	103	2	61		25	
鲴鱼(快鱼,力鱼)		71	159	71.9	20.7	8.5		0			0.02		1.83	47.8	39	1.3	61		25	76
鲢鱼(白鲢,胖子,连子鱼)		61	102	77.8	17.8	3.6		0		0.03	0.07	2.5	1.23	57.5	53	1.4	61		25	99
鲮鱼(雪鲮)		57	95	77.7	18.4	2.1		0.7	125	0.01	0.04	3	1.54	40.1	31	0.9	61		25	86
鲮鱼(罐头)	广东	100	399	27	30.7	26.9		8.5		0.04	0.09	2.3	5.56	2310	598	6.1	61		25	162
鲤鱼(鲤拐子)		54	109	76.7	17.6	4.1		0.5	25	0.03	0.09	2.7	1.27	53.7	50	1	61		25	84
罗非鱼(越南鱼,非洲黑鲫鱼)	福建福州	53	77	80.9	16	1		1	7		0.28	2.5	0.1	66.8	24	1.1	61		25	54
罗非鱼	山东乳山	55	98	76	18.4	1.5		2.8		0.11	0.17	3.3	1.91	19.8	12	0.9	61		25	78
鲈鱼(鲈花)		58	100	77.7	18.6	3.4		0	19	0.03	0.17	3.1	0.75	144.1	138	2	61		25	86

食物名	地区	可食部分	能量	水分	蛋白质	脂肪	膳食纤维	碳水化合物	视黄醇当量	硫胺素(VB₁)	核黄素(VB₂)	尼克酸(烟酸,VPP)	维生素E	钠	钙	铁	类别	抗坏血酸(VC)	类	胆固醇
鳗鲡(鳗鱼,河鳗)		84	181	67.1	18.6	10.8		2.3		0.02	0.02	3.8	3.6	58.8	42	1.5	61		25	177
梅童鱼(大头仔鱼,丁珠鱼)		63	113	76.7	18.9	5	0	25		0.02	0.06	2.1	0.81	106.1	34	1.8	61		25	88
鮸鱼(鳘鱼)		76	82	79.3	20.2	0.9	0	33		0.01	0.05	3		54.8	21	1.1	61		25	62
鲇鱼(胡子鲇鲢胡,旺虾)		65	102	78	17.3	3.7	0			0.03	0.1	2.5	0.54	49.6	42	2.1	61		25	163
泥鳅		60	96	76.6	17.9	2	1.7	14		0.1	0.33	6.2	0.79	74.8	299	2.9	61		25	136
鲆(片口鱼,比目鱼)	山东青岛	68	105	75.9	20.8	3.2	0			0.11		4.5		66.7	55	1	61		25	
青鱼(青皮鱼,青鳞鱼,青混)		63	116	73.9	20.1	4.2	0.2	42		0.03	0.07	2.9	0.81	47.4	31	0.9	61		25	108
鲨鱼(青鲨,白斑角鲨)		56	110	75.1	22.2	3.2	0	21		0.01	0.05	3.1	0.58	102.2	41	0.9	61		25	70
舌鳎(花纹舌头,舌头鱼)		68	83	79.8	17.7	1.4	0.1	6		0.01	0.06	2.1	0.64	138.8	57	1.5	61		25	82
蛇鲻(沙丁鱼,沙鲻)	山东烟台	67	88	78	19.8	1.1	0			0.01	0.03	2	0.26	91.5	184	1.4	61		25	86
蛇鲻(沙梭鱼)	山东青岛	72	122	73.5	20.8	4.2	0.4			0.04	0.05	2	0.91	118.4	117	0.3	61		25	86
鲐鱼(青鲐鱼,鲐巴鱼,青砖鱼)		66	155	69.1	19.9	7.4	2.2	38		0.08	0.12	8.8	0.55	87.7	50	1.5	61		25	77
鲀(绿鳍马面鲀,面包鱼)		52	83	78.9	18.1	0.6	1.2	15		0.02	0.05	3	1.03	80.5	5.4	0.9	61		25	45
乌鳢(黑鱼,石斑鱼,生鱼)		57	85	78.7	19.5	1.2	0	26		0.02	0.14	2.5	0.97	48.8	152	0.7	61		25	91
小黄鱼(小黄花鱼)		63	99	77.9	17.9	3	0.1			0.04	0.04	2.3	1.19	103	78	0.9	61		25	74
鳕鱼(鳕狭,明太鱼)	北京	45	88	77.4	20.4	0.5	0.5	14		0.04	0.13	2.7		130.3	42	0.5	61		25	114
鳐鱼(夫鱼)	上海	59	90	81.1	20.8	0.7	0	27		0.01	0.11	3.6	0.79	130	22	0.6	61		25	48
银鱼(面条鱼)	山东青岛	100	119	76.2	17.2	5.6	0			0.03	0.05	0.2	1.86	8.6	46	0.9	61		25	361
鳙鱼(胖头鱼,摆佳鱼,花鲢鱼)		61	100	76.5	15.3	2.2	4.7	34		0.04	0.11	2.8	2.65	60.6	82	0.8	61		25	112
鱼片干		100	303	20.2	46.1	3.4	22			0.11	0.39	5	0.88	2320.6	106	4.4	61		25	307
鱼子酱 大马哈鱼)	黑龙江哈尔滨	100	252	49.4	10.9	16.8	14.4	111		0.33	0.19	0.5	12.25		23	2.8	61		25	486
鲻鱼(白眼棱鱼)	山东烟台	57	118	75.3	18.9	4.8	0			0.02	0.13	2.3	3.34	71.4	19	0.5	61		25	99
鳟鱼(红鳟鱼)		57	99	77	18.6	2.6	0.2	206		0.08			3.55	110	34		61		25	102
蚌肉	广东	63	71	80.8	15	0.9	0.8	283		0.01	0.22	0.4		6.1	190	50	62		25	148
河虾		86	84	78.1	16.4	2.4	0	48		0.04	0.03		5.33	138.8	325	4	63		10	240
江虾(沼虾)	黑龙江哈尔滨	100	87	77	10.3	0.9	9.3	102		0.04	0.12	2.2	11.3		78	8.8	63		10	116
基围虾	广东	60	101	75.2	18.2	1.4	3.9			0.02	0.07	2.9	1.69	172	83	2	63		10	181
龙虾	北京	46	90	77.6	18.9	1.1	1				0.03	4.3	3.58	190	21	1.3	63		10	121
明虾	山东烟台	57	85	79.8	13.4	1.8	3.8			0.01	0.04	4	1.55	119	75	0.6	63		10	273
塘水虾(草虾)	安徽合肥	57	96	74	21.2	1.2	0	44		0.05	0.03		4.82	109	403	3.4	63		10	264
虾虎(琵琶虾)	山东青岛	32	81	80.6	11.6	1.7	4.8			0.04	0.04	0.9	3.18	136.6	22	1.7	63		10	177
虾米(海米)		100	195	37.4	43.7	2.6	0	21		0.01	0.12	5	1.46	4891.9	555	11	63		10	525
虾脑酱	山东青岛	100	100	58.4	15.2	4.3	0				0.29	3.8	1.78	1790	667	8.7	63		10	249
虾皮		100	153	42.4	30.7	2.2	2.5	19		0.02	0.14	3.1	0.92	5057.7	991	6.7	63		10	428
蟹(海蟹)		55	95	77.1	13.8	2.3	4.7	30		0.01	0.1	2.5	2.99	260	208	1.6	63		10	125

续表

食物名	地区	可食部分	能量	水分	蛋白质	脂肪	膳食纤维	碳水化物	视黄醇当量	硫胺素(VB₁)	核黄素(VB₂)	尼克酸(烟酸,VPP)	维生素E	钠	钙	铁	类别	抗坏血酸(VC)	类	胆固醇
蟹(河蟹)		42	103	75.8	17.5	2.6		2.3	389	0.06	0.28	1.7	6.09	193.5	126	2.9	63		10	267
蟹(踞缘青蟹,青蟹)	福建连江	43	80	79.8	14.6	1.6		1.7	402	0.02	0.39	2.3	2.79	192.9	228	0.9	63		10	119
蟹(梭子蟹)		49	95	77.5	15.9	3.1		0.9	121	0.03	0.3	1.9	4.56	481.4	280	2.5	63		10	142
蟹肉	广东	100	62	84.4	11.6	1.2		1.1		0.03	0.09	4.3	2.91	270	231	1.8	63		10	65
菜籽油		100	899	0.1		99.9		0					60.89	7	9	3.7	81		5	
茶油		100	899	0.1		99.9		0					27.9	0.7	5	1.1	81		5	
大麻油		100	897	0.3		99.9		0					8.55	1.5	15	3.1	81		5	
豆油		100	899	0.1		99.9		0					93.08	4.9	13	2	81		5	
花生油		100	899	0.1		99.9		0					42.06	3.5	12	2.9	81		5	
胡麻油	甘肃永昌	100	900			100		0					389.9	0.6	3	0.2	81		5	
混合油(菜+棕)	湖北武汉	100	895			99.9		1		0.09	0.1		12.05	10.5	75	4.1	81		5	
葵花籽油		100	899	0.1		99.9		0					54.6	2.8	2	1	81		5	
辣椒油	北京	100	900			100		0					87.24				81		5	
棉籽油		100	899	0.1		99.8		0.1					86.45	4.5	17	2	81		5	
牛油(炼)		100	898	0.2		99.7		0.1	89		0.03	0.2	4.6				81		5	135
牛油	北京	100	835	6.2		92		1.8	54					9.4	9	3	81		5	
色拉油		100	898	0.2		99.8		0					24.01	5.1	18	1.7	81		5	
鸭油(炼)	北京	100	897	0.3		99.7		0	71								81		5	83
羊油	北京	100	824	4		88		8	33				1.08	13.2		1	81		5	
羊油(炼)	甘肃张掖	100	895	0.1		99		0.9									81		5	107
玉米油		100	895	0.2		99.2		0.5					51.94	1.4	1	1.4	81		5	
芝麻油(香油)		100	898	0.1		99.7		0.2					68.53	1.1	9	2.2	81		5	
猪油(未炼)		100	827	4		88.7		7.2	89				21.83	138.5		2.1	81		5	
猪油(炼,大油)		100	897	0.2		99.6		0.2	27	0.02	0.03		5.21				81		5	93
棕榈油	北京	100	900			100		0					15.24	1.3		3.1	81		5	
艾窝窝	北京	100	190	52.1	4.3		0.29	43.1		0.02	0.04	0.6	0.19	1.7	19	0.5	71		25	
白水羊头	北京	100	193	61.9	22.4	11		1.2	13		0.28	1.4	0.87	899.4	41	5.4	71		25	591
板油酥饼	湖北武汉	100	362	27.4	7.6	14.9		49.4	40	0.11	0.15	0.6	2.21	324	14	2.2	71		25	49
饼干(VC饼干)	北京	100	572	5.5	10.8	39.7	0.3	42.9		0.08	0.04	1.6	4.27	113.5		1.9	71		25	81
饼干(奶油)		100	429	6.5	8.5	13.1	1	69.2	95	0.09	0.02	3.6	7.23	196.4	49	2.1	71		25	81
饼干		100	433	5.7	9	12.7	1.1	70.6	37	0.08	0.04	4.7	4.57	204.1	73	1.9	71		25	81
饼干(补血饼干)	江西瑞金	100	452	4.1	11.8	14.7	0.4	68						177.4	76	9.6	71		25	81
饼干(高蛋白饼干)		100	448	5.6	11	16.2	1.5	64.5	77	0.13	0.05	5.5	6.75	104.7	111	3.7	71		25	81
饼干(强化锌,富锌饼干)	北京	100	444	3.3	11	13.3	1.1	70.1	13	0.08	0.04	1.7	8.48	231.1	144	2.2	71		25	81
饼干(曲奇饼)	北京	100	546	1.9	6.5	31.6	0.2	58.9		0.06	0.06	1.3	6.04	174.6	45	1.9	71		25	81
饼干(军用压缩)	北京	100	457	5.4	7.9	17.8	1.2	66.4		0.11	0.03	5.1	0.63	320.1	149	3.9	71		25	81
饼干(儿童营养饼干)	江西瑞金	100	446	3.9	10.8	12.9	0.3	71.8						107.4	136	5.4	71		25	81
饼干(钙奶饼干)		100	444	3.3	8.4	13.2	0.9	73		0.06	0.03	1.1	1.67	112.2	115	3.5	71		25	81
饼干(苏打)	湖北武汉	100	408	5.7	8.4	7.7		76.2		0.03	0.01	0.4	1.01	12.2		1.6	71		25	81
饼干(维夫饼干)	北京	100	528	10.3	5.4	35.2	0.5	47.5		0.15	0.22	1.4	0.71	281.8	58	2.4	71		25	81
橘子饮料(固体)	湖北武汉	100	391	2.2	0.2			97.5		0.07	0.05	0.8		10.7	54	0.2	85	63	10	
橘子汁	北京	100	119	70.1		0.1		29.6	2					18.6	4	0.1	85	2	10	
可可粉	上海	100	320	7.5	24.6	8.4	14.3	36.5	22	0.05	0.16	1.4	6.33	23	74	1	85		10	
麦乳精		100	429	2	8.5	9.7		77	113	0.05	0.3	0.7	0.44	177.8	145	4.1	85		10	
猕猴桃精		100	390	2.2	0.4			97.1		0.09	0.11	0.5		2.2	28	1.6	85		10	

续表

食物名	地区	可食部分	能量	水分	蛋白质	脂肪	膳食纤维	碳水化物	视黄醇当量	硫胺素(VB_1)	核黄素(VB_2)	尼克酸(烟酸,VPP)	维生素E	钠	钙	铁	类别	抗坏血酸(VC)	类	胆固醇
巧克力豆奶	山东青岛	100	39	90.4	2.9	0.5		5.9		0.01	0.03	0.2	6	25.4	17	0.4	85		10	
汽水(橙汁汽水)		100	20	94.9					10		0.02			8.1	10	0.1	85		10	
汽水(柠檬汽水)	湖北武汉	100	38	90.5				9.5						3.3	9		85		10	
汽水(特制)	北京	100	42	89.5				10.5	7		0.03	0.7		5.8	8	0.1	85		10	
汽水(特制柠檬汽水)	北京	100	50	87.5				12.5		0.21				4.4	8	0.1	85		10	
沙棘果汁		100	44	87.5	0.9	0.5	1.7	8.9						5.4	10	15.2	85	8	10	
山楂晶	北京	100	386	3.6	0.1	0.2		95.9		0.32	1.34	0.6		57.7	37	1.7	85		10	
神力宝	湖北武汉	100	68	83.4	0.8	0.6		14.9	50	0.01		0.3		10.7	42		85		10	
酸梅晶	北京	100	394	1.2	0.2			98.4		0.21	0.69	0.2		11.5	29	6.8	85	5	10	
维尔康运动饮料	北京	100	45	88.9		0.1		11		0.05	0.02			5	6		85		10	
鲜桔晶	湖北武汉	100	385	3.7	0.3			95.9		0.11	0.09	0.3		6.2	24	0.5	85	18	10	
鲜橘汁(纸盒)	北京	100	30	92.5	0.1			7.4	3	0.04				4.2	7	0.1	85		10	
喜得乐	湖北武汉	100	60	85.8	2.9	0.8		10.2	31	0.01		0.3		24.8	36		85		10	
喜乐(乳酸饮料)	广东	100	53	86.8	0.9	0.2		11.8	2	0.01	0.02		2.81	53.8	14	0.1	85		10	
杏仁露	河北承德	100	46	89.7	0.9	1.1		8.1			0.02			9.2	4		85	1	10	
雪糕(双棒)	北京	100	137	69.7	2.3	3.6		23.9	45	0.01	0.02	0.1	0.78	51.1	100	0.8	85		10	38
紫雪糕		100	228	59.4	2.6	13.7		23.6	26	0.01	0.03	0.2	4.47	65.9	168	0.8	85		10	52
白砂糖	江西赣州	100	400					99.9						0.4	20	0.6	83		1	
白糖(绵白糖)		100	396	0.9	0.1			98.9				0.2		2	6	0.2	83		1	
冰糖		100	397	0.6				99.3			0.03			2.7	23	1.4	83		1	
彩球糖	甘肃黄羊镇	100	396	1				99						9.7	12	0.8	83		1	
蜂蜜		100	321	22	0.4	1.9		75.6			0.05	0.1		0.3	4	1	83	3	1	
红糖		100	389	1.9	0.7			96.6		0.01		0.3		18.3	157	2.2	83		1	
胶姆糖	湖北武汉	69	368	7.7	0.1			91.9		0.04	0.07	0.5			22		83		1	
廖花糖		100	392	7	7.2	14	11.5	59.3		0.11	0.06	1.9	4.34	36.5	243		83		1	
马蹄软糖	湖北武汉	100	359	10.1	0.1			89.6		0.04	0.02	0.2			26	1.1	83		1	
棉花糖	湖北武汉	100	321	19.5	4.9			75.3		0.04	0.01	0.3		94.6	19		83		1	
米花糖	北京	100	384	7.3	3.1	3.3	0.3	85.6		0.05	0.09	2.5	2.16	43.4	144	5.4	83		1	
奶糖		100	407	5.6	2.5	6.6		84.5		0.08	0.17	0.6		222.5	50	3.4	83		1	
泡泡糖		68	360	9.7	0.2			89.8		0.04	0.09	0.5		20.6	6		83		1	
巧克力		100	586	1	4.3	40.1	1.5	51.9		0.06	0.08	1.4	1.62	111.8	111	1.7	83		1	
巧克力(酒芯)		100	400	13.8	1.3	12	0.4	71.8		0.06	0.34	0.2	2.64	35.6	128	2.3	83		1	
巧克力(维夫,朱古力威化)	北京	100	572	2.1	8.2	38.4	1.2	48.5		0.08	0.07	0.4	11.66	111.2	61	5.5	83		1	
山楂球	湖北武汉	100	369	6.6	0.5		0.9	91.7		0.04		0.7		160.4	58	2.3	83		1	
水晶糖	北京	100	395	1	0.2	0.2	0.1	98.1		0.04	0.05			107.8		3	83		1	
酸三色糖	北京	100	397	0.7		0.4		98.4				0.1		154.7	10	2.3	83		1	
酥糖		100	436	3.3	6	13.9	4	71.6		0.1	0.04	3.5	4.85	45	186	6	83		1	
鲜桃果汁糖	北京	100	397	0.4		0.2		98.8	32		0.05	2.3		172.1	14	1.9	83		1	
芝麻南糖	北京	100	538	4.2	4.8	35.6	4.7	49.7		0.13	0.1	2.1	4.36	33.5		10.3	83		1	

续表

食物名	地区	可食部分	能量	水分	蛋白质	脂肪	膳食纤维	碳水化物	视黄醇当量	硫胺素(VB₁)	核黄素(VB₂)	尼克酸(烟酸,VPP)	维生素E	钠	钙	铁	类别	抗坏血酸(VC)	类	胆固醇
淀粉(蚕豆,大豆淀粉)	甘肃黄羊镇	100	341	14.1	0.5		0.5	84.8		0.04				18.2	36	2.3	11		5	
马铃薯粉(土豆粉)	北京	100	337	12	1.2	0.5	1.4	82		0.08	0.06	1.1		4.7		10.7	11		5	
淀粉(团粉,芡粉)		100	346	12.6	1.5		0.8	85	9.01		0.2			13.3	34	3.6	11		5	
淀粉(玉米)		100	345	13.5	1.2	0.1	0.1	84.9		0.03	0.04	1.1		6.3	18	4	11		5	
粉皮		100	64	84.3	0.2	0.3		15		0.03	0.01			3.9	5	0.5	11		5	
粉丝		100	335	15	0.8	0.2	1.1	82.6		0.03	0.02	0.4		9.3	31	6.4	11		5	
粉条		100	337	14.3	0.5	0.1	0.6	83.6		0.01		0.1		9.6	35	5.2	11		5	
凉粉		100	37	90.5	0.2	0.3	0.6	8.3		0.02	0.01	0.2		2.8	9	1.3	71		25	
醋		100	31	90.6	2.1	0.3		4.9		0.03	0.05	1.4		262.1	17	6	82		1	
豆瓣酱(辣油豆瓣酱)	浙江杭州	100	184	47.9	7.9	5.9	2.2	24.8		0.04	0.26	1.3	18.2	2201.5	66	9.9	82		1	
豆瓣酱	福建福州	100	178	46.6	13.6	6.8	1.5	15.6		0.11	0.46	2.4	0.57	6012	53	16.4	82		1	
豆豉(五香)	山东济南	100	244	22.7	24.1		5.9	36.8		0.02	0.09	0.6	40.69	263.8	29	3.7	82		1	
黄酱(大酱)		100	131	50.6	12.1	1.2	3.4	17.9	13	0.05	0.28	2.4	14.12	3606.1	70	7	82		1	
花生酱	湖北武汉	100	594	0.5	6.9	53	3	22.3		0.01	0.15	2	2.09	2340	67	7.2	82		1	
酱油		100	63	67.3	5.6	0.1	0.2	9.9		0.05	0.13	1.7		5757	66	8.6	82		1	
酱油(冬菇)	甘肃和政	100	38	75.2	3.5	0.1		5.9		0.01	0.17	1.1		2057	18	1.3	82		1	
酱油(多味)	湖北武汉	100	86	58.2	7.8	0.4		12.9				1.5		4050	79	4.5	82		1	
酱油(高级)	北京	100	71	67.5	8.4	0.2		9		0.01	0.05	1.5		4056	30	3	82		1	
酱油(三鲜)	甘肃和政	100	41	74.3	3.4			6.6			0.17	0.8		2462	58	1.7	82		1	
酱油(三级)	河北保定	100	40	74.2	6.8	0.4		2.4		0.01	0.02			1903	14	2	82		1	
酱油(晒制)	湖北武汉	100	71	64.6	9.4	0.6		6.8			0.02	2.2		3836.3	47	7	82		1	
酱油(特母)	北京	100	55	70.8	6.7		0.1	7.1		0.09	0.05			4580	33	3.9	82		1	
酱油(味精)	北京	100	51	71.6	6.9	0.1		5.7		0.04	0.05	3.8		5843.2	589	3.8	82		1	
酱油(一级)		100	66	64.8	8.3	0.6		6.9		0.03	0.25	1.7		4861.1	27	7	82		1	
酱油(油膏)	福建福州	100	99	54.7	13	0.7		10.2		0.08	0.05	2.3		7700	46	8.6	82		1	
芥茉	甘肃临夏	100	476	7.2	23.6	29.9	7.2	28.1	32	0.17	0.38	4.83	9.83	7.8	656	17.2	82		1	
韭菜花(腌)		100	15	79	1.3	0.3	1	1.8	28	0.04	0.06	0.7	0.25	5184	76	5.3	82		1	
辣酱(豆瓣辣酱)		100	59	64.5	3.6	2.4	7.2	5.7	417	0.02	0.2	1.5	13.62	1268.7	207	5.3	82		1	
辣酱(麻)	湖北武汉	100	135	52.3	5.8	5.1	5	16.4	37		0.16		0.98	3222.5	186	13	82		1	
辣酱(牛肉辣酱)	湖北武汉	100	127	59	9.7	6.1	1.1	8.3	99		0.26	3.1	2.9	3037.5	65	8.5	82		1	
辣酱(郫县辣酱)	北京	100	89	51.4	4	1	8.88	15.9	173	0.04	0.22	2.1	8.33	5658.1	106	11.8	82		1	
辣酱(蒜蓉)		100	88	54.7	4.8	0.6	3.7	15.9	162	0.03	0.1	0.9	16.28	3236.3	71	11	82		1	
辣酱(香油辣酱)		100	54	71.3	2.1	3.6	6.4	3.4	350		0.16	1.5	2.62	1491.9	10	12.8	82		1	
辣椒酱(辣椒糊)		100	31	71.2	0.8	2.8	2.6	0.6	132	0.01	0.09	1.1	2.87	8027.6	117	3.8	82		1	
甜面酱		100	136	53.9	5.5	0.6	1.4	27.1	5	0.03	0.14	2	2.16	2097.2	29	3.6	82		1	
味精		100	268	0.2	40.1	0.2		26.5		0.08		0.3		21053	100	1.2	82		1	
盐		100	0	0.1										25127.2	22	1	82		1	
芝麻酱		100	618	0.3	19.2	52.7	5.9	16.8	17	0.16	0.22	5.8	35.09		1170	9.8	82		1	
蚕蛹	山东	100	230	57.5	21.5	13		6.7		0.07	2.23	2.2	9.89	140.2	81	2.6	62		25	155
甲鱼		70	118	75	17.8	4.3		2.1	139	0.07	0.14	3.3	1.88	96.9	70	2.8	62		25	101
老鼠肉	广东	100	131	79.1	17.2	6.9		0	10	0.03	0.14	6.7	2.81	71.8	8	2.4	62		25	75

食物名	地区	可食部分	能量	水分	蛋白质	脂肪	膳食纤维	碳水化合物	视黄醇当量	硫胺素(VB₁)	核黄素(VB₂)	尼克酸(烟酸,VPP)	维生素E	钠	钙	铁	类别	抗坏血酸(VC)	类	胆固醇
蛇（水蛇）	广东	22	90	77.7	14.4	1		5.9	32	0.12	0.34	9.1	0.53	85.8	57	1.5	62		25	80
蛇（三索线蛇）	广东	27	81	80.3	20.1	0.1				0.02	0.08	3.9	0.57	104.4	41	2.2	62		25	50
蛇（饭铲头蛇）	广东	23	97	77.2	17.2	0.4		4		0.02	0.13	5.6	0.79	105.2	13	8	62		25	80
蛇（过树榕蛇）	广东	31	81	80.6	19.7	0.2		0		0.01	0.1	7.2	0.35	90.6	16	0.9	62		25	57
蛇		78	91	78.5	15.7	1.7		3.3	23	0.05	0.4	3.5	0.93	98.6	49	8.9	62		25	80
田鸡（青蛙）	广东	37	93	79.4	20.5	1.2		0	7	0.26	0.28	9	0.55	11.8	127	1.5	62		25	40
田鸡腿（青蛙腿）	北京	35	79	81.7	11.8	1.4		4.7		0.01	0.05	6.6	0.58	215.2	121	1.7	62		25	84
蝎子	山东	100	177	48.4	26.2	4.7		7.5		0.03	1.09	1.7	7.59	115.7	120	30.8	62		25	207
芝麻（白）		100	517	5.3	18.4	39.6	9.8	21.7		0.36	0.26	3.8	38.28	32.2	620	14.1	82		1	
芝麻（黑）		100	531	5.7	19.1	46.1	14	10		0.66	0.25	5.9	50.4	8.3	780	22.7	82		1	
中国鲎	福建福州	68	63	84.1	10.3	1.5		2.1	4	0.08	0.46	1.9	2.3		38	1.8	63		10	160
碧绿酒(41.0度)	湖北武汉		239											1.3	5		86		10	
崇明老白酒	上海				1					0.2	0.03	0.3		7.6	1	0.3	86		10	
二锅头(58度)	北京		352							0.05				0.5	1	0.1	86		10	
甘州大曲(52.3度)	甘肃张掖		312														86		10	
汉口小麦酒(40.0度)	湖北武汉		237											0.7			86		10	
汉口白酒(49.6度)	湖北武汉		295											0.1	2		86		10	
黄鹤楼酒(39度)	湖北武汉		227														86		10	
景泰大曲(53.9度)	甘肃景泰		323														86		10	
景泰二曲(53.9度)	甘肃景泰		303														86		10	
酒泉酒(56.9度)	甘肃酒泉		343												10	0.9	86		10	
精制小麦酒(40.8度)	湖北武汉		238											0.8			86		10	
凉州曲酒(52.8度)	甘肃武威		315											0.4	2	0.1	86		10	
宁河大曲(52.5度)	甘肃和政		314														86		10	
宁河二曲(52.6度)	甘肃和政		314														86		10	
曲酒(55度)	北京		330														86		10	
三粮小麦(55度)	湖北武汉		330											0.1	4		86		10	
丝路春酒(52.8度)	甘肃张掖		315														86		10	
低度汉酒(37.2度)	湖北武汉		216														86		10	
特制汉酒(59.9度)	湖北武汉		364											0.2			86		10	
特制三粮酒(56.2度)	湖北武汉		339														86		10	
乌林春酒(青稞酒,57.5度)	甘肃古浪		347											0.4	5	0.1	86		10	
五酿春(44.4度)	湖北武汉		260											0.1	2		86		10	
小麦酒(50度)	湖北武汉		297											0.3			86		10	
小麦酒(48度)	湖北武汉		284											0.6			86		10	

续表

食物名	地区	可食部分	能量	水分	蛋白质	脂肪	膳食纤维	碳水化物	视黄醇当量	硫胺素(VB₁)	核黄素(VB₂)	尼克酸(烟酸,VPP)	维生素E	钠	钙	铁	类别	抗坏血酸(VC)	类	胆固醇
燕岭春(57度)	北京		344							0.04							86		10	
醉流霞(57度)	北京		344							0.05				0.8	3	0.1	86		10	
白葡萄酒(11度)	北京		62		0.1					0.01				2.8	23		86		10	
白葡萄酒(14.2度)	甘肃敦煌		80							0.01						2	86		10	
白葡萄酒(10.4度)	湖北武汉		58								0.04			0.4	13		86		10	
红葡萄酒(11.6度)	甘肃黄羊镇		65											0.7		0.2	86		10	
红葡萄酒(12度)	北京		68		0.1					0.04				2.6	12	0.2	86		10	
玫瑰香葡萄酒(15度)	北京		85		0.1									1.1	31	0.3	86		10	
中国红葡萄酒(16度)	北京		91		0.1						0.01			1.8	27	0.3	86		10	
贡米佳酿(14度)	北京		80							0.02	0.02				90	0.3	86		10	
黄酒(5.5度)	甘肃临夏		31							0.03							86		10	
黄酒(绍兴15.15度)	北京		85								0.04			4.2	15	1.3	86		10	
黄酒(13度)	北京		78		1.2					0.04	0.01			8.7		1.1	86		10	
黄酒(状元红)	浙江绍兴				1.3					0.01	0.08			1.7	17	0.1	86		10	
黄酒(加饭)	浙江绍兴				1.6					0.01	0.1			1.5	12	0.1	86		10	
黄酒	上海				1.4					0.2	0.06	0.5		19	104	0.5	86		10	
酒酿原汁(江米酒)	北京				1.6					0.03	0.01			1	16	0.1	86		10	
糯香酒(6.4度)	湖北武汉		36											1.3	9		86		10	
善酿酒	浙江绍兴				2					0.01	0.1			0.4			86		10	
蜜酒(14.9度)	甘肃临夏		84														86		10	
双喜沙棘酒(14.1度)	甘肃陇西		80							0.01							86		10	
香雪酒	浙江绍兴				1.5					0.01	0.07			1.4	25	0.1	86		10	
中华沙棘酒(10度)	甘肃陇西		56														86		10	
北京啤酒(5.4度)	河北保定		33		0.4						0.03						86		10	
北京特制啤酒(6度)	北京		35		0.4					0.2	0.01			2.5			86		10	
楚天啤酒(2.6度)	湖北武汉		15							0.27	0.07			2.6	6		86		10	
酒泉啤酒(4.6度)	甘肃酒泉		26								0.11	1			11		86		10	
麦饭石啤酒(4.2度)	河北宣化		26		0.5						0.02			44.9	67		86		10	
美雪啤酒(5.8度)	河北易县		34		0.4						0.02			14.2			86		10	
啤酒(5.5度)	甘肃武威		31								0.05	1.2		8.3	4	0.1	86		10	
秦海啤酒(6度)	河北山海关		36		0.5						0.02			24.9			86		10	
清爽型啤酒(6度)	北京		35		0.4					0.24	0.01			4.3	4		86		10	
特制啤酒(5度)	北京		30		0.4					0.24	0.01			4.3	4		86		10	

食物名	地区	可食部分	能量	水分	蛋白质	脂肪	膳食纤维	碳水化物	视黄醇当量	硫胺素(VB₁)	核黄素(VB₂)	尼克酸(烟酸,VPP)	维生素E	钠	钙	铁	类别	抗坏血酸(VC)	类	胆固醇
VC 啤酒（11 度）	北京		77		0.3						0.01			1.7	2	0.6	86		10	
五星啤酒（5.5 度）	河北保定		34		0.3						0.01			25			86		10	
武汉啤酒（3.2 度）	湖北武汉		18							0.03	0.11			0.9	7		86		10	
行吟阁啤酒(3.2 度)	湖北武汉		18							0.03	0.11			4.2			86		10	

附录四　中国居民膳食营养素

资料来源：中国营养学会 2000 年编著

类别 年龄/岁	体重/kg 男	女	能量/kcal(MJ) 男	女	蛋白质量/g 男	女	脂肪(脂肪能量占总能量的百分比)/%	碳水化合物占能量百分数/%	钙量/mg	磷量/mg	钾量/mg	钠量/mg	镁量/mg	铁量/mg 男	女	锌量/mg
婴儿	男	女	不分性别				不分性别	不分性别	不分性别	不分性别	不分性别	不分性别	不分性别	不分性别		不分性别
初生—6个月	6.7	6.2	120/kg 体重		2~4/kg 体重		45		300	150	500	200	30	0.3		1.5
7-12个月	9.0	8.4	100/kg 体重		30~40				400	300	700	500	70	10		8.0
儿童			男	女	男	女										
1—	9.9	9.2	1100(4.6)	1050(4.4)	35	35			600					12		9.0
2—	12.2	11.7	1200(5.0)	1150(4.8)	40	40		62.5~55.9	600	450	1000	650	100	12		9.0
3—	14.0	13.4	1350(5.7)	1300(5.4)	45	45			600					12		9.0
4—	15.6	15.2	1450(6.1)	1400(5.9)	50	45			800					12		12.0
5—	17.4	16.8	1600(6.7)	1500(6.3)	55	50			800	500	1500	900	150	12		12.0
6—	19.8	19.1	1700(7.1)	1600(6.7)	55	55			800					12		12.0
7—	22.0	21.0	1800(7.5)	1700(7.1)	60	60	25~30		800					12		13.5
8—	23.8	23.2	1900(8.0)	1800(7.5)	65	60			800	700	1500	1000	250	12		13.5
9—	26.4	25.8	2000(8.4)	1900(8.0)	65	65			800					12		13.5
10—	28.8	28.8	2100(8.8)	2000(8.4)	70	65			800					12		13.5
11—	32.1	32.7	2200(9.2)	2100(8.8)	70	70			1000	1000	1500	1200	350	16		18.0
12—	35.5	37.2	2300(9.6)	2200(9.2)	75	75			1000					16		18.0
少年														男	女	
13—	42.0	42.4	2400(10.0)	2300(9.6)	80	80	25~30	62.2~56.1	1000	1000	2000	1800	350	20	25	18.0
16—	54.2	48.3	2800(11.7)	2400(10.0)	90	80			1000					20	25	18.0
成年	男	女	男	女	男	女	不分性别		不分性别	不分性别	不分性别		男	女		不分性别
18—	63(参考值)	53(参考值)														
极轻劳动			2400(10.0)	2100(8.8)	70	65		62.7~68.3	800					15	20	15.5
轻劳动			2600(10.9)	2300(9.6)	80	70			800		2000		350	15	20	15.5
中劳动			3000(12.6)	2700(11.3)	90	80			800					15	20	15.5
重劳动			3400(14.2)	3000(12.6)	100	90			800					15	20	15.5
极重劳动			4000(16.7)		110		20~25		800					15		15.5
孕妇(4—6个月)				200(0.8)		加15			1000						25	16.5
孕妇(7—9个月)				200(0.8)		加25			1200		2500		400		35	16.5
乳母				800(3.3)		加25			1200						25	21.5
老年前期																
45—														15		
极轻劳动			2200(9.2)	1900(8.0)	70	65			800	700	2200			15		15.0
轻劳动			2400(10.0)	2100(8.8)	75	70			800					15		15.0
中劳动			2700(11.3)	2400(10.0)	80	75		67.3~60.6	800					15		15.0
重劳动			3000(12.6)		90				800					15		15.0
老年														15		
60—							20~25				2000		350	15		
极轻劳动			2000(8.4)	1700(7.1)	70	60			1000					15		15.0
轻劳动			2200(9.2)	1900(8.0)	75	65			1000					15		15.0
中劳动			2500(10.5)	2100(8.8)	80	70			1000					15		15.0
70—														15		
极轻劳动			1800(7.5)	1600(6.7)	65	55			1000					15		15.0
轻劳动			2000(8.4)	1800(7.5)	70	60			1000					15		15.0
80—			1600(6.7)	1400(5.9)	60	55			1000					15		15.0

参考日摄入量　（CHINESE DRIS）

硒量/μg	碘量/μg	铜量/mg	氟量/mg	铬量/μg	锰量/mg	钼量/μg	维生素A/μg	维生素C/mg	维生素D/μg	维生素E/mg	维生素K/μg	维生素B_1/mg	维生素B_2/mg	维生素B_6/mg	维生素B_{12}/μg	泛酸/mg	叶酸/μg	烟酸/mg	生物素/μg
不分性别	不分性别	不分性别	不分性别	不分性别	不分性别	不分性别	不分性别	不分性别	不分性别	不分性别	不分性别	不分性别	不分性别	不分性别	不分性别	不分性别	不分性别	不分性别	不分性别
15	50	0.4	0.1	10			400	40	10	3		0.2	1.4	0.1	0.4	1.7	65	2	5
20	50	0.6	0.4	15			400	50	10	3		0.3	0.5	0.3	0.5	1.8	80	3	6
20	50								10	4									
20	50	0.8	0.6	20		15	500	60	10	4		0.6	0.6	0.5	0.9	2.0	150	6	8
20	50								10	4									
25	90								10	5									
25	90	1.0	0.8	30		20	600	70	10	5		0.7	0.7	0.6	1.2	3.0	200	7	12
25	90								10	5									
35	90								10	7									
35	90								10	7									
35	90	1.2	1.0	30		30	700	80	10	7		0.9	1.0	0.7	1.2	4.0	200	9	16
35	90								10	7									
45	120						700	90	5	10		1.2	1.2	0.9	2.4	5.0	300	12	20
45	120	1.8	1.2	40		50	700	90	5	10		1.2	1.2	0.9	2.4	5.0	300	12	20
							男　女			男　女								男　女	
50	150						800/700	100	5	14		1.5/1.2	1.5/1.2	1.1	1.8	5.0	400	15/12	25
50	150	2.0	1.4	40			800/700	100	5	14		1.5/1.2	1.5/1.2	1.1	1.8	5.0	400	15/12	25
不分性别	不分性别	不分性别	不分性别	不分性别			男　女	不分性别	不分性别							男　女		男　女	不分性别
50	150				3.5		800/700	100	5	14	120	1.4/1.3	1.4/1.2	1.2	2.4	5.0	400	14/13	30
50	150						800/700	100	5	14	120	1.4/1.3	1.4/1.2	1.2	2.4	5.0	400	14/13	30
50	150						800/700	100	5	14	120	1.4/1.3	1.4/1.2	1.2	2.4	5.0	400	14/13	30
50	150						800/700	100	5	14	120	1.4/1.3	1.4/1.2	1.2	2.4	5.0	400	14/13	30
50	150						800/700	100	5	14	120	1.4/1.3	1.4/1.2	1.2	2.4	5.0	400	14/13	30
50	200						800		10	14		1.5	1.7	1.9	2.6	6.0	600	15	30
65	200						900	130	10	14		1.5	1.7	1.9	2.6	6.0	600	15	30
65	200						1200		10	14		1.8	1.7	1.9	2.8	7.0	500	18	35
50	150	2.0	1.5	50		60	800/700		5	14	120	1.4/1.3	1.4/1.2	1.2	2.4	5.0	400	14/13	30
50	150						800/700		5	14	120	1.4/1.3	1.4/1.2	1.2	2.4	5.0	400	14/13	30
50	150						800/700		5	14	120	1.4/1.3	1.4/1.2	1.2	2.4	5.0	400	14/13	30
50	150						800/700		5	14		1.4/1.3	1.4/1.2	1.2	2.4	5.0	400	14/13	30
							800/700												
							800/700	100						50–					
50	150						800/700		10	14	120	1.4/1.3	1.4/1.2	1.5	2.4	5.0	400	14/13	30
50	150						800/700		10	14	120	1.4/1.3	1.4/1.2	1.5	2.4	5.0	400	14/13	30
50	150						800/700		10	14		1.4/1.3	1.4/1.2	1.5	2.4	5.0	400	14/13	30
							800/700												
50	150						800/700		10	14	120	1.4/1.3	1.4/1.2	1.5	2.4	5.0	400	14/13	30
50	150						800/700		10	14	120	1.4/1.3	1.4/1.2	1.5	2.4	5.0	400	14/13	30
50	150						800/700		10	14	120	1.4/1.3	1.4/1.2	1.5	2.4	5.0	400	14/13	30